教育部人文社科重点研究基地四川大学中国俗文化研究所项目

审美生活

川东巴文化圈中人的生活实践

姜 约 著

四川大学出版社
SICHUAN UNIVERSITY PRESS

图书在版编目（CIP）数据

审美生活：川东巴文化圈中人的生活实践 / 姜约著
. — 成都：四川大学出版社，2022.12
（中国俗文化研究大系. 中国俗文化与文学人类学丛
书）
ISBN 978-7-5690-5468-2

Ⅰ. ①审… Ⅱ. ①姜… Ⅲ. ①地方文化－研究－巴南
区 Ⅳ. ① K297.193

中国版本图书馆 CIP 数据核字（2022）第 083804 号

书　　名：审美生活：川东巴文化圈中人的生活实践
　　　　　Shenmei Shenghuo: Chuandong Ba-Wenhuaquan zhong Ren de Shenghuo Shijian
著　　者：姜　约
丛 书 名：中国俗文化研究大系·中国俗文化与文学人类学丛书

丛书策划：张宏辉　王　冰
选题策划：吴近宇
责任编辑：吴近宇
责任校对：陈　蓉
装帧设计：墨创文化
责任印制：王　炜

出版发行：四川大学出版社有限责任公司
　　　　　地址：成都市一环路南一段 24 号（610065）
　　　　　电话：（028）85408311（发行部）、85400276（总编室）
　　　　　电子邮箱：scupress@vip.163.com
　　　　　网址：https://press.scu.edu.cn
印前制作：四川胜翔数码印务设计有限公司
印刷装订：四川省平轩印务有限公司

成品尺寸：170mm×240mm
印　　张：21.75
插　　页：2
字　　数：401 千字

版　　次：2022 年 12 月 第 1 版
印　　次：2022 年 12 月 第 1 次印刷
定　　价：88.00 元

本社图书如有印装质量问题，请联系发行部调换

扫码查看数字版

四川大学出版社
微信公众号

总　序

项　楚

　　四川大学中国俗文化研究所，作为教育部人文社会科学重点研究基地，已经走过了二十年的历程。不忘初心，重新出发，是我们编辑这套丛书的目的。

　　俗文化是中国传统文化的重要部分，与雅文化共同形成中国文化的两翼。俗文化集中反映了中华民族独特的思维模式、风俗习惯、宗教信仰、语言风格、审美趣味等，在构建民族精神、塑造国民心理方面，曾经起过并正在起着重要的作用。因此，俗文化研究不仅在认知传统的中华民族文化方面具有重大的学术价值，而且在促进社会主义精神文明建设方面具有传统雅文化研究不可替代的意义。不过，俗文化和雅文化一样，都是极其广泛的概念，犹如大海一样，汪洋恣肆，浩渺无际，包罗万象，我们的研究只不过是在海边饮一瓢水，略知其味而已。在本所成立之初，我们确立了三个研究方向：俗语言研究、俗文学研究、俗信仰研究，后来又增加了民族和民俗的研究。同时，我们也开展了相关领域的研究，如敦煌文化研究、佛教文化研究等。在历史上，雅文化主要是士大夫阶级的意识形态，俗文化则更多地代表了下层民众的意识形态。它们是两个对立的范畴，有各自的研究领域和研究路数，不过在实践中，它们之间又是互相影响、互相渗透、互相转化的。当我们的研究越来越深入的时候，我们就会发现它们在对立中的同一性。虽然它们看起来是那样的不同，然而它们都是我们民族心理素质的深刻表现，都是我们民族性格的外化，都是我们民族的魂。

　　二十年来，本所的研究成果陆续问世，已经在学界产生了广泛的影响。本套丛书收入的只是本所最近五年来的部分研究成果，正如前面所说，是在俗文化研究大海中的一瓢水的奉献。

内容提要

以埃伦·迪萨纳亚克等学者为代表的审美人类学家令人信服地论证了"审美"是人类与生俱来的天赋，人类天生就是"审美的人"这一事实。遗憾的是，这一事实却自人类美学思想产生以来就一直处于被遮蔽的状态。无论是以欧美为中心的西方美学，还是以中国为代表的东方美学，总体都走上了一条从生活实践出发而又逐渐脱离生活实践的路径，并分别发展出各具特色、各有其范畴体系的精英美学传统。

精英取向的传统美学研究已经取得了相当丰富、灿烂的理论成果。与此同时，它的局限同样显而易见。由于始终坚持眼光向上，美学家们的眼里通常只容得下贵族、精英知识分子的所谓"高雅"趣味，而看不到人类社会中大多数普通人每时每刻都在进行的、活生生的审美实践活动，更不会将这异常丰富的审美现象纳入自己的理论视野。传统美学一方面通过对审美主体、审美对象和审美活动的严格限定，剥夺了非精英群体的审美权利；另一方面也由此日渐变得狭隘，最终使"审美"成为少数精英人士才有资格进行的所谓"雅鉴"，而美学则在某种程度上成了哲学家们的玄思。这样的美学固然有其自身的理论价值，也确实具有一定程度的阐释力量，但远远没有具备阐释一切审美现象的能力。事实上，这样的美学不仅其自身发展越来越举步维艰，而且对普通人的实际生活也几乎毫无指导意义。

温儒敏教授提出的"文学生活"概念及其团队的相关研究在为文学研究开辟出一片新场域的同时，对"生活"概念的引入也给当代美学研究带来了一定的启示，可惜其关注的重心仍然是狭义的文学，而不是涵盖了人类所有成员的，与日常生活息息相关的广义的文学。相比之下，更加值得我们注意的是徐新建教授在人类学意义上提出的"文学生活"概念。这一概念真正将研究视野投向了普通人的日常生活世界，这样的研究思路对今天的美学研究具有更直接的借鉴意义。受文学人类学"文学生活"概念的启发，在审美人类学的视野下，通过关注不同区域、不同族群的生活世界，考察人们在日常生活世界中的各种审美事象，我们同样可以提出"审美生活"这样一个美学概念，并以之概括某些族群、个体的生活状况。

在大量田野证据和相关历史文献的佐证下，笔者将曾经是古代巴国腹地，至今仍居住着一定数量巴人后裔且不断传承古代巴族群文化的今四川东部地区整体命名为"川东巴文化圈"。笔者认为这一文化圈中的人们总体上过着一种"审美性"的生活。这样的生活在某种意义上正是传统美学家所追求的理想生活，是美学意义上的值得一过的"审美生活"。不仅如此，通过观照川东巴文化圈中人的"审美生活"，我们还可以由点及面，在人类学层面重新审视美学的根本问题——"美的本质"是什么，并找出那个真正具有普遍意义的所谓"美本身"。

全书分为导论、正文和结论三个部分。导论部分通过反思中、西传统美学研究的理论缺陷，主动接受文学研究尤其是文学人类学研究领域"文学生活"概念的启发，提出"审美生活"这一概念，并根据巴文化研究的现状和对川东巴文化圈中人们日常生活实践的田野考察，将研究视域确定为"审美生活：川东巴文化圈中人的生活实践"。

为全面呈现川东巴文化圈中人的审美生活实践，本书正文分五章讨论川东巴文化圈中人所过的"审美生活"，并进行相关的理论探讨。第一章分为三节，讨论古代巴人及其后裔土家族人的生存环境与族群审美文化。第一节通过历史文献、考古资料等证据来界定历史上的巴国、巴地与巴人，指出今天土家族人的主体正是古代巴人的遗裔；第二节从分析巴人及其后裔生存的自然、社会环境入手考察文化传统，指出巴族群受此影响而形成的族群文化，具体体现在最终决定其"社会行动"的"朴直敦厚、刚勇重义、乐观豁达"的文化性格之中；第三节讨论巴族群的审美文化，认为其具有"舞以呈情、歌以道志，素朴为其底色"的基本特征。

第二章分为五节，讨论川东巴文化圈中人日常生活中丰富多彩的歌唱行为，认为这总体上源于他们与生俱来"喜歌舞"的"审美"天性。第一节讨论劳作过程中的歌唱，认为人们劳动过程中的歌唱既能够使劳动者在单调乏味的劳动中保持充沛的精力，从而确保劳动效率，又能够使他们通过无际的遐想寄托自己随缘而起的内心情感；第二节讨论歌唱与教育的关系，指出川东巴文化圈中人的歌唱在愉悦人心的同时，还兼有重要的教育功能；第三节讨论歌唱与政治的关系，指出川东巴文化圈中人常常通过歌唱的形式表达自身在日常生活中对政治及政治人物的情感和态度；第四节讨论歌唱与爱情的关系，指出川东巴文化圈中人常常以歌唱的形式表达自身对于真挚爱情的追求和执着守望；第五节讨论"对歌节"对于川东巴文化圈中人的重要意义，认为"对歌节"是当地人的审美性节庆。由此可见，川东巴文化圈中人的人生总体上就像一曲无尽的歌。

第三章分为三节，专章讨论川东巴文化圈中一种独特的审美文化事象——国家级非物质文化遗产"川东土家族薅草锣鼓"。第一节重点讨论薅草锣鼓这一文化事象的生成过程及其发展概况；第二节对川东土家族薅草锣鼓的表演程式进行全过程田野实录；第三节讨论现实表演中的薅草锣鼓，由于在表演者与生产者之间建立起了一种"演"与"看"的审美关系，从而实现了功利性和审美性在同一时空环境中的二元共生。这表明，薅草锣鼓是一种兼具生产促进功能和审美娱乐功能的生活性艺术。

第四章分为五节，专章讨论川东巴文化圈中人在各种具有浓厚巴文化特色的民俗生活中的审美状况。第一节讨论"哭嫁"习俗中人们的审美状况，认为这种"以歌代哭"的习俗乃是人们复杂情感的艺术性宣泄；第二节讨论丧葬习俗中人们在打丧鼓、唱孝歌等活动中的审美状况，认为这种习俗表现了人们"乐观豁达"的生死观；第三节讨论人们在跳摆手舞、唱摆手歌时的审美状况，认为这是从古代流传下来的一种"人神共娱"的年节仪式；第四节讨论人们在以吊脚楼、滴水床、西兰卡普为代表的家居与服饰习俗中的审美状态，认为这些习俗代表了他们在日常生活中流露出的审美精神；第五节讨论人们在饮酒习俗中的审美状况，认为这一习俗体现了他们旷达的生活态度。总体而言，他们并没有无聊地度过"闲暇"时光，而是想方设法地避免生活的枯燥乏味，从而使自己的"闲暇"生活富于"趣味"，充满"欢乐"与"快适"。

第五章分为三节，专章进行对相关理论的辨析和对"美本质"问题的探讨。第一节讨论"审美生活"与"日常生活审美化""人生的艺术化"两种美学思潮的异同，指出前者与后两者之间虽有很多相似之处，但又存在着"审美性"与"审美化"的根本区别；第二节讨论"审美生活"与"美是生活""生活美学"两种美学理论的异同，认为前者与后两者之间虽不乏相似之处，却又存在审美对生活的"内生性"与"外附性"这种根本区别；第三节在前文基础上讨论"美的本质"问题，认为"审美是对生命活动的诗性表述"，而"美"则"在生命的诗性绽放"。

　　通过上述一系列论证，本书最后得出结论："审美生活"不仅是一种值得期待的生活，而且是一种人人可为的生活方式。这种生活方式建基于一种"在世乐世"的人生态度，这样的人生态度一方面可以是天赋的，另一方面也可以通过美育来培养。人们一旦具备这种"在世乐世"的人生态度，就可以在日常生活中随时随地、随情随境生成美和欣赏美，过上一种"审美性"的生活。从理论层面讲，这样的生活方式是人人都可以达到的。基于此，类似川东巴文化圈中人的"审美生活"应当成为所有人的共同追求，而"审美生活"自然也可以称得上是具有人类学普遍意义的美学概念。

乡土审美的话语意义（代序）*

徐新建

近代以来，汉语世界不断引进西方美学的理论体系是十分必要的，有助于人们在交流互动中提升知己知彼、相互映照的能力，但迄今这样的互知与映照还有局限。为此，我们从人类学的田野案例和跨文化视野出发，讨论多元美学的理论创建，目的在于从理性思辨的角度提升乡土实践的理论价值，强调把对地方、民间及多民族文学、艺术与文化的研究提升到话语建设层面，努力创建兼容民间范畴、乡土实践、审美生活及至生命美学等多重表述的开放体系。

由这样的语境观照，姜约博士的论著便展现了学术的前沿特征和实证魅力。其以"审美生活"入题，考察川东巴文化圈中人的生活实践，以此为据探讨对"美本质"问题的近代引进和阐释。在我看来，姜约论著的突出意义就在于从多元立场出发，对美学研究的乡土开拓和话语贡献。他聚焦"审美生活"，辨析其与"日常生活审美化"与"人生的艺术化"两种美学思潮的异同，强调"前者与后两者之间虽有很多相似之处，但存在着'审美性'与'审美化'的根本区别"；最后通过对审美、对生活"内生性"与"外附性"的差异阐释，提出自己的总结判断，即："审美是对生命活动的诗性表述，而'美'则'在生命的诗性绽放'"（本书第五章），继而概括出"巴文化圈"乡民审美的实践特征——在世乐世（本书结语）。

依我之见，美学研究关涉人类普遍存在却又彼此不同的审美践行。长期以来，由于欧洲话语的强势影响，学界不少人习惯以鲍姆嘉通为起点的西方美学来度量和判断各地的多元审美，于是限制和遮蔽了本土固有的地

---

* 本文内容摘自《民族艺术》2019 年第 1 期，原题《本土范畴：多元审美的话语意义》，此处有所修订。

方实践及其对应话语。为此，有必要回归本土、走进田野，面对各地鲜活生动的审美实践，重新梳理彼此有别同时又有望抵达不同而和境界的表述话语，从而构建整体人类学意义上的多元美学。在这个问题上，我曾结合自己对侗族大歌的考察研究为例，把（以歌）"养心"视为特殊性的美学范畴，阐释对多元美学的理解。① 与此类似，我认为陆晓芹和郭明军分别关注的壮族"暖屋"与晋中汉族社区的"热闹"皆可做如是观。② 在我看来，汉语与西语世界的理论映照存在缺憾，比如在对审美范畴的划分及阐释上还大多停留在"优美""崇高""荒诞"以及由此对应而派生的"虚静""空灵""逍遥"等属于性质、情态的类型之中。如若将视野扩展，则应关注多元文化语境中与丰富多样的审美实践相关联的其他事象。

简要言之，我们讨论多元美学的问题可分为两层。第一是反思审美，也就是美学意义上的生活实践；第二是面向田野。反思审美就要追问何谓审美、为何审美？对此可从三个维度展开。第一是讨论美与哲学。这主要以西学谱系的"知、情、意"结构来做对照和回应。第二是回到汉语谱系，如儒家话语的"诗、礼、乐"，立足"乐以成人"核心，讨论"兴于诗，立于礼，成于乐"的美学意义。总结从孔子的原初开创到牟宗三对康德的当代回应。

在我看来，汉语世界对西方美学的话语回应经历了不同阶段。先秦时期是各自表述。近代以来，受西学东渐的刺激，以王国维为代表的话语，力图按悲剧、史诗等西式范畴整合乃至改写本土传统。到了牟宗三后，则另辟途经，开启了与康德美学的话语对谈。牟宗三的贡献在于提出"三个世界"学说，亦即命体世界、道德世界和美学世界。命体世界相当于知，道德世界关涉伦理和善，第三个世界则指向审美和美学。牟宗三对"美学世界"做了汉语式的表述，称为"圆成世界"。③ 其中显然包含了儒、释、道的圆融。牟宗三认为这个圆成世界就是审美生活，它不是两头的连接，

---

① 参见徐新建：《侗族大歌的人类学研究》，国家社科基金项目（2011—2015）；《侗歌民俗研究》，民族出版社，2011年版。

② 参见陆晓芹：《吟诗与暖——广西德靖一带壮族聚会对歌习俗的民族志考察》，广西师范大学出版社，2016年版；郭明军：《"热闹"不是"狂欢"——多民族视野下的黄土文明乡村习俗介休个案》，载于《民族艺术》，2015年第2期。

③ 牟宗三：《认识心之批判》（下册），友联出版社，1957年版；出自台北：台湾师范大学美术社，1984年影印版，第314—315页。

因为本来就没分开，所以是最终的圆融和完满，亦即儒家所说的"成于乐"。需要补充的是，在汉语世界的美学体系里，与西方的基督教神学类似，佛、道两家的美学话语也可归入与儒家不同的神圣美学，把它们加入进去，才能构成更完整的阐释系统。

第三个维度就是引入人类学视野。我认为要回答"为何审美"的问题，需要把"审美"回归到生活的实践层面予以考察，也就是让美学面对田野，置身于日常存在的多元结构之中。

姜约的研究正是基于这样的认知设定展开的。作为四川大学审美人类学专业毕业的博士，他的这部著作由学位论文修订完成，该书从个案选题、实证材料到田野方法都体现了人类学的基本特征，值得赞许。早在攻读博士学位期间，姜约便对美学理论的"表述危机"发表过看法，认为危机的根源"在于表述行为内部以及相互之间张力的失衡"，继而导致"将表述的对象引向不同的方向"。为此，姜约提出的建议是：真正想要理解本文，最好的办法当然是直接化入本文。[1] 如今，我们面对这部以《审美生活：川东巴文化圈中人的生活实践》为题的个人专著，何尝不可视其为作者对"化入本文"的身体力行？

值得进一步关联的是，在话题阐发及学科连接的互文意义上，姜约的著作还与先期出版的陆晓芹论著和即将面世的郭明军作品形成系列，构成了阐述本土美学的成果整体。[2]

本文作为一篇已刊文稿压缩改写的简短"代序"，在此我尤其要肯定的是姜约博士通过川东"巴人案例"的实证阐发，对乡土民众审美生活的再度开掘。在学术史的承继意义上，正如《民歌与国学》等论述表达过的那样[3]，这样的工作堪称近代中国"眼光向下之革命"[4] 的延续和弘扬，期待学界同人的关注认可。

顺着姜约论著的理路延伸，还有一个与话语相关的美学问题需要再

---

① 姜约：《表述的张力及其平衡之道》，载《文艺理论研究》，2018 年第 2 期。

② 参见陆晓芹《吟诗与暖：广西德靖一带壮族聚会对歌习俗的民族志考察》，广西师范大学出版社，2016 年版；郭明军《热闹与红火：黄土高原乡村审美调查研究》，四川大学出版社，2022 年版。

③ 徐新建：《民歌与国学：民国早期"歌谣运动"的回顾与思考》，巴蜀书社，2006 年版。

④ 参见赵世瑜：《眼光向下的革命——中国现代民俗学思想史论》，北京师范大学出版社，1999 年版。

提，那就是我们必须认识到民间话语的事实存在，不能把乡间及少数民族扁平化。事实上，正是那些被以往精英文人看不起的民间精英不断努力，通过自己的生命践行，才开拓了"养心""暖屋""热闹"这样的审美范畴和实践话语，并创造了（巴人）"在世乐世"的审美生活。

两相对比，乡民在前，学者在后。前者才是原创意义上的本土美学家。他/她们有自己的审美话语，同样能在自己的乡土社会完成知识的循环和话语的再生产。对此，你若仅坚持在"下里巴人"面前搬弄康德《判断力批判》，那真就是各说各话，风马牛不相及了。

目　录

导论　美学研究回归生活世界

　　从有文字记载的美学思想出现开始，美学研究已经持续了两千多年，这期间，世界上涌现了一大批思想卓越、成就非凡的美学大师，他们创作了大量影响深远的美学著作。尽管如此，现有的美学思想成果还远远没有对人类全部审美活动实现理论观照。为此，本书在前人研究的基础上，从"审美人类学"的视角来观照普通人在日常生活中的审美活动，试图在美学理论上有所推进。

一、选题意义与价值

　　审美人类学家埃伦·迪萨纳亚克令人信服地论证了"审美"是人类与生俱来的一种天赋，是人类脱离动物界的一种能力，是一种伴随人类进化历程的普遍现象这一事实。① 如此，从时间上追溯，人类的第一次审美活动距今可能已有上百万年了。著名美学家朱狄先生曾经指出，根据已被发掘的大量考古学材料可知，"原始艺术至少在二、三万年前就确实存在着，而且随着史前考古学的不断发现，人类开始出现艺术活动的日期还正在逐渐向更远的时代推移"②。和人类漫长的审美实践史相比，有史可查的美学思想史相当短暂，西方最早的美学思想可以追溯到古希腊的苏格拉底，中国最早的美学思想则可溯及春秋时代的老子。众所周知，美学作为一门现代学科，晚至 1750 年才由德国哲学家鲍姆嘉通（Alexander Gottlieb Baumgarten）③ 创立，距今不过 270 多年的历史。

---

　　① 参见迪萨纳亚克：《审美的人——艺术来自何处及原因何在》，户晓辉译，商务印书馆，2004 年版。
　　② 朱狄：《艺术的起源》，中国社会科学出版社，1982 年版，第 33 页。
　　③ 也有学者将其译为"鲍姆伽登"。

对人类来说，美学成为一门独立学科固然是一件可喜的事，但遗憾的是，就像埃伦·迪萨纳亚克指出的那样，我们"早先在学校和大学里学到的西方人的艺术观和美学观是不充分的。以这种在 20 世纪 70 年代以前很流行的观点看来，对艺术的'真正'理解仅限于精英——即受过特殊的欣赏训练或者天生具有出色鉴赏力的那些人"，而且"西方人的观点显然没有把非西方人的实例纳入其艺术杰作的殿堂"①。可见，从如此深厚的审美实践土壤中生长并发展起来的传统美学思想虽然对人类审美实践进行了形而上的提升，但与此同时也逐渐脱离了最广大审美主体丰富、鲜活的生命实践活动，发展成一种具有浓厚思辨或玄想特征的、主要观照贵族、精英知识分子，且远离生活实践的高雅精神活动的精英美学传统。那种更普遍的，与贵族、精英知识分子审美活动相映照的，普通人在日常生活实践中进行的丰富多彩的审美活动，长期处于一种被忽略、被贬低甚至被否定的境地，无法在美学领域获得合法的地位。

正因为如此，本书以普通人日常生活实践中的审美活动为观照对象的研究便有了独特的意义与价值。在本书中，笔者通过人类学田野工作，让普通人在日常生活实践中的审美行为成为被重点描述的对象。这不仅打破了传统美学的精英取向，使美学观照的对象世界更加全面，而且以此为基础，还可能对传统美学至今未能圆满阐释的"美"与"审美"问题做出一种新的、更具普遍意义的阐释——一种基于人类总体而非仅限于精英阶层的阐释。

二、研究综述

为了让本书有一个更加清晰的目标，笔者有必要先对中西方美学研究的精英化传统进行一次学理性的反思，在此基础上，研究才可能更有针对性。

（一）对中西方传统美学研究的反思

无论是以欧美为中心的西方美学传统，还是以中国为代表的东方美学传统，大体而言，其基本的美学态度都是"通过集中注意力将认识的客体

---

① 参见迪萨纳亚克：《审美的人 艺术来自何处及原因何在》（中译本序），户晓辉译，商务印书馆，2004 年版。

与它的环境分开，通过将推论和分析活动搁置起来（无视社会学和历史背景），通过不计利害和超脱（摆脱过去和未来的成见）的态度，最后通过对客体的存在漠不关心，来确定自己的特征"①。可以说，双方走上了一条颇为相似的路径——从生活实践出发而又逐渐脱离生活实践。

1. 西方传统美学研究及其精英化取向

在前苏格拉底时代，古希腊人所谓的艺术——西方古典美学主要甚至是唯一的研究对象其实就是技艺（techne）。对当时的希腊人来说，艺术一词的意义是相当宽泛的。由于他们还没有把艺术区分为美术和技艺，因此任何精细的生产都可以纳入它的范围。建筑师的工作，木匠、纺织工的劳动都可以算作艺术，并且古希腊人认为各种艺术都可以是美的。在他们看来，艺术中的技能是相当重要的元素，于是艺术被看成是精神性的活动。从事艺术者既因拥有知识而受到人们的尊重，又因其劳动是体力劳动和谋生的劳动而遭到具有审美特权的贵族的鄙视。② 显然，在前苏格拉底时代，艺术（美学）是和普通人的生产生活融为一体的。

前苏格拉底时代的古希腊思想家持有两种不同的艺术观点，一种是以德谟克利特为代表的流行观点，该观点认为艺术是通过模仿自然创造自己的作品。另一种是以普罗塔哥拉为代表的观点，该观点认为"并非出自人手的每一件作品都是艺术，而只有有意识地而非偶然地、按照一般规则创造出的作品才是艺术"，他"把自然同偶然性结合起来，而把它们与艺术对立起来。艺术便是通过这双重的对立来界定的"③。其实，无论是德谟克利特所代表的流行观点，还是普罗塔哥拉所代表的观点，艺术总是和人的模仿性或创造性活动分不开。对于与他们同时代的人来说，这些所谓模仿性或创造性活动完全属于生产生活活动。

总的来说，在前苏格拉底时代，艺术与生活、美与感性是牢牢结合在一起的。苏格拉底对美的艺术与技艺进行了区分，说绘画是对看到之物的模仿，认为完美的人像是通过模仿许多模特儿身上最好的部分而创作出来的。这样，艺术就逐渐脱离了具体的、制造性的模仿，走向了理性的、理

---

① 奥斯本：《评价的艺术》，载于《牛津大学学报》，1970 年，转引自布迪厄：《艺术的法则：文学场的生成和结构》，刘晖译，中央编译出版社，2001 年版，第 343—344 页。
② 塔塔尔凯维奇：《古代美学》，理然译，广西人民出版社，1990 年版，第 20 页。
③ 塔塔尔凯维奇：《古代美学》，理然译，广西人民出版社，1990 年版，第 92 页。

想化的模仿。① 苏格拉底的思想经过他的弟子柏拉图和再传弟子亚里士多德的体系化，为日后西方美学脱离感性，脱离生活传统，沉迷于纯理性的形而上思辨打下了观念基础。

事实上，无论是柏拉图的视艺术为不真实的看法，还是亚里士多德的艺术比历史更真实的观点，本质上都有一个共同的哲学基础——割裂了艺术与现实人生之间存在紧密关系的主客二分思想。这种割裂的背后隐含了一种省略——艺术作为一种前苏格拉底时代的过程性、生活化的活动②被简化，活动的过程被省略和忽视，生活本身被遮蔽，而原先作为活动结果和生活用品的定型产品则被凸显，成为与理念、历史相比而言不真实或更真实的静态对象。

柏拉图、亚里士多德对创造艺术的生产、生活过程的省略和忽视，被他们的追随者——新柏拉图主义者普洛丁、奥古斯丁和亚里士多德主义者托马斯·阿奎那等人继承并发挥到极致，在他们看来，艺术的本源是至高无上的造物主，也就是上帝。这样，艺术家的人性就被上帝的神性遮蔽了，艺术家的才华不再属于自己而是属于上帝，艺术家被当成了上帝展示自己光辉的工具，艺术也就和人性一起被诸神的光辉挤压到了黑暗的角落。

文艺复兴虽然带来了人的觉醒，但是艺术作为人类生产生活活动（包括审美）的产物并没有被还原到人的生活过程中，直到19世纪，亚里士多德所说的"模仿性的艺术"，亦即由专业艺术家创作出来的，作为艺术创造过程的静态产品的"美的艺术"几乎是美学家讨论的唯一对象，18世纪中叶，法国哲学家夏尔·巴托神父在将艺术划分为实用艺术、机械艺术和美的艺术这样三种类型的同时，又认为"美的艺术"就是那种为人们提供某种情感愉悦，而没有任何其他实用功利目的的艺术类型，并明确将其外延限定为五种，即音乐、诗歌、绘画、戏剧和舞蹈。③ 而对于生产生活实践中从未停止过的技艺性生产与生活活动所蕴含的审美功能，则视而不见。

---

① 塔塔尔凯维奇：《古代美学》，理然译，广西人民出版社，1990年版，第99页。

② 作为艺术的技艺，是在工匠们的生产生活活动中呈现出来的。

③ Abbé Charles Batteux, Les beaux-arts réduits â un même principe, Geneva: Slatkine Reprints, 1969. 转引自周宪：《审美论回归之路》，载于《文艺研究》，2016年第1期。

　　由鲍姆嘉通创立，经康德、席勒、黑格尔等人发扬光大的现代美学虽然摆脱了中世纪神学思想的统治，却沿袭了柏拉图和亚里士多德以来忽视生活实践的研究传统①，在纯粹思辨的狭小空间里迂回前进。即便是在美学广泛借鉴诸如现象学、符号学、语言学等其他学科知识而产生众多研究派别的 20 世纪上半叶，美学研究仍一如既往地忽视审美作为大众日常生活一部分（勿论其所占比例之大小）的事实，在知识精英的圈子里自说自话。

　　20 世纪后半叶，英国伯明翰大学当代文化研究中心成立后的相关研究，让大众文化以及与之密切相关的大众日常生活逐渐进入了学者的研究视野。社会学领域也于 20 世纪 80 年代末开始了对于"日常生活审美化"②的讨论，它关注的是后现代社会中人们的日常生活很大程度被审美化的现象，但正如这一命题的提出者迈克·费瑟斯通指出的那样，这一现象不过是后现代消费主义文化盛行的结果，而与物质消费尚不发达的现代和前现代时期人们日常生活中的审美现象无关。

　　由此可见，西方传统美学自苏格拉底以来就普遍无视普通人的日常审美现象，一直走在一条精英化、理性化的道路上，是少数知识精英在书斋中冥思苦想的对象。审美也因此成为一项食利者的专利，与一般民众毫无瓜葛。这种精英化的研究取向既不符合人类普遍审美的生活实际，也与世界各地考古发现中大量审美遗迹提供的证据相左。因此，不得不说，尽管西方传统美学取得了巨大的理论成就，但由于它忽略了广大人民群众的审美生活实践，因此它是不完整的，对人类总体而言不是普遍性的美学。

2. 中国古典美学研究及其精英化取向

　　虽然现代美学学科直到 19、20 世纪之交才传入中国，但是，中国自先秦以来就有丰富的美学思想，诸子百家、文人学士、宗教上层人物等精英人士不断对美和审美提出了自己的见解，而且，就个体来讲，可以说很多文人学士和富家公子过的就是一种审美式的生活。同西方美学思想一

---

　　①　这从康德关于美是"非功利而生愉悦"的对象和黑格尔"美是理念的感性显现"的定义中，可见一斑。

　　②　"日常生活审美化"这一命题最早由英国学者费瑟斯通于 1988 年在"大众文化协会大会"上所作的题为《日常生活的审美呈现》（"The Aestheticization of Everyday Life"）的报告中提出。参见费瑟斯通：《消费文化与后现代主义》，刘精明译，译林出版社，2000 年版。

样，中国古典美学思想最初也发源于日常生活实践。从《说文解字》对"美"字的解释①可见，在远古时代，人们的审美感受是与其日常生活的真实感受息息相关的。儒家对中国最古老的经典——《易经》的解读②也表明中国历史上第一个具有审美意味的创造——"八卦"，正是来源于对生存环境和生活对象的观察。

春秋时期，群雄争霸，诸子百家各出其说以争鸣于世，美学思想也在各家学说中萌芽。诸子百家当中，以儒道两家学说在中国思想史上影响最深、最广，中国古典美学思想也基本以这两家思想为代表。

儒家美学思想以"仁"为核心，强调人的审美应当"志于道，据于德，依于仁，游于艺"③。要求各种审美活动在"仁"的指导下开展，否则，"人而不仁，如礼何？人而不仁，如乐何？"④审美活动就将失去依据，容易遇到沉迷"郑声"之类靡靡之音的危险。儒家认为最大的快乐是欣赏类似《韶》乐的兼具"至善"和"至美"⑤两大特征的审美对象，而且，最理想的审美对象应当具有像《关雎》那样"乐而不淫，哀而不伤"⑥的"中和"审美特征。

尽管春秋时期人们在论及音乐艺术"和"的审美特征时，常常以食物的五味来打比方⑦，但这种来自生活的审美智慧并未在儒家美学思想史上

---

① 许慎释美曰："甘也。从羊从大。羊在六畜主给膳也。"美与善同义。段玉裁进一步解释说："甘部曰。美也。甘者，五味之一。而五味之美皆曰甘……羊大则肥美。"参见许慎：《说文解字注》，段玉裁注，上海古籍出版社，1981年版，第146页。

② 《易传·系辞下》曰："古者包牺氏之王天下也，仰则观象于天，俯则观法于地，观鸟兽之文与地之宜，近取诸身，远取诸物，于是始作八卦，以通神明之德，以类万物之情。"引自叶朗：《中国历代美学文库·先秦卷》（上），高等教育出版社，2003年版，第85页。

③ 《论语·述而》，引自叶朗：《中国历代美学文库·先秦卷》（上），高等教育出版社，2003年版，第372页。

④ 《论语·八佾》，引自叶朗：《中国历代美学文库·先秦卷》（上），高等教育出版社，2003年版，第363页。

⑤ 参见《论语·八佾》："子谓《韶》：'尽美矣，又尽善也。'谓《武》：'尽美矣，未尽善也。'"又，《论语·述而》："子在齐闻《韶》，三月不知肉味，曰：'不图为乐之至于斯也。'"

⑥ 《论语·八佾》，引自叶朗：《中国历代美学文库·先秦卷》（上），高等教育出版社，2003年版，第364页。

⑦ 如《左传·昭公二十年》所载晏子在论和同之异时就说："和如羹焉。水火醯醢盐梅，以烹鱼肉，燀之以薪。宰夫和之，齐之以味，济其不及，以泄其过。君子食之，以平其心……声亦如味，一气、二体、三类、四物、五声、六律、七音、八风、九歌，以相成也。清浊、小大、短长、疾徐、哀乐、刚柔、迟速、高下、出入、周疏，以相济也。君子听之，以平其心。心平，德和。"

得到发展。相反，随着儒家学说正统地位的确立，其审美文化思想也逐渐走上了一条伦理化、政治化的道路。汉儒从先秦儒家经典诸如"智者乐水，仁者乐山"①"泰山岩岩，鲁邦所詹"② 等言论中发展出一种极为重视人之德行的比德论，认为君子之所以欣赏那些美的事物，是因为那些美的事物正好体现了他们自身的德行③，而他们自身的审美创造也正是其内在道德的外在显现④，他们因此认为，举凡优秀的文学艺术创作必定是某种道德的体现。⑤

三国时期，魏文帝曹丕率先将文学的审美创造提升到国家大事的高度⑥，进一步强化了文学创造的政治功能。曹丕将审美伦理化、政治化的观点被儒家学派发扬：唐代古文运动的重要人物柳冕以"文章本于教化"为基本观点，认为文章如果不以教化为根基，就与普通的技艺没什么区别；⑦ 韩愈指出"学所以为道，文所以为理"，认为为文的目的是阐明道理；⑧ 柳宗元则进一步明确提出"文者以明道"的观念，说自己为文的目的乃是"羽翼夫道"，强调为文应当以儒家五经为取道之本原⑨，批评那种"贵辞而矜书，粉泽以为工"的文风是不得为文之要领的"外"行之举；⑩ 与韩柳同时代的裴度更是指出为文的最高目的乃是"理身、理家、

---

① 《论语·雍也》，引自叶朗：《中国历代美学文库·先秦卷》（上），高等教育出版社，2003 年版，第 371 页。

② 程俊英：《诗经译注》，上海古籍出版社，1985 年版，第 668 页。

③ 西汉刘向《说苑·杂言》云："夫水者，君子比德焉。遍予而无私，似德；所及者生，似仁……"，"玉有六美，君子贵之：望之温润……君子比德焉……廉而不刿者，君子比仁焉；有瑕必见之于外者，君子比情焉。"参见叶朗：《中国历代美学文库·秦汉卷》，高等教育出版社，2003 年版，第 266 页。

④ 杨雄《法言·问神》云："故言，心声也；书，心画也，声画形，君子小人见矣。"王充《论衡·书解篇》曰："德弥盛者文弥缛，德弥彰者人弥明。"

⑤ 《毛诗序》开篇即谓："《关雎》，后妃之德也，风之始也，所以风天下而正夫妇也。"王逸在《楚辞章句序》中也表达了屈原《离骚》乃是其忠贞之质、清洁之性的外在表现之意。

⑥ 曹丕在《典论·论文》中说："盖文章，经国之大业，不朽之盛事。"

⑦ 柳冕：《与徐给事论文书》，引自陈望衡：《中国古典美学史》（中卷），武汉大学出版社，2007 年版，第 97 页。

⑧ 韩愈以儒家道统的传承者自居，他所谓的"道理"就是指儒家的仁道。参见韩愈：《送陈秀才彤序》，引自陈望衡：《中国古典美学史》（中卷），武汉大学出版社，2007 年版，第 105 页。

⑨ 柳宗元：《答韦中立论师道书》，引自北京大学哲学系美学教研室：《中国美学史资料选编》（上册），中华书局，1980 年版，第 294－295 页。

⑩ 柳宗元：《报崔黯秀才论为文书》，引自北京大学哲学系美学教研室：《中国美学史资料选编》（上册），中华书局，1980 年版，第 295 页。

理国、理天下"。① 不仅诗文创作是这样，绘画创作也是如此。画论家张彦远就认为，无论是创作目的，还是对绘画的审美鉴赏，都有其重要的伦理目的或效果。②

欧阳修不满宋初文坛以"道"为海，以"文"为浮海之工具的重"道"轻"文"之风③，指出"道"与"文"的关系应该是内容与形式、灵魂与肉体的关系，为文者应当学习儒家经典，以使自身"心定""道纯"而"中者实"，因为"中充实则发为文者辉光"④，这种看法虽然纠正了忽略文学审美特质的错误倾向，但并未放弃以伦理政治的儒家之"道"为审美创造核心的观点。北宋理学家周敦颐非常看重儒"道"之作用，提出了对后世文学影响深远巨大的"文以载道"说。他认为具有审美价值的"文"的作用全在乎"传道"⑤。理学家程颐更是反对那种"专务章句，悦人耳目"，独以审美为目的的"文"，认为那不过是令人"丧志"之"玩物"，他主张应当像圣人那样"摅发胸中所蕴"⑥，为传道而自然成文。理学的集大成者朱熹也认为审美的"文"是从作为伦理政治之最高标准的"道中流出"的，因其"根本乎道"，故而"文便是道"⑦。宋明以后，儒家这种将审美伦理政治化的倾向基本固定下来，成为多数文人士大夫遵守的金科玉律。

道家从创始人老子开始，其美学思想便走上了一条形而上的道路。

---

① 裴度：《寄李翱书》，引自陈望衡：《中国古典美学史》（中卷），武汉大学出版社，2007年版，第123页。

② 张彦远在《历代名画记》中说："夫画者：成教化，助人伦，穷神变，测幽微，与六籍同功，四时并运，发于天然，非由述作。"又借曹植之口说："观画者，见三皇五帝，莫不仰戴……见高节妙士，莫不忘食……见令妃顺后，莫不嘉贵。是知存乎鉴戒者，画也。"引自北京大学哲学系美学教研室：《中国美学史资料选编》（上册），中华书局，1980年版，第306—307页。

③ 柳开：《应责》，引自陈望衡：《中国古典美学史》（中卷），武汉大学出版社，2007年版，第322页。

④ 欧阳修：《答祖择之书》，引自陈望衡：《中国古典美学史》（中卷），武汉大学出版社，2007年版，第323页。

⑤ 周敦颐在《通书·文辞》中说："文所以载道也。轮辕饰而人弗庸，徒饰也，况虚车乎！文辞，艺也；道德，实也。笃其实，而艺者书之，美则爱，爱则传焉。"引自陈望衡：《中国古典美学史》（中卷），武汉大学出版社，2007年版，第457页。

⑥ 程颢、程颐：《河南程氏遗书》（卷十九），引自陈望衡：《中国古典美学史》（中卷），武汉大学出版社，2007年版，第471—472页。

⑦ 朱熹：《朱子诸子语类·论文上》（卷四十七），引自陈望衡：《中国古典美学史》（中卷），武汉大学出版社，2007年版，第483—484页。

《老子》开篇即指出所有的美均源自那"玄之又玄"的"道"①，认为世界上最美的形象和声音不是别的，正是那无法看见其形象的"大象"和无从听见其声音的"大音"②，并且将生活中的审美对象"五色""五音"与作为物质享乐对象的"五味""驰骋畋猎"及"难得之货"并举，认为对这些外在对象的沉迷是有害而无益的③，并进而主张"见素抱朴，少私寡欲"④。可以说，道家一开始就把审美驱离了普通人的生活实践，拒绝了原本存在于日常生活之中的审美活动。

尽管庄子自己的文笔汪洋恣肆，充满了审美元素，但在审美思想上，他和老子一样看重"素朴"，既对工匠们带有审美性质的创造性生产活动予以否定⑤，又承接老子"道法自然"的思想，认为天地之美才是最高的美，因而应当欣赏"天籁"一类的天地之大美。究其实质，庄子主张以自然为美、以无为为乐。

老庄以大道、自然、无为为美的美学思想，经汉代道家、道教的发扬，到魏晋南北朝时期已蔚然成风，产生了以谈玄说理为特征的所谓"魏晋风度"，并对审美创造理论产生了深远的影响。在书画理论方面，南朝宗炳提出了著名的"澄怀味象"命题，他认为通过观赏山水画，可以达到体验"道"美的效果。⑥ 同为南朝人的王微则指出画图乃是"以一管之笔，拟太虚之体"，认为图画不仅属于技艺范畴，更应当是"与《易》象同体"⑦ 的。这两位较早的山水画论家都将山水画与道家、道教最高的哲学范畴——"道"联系在了一起。唐代李嗣真更是在《书后品》中将体现出"自然之逸气"的"逸品"置于书法九品的上品之上⑧。王维则将"肇自然之性，成造化之功"的水墨画视为画道中之最上乘，为宋代以后文人

---

① 陈鼓应：《老子今注今译》，商务印书馆，2006年版，第73页。

② 陈鼓应：《老子今注今译》，商务印书馆，2006年版，第229页。

③ 陈鼓应：《老子今注今译》，商务印书馆，2006年版，第118页。

④ 陈鼓应：《老子今注今译》，商务印书馆，2006年版，第147页。

⑤ 《庄子·马蹄》云："……同乎无欲，是谓素朴；素朴而民性得矣……五色不乱，孰为文采？五声不乱，孰应六律？夫残朴以为器，工匠之罪也。"

⑥ 宗炳：《画山水序》，引自北京大学哲学系美学教研室：《中国美学史资料选编》（上册），中华书局，1980年版，第177页。

⑦ 王微：《叙画》，引自北京大学哲学系美学教研室：《中国美学史资料选编》（上册），中华书局，1980年版，第179页。

⑧ 李嗣真：《书后品》，引自北京大学哲学系美学教研室：《中国美学史资料选编》（上册），中华书局，1980年版，第246页。

写意画的繁盛扎下了根基。① 宋初，黄休复在唐代张怀瓘"神、妙、能"三品论书的基础上，提出画有"逸、神、妙、能"四格，并以代表道家自然之道的"逸格"为最高。② 苏轼论书也赞赏那种"妙在笔画之外"的"萧散简远"风格。③ 清代画论家石涛更是标举道家味十足的"以无法生有法，以有法贯众法"的"一画"之法。④ 就书画创作实际来看，从宋代开始，以表现某种"道"为目的，而不以写实为务的水墨写意画成为文人画主流，清人黄钺所著《二十四画品》即充分展现了这种审美观念。

在文学创作及理论方面，南北朝时期出现了游仙诗、隐逸诗等道家道教色彩浓厚的诗歌，表现文人士大夫闲适、散淡情怀的山水诗逐渐蔚为大观。唐代有诗仙之称的李白标举"清真"的诗歌创作风格。宋代苏轼标举所谓"外枯而中膏，似澹而实美"的"枯淡"诗风。⑤ 姜夔则在他认定的四类好诗中最称道那种"非奇非怪，剥落文采，知其妙而不知其所以妙"的"自然高妙"之诗。⑥ 这种追求清真、枯淡，凸显"道"意的倾向无论是在创作实践方面，还是在诗歌理论方面，在各代都不乏呼应者。

通观中国古典美学思想史，儒道两家的美学思想从先秦的老庄、孔孟开始，即成为统治阶级和知识精英或伦理政治或形而上学的精致把玩对象，而对普通人日常生活审美事象则熟视无睹，很少留下只言片语。尽管中国古典美学在文学艺术创作和鉴赏理论方面取得了辉煌的成就，但由于它关注的对象仅限于知识精英及其精神生活，而不可能概括生活世界中更加丰富和鲜活的审美事象，因此它同样是不完整的，不具有对人类总体而言的普遍性。

---

① 王维：《山水诀》，引自北京大学哲学系美学教研室：《中国美学史资料选编》（上册），中华书局，1980年版，第269页。

② 黄休复：《益州名画录》，引自北京大学哲学系美学教研室：《中国美学史资料选编》（下册），中华书局，1981年版，第1—2页。

③ 苏轼：《苏东坡集》后集卷九《书黄子思诗集后》，引自北京大学哲学系美学教研室：《中国美学史资料选编》（下册），中华书局，1981年版，34页。

④ 石涛：《石涛画语录》，引自北京大学哲学系美学教研室：《中国美学史资料选编》（下册），中华书局，1981年版，第327页。

⑤ 苏轼：《评陶韩柳诗》，引自北京大学哲学系美学教研室：《中国美学史资料选编》（下册），中华书局，1981年版，第34页。

⑥ 姜夔：《白石道人诗说》，引自北京大学哲学系美学教研室：《中国美学史资料选编》（下册），中华书局，1981年版，第71页。

3. 中国现当代美学研究简评

在王国维等人将美学学科引进中国以后长达一个多世纪的时间里，中国的美学研究主要集中在两大领域，其中一个领域是对西方美学著作的翻译、介绍和对西方美学范畴的讨论，这方面的研究成果一方面表现为大量西方美学经典著作如柏拉图《理想国》、亚里士多德《诗学》、康德《判断力批判》、黑格尔《美学》、席勒《美育书简》、克罗齐《美学原理》、格罗塞《艺术的起源》等中文译本和相关介绍著作的出版；另一方面则表现为20世纪50年代美学大讨论中主观派、客观派、主客统一派和社会实践派的论争，这种论争在20世纪80年代"美学热"以及90年代以后新实践美学、后实践美学、生命美学、生活美学等诸多美学派别的诞生和发展中得以延续。

另一个领域是对中国古典美学思想的发掘和对中国古典美学理论体系的建构。这方面的研究成果也主要表现在两个方面，一方面是在对"中国有无美学"这一问题的肯定回答中，从先秦以降的中国古代思想著述中发掘老庄、孔孟、葛洪、刘勰、司空图、严羽、欧阳修、苏轼、金圣叹、李渔、王夫之等人著述中的美学元素，并催生了《中国美学史资料选编》《中国古典美学丛编》《中国历代美学文库》等一批整理性书目；另一方面则是通过朱光潜、宗白华、叶朗等美学家前后超过五十年的共同努力和学术传承，建构起了一套融合西方美学思想又不同于西方美学的，以"意象"为根本范畴，涵括了"意境""境界""韵味""兴象""神思""意趣""沉郁""飘逸""空灵"等众多范畴的中国古典美学理论体系。

20世纪80年代末以后，国内的美学研究和20世纪60年代以后的西方美学研究相似，由于大众文化异军突起等诸多原因的影响，中国美学界在美学理论研究层面逐渐淡化，开始退守审美文化研究。20世纪90年代，对审美活动的物化产品、审美活动的观念体系（包括审美趣味、审美理想、审美价值标准等）和人的审美行为方式的研究逐渐成为美学研究领域的主流。

这一阶段的美学研究虽然结合了中国自古以来的审美实践，有不少创新，但由于基本的理论框架和核心范畴都源自西方，美学家通常是用中国话语论证西方理论，一些重要人物如王国维就在《论教育之宗旨》一文中，对"美"做了这样的解说："盖人心之动，无不束缚于一己之利害；

独美之为物，使人忘一己之利害而入高尚纯洁之域，此最纯粹之快乐也。"① 这一解说将美与善彻底分开，使审美与功利性活动从此两不相涉，这在当时虽然仅仅是他自己对康德美学的理解，但由于他是将西方美学思想传入中国的早期最重要人物，这导致他的解说对此后中国美学研究的影响巨大。其后，美学泰斗朱光潜也在他的《谈美》和《文艺心理学》两部重要著作中借不同人对一棵古松的三种态度来区分真、善、美，再次对审美作了纯然无关乎功利的界定②，进一步强化了王国维对中国学者美学观念的影响。这样，将审美活动与功利性活动截然分开也就成了中国美学界的普遍流行观念。在这种观念影响下，从事美学研究的人基本无视普通人日常生活中的审美事象，其研究理路与西方传统美学研究如出一辙，同样走上了一条精英化、理性化的研究道路③，存在与西方传统美学研究一样的局限。

如果将中西美学作为整体来看，可知在两千多年的发展历程中，由于脱离了生活世界，美学思想虽然经历了由本体论到认识论，到心理学，到语言学再到文化学的多次转向，美学研究流派纷呈，在理论上也取得了丰硕的成果，却大多流于抽象的玄思，成了少数精英人士的所谓高雅玩赏物，而与无数在生活中不断进行审美实践的"匿名集体"④ 几乎毫无瓜葛，对大多数普通人的实际生活也少有指导意义。这正是今日美学研究需要变革的地方。

(二)"文学生活"研究及其美学启示

20世纪末以来，传统人文社会科学研究似乎都遭遇了困境，纷纷提出了所谓的"终结论"，与此同时，各个学科也在积极寻找自身的发展出路。其中，文学研究领域探寻出了一条研究"文学生活"的路径，这一研究路径也给美学研究带来了一定的启示。

---

① 王国维：《王国维学术文化随笔》，中国青年出版社，1996年版，第146页。

② 朱光潜：《朱光潜全集》（第2卷），安徽教育出版社，1997年版，第11页。

③ 从事审美文化研究的学者通常都非常重视作为生活遗存的文化事象，但一般只是把这些事象作为今人可以从中获得审美愉悦的对象来归纳整理，而缺乏对这些事象与其生产者之间审美关系的讨论。

④ 何金兰：《文学社会学》，台湾桂冠图书公司，1989年版，第57页。书中的"匿名集体"指的是普通读者和某些文学的生产、传播者。

1. "文学生活"概念对普通人"生活世界"的引入

由于认识到以往现当代文学研究仅局限于在作家、作品、批评家、文学史家的小圈子里打转，而不大关注大众读者反应①，文学史书写一般也局限于采用批评家和评论者对作家作品及文学现象的评说，而缺乏来自普通读者阅读实际的原始材料的研究方式，已没有什么活力②，因此温儒敏先生 2009 年在"中国现当代文学研究 60 年国际学术讨论会"上提出了"文学生活"这一概念，建议学者们借用社会学的"田野调查"方法，深入读者群的"田间地头"去了解普通读者是如何看待作家、作品的。③ 其后，他陆续发表了《中国国民的"文学生活"——山东大学关于"文学阅读与文学生活"的调查》《"文学生活"：新的研究生长点》《文学研究也要接"地气"》以及《关注普通国民的"文学生活"》等系列文章，④ 于 2012 年申请并获批了国家社科基金重大项目"当前社会'文学生活'调查研究"，并于 2013 年 10 月在山东大学组建和成立了专门研究机构——"山东大学当代中国文学生活研究中心"，这就形成了一个新的文学研究场域。

目前，温儒敏先生领导的"文学生活"研究团队借用社会学研究方法展开田野调查，已生产了贺仲明《农民工当代文学阅读状况调查》，黄万华《学校教育背景下的大学生文学阅读状况调查》，马兵《近年来长篇小说的生产与传播调查》，史建国《网络文学生态调查》，张学军《茅盾文学奖获奖作品接受状况调查》，郑春、叶诚生《当下文化语境中鲁迅作品的阅读与接受状况调查》，刘方政《金庸武侠小说读者群调查》等一批调查报告。⑤ 同时，该团队在理论上也不断推进，除了温儒敏先生自己发表一些相关文章，还产生了黄万华《文学生活：当代社会转型时期文化建设的重要基石》，刘方政《"文学生活"概念的提出、内涵及意义》，唐锡光《想象共同体的重建与当代网络文学生活》，倪万《全民阅读视野下的媒介

---

① 温儒敏：《"文学生活"概念与文学史写作》，载于《北京大学学报》（哲学社会科学版），2013 年第 3 期。

② 温儒敏：《关注我们的文学生活——寻找阅读与研究的源泉》，载于《人民日报》，2012 年 1 月 10 日第 20 版。

③ 范宁：《温儒敏：文学研究也要走进"田间地头"》，载于《楚天都市报》，2009 年 9 月 27 日第 19 版。

④ 这些文章依次载于《中华读书报》，2012 年 8 月 22 日第 05 版；《中国现代文学研究丛刊》，2012 年第 8 期；《求是》，2013 年第 23 期；《中华读书报》，2014 年 11 月 5 日第 13 版。

⑤ 上述 7 篇调查报告均载于《中国现代文学研究丛刊》，2012 年第 8 期。

使用与文学生活——以媒体从业人员为例》等一批理论文章。① 受温儒敏先生"文学生活"概念影响，一些博士和硕士学位论文也在这一概念框架下选题并完成。②

事实上，最早使用"文学生活"这一概念的并非温儒敏。2005 年，卢敦基研究员就在其《从李慈铭看十九世纪江南士绅的日常文学生活》一文中使用了"文学生活"这一概念，但他是在未经界定的情况下使用这一概念的，从文章内容看，其所谓"文学生活"的大意是指文人日常生活中的文学活动。卢敦基的研究对象是一个以日记形式记录日常生活的文人，可见，其研究视野仍局限于精英知识分子，本质上属于传统文学研究领域。由于缺乏必要的界定，卢氏所提出的"文学生活"概念并无多大理论意义。③ 李勇副教授也先于温儒敏使用了"文学生活"这一概念，不过，李氏理解"文学生活"的理论基础是现象学关于"生活世界"的理论和英国学者霍加特、威廉斯等人的文化研究理论；其论述目的在于通过研究人们的文学阅读这种"生活方式"，应对文学理论研究自身面临的困境和来自文化研究的挑战。李氏虽然把"文学生活"的主体扩大到了普通人范围，但是其"文学生活"概念所指涉的范围仍主要局限在人们的文学阅读及其体验方面，重心依然是"文学"，而不是生活。④ 在温儒敏先生提出"文学生活"概念以后，除他本人及其团队，也还有其他研究者使用"文学生活"概念发表了相关文章，有的研究者一方面认同温儒敏以社会学的方法介入大众"文学生活"研究的做法，另一方面又在具体研究中仍然把研究对象限定在文学专业从事者的范围之内⑤；有的研究者则在指涉"文学"与我们的实际生活之关系的意义上使用了"文学生活"这一概念，意

① 这些文章依次载于《湖南社会科学》，2012 年第 2 期；《山东大学学报》（哲学社会科学版），2014 年第 4 期；《山东大学学报》（哲学社会科学版），2014 年第 4 期；《当代文坛》，2015 年第 6 期。

② 如 2014 年山东大学阮兰芳博士的《日常生活与文学上海——"都市作为一种生活方式"的文学考察》，2013 年山东大学硕士封小萃的《中国高校校报副刊的非主流文学生态调查研究》等论文。

③ 卢敦基：《从李慈铭看十九世纪江南士绅的日常文学生活》，载于《浙江学刊》，2005 年第 6 期。

④ 李勇：《文学生活：文学研究与文化研究交叉的领域》，载于《文艺理论研究》，2009 年第 3 期。

⑤ 曾念长：《文学场视野中的当代文学生活》，载于《福州大学学报》（哲学社会科学版），2013 年第 2 期。

在批判大众传媒中的文学消息和娱乐文学等无关真实人生的文学，进而提倡一种如《红楼梦》般关注人生的文学。[①]

　　总的来看，无论是在之前还是之后使用"文学生活"这一概念的研究者，其对"文学生活"的理解均未达到温儒敏先生及其团队对这一概念认识的深度与广度。从已有的相关研究成果来看，相比其他使用"文学生活"概念的研究者，温儒敏及其团队更加重视"文学对生活的作用与影响"，其"文学生活"概念是一个兼具文学史、文学理论和文学实践意义的命题[②]，它更加"强调关注'普通国民的文学生活'，或者与文学有关的普通民众的生活"，更加"提倡文学研究关注'民生'——普通民众生活中的文学消费情况"[③]。从其所借用的研究工具——社会学田野调查方法及其涵盖了文学的阅读、消费，文学的策划、生产、传播以及文学接受现象等诸多内容的研究范围来看，温儒敏及其团队的"文学生活"研究是对文学的社会学研究。[④] 不过，究其实质，他们关注的主要是文学在生活实践中如何存在的问题，作为其研究对象的文学，无论是经典文学、通俗文学，还是网络文学，总体上与人们关于文学的传统界定是大致相符的。

　　由于研究者的目标是要解决文学研究自身的活力问题，其研究路径乃是通过国民的生活来研究文学的生产、传播、接受、消费等活动，虽然也强调关注"民生"，但其重心显然是文学而不是普通人的生活，因此，准确地说，其"文学生活"概念应该理解为"生活世界中的文学活动"或者"文学在生活世界中的状况"。尽管如此，温儒敏将生活世界引入文学研究的做法极大地扩展了文学研究的视野，具有巨大的开创性和借鉴意义。

2. 文学人类学"文学生活"研究向"生活世界"的回归

　　略晚于温儒敏先生，但与之不同，中国文学人类学学科开创者之一的徐新建先生受加拿大菲尔兰多·波亚托斯等学者研究欧美世界文学生活的

　　① 南帆：《我们这个时代的文学生活》，载于《江苏大学学报》（社会科学版），2012 年第 1 期。

　　② 刘方政：《"文学生活"概念的提出、内涵及意义》，载于《山东大学学报》（哲学社会科学版），2014 年第 4 期。

　　③ 温儒敏：《"文学生活"概念与文学史写作》，载于《北京大学学报》（哲学社会科学版），2013 年第 3 期。

　　④ 刘方政：《"文学生活"概念的提出、内涵及意义》，载于《山东大学学报》（哲学社会科学版），2014 年第 4 期。

启发，在其主持的国家社科基金重大项目"中国多族群文学的共同发展研究"中，也提出并从人类学的角度界定了"文学生活"这一概念，他领导的团队旗下成员李菲博士也于2014年申请到了一个以"人类学视域下嘉绒地区少数族群文学生活研究"为题的国家社科基金项目。

与以温儒敏先生为代表的传统文学研究界的"文学"概念不同，文学人类学界对"文学"的理解更加广义和宽泛。著名人类学家李亦园先生就认为："文学的定义实在不能限定于用文字书写出来，而应该扩大范围包括用语言或行动表现出来的作品。"① 徐新建先生也认为过去那种以印刷作品为标志，按照诗歌、小说、散文、戏剧四个部类划分的"文学"观念是以精英和文字书写为代表的，扼杀了民间、口传和仪式过程中的活态文学，这样的文学观念是不完整的。所以，他主张研究人类学意义上的"大文学""活态文学""草根文学"乃至"生命文学"和"终极文学"②，他同时指出，人的言语、动作以及人创造出来的图像、器物、纹饰、服装、建筑、文字等媒介都可被视为广义上的"文"，因为它们都是人对自身直接或间接的表述。如此一来，文学研究的对象便真正地被扩展到了人类生活的一切领域之中。③

正是在这样的文学观念基础之上，徐新建先生认为，关注"文学生活"的意义在于理解并阐释"文学的生活性"和"生活的文学性"，这就意味着不仅要关注文学的文本形态，而且要将其作为"鲜活的事象和动态的过程"来研究，同时还应注意生活过程本身也存在诸如"祝酒辞""哭嫁歌"之类情感宣泄和虚构幻想等文学性质。④ 应当说，徐新建先生的"文学生活"概念本身就是指向普通人生活世界的，其目标是以广义的文学为中介去研究人的生活，其关注的重心不仅是文学，而且是创造和欣赏文学的人及其生活。因此，"文学生活"研究不仅是从生活层面观察文学如何活动，也不仅是研究文学如何影响生活；而是将文学作为普通个人、族群乃至全人类生活过程中不可割裂的，与其他诸如政治生活、经济生

---

① 李亦园：《从文化看文学》，参见叶舒宪：《文化与文本》，中央编译出版社，1998年版。
② 徐新建：《文学人类学的中国历程》，载于《西南民族大学学报》（人文社会科学版），2012年第12期。
③ 徐新建：《表述问题：文学人类学的起点和核心——为中国文学人类学研究会第五届年会而作》，载于《西南民族大学学报》（人文社会科学版），2011年第1期。
④ 徐新建：《多民族国家的文学生活》，载于《中外文化与文论》，2013年第4期。

活、神圣生活等水乳交融的一部分。

无论是温儒敏及其"文学生活"研究团队对普通国民生活世界的引入，还是徐新建及其文学人类学研究团队对生活世界的全面回归，其研究视角都给了同样处于困境的美学研究一个重要的启示：美学研究要想走出那种始终难以具有普遍性的困境，就必须摆脱过去那种纯粹思辨性的形而上学路子，重新回到生机勃勃的现实生活中去，实地考察不同地域、不同族群的审美生活，在此基础上，通过必要的理论提升，才有可能找到一种真正具有普遍性的美学理论。

（三）审美生活：美学研究新路径

就在西方各个人文学科都力图打破研究僵局之时，从 20 世纪 70 年代开始，一种全新的美学研究范式——审美人类学在西方尤其是美国蔚然兴起，为美学研究打开新局面带来了一缕曙光。

1. 审美人类学：美学研究的人类学转向

康德在其《实用人类学》一书中就提出了通过实际考察和交往来扩大人类学知识的主张，为美学研究打开了一扇通向审美人类学的窗户。[①] 随着达尔文《物种起源》的出版发行，进化论逐渐取得了全面胜利。受其影响，以人类学方法研究艺术起源问题的美学家不断涌现，如斯宾塞[②]、丹纳、格罗塞等一大批进化论艺术史家。与此同时，人类生活也逐渐进入美学家们的研究视野。19 世纪后半叶，俄国美学家车尔尼雪夫斯基提出了"美是生活"的著名命题，从理论的高度显示了对人的生活世界的美学关怀。稍晚于车尔尼雪夫斯基的俄国马克思主义美学家普列汉诺夫在其《没有地址的信》一书中指出，艺术不是起源于"游戏"，而是起源于生产劳动，从而将艺术与审美的源头指向人类追求功利的生产劳动，这也具有一定的人类学意义。

20 世纪 70 年代，随着一批以人类学方法研究审美和艺术问题的论著相继问世，作为一门交叉学科的审美人类学（人类学美学、美学人类学）

---

① 康德：《实用人类学》，李秋零译注，中国人民大学出版社，2013 年版。

② 甚至在达尔文之前，斯宾塞于 1852 年即发表了《发展的假设》（"The Developmental Hypothesis"）一文，它假设人类可能起源于一百万年前的一个单细胞；1857 年，他又出版了《进步：它的法则和原因》（*Progress: Its Law and Cause*）一书，试图运用自然进化的理论来解释艺术的历史。

正式诞生。审美人类学致力于"厘清审美现象与其他文化现象之间错综复杂的联系"①，其标志性著作包括雅克·马奎（Jaques Maquet）的《美感经验——一位人文学者眼中的视觉艺术》（*The Aesthetic Experience：An Anthropologist Looks at the Visual Arts*）、《审美人类学概论》（*Introduction to Aesthetic Anthropology*），怀尔弗里德·范·丹姆（Wilfried Van Damme）的《语境中的美：论美学的人类学方法》（*Beauty in Context: Towards an Anthropological Approach to Aesthetics*），托尼·弗洛里斯（Toni Flores）的《审美人类学》（*The Anthropology of Aesthetics*），罗伯特·F. 汤普森（Robert Farris Thompson）的《传统非洲的美学》（*Aesthetics in Traditional Africa*）以及埃伦·迪萨纳亚克（Ellen Dissanayake）的《审美的人》（*Homo Aestheticus*），等等。

这些著作主要研究了这样一些问题：一是对传统人类学和传统美学在研究人类审美和艺术问题时面临的困境进行了分析，并由此指出审美人类学存在和发展的可能性。二是探究了审美人类学的几个基本问题，即追问审美和艺术产生的物质基础；探究审美和艺术现象的复杂性；对非西方社会中审美和艺术价值的重新发掘与阐释。三是通过探讨政治、制度等方面对艺术和审美的影响，指出"美"是一种被建构的存在，审美人类学的研究应当突破近 300 年来艺术独占"美感所在"的局面，去研究更加广阔的审美现象。这些研究一改传统美学西方中心主义的观念，不再把西方美学思想作为衡量其他族群审美现象的唯一标准，而是站在文化相对主义的立场，认为每个族群均有自己独特的审美文化。其中尤其值得一提的是埃伦·迪萨纳亚克根据自己在斯里兰卡和新几内亚等地的长期田野考察和生活经验写成的《审美的人》一书，作者站在物种中心主义的立场，从人的生物学与生理学角度研究审美问题，通过考察审美和艺术与人的生理需要之间的关系，指出人类不仅是工具的、直立的、智慧的，而且应该是"审美的"，认为尽管不同族群拥有区别很大的艺术观念和形式，但所有这些艺术形式最终都起到了满足人们与生俱来审美需要的作用。② 这样的结论

---

① Jacques Maquet. Introduction to Aesthetic Anthropology. Malibu：Undena Publications，1979，p. 52.

② 迪萨纳亚克：《审美的人——艺术来自何处及原因何在》，户晓辉译，商务印书馆，2005年版。

在某种意义上具有真正的普遍性。

审美人类学摒弃了传统美学拘泥于书面文本思辨的研究理路，而是在充分重视审美文化杂糅特征的基础上，采用一种将注重实证的人类学研究方法与以思辨见长的传统美学研究方法结合起来的新方法，即"理论与案例的结合，精英文化与民间文化的结合"① 的方法，力图通过翔实、具体的田野调查和个案研究来探究不同族群、不同地域审美文化内蕴的审美价值。审美人类学这种"实证＋思辨"的研究方法既具有人类学学科的扎实材料基础，又不乏美学学科的理论思辨性，是对传统美学停留于描述和感性评论具体审美文化事象研究方法的巨大突破，显然不失为美学研究的一条好路径。② 在突破学科发展困境的意义上，审美人类学的诞生，为业已陷入僵局的美学学科指明了新的方向，这就意味着，美学研究在经历了认识论、语言学等多次转向之后，将再次朝人类学转向。

2. 审美生活：审美人类学的新方向

尽管上述著作和理论文章对审美人类学学科的建立功不可没，并在某种程度上使审美人类学成了一门具有相当高地位的学科，但正如荷兰哲学家和人类学家怀尔弗里德·范·丹姆（Wilfried Van Damme）指出的那样，由于人们在借鉴人类学方法研究美学和艺术问题时会遭遇诸如美学本身的问题，形式主义和二分法思考模式以及认为非西方族群因缺乏以言辞表达出来的审美观而可能不具备审美感知能力等理论障碍，关于美学、艺术的研究就难以摆脱传统人类学的思维定义。③ 因此，美国审美人类学家雅克·马奎（Jaques Maquet）指出，西方审美人类学研究的主要成果是原始艺术，而在艺术和审美领域的有关研究方面，人类学所做的工作还很少。④ 也就是说，审美人类学对于具体的、活生生的个人和作为整体的人类生活世界以及与这个生活世界不可分割的审美生活还缺乏必要的研究。

① 王杰、彭兆荣、覃德清：《审美人类学三人谈》，载于《广西民族学院学报》（哲学社会科学版），2002 年第 6 期。引用部分为彭兆荣观点。

② 王杰：《美学研究的人类学转向与文学学科的文化实践——以南宁国际民歌艺术节的初步研究为例》，载于《广西民族学院学报》（哲学社会科学版），2004 年第 5 期。

③ Wilfried Van Damme. Beauty in Context: Towards an Anthroplgical Approach to Aesthetics, E. J. Brill, 1996, pp. 13—30.

④ Jacques Maquet. Introduction to Aesthetic Anthropology, Malibu: Undena Publications, 1979, p. 3.

西方审美人类学的思想方法自 20 世纪 80 年代传到国内以后，1989 年，国内出现了第一篇以"审美人类学"命名的学术论文①，但在其后的近十年间，国内审美人类学的相关研究并没有广泛展开②。直到 20 世纪末，王杰、覃德清等一批学者才以广西师范大学文科基地和文艺学省级重点学科为据点，"积极推进审美人类学研究，开展了相关的田野调查、理论研究、编辑出版了'审美人类学丛书'，在学术界确立了审美人类学的学术地位"③。21 世纪以来，中国美学界对审美人类学的研究和译介均已蓬勃兴起，加入审美人类学这一交叉学科讨论的研究者逐渐增多，学者们不仅发表了不少讨论审美人类学概念和应用这一概念研究少数族群具体审美实践的理论文章，而且不断生产出以"审美人类学"为关键词的专著，迄今已出版了一大批有关审美人类学的理论文章和专著，形成了一个较为热闹的研究场域。

综合来看，国内审美人类学研究大致可以分为三类：一类主要介绍国外审美人类学研究的成果，代表作有张玉能的《席勒的审美人类学》，王杰、海力波的《马克思的审美人类学思想》，向丽的《国外审美人类学的发展动态》等著作；另一类是将人类学作为一种审视审美文化的视角，去研究国内少数族群或某个区域的审美文化，这类作品以张利群、覃德清主编的"审美人类学丛书"为代表；还有一类以讨论审美人类学学科问题为己任，代表性著作有王杰的《审美幻象与审美人类学》《美学研究的人类学转向与文学学科的文化实践》，户晓辉的《审美人类学如何可能——以埃伦·迪萨纳亚克〈审美的人〉为例》，王杰、海力波的《审美人类学：研究方法与学科意义》等。此外，还有一些借用审美人类学的概念、范畴去解释少数族群审美现象的论著。

这些著作和文章试图确立审美人类学的核心范畴——审美制度；框定审美人类学的研究范围——"其研究领域既包括少数族群等'小型社会'中的'活态的'审美文化，也研究当代大众文化，特别是人民群众在现实

---

① 刘成纪：《拯救与梦想——关于〈水浒传〉的审美人类学沉思》，载于《郑州大学学报》（哲学社会科学版），1989 年第 1 期。

② 整个 20 世纪 90 年代，只有汤龙发《审美人类学——环境与人的审美建造》一书出版和两篇相关评论文章发表。

③ 王杰：《关于审美人类学研究》，载于《柳州师专学报》，2008 年第 1 期。

生活中创造的大众文化"；提出审美人类学的理论目标——"在充分尊重不同族群与文化群体的审美现象差异性的前提下，探讨人类艺术和审美的共同特征和发展规律"① 等方面，对中国审美人类学学科的建立和发展开展了卓有成效的工作。总的来看，虽然这些论著都运用了人类学的方法、概念来研究审美现象，在视野方面却也在很大程度上受到人类学学科的限制——满足于通过田野考察提供一个个关于不同族群、不同区域审美文化的鲜活案例。这些研究虽为我们提供了不少关于审美的地方性知识，在揭示不同族群关于审美的一般性真理方面却显得不足。换言之，也就是人类学上的田野味十足，而美学上的思辨性则不够。究其原因，大概还是研究者更多是把某个族群的审美文化作为一种孤立的现象，而很少将其纳入该族群个体和群体的整体生活开展研究。

这种离开人类个体或群体的整体生活世界，去孤立研究某个族群某种审美现象的做法，在一定的研究阶段，的确可以为我们提供大量地方性审美知识，产生一种蔚为大观的研究效应，却很难揭示关于审美的一般性规律，并进而在美学理论上有所突破和发展。

正是在这种意义上，文学人类学关于"文学生活"的界定给了我们重要的启示：在审美人类学的视野下，关注不同区域、不同族群人们的生活世界，到选定的田野点中去观察人们如何在看似平常的生活中进行审美活动，又如何通过审美活动形塑自己的日常生活，从而使得他们的生命活动不断在看似平淡与琐碎的过程中得以有乐趣地展开和完成。简而言之，审美人类学在保留现有各研究方向的同时，更应当开启一个新的研究方向——"审美生活"。

3. "审美生活"研究何为

在正式引入"审美生活"概念以前，我们有必要先厘清"生活世界"这一概念。"生活世界"是现象学家胡塞尔提出的一个哲学概念，鉴于胡塞尔本人并未对其做出准确的定义，根据倪梁康教授的理解，"生活世界"可以被定义为"非课题性的、奠基性的、直观的、主观的世界"，其基本

---

① 王杰：《关于审美人类学研究》，载于《柳州师专学报》，2008年第1期。

含义是指"我们各人或各个社会团体生活于其中的现实而又具体的环境"①。在现象学学者那里，生活世界的状况是这样的："生活世界的本质结构就在于，它作为物理自然的环境以一个身体的、动感权能的自我性为中心，而这个自我性本身又始终感知—经验地朝向它的周围世界的个别事物。这些事物只是在一个开放—无限的由那些可经验到它的经验所构成的视域中被给予的。"② 这就是说，在"生活世界"中，"感知—经验"处于非常重要的地位。它既是"自我性"的确认，又是自我与外在物理世界接触、选择的必由路径。

正是历史地和现实地存在着的一个个"自我"在直观、主观地"感知—经验"其生活世界中的无数个别事物的过程中，人类才不断得到了审美的愉悦感，并在无数的审美经验中逐渐培育起各自的美感，也正是在这样的生活世界中，不同族群、不同地域的人们逐渐形成了各不相同的多元审美文化。因此，要想真正理解一个族群、一个地域中人们的审美文化，并尽可能将其准确表述出来，就应当借用人类学的田野调查方法，进入这个族群、这个地域中人们的生活世界，去考察他们是如何在日常生活中获得审美愉悦，并且如何在这种愉悦的伴随过程中实现自我的完成和族群的延续。这种伴随着审美愉悦的日常生活过程，也就是本书试图研究的"审美生活"。

为什么要研究审美生活呢？原因首先在于，过去的美学研究过于精英化、理性化，已经很难取得新的进展，更不用说获得一种理论上的普遍性了。在中国的美学研究界，倡导美学研究走出纯粹思辨、走向生活实践的研究者早有其人，譬如，李西健教授早在 1997 年就曾指出传统美学空洞抽象的理论思辨和形而上学的研究方法以及追求绝对本体和永恒真理的宗旨导致美学远离人类生活实践，从而失去了生活色彩和文化智慧。他认为美学研究需要走出理论殿堂，去寻找新的理论和观念发展的生长点。③ 其次，如前文所述，文学人类学关于"文学生活"的相关研究启示我们，回归审美行为真实发生的生活世界，正视那种与传统美学中纯粹的非功利精

---

① 倪梁康：《现象学及其效应：胡塞尔与当代德国哲学》，商务印书馆，2014 年版，第 125—126 页。
② 倪梁康：《胡塞尔现象学概念通释》，生活·读书·新知三联书店，1999 年版，第 272 页。
③ 李西健：《当代美学的价值重构及其功能》，载于《求是学刊》，1997 年第 1 期。

英式审美完全不同的，与功利追求、神圣生活等活动混杂在一起的大众审美现象，将其与精英式审美共同作为美学理论思考的对象，并进而提出一种能够普遍适用于这两种审美类型的美学理论，方可为业已陷入僵局的美学研究打开一道通往成功的大门。最后，传统美学研究者中一些目光更加敏锐的学者，已经开始注意到生活实践的重要性，并已经明确提出了"审美生活"这一概念，如刘彦顺教授在其近年出版的专著中直言"审美生活"是美学唯一的、最高的研究对象，认为在"审美生活"的"'疆域'内所出现的任何'部分''要素'与'因素'都只能是'审美生活'这一'整体'的'类属'，而不是一种并列关系"①。只不过，从其论证过程来看，刘氏所说的"审美生活"主要属于精英知识分子，与本书研究的，发生在普通大众日常生活过程中的审美生活是两码事。无论如何，上述学者出于各自不同目的的不同论说，共同指出了美学研究必须直面的一个现实和必须完成的使命——回到生活世界，研究审美生活，改造美学理论，指导审美生活。

不仅如此，在笔者看来，研究审美生活至少还有以下三个可能的益处：一是可以让美学这门一开始就脱离了生活实践，而醉心于理性思辨的学科重新植根鲜活的生活土壤，回归"aesthetics"作为"感性学"的原初起点，去开辟一条更为本真的美学研究道路；二是可以使美学理论真正起到解释人类生活中所有审美现象、指导生活中一切审美实践的积极作用，进而归还普通人被传统美学剥夺的审美权，使他们有权利过一种审美化的生活，进而实现对琐碎人生的精神超越；三是通过展开多族群的审美生活研究和对地方性审美知识的比较分析，更有可能掌握一种更具普遍性的审美规律，进而解决传统美学无法解决的一些理论难题。

三、本书的重点、难点和创新点

任何研究都必须选择一个具体的研究对象。从标题来看，本书的研究对象似乎已经非常明确："审美生活"，但问题并不简单。首先，"审美生

---

① 刘彦顺：《时间性——美学关键词研究》（导论），人民出版社，2013年版，第9页。

活"是本书提出的一个新概念①，"审美"这个曾经超脱于生活的所谓"高雅活动"能否与以柴米油盐酱醋茶为主调的"世俗生活"并置，还得依据我们从田野实践中得来的材料进行论证后方可得知。其次，"审美生活"一词尚缺乏一个主体，即谁的"审美生活"。换句话说，本书还必须指向一个过着"审美生活"的群体。

（一）本书的研究重点

基于此，本书的重点在于选择研究对象，即要找到一个现实地过着"审美生活"的普通人群体，深入其中，考察他们的现实生活情状，并以族群志的方式记录下来，作为我们进行理论分析的案例。本书最终将研究对象确定为"川东巴文化圈中人的审美生活"。这里的"川东"，是依据我国当前行政治理区域的划分来确定的，指的是今四川省东部地区，即达州市及其相邻区域，包括在文化性质上与达州市基本一致的巴中市和广安市②；而所谓"文化圈"，指的是一定文化传统的影响范围，本书特指在古代巴文化传统影响范围之内的广大地域③。尽管如此，仍有一些问题需要进一步说明。

1. 为何选择巴文化

本书为何要选择巴文化传统而不是其他文化传统作为研究对象呢？原因大致有三。

其一，巴文化是一个自古至今都没有断绝的文化体系。古代巴族群是一个古老的族群，其神话历史可以追溯到三皇五帝时期的太昊，可证的历史也至少可以上溯至商朝武丁时期的甲骨文。从政权形式上讲，商代有巴方，周代有巴子国，战国时期，巴子国还曾与秦、楚等国一样称王。尽管作为政权组织的巴国早在公元前316年即已为秦惠王的军队所灭，巴国全境变成了秦国的郡县，巴人在政治名义上成了秦人和后来的汉人，但是，巴人族群在上千年历史中逐渐形成的族群性格、族群习俗以及族群文化并没有随着国家政权的消亡而烟消云散，而是在历史前进的浪潮中保持了相

---

① 本书所论"审美生活"概念与此前个别学者所理解的内涵和外延均不相同，故而是"新概念"。

② 在国家将重庆市设为直辖市以前，"川东"这一区域通常指的是今天重庆市的大部分地区。

③ 应当指出的是，在一个文化形态众多的国家，影响同一地域的文化传统往往不止一种。

对的稳定，一些被迁徙出去与其他族群杂居的巴人甚至做到了"虽徙他所，风俗不变"①。他们始终保持了其族群自主性，成为影响和构建迁入地文化形态的元素之一。汉代以后，虽然原有的巴地被逐渐细分，很多地方在王朝更迭和行政区划的不断变化中，地名一变再变，久而久之，这些地方的人民甚至已经不知道自己的巴人身份了，但是，深刻的族群记忆却使他们不断以口口相传的方式重复自身的"毕兹卡"② 记忆，并始终保持着有别于周边其他族群的文化个性——这些人已演化成了今天的"土家族"人。即使是那些生产方式和生活习惯已被强大的汉文化同化了的巴人后裔，很多也仍然保持强烈的族群个性，因为巴族群性格已经深深地烙印在了他们的深层记忆之中。例如，今天仍然具有鲜明巴文化性格的重庆人和川东地区达州、巴中、广安一带的人。因此，我们尽可大胆地说，巴国虽灭，巴人犹在，巴文化犹存，并且至今仍在社会文化的建构中发挥着重要的作用。

其二，巴族群是一个审美的族群。这是本书选取巴文化作为研究对象的根本原因。巴族群在廪君与四姓结盟以后，一路高歌猛进，征服弱小部落，抢占经济命脉，扩充领地，建都夷城③，此后在商王朝的多次征伐中得以保全，周王朝时又在与强大的秦、楚、蜀等国的交往中发展了数百年时间，其间还一度强大到战胜楚国的程度，这一切不仅跟巴人的勇猛善战密切相关，在某种程度上也与这个族群"俗喜歌舞"④、乐观向上的精神气质不无关系。通览史书，除了巴族群，中国历史上似乎还没有另外一个族群被史学家用"俗喜歌舞"这种词来评价过，尽管在今天的中国，"俗喜歌舞"的少数族群远远不止土家族一个。

巴人"俗喜歌舞"的族群特征，之所以尤为引人注目，与巴国军队在助周武王伐纣的过程中，其军士于战场上"前歌后舞"、一派喜气洋洋的行为导致商朝军队怀疑其是神兵降临，因而"前徒倒戈"的历史事件有极

---

① 常璩：《华阳国志校注》，刘琳校注，巴蜀书社，1984 年版，第 84 页。
② 即土家族的自称。
③ 范晔：《后汉书（第 10 册）》卷八十六《南蛮西南夷列传》，李贤等注，中华书局，1965 年版，第 2840 页。
④ 范晔：《后汉书（第 10 册）》卷八十六《南蛮西南夷列传》，李贤等注，中华书局，1965 年版，第 2842 页。

大关系。① 不仅历史记载如斯，从巴人后裔土家族人一生中几乎从生到死都始终与歌、舞相伴的现实情况来看，也确实当得起"俗喜歌舞"这一评价。正是在这种意义上，我们完全可以说：巴族群是一个审美的族群，巴文化在很大程度上是一种审美性的文化。对于美学研究者来说，到受"巴文化"深刻影响的巴文化圈中去研究其中人们的"审美生活"，当然是一个极佳的选择。

其三，巴族群的审美文化尚未从整体上得到过美学理论的观照。选择巴文化作为本书的研究对象，还有一个重要的原因：目前有关巴文化的研究，主要集中在两个领域，一是直接以"巴""巴人"或"巴文化"等命名的研究，二是以"土家族"命名的研究。前一方面的研究绝大部分集中在探讨巴文化的起源上，研究者多是历史学家和考古学家，其早期（20世纪上半叶）研究基本在历史学领域展开，代表性研究者及其著作有吴致华《古巴蜀考略》、顾颉刚《古代巴蜀与中原的关系说及其批判》、卫聚贤《巴蜀文化》、陆侃如《评卫聚贤"巴蜀文化"》，等等。当时的研究基本是将巴、蜀并称的。由于考古学的加入，后来的研究逐渐偏向寻找考古证据，较具代表性的研究，除了一些考古报告如《长江西陵峡考古调查与试掘》《宜昌中堡岛新石器时代遗址》等，还有冯汉骥《四川古代船棺葬》、林向《大溪文化与巫山大溪遗址》、邓辉《土家族区域的考古文化》、童恩正《古代巴境族群考》以及徐中舒主编《巴蜀考古论文集》等结合了考古学资料的论著。20世纪80年代随着文化研究的兴起，有一些学者开始注意巴人的具体文化事象如"巴渝舞"等，出现了诸如董其祥《巴渝舞源流考》、杨铭《巴渝舞的曲名和性质新探》、唐刚卯《巴人虎图腾辨析》以及萧洪恩《巴文化研究》等论著。虽然近年来有个别研究者开始从某些具体方面出发研究巴人的审美文化，一些研究也不乏真知灼见，但总的来说，这些研究都还没有做到将巴人的审美文化作为一个系统来进行整体性研究。

自1957年土家族被识别为单一族群以后，各地土家族学者及相关研究机构对"土家族"相关事象表现出了很高的研究热情，相关研究至今可

---

① 常璩：《华阳国志校注》，刘琳校注，巴蜀书社，1984年版，第21页。

以说已是汗牛充栋①，除了数量众多的单篇论文，相比之下，研究比较集中，比较成系统，也比较具有代表性的当属中央民族大学出版社出版的"土家族研究丛书"和民族出版社出版的"土家族问题研究丛书"；就思想文化研究领域而论，萧洪恩教授的相关研究较具特色②，值得注意的是，他近年还对土家族美学思想有所关注③。在所有关于土家族的研究中，除了带有整理或描述性质的著作以及关注土家族社会、经济、区域发展等方面的研究④，还有相当一部分从艺术学角度对土家族民间艺术的艺术特征、艺术精神、艺术规律等进行的研究⑤，也有少量文章从美学角度探讨土家族民歌、舞蹈、傩戏服饰、家具、民居等的审美特征⑥，或者从某一个具体方面讨论土家族人的审美意识⑦，但能够从整体上观照土家族审美文化的，目前仅有杨亭以博士学位论文为基础出版的一部专著《土家族审美文化研究》⑧。至于从美学理论角度整体观照土家族文化的研究则可以说至今尚未出现，这也正是本书选择巴文化作为"审美生活"研究对象的重要原因。

---

① 仅在中国知网的搜索栏内输入"土家族"这一关键词，就可搜索到近 10 万条资源。

② 其在土家族研究方面的代表性著作主要有《土家族口承文化哲学研究》，中央民族大学出版社，1999 年版；《土家族仪典文化哲学研究》，中央民族大学出版社，2002 年版。

③ 萧洪恩：《土家族民间故事中的美学思想》，载于《美学与艺术研究》第 3 辑，湖北人民出版社，2011 年。

④ 其中的代表性著作有：武汉大学中文系土家族文艺调查队：《哭嫁歌，土家族抒情长诗》，上海文艺出版社，1959 年版；彭秀梨：《土家族挤钹牌子》，四川民族出版社，1987 年版；金述富、彭荣德：《土家族仪式歌漫谈》，中国民间文艺出版社，1989 年版；等等。

⑤ 如胡炳章：《土家族文化精神研究》，民族出版社，1999 年版；刘刈、陈伦旺：《土家族传统艺术探微》，广西民族出版社，2005 年版；王新勇：《土家族艺术精神初探》，载于《中南民族大学学报》（人文社会科学版），1995 年第 1 期；陈廷亮、安静峰：《土家族舞蹈的分类及其艺术特征——土家族民间舞蹈研究之一》，载于《中南民族大学学报》（人文社会科学版），2004 年第 4 期；李禧：《土家族雕刻艺术研究》，载于《艺术百家》，2007 年第 5 期；彭曲：《土家族舞蹈元素之艺术精神管窥》，载于《艺术百家》，2008 年第 6 期。此外还有数量较多的硕士、博士论文。

⑥ 如黄浩：《土家族民歌的审美特征初探》，载于《民族文学研究》，2001 年第 2 期；陈素娥：《论土家族形象的审美建构——以湘西土家族口述作品为例》，载于《贵州民族研究》，2009 年第 4 期；杨亭：《土家族傩戏的审美特质》，载于《艺术百家》，2011 年第 5 期；等等。

⑦ 如陈廷亮、谭婷：《土家族舞蹈审美意识的传承性与变异性》，载于《北京舞蹈学院学报》，2005 年第 4 期；金乾伟、杨树喆：《土家族哭嫁歌和〈诗经〉女性生命意识的审美意蕴》，载于《湖南工程学院学报》（社会科学版），2012 年第 3 期。

⑧ 参见杨亭：《土家族审美文化研究》，人民出版社，2014 版。

2. 为何选择川东地区

在此，还有一个需要回答的问题，即为什么本书要选择川东地区作为考察"审美生活"的地域呢？大体而言，至少也有以下三个方面的理由。

其一，川东地区曾经是古代巴国腹地。巴国在春秋末期至战国初期一度相当强大，根据《华阳国志·巴志》的记载，即便是在亡国之前，实力相对较弱的时候，巴国领地面积依然非常广大——东达今重庆奉节县境内，西抵今四川宜宾境内，北至今陕西汉中境内，南到今重庆涪陵及贵州等地。[①] 秦灭巴之初，在江州置巴郡，分六县，其中之一的宕渠县所辖范围就超过了现今达州、巴中、广安三市的全部面积。汉代以后，又析宕渠县置宣汉县和汉昌县（今巴中市全境），再以宕渠、宣汉、汉昌三县置宕渠郡，后又省入巴西郡，今巴中市在当时即有"巴西之中"之意。无论行政治理的区域如何变化，今川东地区曾经属于古代巴国领土，这一地域曾经是巴人繁衍生息的热土这一事实是于史有据的。不仅如此，20世纪末以来，川东地区的宣汉县罗家坝遗址、渠县城坝遗址、通江擂鼓寨遗址等巴文化遗址先后被发掘，其中，罗家坝巴人文化遗址更是被称为"20世纪末发现的面积最大的巴文化遗址"[②]，这一方面奠定了川东地区在巴文化考古中的重要地位，另一方面也为以上关于川东地区属于巴国旧地的历史记载提供了考古学上的证据。

其二，川东地区至今仍是巴文化的传承之地。秦灭巴2000多年以来，川东地区不断有关中之民迁入定居[③]，也有不少当地巴人迁往其他地区居住，同时，这一地区经历了中原文化上千年的熏陶乃至同化，到20世纪50年代进行族群识别和登记时，这一地区几乎全部居民都将族群身份登记为"汉族"。但是，这并不表示川东地区已经是一个纯粹的汉文化地区。事实上，尽管这一地区的绝大部分人口在语言、习俗等方面早已与汉人无异，但无论是世居民众，还是后来迁入定居的移民，在长期杂居共处的过程中，不断接受异质文化影响的同时，以自身的文化对其他各方面施加影响。如果说巴地原住民更多地接受了外来移民先进的生产方式和中原主流

---

① 常璩：《华阳国志》卷一《巴志》，刘琳校注，巴蜀书社，1984年版，第21页。
② 徐光冀、高炜、王仁湘等：《罗家坝遗址笔谈》，载于《四川文物》，2003年第6期。
③ 有史可证的大规模迁徙达五次，第一次是秦惠王灭巴蜀以后曾移秦民万家入蜀，最后一次则是清初规模庞大的"湖广填四川"移民潮。

意识形态的话，那些从其他地方迁徙到川东地区定居的移民则更多地受到了来自当地原住民的性格和习俗的影响。这恐怕也是今天的川东人民依旧保持了富于巴人特征的耿直、忠勇、乐观、豁达等文化性格的原因所在。

川东地区的人民之所以从整体上而言能保持鲜明的巴人性格，或许与历朝统治者长期对这一地域的巴人实行羁縻政策不无关系。据考证，直至唐宋时代，今达州宣汉井场仍居住着不少"祖称白虎"的巴人后裔，明代改土归流以前，宣汉县境内还有被称为"土副巡检司"的冉姓土司①。不仅如此，处于达州市宣汉县、万源市与重庆市城口县、开县接壤之处，崇山峻岭之间的渡口、漆树、龙泉、三墩这四个乡和樊哙镇，至今仍生活着五万余名巴人后裔。这些人在 20 世纪 50 年代的族群身份登记中，被统一登记成了汉族，但是他们明显与汉族人不同的生活习俗最终引起了个别有识之士②的注意，经过多方努力，20 世纪 80 年代末，这群一直居住在巴地的巴人后裔被重新确定为"土家族"族群身份，他们居住的乡镇也因此被确定为土家族自治乡或土家族聚居镇。虽然周边地区生活的人民基本都是汉人或者早已汉化了的巴人后裔，他们也早已不会说"毕兹卡"的语言，但这群土家族人却较好地保存了薅草锣鼓、哭嫁歌、摆手舞、孝歌等明显属于古代巴人的文化习俗，成为川东地区巴文化的"活化石"。由此可见，川东地区的巴文化火种至今仍未熄灭。

其三，选择川东地区作为考察地域可得主位研究之利。人类学研究喜欢强调主位研究与客位研究的区别，过去一般认为，从事客位研究者容易采取一种客观描述的研究态度，因此其研究成果的可信度往往高于那些受研究者情感影响的主位研究成果。但是，当人类学学界先后曝出某些著名人类学家貌似客观真实的研究成果其实并不是那么回事的时候，人们也开始反思客位研究中很可能出现研究者被报告人以虚假信息欺骗等各种弊端，相比之下，主位研究的优势也就得以凸显。如前所述，本书的研究对象是川东地域巴文化圈中人们的"审美生活"，而研究者本人则是川东地区土生土长的本地人（类乎土家族所说的"毕兹卡"），对当地文化非常熟

---

① 刘兴国：《明代达州南昌滩土司文化》，载于《四川文理学院学报》，2015 年第 5 期。

② 这些有识之士包括曾先后在龙泉乡、樊哙区担任党政主要领导、后任宣汉县政协副主席的张国述先生；不断撰写文章加以论证，并四处奔走呼号，要求恢复该群巴人后裔土家族身份的刘兴国先生以及各级党委政府的领导们。

悉。笔者不仅能懂、能说当地的方言，能够有效避免在交流中发生类似人类学家格尔兹所说的那种意义流失与变异①，而且由于从小在巴文化氛围中耳濡目染，研究者甚至可以达到像庄周梦蝶那样"物化"②于研究对象之中的状态，进而更加全面、彻底地认识、描述川东巴文化本文。在此基础上，笔者关于川东地区巴文化圈中"审美生活"的表述文本就有可能减少甚至避免与该文化本文之间的断裂，使得表述的张力系统处于相对平衡的状态，从而获得表述的成功。如此说来，在研究川东巴文化圈中的"审美生活"这一项工作中，笔者反倒可以在尽可能避免情感判断的情况下，占有客位研究所不可能获得的主位研究之优势了。

3. 术语界定

（1）审美生活。本书所讨论的"审美生活"是指普通人——书中特指受巴文化影响的人，尤其是作为巴人后裔的土家族人——在功利追求中超越功利，审美性地度过在传统美学看来千篇一律、烦冗无趣的日常生活，进而实现人的自我完成的生活方式。它与传统美学理论视野中贵族、精英知识分子完全脱离功利实践的纯粹精神性生活方式有着本质上的区别，它既是对传统美学理论的一种反叛，又是对美学研究范围一种极大的扩充和完善。

（2）地域传统。所谓"地域"，是指一定地理范围，本书特指川东达州、巴中、广安市一带古代巴国的统治地域；所谓"传统"，是指一定的文化传统，本书特指"巴文化传统"。基于此，这里的"地域传统"就是指川东地区，特别是达州市，尤其是宣汉县土家族聚居区中传承至今的巴文化传统。

（3）巴文化圈。所谓"文化圈"是指受到某种特定文化强烈影响，因而具有该文化明显表征的一定地理范围。类似日本、韩国、新加坡等受汉文化影响较深的国家被划入"汉文化圈"，本书所指的"巴文化圈"则是指至今仍然具有浓厚巴文化遗风的地区。

（二）本书的研究难点

在选择上述研究对象，开展相关田野调查，并完成族群志写作的基础

---

① 著名人类学家格尔兹曾在其著作中引用英国哲学家赖尔举过的一个关于"眨眼"的例子。参见格尔兹：《文化的解释》，纳日碧力戈等译，上海人民出版社，1999年版，第6—10页。

② 郭庆藩：《庄子集释》，王孝鱼点校，中华书局，1961年版，第112页。

上，如何将其转化为一种美学理论，并在某种意义上使其上升为具有全人类指导意义的美学理论，是本书的难点所在。为此，本书将在与"日常生活审美化""人生的艺术化""美是生活"和"生活美学"等相关理论进行区分的基础上，进一步厘清线索，并通过对"美"和"审美"概念的重新界定，来赋予它们一种更具"人类学性"的普遍意义。

（三）本书的创新点

如果能够有效突破上述研究重点和难点，则本书将很有可能具有以下几个方面的创新。

1. **研究视角创新**

本书恢复了审美与日常生活的联系，将其作为有机整体进行研究的研究取向，相对于隔断两者紧密联系的精英美学传统，无疑是一种崭新的视角。

2. **研究对象创新**

与研究视角的创新相联系，本书将一个文化圈中从精英到底层的所有人都纳入美学研究视野，作为研究对象。这种做法相对于精英美学传统，同样是崭新的。

3. **研究方法创新**

本书不仅将人类学方法引入美学理论研究的做法相对于传统美学来说是一种创新，在此基础上，本书借用文学人类学学科的"表述理论"来阐释人类"求美"生命活动的做法无疑也是前人未曾涉足的。

4. **理论创新**

本书在田野考察的基础上重新审视美的本质，尝试重新定义"美"和"审美"，并在力图解决人类整体精神超越问题意义的基础上，得出"审美生活人皆可为"的结论，这无疑是一种理论上的创新之举。

四、本书的研究思路与方法

根据田野考察实际，结合相关理论思考，本书将采用以下思路和方法展开研究。

（一）本书的研究思路

本书拟从审美人类学的视角研究川东地区巴文化传统中的审美生活。

由于生活是一个不可分割的完整世界，其中既有经济、政治的因素，又有风俗、文化的因素，因此，本书研究"审美生活"，不是要像传统美学那样将审美从作为整体的生活世界中剥离出来，当作一个孤零零的、与其他因素毫无关系的对象来研究，而是要将其放置在一个与其他各种因素紧密联系、相互影响的整体结构中来研究。也就是说，对审美生活的研究必须采用全息记录的方式，研究人们如何以审美的方式面对现实生活。

本书的具体研究思路是：借鉴文学人类学学科关于"表述是文学人类学的起点和核心"① 的思想和国内外审美人类学最新研究成果，在选定的田野点——以宣汉县土家族聚居区为中心的川东巴文化圈——开展田野调查，在全面掌握田野对象——以土家族人为核心的川东地区人民审美生活实践的基础上，予以美学理论的观照，试图归纳出具有普遍性的理论观点，进而对传统美学理论予以修正乃至改造。

（二）本书的研究方法

本书的研究任务对传统美学来说可能是全新的课题，这项任务的完成，需要美学和人类学两大学科的密切配合，所以在研究方法上既要满足美学作为传统形而上学学科的理论思辨性，又要满足人类学学科注重田野考察和收集丰富资料的实证性，也就是要在归纳、总结人类学田野工作所获材料的基础上，得出一般的规律，再通过演绎推理，进一步得出具有普遍意义的美学理论。因此，本书将主要涉及以下研究方法。

其一，田野调查法。本书的研究是美学和人类学两大学科交叉的审美人类学研究，借助人类学田野调查方法是本书与传统美学研究相比最显著的特点。因此，在选定研究对象以后，笔者便多次奔赴宣汉县的龙泉、渡口土家族自治乡和樊哙土家族聚居镇，不仅对选定的文化持有人进行了访谈、交流，而且通过直接观察和描述当地土家族人的生活行为等多种方式，全面记录了田野对象的审美生活实践情况。

其二，文献梳证法。在巴国灭亡 2000 多年后的今天，要研究川东地区巴文化传统中的"审美生活"，人类学的田野调查方法固然非常重要，但鉴于川东地区受汉文化影响较大，部分巴文化特征已经遗失，因此仅靠

---

① 徐新建：《表述问题：文学人类学的起点和核心——为中国文学人类学研究会第五届年会而作》，载于《西南民族大学学报》（人文社会科学版），2011 第 1 期。

田野考察很难做到论证上的周全，有些论证材料还必须通过对史书、方志以及文人创作等文献的梳理去获取。

其三，归纳推理法。本书对人类学方法的全面引入，并非要完全代替传统美学的理性思辨，相反，运用归纳、演绎等方法进行理性思辨仍然是本书作为美学研究的重点，其最终目标就是要使研究得出的结论取得理论关怀上的普遍价值。

除此以外，本书还将根据研究的需要采取诸如训诂、心理分析等其他任何有助于完成研究任务的方法。

第一章　喜歌乐舞：巴族群文化性格与审美特征

　　无论东方还是西方，由不同地域生存环境所引起的族群文化包括审美文化的差异都很早就引起了人们的注意。在西方，但丁是较早讨论族群问题的文论家，他在《论俗语》和《飨宴》中较为系统地提出了族群语言和族群文学理论的问题。伏尔泰也曾经指出不同族群之间，即便相互挨得很近，他们的风俗、语言和风格也始终是有区别的，他认为要想透彻地理解艺术，就必须首先"了解艺术在不同国家里的发展方式"，并以意大利、英国和法国为例指出了不同族群作家创作风格上的不同点。① 史达尔夫人则将欧洲文学分为南、北两大文化区域，认为形成南、北两种不同文学的根本原因在于南、北两种截然不同的自然环境导致的南方人和北方人在性格、情感、生活情趣等方面的差异以及由此而起的文化上的不同。②

　　中国人也很早就注意到了温暖湿润的南方与干燥阴冷的北方在文学风格上的差异。唐代魏征等人在为隋代文学之士立传时就以品评的口吻谈论南、北方文学："江左……贵于清绮，河朔……重乎气质。气质则理盛……各去所短，合其两长，则文质斌斌，尽善尽美矣。"③ 这就明确指出了不同地域的文学创作在审美风格上的区别，尽管他们没有指出造成这种差异的原因，但从其所举的两个代表性地域"江左"和"河朔"来看，他们显然已经注意到了不同的地理环境对文学创作风格的影响。近代美学家王国维在《屈子文学之精神》一文中说："北方人之感情，诗歌的

---

　　① 伍蠡甫：《西方文论选》（上），上海译文出版社，1979年版，第323页。
　　② 伍蠡甫：《欧洲文论简史》，人民文学出版社，1985年版，第231—232页.
　　③ 魏征、令狐德棻：《隋书》卷七十六《列传第四十一·文学》，中华书局，1973年版，第1730页。

也……南方人之想象，亦诗歌的也。"① 也指出了生活在不同地域的人文学精神的不同。相比之下，现代著名画家吴冠中掇集古人诗句和文学意象而成的对联——"骏马秋风冀北，杏花春雨江南"，最能代表北方和南方因地理环境和气候不同而形成的两种不同审美风格，对此，今人冯其庸在分析南北朝的民歌在内容和风格上的显著不同时，也认为是出于"自然环境和族群性格的不同"的原因。②

这类关于生存环境影响族群文化的讨论在 19 世纪法国艺术史家和美学家丹纳（Hippolyte Adolphe Taine，1828—1893）那里达到了极致。在其闻名于世的著作《艺术哲学》中，丹纳令人信服地指出种族、环境和时代是最终影响艺术的三种重要因素。他定下了一条规则，即要想了解艺术品和艺术家，就必须正确设想其"所属的时代精神和风俗概况"，因为那是"艺术品最后的解释"以及"决定一切的基本原因"③。在《英国文学史序言》中，他还特别强调环境对族群性格和偏好（包括审美偏好）的影响，说居住在"寒冷潮湿的地带""崎岖卑湿的深林"或者"濒临惊涛骇浪的海岸"的居民和那些居住在"可爱的风景区"的居民具有很不一样的性格和爱好，他认为前者会被"忧郁或过激的感觉所缠绕"，因而"倾向于狂醉和贪食，喜欢战斗流血的生活"，而后者则"并没有强大的胃欲"，他们"向往于航海和商业"，倾向"属于感情和气质方面的发展雄辩术、鉴赏力、科学发明、文学、艺术等"。④

丹纳的观点也得到了人类学的证实。在人类学还在以研究非西方的异文化为己任的时代，已经有很多的人类学田野报告发现了诸多不同于西方社会审美趣味的审美现象。⑤ 人类学进入中国以后，在以国内少数民族为研究对象的田野调查中，同样出现了诸多与汉族具有不同审美观念的案例。⑥ 恐怕也正是在大量考古发现的基础上，结合自身在不同地域众多田

---

① 清华大学国学研究院：《王国维文存》，江苏人民出版社，2014 年版，第 159-162 页。
② 冯其庸：《中国文学史稿》（上），青岛出版社，2014 年版，第 306 页。
③ 丹纳：《艺术哲学》，傅雷译，人民文学出版社，1963 年版，第 7 页。
④ 伍蠡甫：《西方文论选》（下），上海译文出版社，1979 年版，第 238 页。
⑤ 这样的案例在西方人类学著作中有很多，兹不赘述。
⑥ 此处仅举一例：北京师范大学博士陆晓芹通过对广西德靖一带壮族社会的田野考察，发现当地壮族社会在进行歌唱审美时使用了一个既不同于西方传统美学，也不同于汉族美学传统的概念——"暖"。参见陆晓芹博士学位论文《乡土中的歌唱传统——广西西部德靖一带壮族社会的"吟诗"与"暖"》，北京师范大学，2006 年。

野考察中的发现，李济先生说："人类的文化是……环境的不同，就是造成地方色彩的基本原因。"① 李济先生所说的"地方色彩"虽然并不特指本书的讨论对象——"审美生活"，而是指向更为宽泛的"文化"，但无须讨论的是，这里的"文化"概念显然已经涵盖了"审美生活"。

既然我们已经认识到人类会因为生存环境（如地理环境、气候等）的不同而产生不同的审美心理气质以及相应的审美文化，那么，在我们对川东巴文化圈中人们的审美生活进行正式讨论之前，对巴人，尤其是我们打算讨论的川东巴人及其后裔的生存环境、历史脉络和文化传统等进行一些适当的考察，就不仅是必要的，而且将会成为我们认识这一地域及其文化传统中人们审美生活的关键。

第一节　巴国、巴地与巴人

现实中的巴国、巴地和巴人，已经不复存在，对于今天的人来说，它们不过是几个历史概念。但既然这几者都曾经历史性地存在过，就必然会在史籍、地下文物和巴人遗裔的思想、文化、性格、行为等因素中有所记录、遗留或表现。因此，认识它们，也就无外乎通过历史的、考古的和人类学的三种途径与方法。② 历史上的巴国是什么样子的？历史上的巴人居住在什么样的自然环境之中？巴人族群是怎样发展起来的？巴国灭亡以后巴人族群的去向如何……搞清楚这些问题，是我们的研究进一步推进的基础，因此，有必要根据现有的历史、考古和神话学等方面的材料进行仔细梳理，以便让它们在本书的论述中显得更加明晰。按照通常称呼某人为某国某地人的惯例，这里按照先国家、次地域、后族群的顺序展开讨论。

---

① 李济：《中国早期文明》，上海人民出版社，2007年版，第72页。
② 即叶舒宪在《人类学"三重证据法"与考据学的更新》中以王国维二重证据法为基础提出的"三重证据法"。参见叶舒宪：《诗经的文化阐释》，湖北人民出版社，1994年版，第1—16页。

一、巴国背影

据《今本竹书纪年》关于"（启）八年，帝使孟涂如巴莅讼"① 的记载可知，以"巴"命名的地域早在夏初即已存在。相比之下，巴国的出现要晚得多。最早以正史形式记载巴国的文献当为《世本》。《后汉书·南蛮西南夷列传》引《世本》对巴人的记载说：

> 巴郡南郡蛮，本有五姓：巴氏、樊氏、瞫氏、相氏、郑氏。皆出于武落钟离山。其山有赤、黑二穴，巴氏之子生于赤穴，四姓之子皆生黑穴。未有君长，俱事鬼神，乃共掷剑于石穴，约能中者，奉以为君。巴氏之子务相乃独中之，众皆叹。又令各乘土船，约能浮者，当以为君。余姓悉沉，唯务相独浮。因共立之，是为廪君。乃乘土船，从夷水至盐阳。盐水有神女，谓廪君曰："此地广大，鱼盐所出，愿留共居。"廪君不许。盐神暮辄来取宿，旦即化为虫，与诸虫群飞，掩蔽日光，天地晦冥。积十余日，廪君（思）〔伺〕其便，因射杀之，天乃开明。廪君于是君乎夷城，四姓皆臣之。廪君死，魂魄世为白虎，巴氏以虎饮人血，遂以人祠焉。②

从这段近似传说的记载中，我们大致可以看到巴人部落在与其他部落交往，形成部落联盟的过程中，大约因族群人数众多——巴氏之子独居赤穴而其他四姓之子则共居黑穴，加之个人能力出众——巴氏之子掷剑独中、乘土船独浮，巴族群首领务相被推举为部落联盟首领，此后，务相又率领部族人民逐渐迁徙、扩张，并最终在夷城定居建立巴国。如果这段记载是巴国立国过程的真实反映的话，那么廪君显然是巴国的第一位国王。但同样明显的是，廪君并不是巴部落的第一个首领，因为唐人李贤等在注释上段引文后的注中又说："《代本》曰：'廪君之先，故出巫诞也。'"③ 这就说明，在廪君之前，巴人部落已经在巫诞这个地方有了很长时间的发展。

---

① 朱明歧、刘心田：《从夏启祭台遗址探寻巴文化源流》，参见段渝：《巴蜀文化研究集刊》4，巴蜀书社，2008 年版，第 47 页。

② 范晔：《后汉书》（第 10 册）卷八十六《南蛮西南夷列传》，李贤等注，中华书局，1965 年版，第 2840 页。

③ 范晔：《后汉书》（第 10 册）卷八十六《南蛮西南夷列传》，李贤等注，中华书局，1965 年版，第 2840 页。《代本》即《世本》，唐人避太宗讳而改"世"为"代"。

对于廪君之先，《山海经·海内经》有一段这样的记载："西南有巴国，太暤生咸鸟，咸鸟生乘厘，乘厘生后照，后照是始为巴人。"这就把巴国的世系追溯到了传说中的"太暤"那里，而巴人的源头也追溯到了"后照"。根据这段记载，巴部落首领与商王朝始祖契有着共同的祖先，均出自东夷部族。《路史·后记》又载曰："后照生顾相，降处于巴，是生巴人。"① 结合前段《山海经》引文，可大致推断，作为太暤后裔的巴部落，到后照时才形成，按照上古时期人们的称呼习惯，"后照"应当是和后羿、后稷、后启、后辛等人地位相当的部落或部落联盟首领。应当说，后照领导的巴部落力量还不够强大，还没有能力建立国家。直到其后代务相在与其他四个部落——樊氏、瞫氏、相氏和郑氏四姓组成部落联盟，并担任联盟首领以后，巴部落联盟才在不断向西、向南的迁徙中逐渐发展壮大，在取得征服盐水女神部落等一系列胜利以后，最终在夷城定居，并建立起了方国，即"巴国"。

除了上述史传记载的巴国情况，1976 年的殷墟考古发现，在商代中后期武丁统治期间，用于占卜的甲骨文中已有多次关于征伐并最终臣服"巴方"的记载。② 这些甲骨卜辞说明，在商代中后期，巴方已迁徙到了今山西南部一带活动。尽管巴方拥有较强的军事实力，但最后还是被商朝军队打败。大约是迫于商王朝的不断攻伐，巴人只好不断地西进和南移③，最后迁徙到了汉水、渠江、嘉陵江、长江流域和鄂西地区。有学者认为殷商时期的巴方"应在汉水中上游一带，大致位于今陕西省安康地区东部，湖北省郧阳地区西北部一带及四川省达川地区（今达州市）和重庆市城口县北部的汉水两岸、大巴山区"④，实际上，这应当是战国初期乃至更晚年代的巴国领土了。

商末，纣王无道。巴国军队在帮助周武王伐纣的战争中立下了汗马功劳，据《华阳国志·巴志》记载："周武王伐纣，实得巴蜀之师，著乎《尚书》。巴师勇锐，歌舞以凌殷人，殷人前徒倒戈，故世称之曰：'武王

---

① 永瑢、纪昀等：《文渊阁四库全书》第 383 册，商务印书馆，1986 年版，第 78 页下。文中"顾相"亦即"务相"。
② 段渝：《四川通史》（第一册），四川大学出版社，1993 年版，第 198—199 页。
③ 杨铭：《巴人源出东夷考》，载于《历史研究》，1999 年第 6 期。
④ 周勇：《重庆通史》（第一册），重庆出版社，2014 年版，第 14—15 页。书中所指"四川省达川地区"包含现今四川省的达州市、巴中市全境及广安市邻水县。

伐纣，前歌后舞'也。"① 周武王在巴蜀之师的帮助下推翻商纣王统治，建立周朝以后，大行封建，"以其宗姬封于巴，爵之以子"②。虽说是封宗姬于巴，但实际上巴国仍由巴人自己掌控，周王室所封的宗姬巴子不过是起到监国的作用。从《左传·昭公九年》中"巴、濮、楚、邓，吾南土也"③ 的排序来看，春秋时期的巴国大约已发展到了历史上最为强盛的阶段，成为周王朝在南方的第一大方国。这一点可从巴国"东至鱼复，西至僰道，北接汉中，南极黔涪"④ 的辽阔领土窥见一斑。

巴国在西周经历了一段较为平稳的发展时期，但在进入东周以后，随着周王室的逐渐式微，各国之间的兼并战争此起彼伏。在与周边诸国的竞争中，巴国一度与楚国结成联盟，共同消灭了一些周边小国。巴楚反目后，两国之间多次发生战争，巴国虽在前期的巴楚战争中取得过数次胜利，但由于巴国内乱及巴蔓子将军的死亡，巴国军队战斗力大大削弱，最终在楚军的进攻中节节败退，领土逐渐缩小。

由于实力变弱，在秦、楚、蜀等国的夹缝中，巴国的处境变得日益艰难，面对楚和蜀的进攻，巴国最终采取了连横之术，希图通过与强秦的联合来制约楚和蜀的进攻。公元前 316 年，秦惠王大军大举灭蜀以后，达成了抗蜀愿望的巴国也迎来了自身命运的终结——巴王被虏，巴国覆灭。秦在巴国故地江州设置了巴郡，下辖江州、垫江、阆中、江阳、宕渠、符县等六县。统一六国的秦王朝建立以后，巴郡为全国三十六郡之一。

巴国作为一个诸侯国虽然灭亡了，但是，从史书关于秦惠王在灭巴以后"以巴氏为蛮夷君长，世尚秦女，其巴氏爵比不更……"⑤ 的记载可见，秦国虽然灭了巴国，却并未将巴人首领赶尽杀绝、斩草除根，而是对

---

① 常璩：《华阳国志校注》，刘琳校注，巴蜀书社，1984 年版，第 21 页。

② 常璩：《华阳国志校注》，刘琳校注，巴蜀书社，1984 年版，第 21 页。

③ 刘勋：《十三经注疏集·春秋左传精读》（第 3 册），新世界出版社，2014 年版，第 1403 页。

④ 常璩：《华阳国志校注》，刘琳校注，巴蜀书社，1984 年版，第 21 页。蒙文通先生认为，《华阳国志》所指巴的疆域只能说是巴为楚所侵后，为秦所灭时的情况。这就说明最强盛时的巴疆域更大。参见蒙文通：《巴蜀古史论述》，四川人民出版社，1981 年版，第 31 页。

⑤ 范晔：《后汉书》（第 10 册）卷八十六《南蛮西南夷列传》，李贤等注，中华书局，1965 年版，第 2841 页。

巴国统治阶级及部族"采取了羁縻政策"①，用以蛮治蛮的方法，在维持原有社会等级关系的基础上，继续让巴氏管理巴人，同时以通婚的方式加强对巴氏及其领导下的巴人的联系和控制。

秦王朝对巴人的治理模式大部分为汉王朝所沿袭。西汉时期继续设置巴郡，不过对其所辖区域多次调整。② 东汉末年，益州牧刘璋将巴郡一分为三——巴郡、巴东郡和巴西郡，是为"三巴"③。三国鼎立期间蜀国还曾两次从巴西郡中分出宕渠、宣汉二县置宕渠郡，时间不久便又并入了巴西郡。

随着郡县制的进一步成熟，原属巴国的领土不断被分解为越来越多的行政单元，加之巴国属民在国家解体以后的大量迁徙，以及秦、楚、中原移民大量迁入巴地，继续留居巴地的巴人在族群融合的进程中逐步融入了中华民族，巴国的影子也变得越来越模糊，最后在人们的视野中消失了。

二、巴地何处

当前学界对于"巴"的解释可谓众说纷纭，粗略统计，大致有动物名、植物名、流水状、地形状、自称说、雄性说等诸多说法④，各说虽然都有一定的道理，却皆难以令人信服。我认为从字源学的角度对其加以解释或许更为妥当。

《说文解字》最早从字源学角度对"巴"字做出解释："虫也。或曰食象蛇。象形。凡巴之属皆从巴。"清人段玉裁在"巴蛇食象"句下注解道："《山海经》曰：巴蛇食象，三岁而出其骨。"又在"象形"句下注曰："不言从己者，取其形似而附之。"⑤ 显然，许慎是按照古人造字的规律，从字形上对"巴"字加以解释的，这也为后世人们将"巴"解释为蛇、蚕等事物提供了依据。

今人何易展不同意说文解字释"巴"为虫、蛇的观点，认为那是在文

① 徐中舒：《巴蜀文化初论》，载于《徐中舒历史论文选集》（下），中华书局，1998 年版，第 29 页。

② 《华阳国志·巴志》载曰："天下既定，高帝乃分巴、蜀置广汉郡。孝武帝又两割置犍为郡。"

③ 常璩：《华阳国志校注》，刘琳校注，巴蜀书社，1984 年版，第 21 页。

④ 杨铭：《巴人源出东夷考》，载于《历史研究》，1999 年第 6 期。

⑤ 许慎：《说文解字注》，段玉裁注，上海古籍出版社，1981 年版，第 741 页。

字简化后根据字形的附会之说。结合近年出土的、更为古老的甲骨文字形，他认为"巴"最先是对山地居民"抓捕、攀爬、跪坐"等生产生活情状的描述。① 这一说法，若将早期山地居民以渔猎、采集为主的生产生活方式考虑进去，看上去似乎更有道理。② 依照这种解释，则"巴"最初当是对以渔猎、采集为生的山地部落生产生活方式的一种指称，以后才假借为地名和部落名。

　　且先不论哪种解释更为合理，从前述《今本竹书纪年》及《山海经·海内南经》关于"夏后启之臣曰孟涂，是司神于巴"的记载可知，至迟在夏初就已有了巴地之名。就现有资料来看，巴地得名当先于巴部族和巴国，也就是说，从顺序上讲，是先有巴地，次有巴部族，其后才有巴国。至于最初的巴地地望何处，目前尚无法确定。若依杨铭、应骥等先生关于巴人源出东夷之说③，则可能在今安徽的淮水流域。假如果真如此，则最早建立巴人部落的首领后照应当也居住在淮水一带。

　　不知到底出于何种原因，巴人部落似乎一直处于迁徙状态。由于文献记载稀少，加之考古发掘还未能提供更多有力的证据，巴人族群的具体迁徙路线至今不甚明了。不过，根据杨铭先生的考证，我们大致可以推导出巴人族群迁徙的一条路线：巴人最早在淮北地区的淮水流域，到廪君与四姓结盟并组成巴部落联盟时，已经迁徙到了今山西南部，随着廪君征伐活动次第展开，巴地也在不断扩张和变迁。到商代武丁统治时期，巴的地望大致是以晋南"巴公镇"为中心，"东北到太行山口，西南到黄河一带"。由于商王朝军队连年征伐，巴国自武丁朝便不得不举族南移，到春秋中期已活动于今河南西部，春秋末期则已进入湖北境内。④ 其后，巴国又进一步南移，到战国中期，已占领了汉水、渠江、嘉陵江及峡江流域的大部分地区，取得了东边到达今重庆市奉节县，西边到达今四川省宜宾市，北边连接今陕西省汉中市，南边达今贵州省及重庆市涪陵区等地的广大国境，这基本也是巴国亡国时的国土范围。这个范围也就是战国晚期狭义的"巴

---

　　① 何易展：《文化人类学视野下的早期巴文化探赜》，载于《四川文理学院学报》，2015年第3期。

　　② 现今川东方言中仍将攀岩爬树等活动读作"巴"，似可作为这一解释的音韵学证据。

　　③ 杨铭：《巴人源出东夷考》，载于《历史研究》，1999年第6期；同样的观点还可参见应骥：《巴人源流及其文化》，云南大学出版社，2007年版，第31—49页。

　　④ 杨铭：《巴人源出东夷考》，载于《历史研究》，1999年第6期。

地"。

秦惠王灭巴以后，在巴国旧地实行郡县制，设置了一郡六县，由于秦朝对巴国旧贵族采取羁縻政策，维持了原有的社会等级关系和治理手段，所以这一时期的巴地也基本原封不动，一直维持到东汉时期。东汉末年，尽管益州牧刘璋将巴郡一分为三，巴地总体上还是保持了相对完整。之后，随着王朝的更迭和郡县制的进一步成熟和发展，巴地逐渐被进一步细分，并纳入了不同的行政区划，其名称也不断变化，加之大规模的族群迁徙，导致原有的巴地居民要么迁徙到其他地区，要么被大量迁徙进来的中原汉族同化，逐渐丧失了巴人族群的文化特征，一部分原有的巴国属地便逐渐失去了"巴"的特性，演变为汉文化之地。与此同时，在自然环境更为封闭，自然条件相对恶劣的原巴地，由于没有更多中原汉族的迁入，加之中央王朝一直对这些地方以蛮治蛮，所受中原文化的影响较少，因此较为完整地保持了巴人族群原有的个性。即便在明清以后，中央王朝实行改土归流的政策，中原汉文化对巴地的影响逐渐增强，这些地域仍然由于地理环境的相对封闭而保存了较多的巴文化特点，其中的巴人后裔也在很大程度上做到了与汉族及周边其他族群的"相融相即而不失其自性"[1]，因此，这些地区也就在很大程度上保持了其典型的巴地特色。在 20 世纪 50 年代的族群确认运动中，这些地区被确认为土家族地区。尽管在这些地区居住的往往还有其他诸如苗族、瑶族等少数民族，但巴人后裔土家族人在其中显然"具有一定的主导地位"[2]。

三、谁是巴人

若依蒙文通先生之见，将《山海经》视为先秦时代"巴蜀地域所流传的代表巴蜀文化的典籍"[3]，则《山海经·海内经》关于"西南有巴国，太暤生咸鸟，咸鸟生乘厘，乘厘生后照，后照是始为巴人"的记载乃是"巴人"一词最早见诸典籍。对于《山海经》的记载，宋人罗泌在《路

---

① 牟宗三语，引自李山：《牟宗三传》，中央民族大学出版社，2002 年版，第 90 页。

② 石亚洲：《土家族军事史研究》，民族出版社，2003 年版，第 33 页。

③ 蒙文通：《蒙文通文集》（第一卷），巴蜀书社，1987 年版，第 65 页。

史·后记》中又补充道："后照生顾相，降处于巴，是生巴人。"① 这就将最早的巴人与《世本》所载的巴郡南郡蛮首领务相，即率领巴部落联盟迁徙并建立方国的廪君联系在了一起。

鉴于古史所载一般只记国王、大臣、部落首领的习惯，如果仅仅依据《山海经》《世本》和《路史》的记载，即在巴人和廪君一族之间画上等号的话，就显得太过唐突而缺乏可信度了。事实上，巴人的历史比《山海经》的记载要早很多，前述《今本竹书纪年》的相关记载说明，巴地早已存在，因而，早期居于巴地的人即是早期巴人。后照以后的"巴人"则应当是对巴部落形成以后该部落人民的称谓。

同时，"巴人"指称的范围也应远远大于传统说法中的"廪君蛮"。如前所述，最初的巴人产生于父系氏族社会，据典籍记载，应当是太暤后裔、廪君之先后照所率领的巴部落人民。到务相成为部落首领之后，在武落钟离山与樊、瞫、相、郑四姓率领的部落组成部落联盟的过程中，"生于赤穴"的"巴氏之子"务相被推举为部落联盟的首领，并被尊奉为君——是为"廪君"。这样，原先仅有巴氏一族的巴部落就进一步演变成了包括巴、樊、瞫、相、郑五姓的巴部落联盟。②

为了寻求更适合部落人民生存和发展的自然环境，务相率领巴部落联盟乘坐土船，开始了征伐活动。他率领部落士兵沿途征战，来到"此地广大，鱼盐所出"的盐阳，射杀了"暮辄来取宿，且即化为飞虫"的盐水女神——盐水流域懂得招引昆虫之巫术的母系氏族部落首领。这样不仅征服了当地的世居部落，使巴部落联盟的成员进一步增加，而且从此掌握了盐业这个关乎巴国兴衰的重要经济命脉。③

到廪君"君乎夷城"，建立方国的时候，巴国已经由一个穴居山洞的部落发展成了一个拥有城池、产业和强大军事力量，占领了大量地域，降服诸多地方性无名小部落，能够独霸一方的军事国家。这时的巴国人口众多，不仅最先和巴氏结成部落联盟的四姓已是标准的巴人，其他那些臣服

---

① 永瑢、纪昀等：《文渊阁四库全书》（第 383 册），商务印书馆，1986 年版，第 78 页下。文中"顾相"亦即"务相"。

② 范晔：《后汉书》（第 10 册）卷八十六《南蛮西南夷列传》，李贤等注，中华书局，1965 年版，第 2840 页。

③ 有学者认为巴人"有盐而国兴，失盐则国衰"。参见张万仪、庞国栋：《巴渝文化概论》，重庆大学出版社，2014 年版，第 239 页。

于廪君的众多世居部落人民也已经成了巴人。

进入商朝以后，在商王朝的征伐和步步进逼中，巴国不得不逐渐向西南迁徙。在这个过程中，一方面，一些原先被巴国征服的世居部落，在巴国离开后，又臣服于商王朝，逐渐融入了中原文明；另一方面，巴国在向西南迁徙途中，又不断征服所经之地小国和世居部落，并将这些小国和世居部落居民的一部分同化为巴人。因此在这一时期，巴人群体实际处于一种变动不居的状态，较大规模的进出一直存在。

商末周初，巴国在西南基本站稳了脚跟，此时，除了一路迁徙过来的原巴国人民以外，《华阳国志》中所载的巴国领土范围内的诸如"濮、賨、苴、共、奴、獽、夷、蜑"等众多世居部落，尽管都还保留了一定的族群特点，但在强势巴文化的巨大同化作用下，其人民在整体上逐渐成了巴人。

在秦灭巴直至统一六国之后，巴人群体中的一部分在强大的中原文化影响下，要么因为被迁徙到汉人聚居地生活而很快被同化，要么因为居住地有大量中原移民的迁入而受到巨大的影响，最终缓慢演变为汉人；另一部分巴人及其后裔则坚守在相对封闭和偏僻的大巴山区、武陵山区、鄂西地区及峡江地区。尽管朝代不断变化，但因其相对中原地区较为封闭隔绝的地理环境，他们受中原文化影响较少，因而虽然在中原王朝的表述上，其名称不断发生变化①，却基本保持了巴人的族群特色和文化传统。这一部分保持了族群特色和文化传统的巴人后裔，在 20 世纪 50 年代后期的族群识别运动中，其族名被确定为"土家族"②。即便是那些早已融入汉族社会的巴人遗裔，也因为强大巴文化基因的持续影响，而在他们的潜意识中保存了较为深刻的文化记忆。据邓少琴先生记载，著名考古学家、道教学者王家佑先生在川东地区的达州调查时，在当时的达县（按：现为达州市达川区）南境麻柳乡看到当地居民供奉"白虎神"的现象，邓先生认为

---

① 这样的表述先后或同时有巴郡南郡蛮、廪君蛮、武陵蛮、五溪蛮、土人、土民等众多称谓。

② 潘光旦：《湘西北的"土家"与古代的巴人》《访问湘西北"土家"报告》和《湘西北、鄂西南、川东南的一个兄弟民族——土家》，参见《潘光旦民族研究文集》，民族出版社，1995年版，第160-362页。

这些供奉"白虎神"的民众很有可能是"巴之遗裔存于今者"①。这不仅表明巴人后裔对远祖记忆深刻，也从一个侧面说明了巴文化影响力之强大。

　　总体来讲，就像中原汉族是"以华夏族群为基础，在与其他族群在'你来我往'中，不断同化其他族群，像'滚雪球'一样逐渐形成的一个'杂而多端'的族群"② 一样，巴人则是以后照巴人和廪君蛮为基础，与其他部落和族群在"你来我往"的交往中，不断同化其他部落和族群，像"滚雪球"一样逐渐形成的一个"杂而多端"的族群。因此，我们同样可以借费孝通先生的话说，巴人也是一个"多源一体"③ 的族群。这一论断同样得到了考古学材料的支持。④

　　今天，作为国家实体的巴国早已不复存在。作为族群的"巴"虽然早已消失，但是，作为生命个体的众多巴人后裔不仅仍然保持着聚族而居的生活习俗，不断地繁衍物质生命，而且通过口耳相传的文化传承，不断地保持甚至强化着自身"毕兹卡"的身份记忆和独具的文化特色，即便是在历经两千多年的历史潮流冲击和中原文明驯化之后，依然保持了清晰的文化轮廓和明确的身份特征——尽管此时的称谓已经变成了"土家"。由于巴人后裔大量存在，巴地也因此在实质上得到存续，不过和巴人一样，其称谓也相应地变成了"土家族地区"。

第二节　巴族群的文化传统

　　要正确研究巴文化传统中人们的审美生活，仅仅知道历史上的巴国、巴地和巴人是远远不够的。必须进一步研究巴人赖以生存的自然环境和社

---

　　① 邓少琴：《巴蜀史迹探索》，四川人民出版社，1983 年版，第 46 页。笔者以为，邓先生的判断未必完全正确。这些供奉"白虎神"的民众不见得完全是"巴人遗裔"，有一些可能是深受古代巴文化影响并与巴人相互通婚的早期移民。

　　② 姜约：《亦汉亦蒙：身份表述中的多民族格局》，载于《民族艺术》，2015 年第 4 期。

　　③ 费孝通：《中华民族的多元一体格局》，载于《北京大学学报》（哲学社会科学版），1989 年第 4 期。

　　④ 从宣汉罗家坝巴人文化遗址发掘的 65 座墓葬中既有船棺葬，也有方形土坑葬，还有长方形土坑葬、狭长方型土坑葬等多种葬制，这也说明巴国是一个多民族国家。参见《CCTV 人文历史丛书：王朝的秘密》，长江出版社，2014 年版，第 60 页。

会环境，分析他们由此形成的族群性格，才有可能对他们的文化传统有较为深刻的认识，从而把握其审美生活的文化根基。

一、巴人的生存环境

前文已经讲过，巴人族群大约还在氏族社会的时候，就开始了长途迁徙的生活；到廪君与樊、暷、相、郑四个氏族联盟时，大约已迁徙到了今天的山西南部。结合《世本》关于廪君"乃乘土船，从夷水至盐阳"的记载和上文推导出的廪君巴人迁徙路线来看，廪君巴人一族应该是较早掌握了造船技术的上古渔猎族群，这一点也可从今天仍在传唱的土家族《族群迁徙歌》中看出端倪："打猎的套子，捉鱼的钩、网，打虎的虎叉，捉猴子的麻套，样样东西装上船，样样路上有用场。"① 人类趋利避害的动物本能决定了巴人在迁徙过程中必定会用其所长，避其所短，因此他们的迁徙可能是以走水道为主，在其定居期间，也主要居住在河流沿岸的山地上。这一点，从不断发现的古代巴人文化遗址，现今各地土家族人民的实际分布和《华阳国志·巴志》"賨民多居水左右"的记载来看，也可得出大致相同的结论。当然，这还只是他们生存于其中的自然环境，实际上，作为一个社会群体，巴族群既生活于一定的自然环境之中，又生活在一定的社会环境之中，下文将分别予以讨论。

（一）自然环境

在人烟稀少的上古时期，主要以渔猎采集为生的巴人生活的临水山地中，植物、动物资源相对比较丰富，能够较好地满足族群生存和繁衍所需，那时的自然环境对他们来说是相对优越的。② 但是，随着人口日渐增长，仅靠渔猎和采集越来越难满足族群人口的生存和繁衍需要，在这种情况下，从现存土家族摆手仪式中的《迁徙歌》反映出来的巴人不断迁徙—定居—迁徙，寻找生活乐土的运动轨迹来看，一旦巴人由迁徙转入定居状态，便开始了农业种植。传承至今的土家族《摆手歌》就记录了巴人在定居之初长期艰难地开荒种地，终于换来丰衣足食生活的过程："大家辛辛苦苦，开垦这块荒地。太阳没出就上山，太阳落土未归屋。过了几年几

---

① 湖南省少数民族古籍办公室：《摆手歌》，岳麓书社，1989 年版，第 133 页。
② 峡江地区考古发掘中，大量鱼骨的发现说明鱼是当时当地巴人族群的主要生活资源。

月，做尽艰难功夫。手板磨破，脚板换皮，肩膀磨肿，脸上长角。大田开
了九十九丘，大坪开了九十九块。陈谷装满三仓，黄豆也有三仓。布衣缝
了九十九件，腊肉三年吃不完。"① 但歌中唱的这种衣食充足的美好景象
恐怕更多只是在巴人定居的初期及巴国较为强盛时才有可能实现，对于现
实生活中的大多数人来说，这可能更多是体现了一种对丰衣足食生活的憧
憬和只要辛勤劳动就能发家致富的信念。

　　从现今土家族群主要的分布区域——湘鄂渝黔川等省（市）毗连的武
陵山区和大巴山地区来看，这些地方大部分属于典型的喀斯特地貌，面积
大、山区多、平原少，主要是山区丘陵地带，大部分地区海拔都在 400 米
至 1500 米。这些地方处处是大山陡岩和深沟峡谷，自古就以"土地山险
水滩"② 著称（如图 1-1 所示），在一些海拔较低的缓坡和平坝地区，尚
能出产一些水稻，在很多高海拔地区，则既无水田，也不出产水稻，人们
通常只能以玉米、土豆、红薯等为主食。其艰苦的自然环境大致可以用著
名土家族诗人彭秋潭《长阳竹枝词》中的第一首来描述："长阳溪水乱滩
流，无数高山在上头。山田唯有包谷米，山船唯有老鸦觥。"③

图 1-1　宣汉土家族生活地区耕地地貌（一）④

---

　　① 湖南省少数民族古籍办公室：《摆手歌》，岳麓书社，1989 年版，第 185 页。
　　② 常璩：《华阳国志校注》，刘琳校注，巴蜀书社，1984 年版，第 83 页。
　　③ 湖北省长阳土家族自治县地方志编纂委员会：《长阳县志》，中国城市出版社，1992 年
版，第 744 页。
　　④ 笔者拍摄于宣汉县渡口土家族乡。说明：文中图片按章依次排序，凡属笔者自己拍摄的
图片，以后只标注序号和图片内容，不再另作说明。

《摆手歌》中所唱的"大田""大坪"在现实场景中几乎很难看到，很多用来栽种粮食的土地都是人工在山坡上的巨石之间开垦出来的数尺见方的小块土地（如图1-2所示）。由于土地贫瘠，产出非常有限，而且很多地方没有任何水利设施，人们基本只能靠天吃饭，如遇干旱，往往颗粒无收。也正是这个原因，巴人后裔土家族人一直保留了渔猎技术，一旦粮食不够，就只能寄希望于山林、河流之神的恩赐。

图1-2　宣汉土家族生活地区耕地地貌（二）

正是由于自然地理条件恶劣，加之长期被冠以蛮夷之地的称号，土家族地区交通很不发达，信息十分闭塞。这在某种意义上虽然使土家族避免了过早地被中原汉族文化完全同化，从而保留了更多的族群特点，也导致了这些地区的经济发展非常落后。前些年，由于经济发展水平远远低于全国平均水平，作为原巴人生活地区的"巴地"，尤其是巴人后裔土家族人所生活的地区被分别纳入了两个国家级集中连片特殊困难地区——武陵山区和秦巴山区。[①]

（二）社会环境

原始社会时期，和其他族群相似，巴人族群的首领和一般民众之间的地位差距并不是太大。随着剩余财产的增加，巴人之间社会分配也出现了

---

① 中华人民共和国中央人民政府网站：中共中央　国务院印发《中国农村扶贫开发纲要（2011—2020年）》，网址：http://www.gov.cn/gongbao/content/2011/content_2020905.htm.

不平等，首领和平民之间的差距越来越大，阶级逐渐形成。从时间上推算，大约在后照"是始为巴人"的时候，巴族群尚处于原始社会时期。到廪君与四姓结盟之时，巴族群则显然已经进入了奴隶社会，因为它已经有能力发展自己的军队并去占领其他族群的地盘了。

且不论哪种社会形态更有利于人的生存和生产力的发展，对于一般民众来说，生产力的发展虽然意味着更加充足的物质生活，但与之相伴的则是赋税、劳役等负担的加重和人身依附关系的产生。在族群内部，人的地位开始由其所占有物质财富的多寡来决定，人与人之间的平等关系被打破了，随之而来的是阶级压迫的产生和加剧。

粗略来讲，在商初至西周时期，巴方（巴子国）定期向中央王朝进贡的物资和巴子（战国以后是巴王）及其臣属所需的物资消耗大约均主要依靠奴隶的劳动来提供，巴人中的自由民大概不需要负担太多，那时候他们所受的剥削应该还不重。随着巴国对内活动、对外战争频率的增加，物资消耗也越来越大，仅靠奴隶劳动难以生产足够的产品，自由民的经济负担也日渐加重。到战国中晚期，巴国在秦、蜀、楚的夹击下大约已经到了国力羸弱、民生凋敝的境地，所以才会被刚刚灭蜀的秦国疲惫之师一举消灭。

秦和西汉对巴国遗民似乎都采取了轻徭薄赋的政策，据《后汉书》记载，秦惠王灭巴以后，规定巴人"其君长岁出赋二千一十六钱，三岁一出义赋千八百钱。其民户出賨布八丈二尺，鸡羽三十鍭。"汉朝以后，南郡太守靳强又请求中央政府在对巴国遗民征收赋税时"一依秦时故事"。不仅如此，对于巴人中还伐三秦有功的板楯蛮，西汉王朝更是优待，"复其渠帅罗、朴、督、鄂、度、夕、龚七姓，不输租赋，余户乃岁入賨钱，口四十"[1]。应当说，这一时期巴人整体上过着安居乐业的生活。

好景不长。进入东汉以后，地方官吏擅自加重赋税和劳役，对巴人的奴役"过于奴虏"，巴人生活出现了"嫁妻卖子"乃至轻生自杀的惨状，致使"忠功如此，本无恶心"的巴人也多次发动叛乱。[2] 东汉以后的几乎

---

① 范晔：《后汉书》（第 10 册）卷八十六《南蛮西南夷列传》，李贤等注，中华书局，1965年版，第 2841-2842 页。

② 范晔：《后汉书》（第 10 册）卷八十六《南蛮西南夷列传》，李贤等注，中华书局，1965年版，第 2843 页。

整个古代社会，那些生活在如今秦巴山区的巴人，由于长期处于中央王朝流官的统治之下①，其社会生活状况也随着中央王朝政策的变化而变化，总体而言是较为恶劣的。只有在社会环境导致巴人后裔无法生存时，他们才会奋起反抗，譬如南北朝时期，在巴蜀地区发生的一次由巴西宕渠巴人后裔李特、李雄领导，并最终建立起成汉政权的流民起义②，就是在统治阶级过度压榨，导致巴人难以生存的情况下发生的，清代发生在川东宣汉一带的白莲教起义也是如此。

在武陵山区扎根的巴人，自秦汉至宋代，中央王朝基本都对其采取羁縻政策，实行土司制度，统治相对宽松。但是，这种宽松仅仅是对土司和巴人中的上层统治阶级而言的。在巴人族群内部，土司像皇帝一样统治着当地的巴族群人民，不但要下层巴人为其提供向中央王朝进贡的贡品，满足他们骄奢淫逸的物质生活，还继续保留了奴隶社会遗留下来的"初夜权"③等恶俗，致使下层人民在承受经济剥削的同时，还要承受肉体上和精神上的摧残，其生活的苦难可想而知。明清以后，这些地区的统治虽然从土司制度变为流官制度，社会风气有所改变，但是，除了中原汉文化的影响加大，整体生产力水平有所提高，下层巴人的生活并没有得到根本改观，土王、贵族、族长等人依旧是这一地区的特权阶级。此时的巴人族群不仅要继续承受原来的经济和精神压迫，还要接受地方官吏的盘剥和压榨，其生存状态当然也不可能有根本性的好转。

简而言之，巴人是一个苦难的族群，其人民在长达数千年的历史时段内，都不得不一边与残酷、恶劣的自然环境搏斗，通过艰难困苦的劳作获得赖以生存的物质资料；一边承受着来自中央王朝统治者的经济剥削以及来自本族群统治阶级的物质和精神双重压榨。直到 20 世纪中叶，在席卷全国的解放浪潮中，巴人后裔的命运才得以根本改变。

---

① 秦巴山区的巴人也并非完全处于流官统治之下，据考证，川东巴人地区聚居的宣汉县境内，在明代还有冉姓土副巡检司存在。参见刘兴国：《明代达州南昌滩土司文化》，载于《四川文理学院学报》，2015 年第 5 期。

② 常璩：《华阳国志校补图注》，任乃强注解，上海古籍出版社，1987 年版，第 483 页。

③ 关于巴人土司行"初夜权"的相关记载，还可参见以下文献：田发刚、谭笑：《鄂西土家族传统文化概观》，长江文艺出版社，1998 年版，第 130 页；伍湛：《土家族的形成及其发展轨迹述论》，载于《伍湛民族学术论集》，四川民族出版社，1999 年版，第 144-145 页。

二、巴族群的文化性格

本书的研究任务，还包括弄清巴族群的文化传统。目前，关于"文化"最广为人知的概念当系英国著名人类学家泰勒（E. B. Taylor）所说："文化是包括知识、信仰、艺术、道德、法律、习俗以及由社会成员习得的能力和习惯所构成的复杂整体。"① 这个概念几乎达到了无所不包的境界，但是，当我们运用这一概念去分析具体文化事象时，又常常发现它其实大而无当，很多时候不得不加上"物质""非物质""民俗""农业""语言""器物"之类的前缀来缩小讨论范围。也正是有感于泰勒过分宽泛的文化概念可能导致的概念困境，人类学家克利福德·格尔兹力主应用狭义的、特殊的，从而更具理论力度的概念来代替泰勒这个著名的文化概念。② 在这一思想指导下，格尔兹本人给出了似乎最简单的"文化"概念——"意义之网"③。根据这个概念，他进一步认为文化虽然是"观念性的"，却并不"存在于人的头脑中"；同时，虽然它是"非物质性的"，但又并非"超自然的存在"，它是"表演的文件"，"具有公共的性质"。④因此，在格尔兹看来，要想真正理解和精确描述（即所谓"深描"）某一种文化，就必须精确地关注文化持有人的行为，因为文化形态是在他们的"行为之流"，更准确地说是在"社会行动"（以及"各种人造物和各种思想状态"）中表达出来的。⑤ 这就是说，我们可以通过观察人们的社会行动，去察知支配其行为方式的文化传统。

那么，巴族群的文化传统是怎样的呢？按照格尔兹的意思，当然就是在巴人的"社会行动"及其所创造的"各种人造物"和他们的"各种思想状态"中表现出来的那张"意义之网"了。正如方铁教授在论及巴蜀地区族群与汉族的融合时所言："在相当一段时间内，相对后进的賨、氐、僚、

---

① E. B. Taylor, Primitive Culture: Research into the Development of Mythology, Philosophy, Religion, Art and Custom, New York: Herry Holt, 1888, p. 1.

② 格尔兹：《文化的解释》，纳日碧力戈等译，上海人民出版社，1999 年版，第 4 页。

③ 格尔兹的完整表述为"……人是悬挂在由他们自己编织的意义之网上的动物，我把文化看作这些网，因而认为文化的分析不是一种探索规律的实验科学，而是一种探索意义的阐释性科学。"参见格尔兹：《文化的解释》，纳日碧力戈等译，上海人民出版社，1999 年版，第 5 页。

④ 格尔兹：《文化的解释》，纳日碧力戈等译，上海人民出版社，1999 年版，第 11 页。

⑤ 格尔兹：《文化的解释》，纳日碧力戈等译，上海人民出版社，1999 年版，第 20 页。

'獠'、'蜑'等族群，仍较多地保留了原有的特点。"① 从古代巴人到今天的土家族，巴族群的文化虽然在与其他族群，尤其是在与汉族的交往中不断发生诸如生产方式、语言运用等方面的各种变化，甚至在很大程度上与汉族文化融合了，但是"其社会行动"的方式总体上却保持了相对的稳定性。

应当说，巴族群文化之所以能够保持基本不变，有风俗习惯一旦形成就具有相当大的稳定性这一原因，如《隋书·地理志》所载"自汉高……迁巴之渠率七姓，居于商、洛之地，由是……其人自巴来者，风俗犹同于巴郡"②，迁居商、洛之地的七姓巴人，在历经近八个世纪以后，其风俗仍与巴郡相同；更重要的是，在文化地理学的意义上，正是巴人后裔生存环境的封闭性及其文化的非中心性使然。徐新建先生基于巴人及其后裔所处地域行政治理上的"腹地化"与文化习俗上的"土著化"长期并存的特征，而称之为"腹地里的边疆"或"边疆里的腹地"。③ 可以说，直到今天，无论其生产、生活方式已经在多大程度上汉化，绝大多数巴人后裔赖以生存的自然环境都还属于徐先生所说的"腹地里的边疆"。一方面，行政治理上的"腹地化"确保了巴人后裔总体上对中央王朝的归顺与驯服；另一方面，交通的不便以及长期实行的土司制度，又使这些地区像遥远的"边疆"一样较少受到中原文化熏染乃至同化，而在很大程度上保持了其作为"土著"的特色或曰"毕兹卡性"。恐怕也正是在这种"腹地化"与"毕兹卡性"的张力之中，巴人及其后裔逐渐形成了相对稳定且独具特色的族群性格，而作为巴族群"意义之网"的"巴文化传统"，也就一直保存在那最终决定巴人及其后裔（乃至受巴文化影响较大的其他人）如何展开"社会行动"的族群性格之中了。根据现存史料中关于巴族群及其后裔性格的有关记载，笔者认为巴人大致具有以下三个方面的族群性格。

（一）朴直敦厚

常璩在《华阳国志·巴志》中对巴人的族群性格曾有多次记载。他在

① 参见方铁：《巴蜀、西南夷地区大姓的异同及其形成的原因》，载于《尤中教授从事学术活动 40 周年纪念文集》，云南大学出版社，1995 年版。

② 魏征、令狐德棻：《隋书》，中华书局，1973 年版，第 843 页。

③ 徐新建：《从边疆到腹地：中国多元民族的不同类型——兼论"多元一体"格局》，载于《广西民族学院学报》（哲学社会科学版），2001 年第 6 期。

评价巴族群的民风时赞赏"其民质直好义，土风敦厚，有先民之流"，但又认为其缺点在于"重迟鲁钝，俗素朴，无造次辨丽之气"。① 这就说明，在常璩看来，巴人族群具有"质直好义"和"素朴敦厚"的民风，这种民风深深地刻印在巴人的族群意识之中，成为他们与别的族群相区别的显著特征。这种民风反映在个体身上，则是但凡巴人都具有"质直"之"人性"，这种"人性"难以磨灭，即便是秦惠王灭巴之后，尽管大量巴人迁徙到了异地定居，其"质直"的"人性"和"敦厚""素朴"的风俗仍然牢固地保持——"虽徙他所，风俗不变"②。在《巴志》的结束处，大约是有感于巴人独特的性格特征，常璩又充满总结意味地评价道："若蔓子之忠烈，范目之果毅，风淳俗厚……观其俗，足以知其敦壹矣。"③ 再一次强调其民俗中表现出的朴直敦厚之风。

从常璩上述几段关于巴人族群性格的记载当中，我们可以提炼出"质直""素朴"和"敦壹"（"敦厚"亦包含其中）等几个关键词。《三国志·蜀书》在给位至蜀国光禄大夫的巴人代表谯周立传时，对他"体貌素朴，惟推诚不饰……"的评论中所使用的"素朴""推诚不饰"等评语，实际也包含在上述关键词的意涵之中。④ 作为巴人上层人物的谯周的精神气质尚且如此，可见常璩所言不虚。以下我们试对以上关键词加以分析。

首先来看"质直"一词。这里的"质"，当作"本"解⑤，即"本质"的意思，"直"字才是巴人族群性格的关键。对于"直"字，先秦诸子已多有使用和分析，《老子·五十八章》就已有"是以圣人方而不割，廉而不刿，直而不肆，光而不耀"之说，《韩非子·解老》释"直"曰："所谓直者，义必公正，公心不偏党也。"意即公道正直，没有偏私就是"直"；陈鼓应释"直而不肆"为"直率而不放肆"⑥。则"直"又有"直率"之意。《论语·雍也》篇中，子曰："人之生也直，罔而生也幸而免。"刘宝

---

① 常璩：《华阳国志校注》，刘琳校注，巴蜀书社，1984年版，第28页。

② 常璩：《华阳国志校注》，刘琳校注，巴蜀书社，1984年版，第84页。

③ 常璩：《华阳国志校注》，刘琳校注，巴蜀书社，1984年版，第101页。

④ 陈寿：《三国志》（第四册），裴松之注，中华书局，1959年版，第1027页。

⑤ 宗福邦、陈世铙、萧海波：《故训汇纂》，商务印书馆，2003年版，第2191页，"质"字条第18至20义项。

⑥ 陈鼓应：《老子今注今译》，商务印书馆，2006年版，第286页。

楠释"直"曰："盖直者，诚也。内不以自欺，外不以欺人。"① 刘氏的解释尚较为含糊，其大意为待人待己如一，既不自欺，也不欺人；邢昺《论语注疏》的解释更明确："此章明人以正直为德，言人之所以生于世……以其正直故也。"② 照此推断，则"直"在孔子那里乃是"正直"之意，无怪乎一向重德的他在《论语·季氏》中强调交友原则时又说"益者三友……友直友谅友多闻，益也……"《荀子·修身》篇在对人的品格分类时也说："是谓是，非谓非曰直。"可见，早在先秦时期，"直"就是儒、道诸家公认的一种道德。这种道德简而言之就是公正、直率、是非分明、无所偏私。

也正因为具有"直"这一最根本特点，所以巴人待人接物真诚坦率而不假虚饰，即具有所谓"素朴"的族群性格。巴人的"素朴"不仅像谯周那样表现在体貌上，更表现在思想和行为上，用今天巴文化圈的话说，就是为人"耿直"，对人对事有一说一，有二说二，从不虚情假意，从不担心因表露自己的真实情感或说出某件事情的真相而开罪于人，也从不为了讨好别人而阿谀奉承、言不由衷。

同样因为本性之"直"，巴人也就具有了为人诚实、待人忠厚即"敦壹"的性格特征。待人真诚、为人诚恳，不斤斤计较于蝇头小利。据清同治版《来凤县志》记载，邑人到集市"买日用饮食之物者，取物酬直，恒不俟主人，主人亦不问也"③。为人如此诚实不欺，其敦厚、朴实的民风可见一斑。事实上，《来凤县志》记录的这种因性"直"而诚实不欺的淳朴民风在巴人后裔聚居区，乃至受巴文化影响较多的非巴人后裔居住区都具有普遍性。例如，在川东巴文化圈，直到改革开放以前，乡镇集市上乡民之间的买卖活动都一直保持着这种货不二价的诚实传统。

（二）刚勇重义

古人大约也在一定程度上注意到了生存环境对族群性格的影响，故而《华阳国志·巴志》在谈到涪陵郡的巴人"人多劲勇……"时，特意在前面加了一句"土地山险水滩"④。这似乎是告诉我们，正是这"山险水滩"

---

① 刘宝楠：《论语正义》，高流水点校，中华书局，1990年版，第234页。
② 佚名：《十三经注疏》，阮元校刻，中华书局，1980年版，第2479页。
③ 同治版《来凤县志》，1981年重印本，第247页。
④ 常璩：《华阳国志校注》，刘琳校注，巴蜀书社，1984年版，第83页。

的生存环境造就了涪陵巴人的"刚勇"性格。与之相似，《后汉书》在谈到板楯蛮夷"天性劲勇"和"其人勇猛，善于兵战"的特点之前，也首先谈到了他们居住的自然环境："阆中有渝水，其人多居水左右。"① 很容易让人联想到板楯蛮劲勇的性格与其长期在渝水的风浪中求生存之间的关系。除上述几处，《华阳国志》还有多处写到巴人的刚勇性格，如《巴志》引益州计曹掾程包的话评价川东賨民说："其人勇敢能战。昔羌数入汉中……后得板楯，来房（弥）〔珍〕尽"②，又说："賨民……天性劲勇。"③ 在介绍巴东郡的巴人时又说其"郡与楚接，人多劲勇"④。在《李特雄期寿势志》中又为李特一族称雄巴蜀寻找种族方面的原因："李特……祖世本巴西宕渠賨民，种党劲勇。"⑤ 此外，南宋地理总志《方舆胜览》在记载有大量巴人定居的夔州路时，也说："其人豪，人多劲勇……烧地而耕……"当地人"劲勇"的族群性格，恐怕与其"烧地而耕"的生存环境也不无关系。

对于这种族群性格与生存环境之间的关系，光绪版《巫山县志》的解释似乎颇有道理："沃土之民不材，瘠土之民向义，良由逸则生侈，劳则思善，理固然也。巫邑山多田少，无自然之利，非克勤克俭，何以立家？故士勤诵读，农勤稼穑……颇有古风焉。"⑥ 恐怕也正是在恶劣的自然环境中，巴人后裔才逐渐练就了土老司在"解钱"仪式中所唱的"花蛇拿来当腰带，花虎捉住当马骑，吃酒连糟，吃肉带毛……"⑦ 这种天不怕、地不怕的过人胆识。

值得注意的是，在中国文化的语境中，"勇"与"义"通常是联系在一起的，即所谓"勇者，循义不惧，能果毅也"⑧。"义"则以"利他"为

---

① 范晔：《后汉书》（第 10 册）卷八十六《南蛮西南夷列传》，李贤等注，中华书局，1965 年版，第 2842 页。
② 常璩：《华阳国志校注》，刘琳校注，巴蜀书社，1984 年版，第 52 页。
③ 常璩：《华阳国志校注》，刘琳校注，巴蜀书社，1984 年版，第 37 页。
④ 常璩：《华阳国志校注》，刘琳校注，巴蜀书社，1984 年版，第 83 页。
⑤ 常璩：《华阳国志校注》，刘琳校注，巴蜀书社，1984 年版，第 661 页。
⑥ 光绪版《巫山县志·风俗·卷十五》，1893 年版。
⑦ 中国人民政治协商会议湖北省委员会文史资料委员会等：《湖北文史资料·鄂西南少数民族史料专辑》，1990 年第 1 辑，第 153 页。
⑧ 宗福邦、陈世铙、萧海波：《故训汇纂》，商务印书馆，2003 年版，第 248 页，见"勇"字条第 10 义项。

原则，即所谓"利己曰利，利物曰义"，"见利而让，义也"。① 因此，大凡"刚勇"之士，必是"重义"之人。对于巴人来说，这不仅表现在"重然诺，轻生死"的侠义行为中，更是整个巴人族群的性格体现。像《来凤县志》记载的那种"……过客不裹粮，投宿寻饭无不应者……发逆之乱，避其地者，让居推食……"的轻财重义之"邑中风气"② 也绝非个例，在包括川东地区在内的整个巴文化圈中，类似这种乐善好施和见义勇为的现象应当说是很普遍的。

（三）乐观豁达

除上文所述"朴直敦厚"和"刚勇重义"的族群性格，巴人的乐观豁达也是广为人知，且有史记载的。正如《毛诗序》阐明的那样："在心为志，发言为诗。情动于中而形于言；言之不足，则嗟叹之；嗟叹之不足，故永歌之；永歌之不足，则不知手之舞之，足之蹈之矣。情发于声，声成文谓之音……"③ 歌舞是人类内心情感的最高表达。巴人的乐观正是主要表现在喜爱以歌舞的形式表达内心情感上。

目前所知最早记录巴人喜爱歌舞的是西晋著名文学家左思，他在《蜀都赋》中描写川东巴人的舞蹈说："若乃刚悍生其方，风谣尚其武。奋之则賨旅，玩之则渝舞。锐气剽于中叶，跷容世于乐府。"④ 左思写的虽然是文学作品，但根据其在《三都赋序》中对司马相如、扬雄、班固等人"假称珍怪，以为润色"的批评和"余既思摹二京而赋三都，其山川城邑则稽之地图，其鸟兽草木则验之方志。风谣歌舞，各附其俗……"⑤ 的自我表白可知，他对巴人歌舞的记载应当是真实的。

史志关于巴人喜爱歌舞的记载首见于晋人常璩《华阳国志》的记载："周武王伐纣……巴师勇锐，歌舞以凌殷人，殷人前徒倒戈，故世称之曰：'武王伐纣，前歌后舞'也。"⑥ 在令常人恐惧万分的战争面前，巴人不但无所畏惧，而且"前歌后舞"。这段记载表明，巴人不仅勇猛善战，而且

---

① 宗福邦、陈世铙、萧海波：《故训汇纂》，商务印书馆，2003 年版，第 1806 页。见"义"字条第 74、71 义项。

② 同治版《来凤县志》，1981 年版重印本，第 247 页。

③ 叶朗：《中国历代美学文库·秦汉卷》，高等教育出版社，2003 年版，第 24 页。

④ 左思：《蜀都赋》，出自萧统《昭明文选》（卷上），中国戏剧出版社，2002 年版，第 32 页。

⑤ 萧统：《昭明文选》（卷上），中国戏剧出版社，2002 年版，第 31 页。

⑥ 常璩：《华阳国志校注》，刘琳校注，巴蜀书社，1984 年版，第 21 页。

是一个勇于面对死亡的乐观族群。对此，《后汉书》则记载说："板楯蛮夷者……俗喜歌舞，高祖观之，曰：'此武王伐纣之歌也。'乃命乐人习之，所谓巴渝舞也。"① 有谁能说一个"喜歌舞"而成"俗"的族群不是一个乐观的族群呢？

和巴人的乐观相结合的是他们的"豁达"。巴人的豁达首先表现在其生死观上。由于巴人在亡国以前定居的巴蜀地区是道教的发源地②，巫觋之风很盛，加之"巴俗事道，尤重老子之术"③，故而道家、道教思想对巴人的思想影响极深。这种影响，在《华阳国志》中亦有记载："张鲁……以鬼道教百姓，賨人……多往奉之。"④ 道家、道教思想加上前述恶劣自然环境和沉重阶级压迫的影响，在死亡随时都可能来临的现实面前，巴人不得不展开对生活意义、死后去处以及生死关系等人生终极问题的思考。长期思考的结果，就是逐渐形成了一种坦然面对生死的独特观念。

尽管求生是人的本能，但由于巴人对人的生老病死有着相当冷静客观的思考，所以他们清醒地歌唱道："日月明明，亦惟其名；谁能长生，不朽难获。"⑤ 意思是说，既然长生难得，何不乐观地度过此生呢？再进一步，"生死"尚且可以勘破，那人生中又有什么是过不去的坎呢？难怪巴人后裔土家族人有"生不记死仇，亡者为大"⑥ 的谣谚流传。生前有再大的恩怨，一旦死去，便一笔勾销，这样的胸怀，不是"豁达"又是什么？

一方面，巴人及其后裔长期居住在自然条件恶劣、社会生产力发展落后的偏僻山区，并且长期处于中原地区封建王朝、各级地方官吏、本族群土司及族内各层级贵族、首领的多重压迫下，因此他们在生活中所遭遇的艰难困苦远远超过了其他地区的人民，这一切反而磨砺出了他们素朴、质直、忠实、敦厚、勇敢、义气、乐观、豁达的族群性格。另一方面，也正

① 范晔：《后汉书》（第10册）卷八十六《南蛮西南夷列传》，李贤等注，中华书局，1965年版，第2842页。
② 卿希泰：《道教在巴蜀初探》，出自《道教文化与现代社会生活研究》，巴蜀书社，2007年版，第253—297页。
③ 李延寿：《北史》（第八册），中华书局，1974年版，第2331页。
④ 常璩：《华阳国志校注》，刘琳校注，巴蜀书社，1984年版，第661页。
⑤ 常璩：《华阳国志校注》，刘琳校注，巴蜀书社，1984年版，第28页。
⑥ 武占坤：《中华风土谚志》，中国经济出版社，1997年版，第753页。

是得益于其生存环境的"边疆"性质，以及中央王朝在政治治理上长期采取的羁縻政策，最终由他们上述族群性格决定的"社会行动"，即作为"意义之网"的文化，才能够较少受到中原文化的侵染，而保持相对独立性，进而发展出一种保持至今的"文化传统"。

第三节　川东巴文化圈的审美文化特征

自重庆市成为直辖市之后，土家族的研究者就将土家族活动区域从过去的川、鄂、湘、黔四省交界处，重新界定为湘、鄂、渝、黔四省（市）交界处。就现今登记为土家族的主要人口而论，这种区域界定无疑是正确的。但如果更换一种思路，不过分在意现有族群身份，而将目光瞄准更加具有传统意味的"巴文化"，我们就会发现，上述界定显然都忽略了一个相当广大的地域，即重庆市成为直辖市之后的四川东部地区，因为这一地区不仅是"曾经的巴国领地"和巴文化的浸润、发展、定型之地，而且至今仍是重要的"巴文化传承之地"。某种意义上说，讨论"巴文化"而弃川东地区于不顾，显然是不够全面的。同样的道理，若是讨论川东巴文化传统中的审美生活，而不首先观照整个巴文化区域的审美文化，就不仅容易犯以偏概全的毛病，而且很难准确把握川东地区巴文化的独特性。如此说来，为稳妥起见，在讨论川东巴文化圈的审美文化特征之前，我们最好还是先探究一下作为整体的巴族群审美文化。

一、巴族群的审美观念

马克思关于人们并非随心所欲地、在自己选定的条件下，而是在他们"直接碰到的、既定的、从过去承继下来的条件下创造"[①] 自己的历史的论述，非常清楚地表明了人们的创造（物质的或精神的）与其被迫生存于其中的环境密不可分。因此，有的学者认为特定自然环境特征在一定程度上对"某一族群审美思想特点的形成"具有决定性的作用，而特定审美观

---

① 中共中央马克思恩格斯列宁斯大林著作编译局马列部、教育部社会科学研究与思想政治工作司：《马克思主义经典著作选读》，人民出版社，1999 年版，第 39 页。

念反过来又是"某种自然环境'人化'的产物"①，这种自然环境决定论的观点在某种意义上来说是正确的，但还不够完善。如前所述，丹纳认为对艺术（笔者认为可以引申为更广义的"文化"）起决定作用的因素除了自然环境，还有人们生活的时代、社会环境以及他们所属的种族。② 前文笔者已经对巴族群生存的自然、社会环境与其族群文化之间的关系有所讨论，此处不再赘述。值得注意的是，要想真正准确、清楚地理解巴族群的审美观念，恐怕还应当将其放置到巴族群文化的整体背景中去探讨。

在巴族群文化"意义之网"的构成因素中，诸如"乐观""豁达"之类的族群性格决定了"巴"是一个"审美性"的族群。根据格尔兹的意思，历史记载中巴族群"俗喜歌舞"的"社会行动"正好能在包含了此类族群性格的巴文化背景中得到解释。因此，巴族群的审美观念就蕴含在整个巴文化的"意义之网"当中，并在古代巴人及其现代后裔土家族的生活"行为之流"中体现出来。

古代巴人的审美观念在今天已无法看出，但这并不是说古代巴人的审美观念已经成了不可捉摸的神秘之物，相反，我们完全可以从各种历史资料对巴人审美状况的描述中察知其背后的意义结构，即审美观念。

结合《后汉书》《华阳国志》《隋书》《太平寰宇记》等历史资料记载的"俗喜歌舞"③，"……巴师勇锐，歌舞以凌殷人……故世称之曰：'武王伐纣，前歌后舞'也"④ "其古人……无哀服……始死……邻里少年，各持弓箭，绕尸而歌……其歌词说平生之乐事……歌数十阕……"⑤ "巴人……击鼓踏歌以兴哀……父母初丧，鼛鼓以道哀，其歌必狂，其众必跳……"⑥ "此县（按：巴渠县，在今川东宣汉县境内）……其民俗聚会则击鼓，踏木牙，唱竹枝歌为乐"⑦ 以及"开州风俗……男女皆唱竹枝

① 邱紫华：《东方美学史》，商务印书馆，2004年版，第616页。

② 笔者以为丹纳在《艺术哲学》一书中所提的"种族、时代、环境"三因素中的"环境"并不单指"自然环境"，还应当包含"社会环境"。

③ 范晔：《后汉书》（第10册）卷八十六《南蛮西南夷列传》，李贤等注，中华书局，1965年版，第2840页。

④ 常璩：《华阳国志校注》，刘琳校注，巴蜀书社，1984年版，第21页。

⑤ 魏征、令狐德棻：《隋书》，中华书局，1973年版，第898页。

⑥ 邓少琴：《巴蜀史迹探索》，四川人民出版社，1983年版，第46页。

⑦ 《太平寰宇记·卷137》，引自童恩正：《古代的巴蜀》，四川人民出版社，1979年版，第47页。

词""渔樵耕牧，好唱竹枝歌"① 等民俗事象，参照前文所述巴人"质直"
"素朴"等族群性格，可知古代巴人的审美观念大致可以用"好歌喜舞乐
素朴"七个字来归纳，换言之，即是舞以呈情、歌以道志，素朴为其
底色。

丹纳曾经深刻地指出文化传统对人的深远影响。他说："一个族群永
远留着他乡土的痕迹，而他定居的时候越愚昧越幼稚，身上的乡土痕迹越
深刻。"② 现代巴人，或者更准确地说今天的土家族人，无论是始终居住
于古巴国领地之上的巴人血脉，还是在巴国灭亡以后辗转迁徙到更远、更
偏僻的武陵山区定居的巴人后裔，在古巴国灭亡之时，他们祖先的文化都
够得上丹纳所说的"愚昧"和"幼稚"，因此他们身上留下的乡土痕迹，
即古代巴人的文化品格也就相当深刻。加之这些古代巴人的后裔居住环境
的"边疆性"，以及长期处于羁縻政策治理下导致的社会发展的相对滞后
性，进一步造成了其文化发展的迟滞性，因而，其文化特征表现出相对的
稳定性。

在审美文化方面，具体而言，在今天的巴人后裔尤其是土家族中，各
种审美文化形式基本上都可以说是由来有自。比方说：过去在战场上曾威
风一时的"巴渝舞"发展演变成了今天的"摆手舞"；过去的"击鼓踏歌
以兴哀"的丧俗演变为今天丧葬仪式中的打绕棺和唱孝歌③；古代巴人爱
唱歌，后世土家人则是"山歌不唱不开怀""土家山歌唱不完"；古代巴人
爱跳舞，后世的土家地区则是各村各寨都有摆手堂……因此，尽管具体形
式可能多少有些变化，但总体来讲，今天的土家族人在审美观念上基本保
持了古代巴人"喜歌乐舞好素朴"的文化特征。

二、川东地区的巴文化特征

前面已经说过，川东地区是"曾经的巴国领地"和巴文化的浸润、发
展、定型之地，而且至今仍是重要的"巴文化传承之地"。因此，这一地
区的审美文化在观念上必然具有巴族群审美文化的共性。但是，川东地区

---

① 四川省开县志编纂委员会：《开县志》，四川大学出版社，1990 年版，第 522 页。
② 丹纳：《艺术哲学》，傅雷译，人民文学出版社，1963 年版，第 243 页。
③ 各地名称稍有不同，或称"唱丧歌"，或曰"打丧鼓"，不过其表现形式大同小异。

毕竟与其他现在居住着大量土家族人的巴文化地区不同。具体而言，川东巴文化圈与其他巴文化传承地区的不同主要有以下几点。

（一）具有土家族身份的巴人后裔人口比例较小

巴国灭亡以后，川东地区不断有大量华夏（战国时期，汉族尚未形成）及其他族群移民迁来定居，这一地区的族群成分便不断发生变化，巴人在这一地域的人口中所占比例从巴国灭亡前的近乎百分之百逐渐稀释。目前，这一地区明确登记为土家族，可直接界定为巴人后裔的人口主要居住在宣汉县渡口、龙泉、三墩、漆树四个土家族乡和樊哙土家族聚居镇，总人口5万余，在宣汉县130余万人口中占比不到4％，在达州市近700万人口中所占比重更小，不到1％。这也就是说，在达州市现有人口中，每100人中，土家族人口不到1人。可见，不像湖北、重庆、湖南、贵州的土家族自治县或自治州所登记为土家族的人口在总人口中所占的比例较高，其土家族文化的氛围也相当浓厚，川东地区登记为土家族的人口相对较少，且相对集中居住在上述相邻的四乡一镇。

（二）巴人后裔来源较为复杂

现今川东地区登记为土家族的人口，从其祖源上判断，大致有四个来源。

其一，世居当地的"古老户"。川东地区曾经是巴国腹地，在巴国灭亡以前，这里居住的几乎全是巴人。巴国灭亡后，由于战争、灾难以及族群迁徙等诸多因素的影响，原来的巴人逐渐减少，在当地人口中所占比例越来越小。应当注意的是，不论外来族群的文化如何影响这一地域，始终有一部分居民是自上古以来就一直居住在这里的，他们是现今川东巴人中的"古老户"。

其二，湖广移民。清初曾发生大规模的"湖广填四川"移民运动，在这一规模巨大的移民运动中，鄂西地区的一些巴人后裔也迁徙到了川东地区，这一点可以从现藏于宣汉县漆树土家族乡人民政府的两本土家人族谱中得到证实。其中，编于清嘉庆十年（1805年）的《朱氏族谱》载漆树乡朱姓土家人的来源说："朱氏支分江右，派行湖广西蜀……朱楚山生于湖南道长沙府安花县丰洛里……"于清道光二十九年（1849年）整理成集的《陈氏族谱》则记载该地陈氏家族"始居江西，后定居湖广宝庆府新化县黄阳山鹅塘，再后来川，来川时两人"①。另一本现藏于宣汉县档案馆的漆树土家族乡《谢氏族谱》对当地谢姓人"来源于湖广永州府初阳县普乐乡……来川创始人谢春吉，出生于康熙乙丑年……出生地湖广永州府初阳县普乐乡"的记载也提供了同样的信息。这与笔者在田野调查中得到的信息也是吻合的。可以说，现今渡口、龙泉等四个土家族乡登记为土家族的人口中，大部分都是从湖广填四川移民运动中迁徙到当地的。此外，还有一些在不同时期零零散散因经商、游宦等原因从湖北、湖南、贵州等地迁往川东地区定居的巴人后裔。

其三，辗转迁徙的巴人后裔。在巴国灭亡后的两千多年中，巴人及其后裔中的一部分不断辗转迁徙，有些先是迁出了巴族群聚居区，但由于其"虽徙他所，风俗不变"②的牢固族群记忆，始终不忘自身作为巴人后裔的根，他们中的一部分出于游宦、经商、避祸等种种原因，在历经数百年乃至上千年之后，又迁徙到了其始祖所居的巴地，这样的情况在川东地区也不乏其例。现藏于宣汉县志办，编于清康熙四十五年（1780 年）的《文氏宗族谱》称宣汉文氏土家人"出自陕西，至江西，至南京，至四川宣汉下八乡，再扩散到石铁乡、新华镇、河坝乡、土黄镇、月溪乡、漆树乡、樊哙镇和达县等地，计 63 代"。从这一记载来看，这个文氏家族的祖先可能是陕西境内的巴人，先后迁徙到江西、南京等地，居住了很久之后，其中的一支又回迁到巴人旧地，在川东宣汉县定居，并开枝散叶，在宣汉、达县等地广泛繁衍，到清初已发展到了 60 多代人。应当说，现在川东地区的巴人后裔中，文氏家族这样的情况不是孤例，只是由于文献缺失，难以考证罢了。

其四，保有"巴人"记忆的非土家族人。由于历史原因，或者因为当初对国家民族政策不甚了解，目前川东地区尚有相当一部分巴人中的"古老户"和一些后来从湖广等地迁徙到川东地区定居的巴人后裔，在登记族群身份时放弃了本来的土家族身份，或者由于自身对登记族群身份一事不太热心，当户籍工作人员将其登为汉族时，采取了一种无所谓的态度，以

---

① 国家民委全国少数民族古籍整理研究室：《中国少数民族古籍总目提要：土家族卷》，中国大百科全书出版社，2010 年版，第 39 页。

② 常璩：《华阳国志校注》，刘琳校注，巴蜀书社，1984 年版，第 84 页。

致"将错就错"，就像笔者曾经指出的山西省介休市义安镇东、西大期两村的剌姓居民对待自己的族群身份那样①，他们一方面乐于接受现有的汉族身份，另一方面又通过口头传统不断巩固自身的"巴人"记忆。

（三）显性巴文化特征失落较为严重

随着巴国的灭亡和中原汉人的不断迁入，川东巴文化圈的汉族居民不断增加，巴人后裔逐渐失去了他们在这一地区的人口优势。尽管作为"土著"文化的巴文化本身具有强大的影响力和稳固性，但在先进中原文化的强势影响之下，其显性的文化形式仍然不免节节败退的命运。在这一地区，越是交通方便、与汉族交往多的地方，巴文化的显性特征消失得越快。

正是出于这个原因，那些在其他巴文化地区至今仍然相当活跃的诸如薅草锣鼓、摆手舞、对歌节以及随处可以听到的山歌等文化形式，在川东巴文化圈中，却随着历史的发展不断减少。秦灭巴之初"俗喜歌舞"的川东巴文化圈，在明代尚较为广泛地存有"三四人横抬扛击（长七八尺的长腰鼓），郡献春及田间插秧时，农夫皆击此。复杂以巴渝之曲"②的秧歌鼓形式；到了民国时期，这一文化形式在川东地区便只有《宣汉县志》《巴州志》等方志中有记载了。到今天，保留这些显性巴文化形式的地区更是收缩到了宣汉土家族聚居区一带以及与之紧邻的万源市这一狭小区域。

（四）巴文化性格对川东居民影响深远

显性文化特征的失落并不表示川东地区的巴文化已整体断绝，相反，那些表现并不明显，却在巴文化"意义之网"中起着经纬作用的内容，也即前文指出的"朴直敦厚""刚勇重义"和"乐观豁达"的族群性格不仅深深地烙在巴人后裔们的潜意识中，对他们参加"社会行动"的"行为之流"起着最重要的支配作用，而且在与外来族群的文化交流中，深刻地影响了那些长期定居于此的人们，甚至促使他们原有的族群性格发生了某种程度的改变。这样，川东巴人后裔的族群性格就和大量深受影响并形成了

---

① 姜约：《亦汉亦蒙：身份表述中的多民族格局》，载于《民族艺术》，2015 年第 4 期。
② 何宇度：《益部谈资》，引自四川省民俗学会、四川省川剧理论研究会、四川省川剧艺术研究院：《川剧文化研究》，四川人民出版社，2007 年版，第 255 页。

类巴人性格的汉族人性格一起，被冠以"川东性格"之美名。而所谓"川东性格"，就其基本要素豪爽、耿直、厚道、乐观、洒脱等①而言，也就是巴族群性格的翻版。

在此意义上，那些并非巴人后裔，却具有鲜明"川东性格"的人，似乎可以称之为"广义巴人"。所谓"广义巴人"，不仅包括上述几类巴人后裔（不论其身份证上登记的族群身份是"汉"还是"土家"）定居川东地区期间，在与当地其他族群（主要是汉族）通婚的过程中出生的那些具有巴人血统，也在某种程度上习得了巴文化传统，其文化"意义之网"中包含大量巴文化元素，但自身又没有意识到，或者即便已经意识到，又出于某种原因不愿承认的人，而且可以包括那些长期居住在巴地，没有半点巴人血统，但长期感受巴文化氛围，并在某种程度上接受了巴文化，进而在文化性格上具有了明显的巴人特征，如"川东性格"的非巴人后裔。

如此说来，在整个川东地区，尽管现在已经明确了土家族身份的巴人后裔人数尚少，但若是把那些本是巴人后裔，却登记为其他族群的人计算在内，则川东巴人后裔的人数将远远超出现已登记的5万余土家族人。更进一步，若以是否具有上述"川东性格"为标准来进行统计，则可以说整个川东地区常住人口中的大部分都在某种程度上具有"巴文化"特征。在这种意义上，大约可以说曾经是古巴国腹地的川东地区至今仍然处在"巴文化"的影响之下。为方便下文讨论，我们将这一地区称为"川东巴文化圈"。

三、川东巴文化圈的审美文化特征

王一川教授认为："一种族群的审美文化，事实上是多种族群文化交流、融汇的结果。"②对于那些有两个以上族群长期混居的地区来说，其审美文化更是如此，它必然会有机地兼顾那些曾经在这块土地上生活的族群的审美风尚，吸收各族群审美文化之长，并创造出各族群人民能够共同接受的新审美文化。这种"新审美文化"不可避免地会成为一种和谐的多

---

① 2015年，中国中央电视台在春节期间播放的川东宣汉地区"多一双筷子"的"睦邻"文化，正是这种"川东性格"的表现，归根结底，它是"巴文化"的本质特征。
② 王一川：《美学原理》，中国人民大学出版社，2015年版，第153页。

族群审美文化综合体，也即一种具有强烈地方色彩的审美文化。

川东巴文化圈就是长期有两个以上族群混居的地区。据《华阳国志·巴志》记载，在巴人进入川东地区定居以前，这一区域的世居居民有濮、賨等"先巴"族群。当文化更先进的巴人统治这些地方以后，"先巴"族群的文化就要么被巴文化取代，要么融入巴文化成为其组成部分。因此，这里的审美文化在某种意义上就具有"先巴"以来的文化传统。

由于与蜀国是邻国，又长期相互抗衡，巴人在与蜀人的不断交往中，主动学习其先进的农耕技术文化等，生产力得到大发展。在审美文化方面，尽管蜀对巴的影响相当有限，表现不太明显，但也有融合的地方，这在考古发掘中的器物形制等方面已有所发现。不过蜀对巴在审美风格方面的影响应当不大，这一点从他们各自传承至今的后裔的不同性格中也可见一斑。

巴与楚之间由于地域上相互重合交叉，政治上长时间处于联盟关系，加上民间联姻通婚等因素，必然带来族群间在"习俗上融通混同""文化上深层融合"① 的结果。这一结果反映在巴人的审美风格上，便是这个向来以素朴为美的族群，在某些方面，比如家具制作中的雕花滴水床工艺、繁复的西兰卡普花样等，又以繁缛和艳丽为美。应当说，川东巴文化圈的审美同样也受到了楚文化的影响，在以素朴为基调的审美风格中，也偶有繁复、艳丽之风。

相比之下，川东巴文化接受的来自汉文化的影响更多，也更加深刻和持久。自秦灭巴、蜀以后，前往川东地区定居的汉人逐渐增多，随着时间的推移，当地的人口结构从秦代的巴多汉少，逐渐发展为汉多巴少，到后来，这一地区的巴人就基本处于汉文化的包围之中了。这种混居格局不仅带来了前述显性巴文化形式的逐渐失落，也使这一地区的巴人在与先进汉文化的接触中，逐渐放弃了本族群的语言，接受了汉族群的宗教、节庆等方面的文化，并主动学习汉族群历史文化知识，将其作为自身文化创造的题材来源。即便如此，从川东土家族聚居区流传至今的人类繁衍神话《太

---

① 杨华、何怀红：《巴文化研究活动的兴起与深入》（下），载于《重庆文理学院学报》（社会科学版），2014年第1期。

阳和月亮》① 可见，川东巴人后裔尽管接受了汉文化的神仙系统，但其根本的世界观和审美取向又保持了巴文化的特征。

应当指出的是，不管川东巴文化圈的巴人后裔受到了多少其他文化的影响，就像我们在本章第二节中讨论的那样，他们和其他地区的巴人后裔一起，始终保持了自身的独特秉性，换句话说，尽管文化形式已经发生了或多或少的改变，但其固有的族群性格始终不变，由此决定他们的审美观念和审美风格也就保持了相对的稳定。

正是在这种意义上，我们可以说，川东巴文化圈的审美文化在观念上既具有作为整体的巴族群审美文化的共性，即前文所说的"舞以呈情、歌以道志，素朴为其底色"；又因其在发展过程中不同于其他巴文化地区的历史际遇，而具有不完全同于其他巴文化地区的个性。

要言之，川东巴文化圈的审美文化与其他巴文化地区相比，独特之处在于以下几点。其一，川东巴文化圈现存显性形态的巴文化明显偏少，且至今仍然存有显性巴文化形态的宣汉县渡口、三墩、漆树、龙泉土家族乡，樊哙土家族聚居镇及其紧邻地区相对比较狭窄。其二，一些具有巴文化特征的审美文化广泛分布于整个川东巴文化圈，但又与其他族群（以汉族为主）的审美文化混在了一起，有时甚至披上了其他族群审美文化的外衣，因此必须加以分析和鉴别。其三，还有一种更为普遍的特征，即川东巴文化圈中很多族群身份登记为"汉族"或其他族群的人（无论其是否为巴人后裔），虽然其欣赏的审美文化从形式上说与巴文化无关，但如果从其审美文化的"意义之网"去追究，则可以说最终是巴文化决定了他们审美的"行为之流"。

小　结

由现代人佟文西、尹建平作词，王原平作曲，青年歌手李琼于 1999 年中央电视台举办的春节联欢晚会上演唱，反映巴人后裔生存环境和族群性格的土家族民歌《山路十八弯》这样唱道：

---

① 这个神话故事讲述的是太阳和月亮的功绩。哥哥月亮和妹妹太阳不仅繁衍了人类，而且给人类带来了光明。因此，玉帝封他们为神仙，以表彰他们的功劳。这与汉族传统中以哥哥称太阳、妹妹称月亮的说法正好相反。参见国家民委全国少数民族古籍整理研究室：《中国少数民族古籍总目提要：土家族卷》，中国大百科全书出版社，2010 年版，第 179 页。

哟……大山的子孙哟……爱太阳喽，太阳那个爱着哟，山里的人哟……这里的山路十八弯，这里的水路九连环。这里的山歌排对排，这里的山歌串对串。十八弯，弯出了土家人的金银寨，九连环，连出了土家人的珠宝滩，耶……没有这十八弯，就没有美如水的山妹子；没有这九连环，就没有壮如山的放排汉。十八弯啊九连环，十八弯九连环，弯弯环环，环环弯弯，都绕着土家人的水和山。这里的山路十八弯，这里的水路九连环。这里的山歌排对排，这里的山歌串对串。排对排，排出了土家人的苦和甜，串对串，串出了土家人的悲与欢，耶……没有这排对排，就不能质朴朴地表情谊；没有这串对串，就不能缠绵绵地表爱恋。排对排，串对串，排对排，串对串，排排串串，串串排排，都连着土家人的梦和盼。哟……①

这首歌用抒情的音调描绘了巴人后裔土家族以"生存之路"为象征的生存环境："山路十八弯"和"水路九连环"。这样的生存环境无疑是艰险的，生存于其间的人的生活无疑是艰辛而劳苦的。但土家人并没有被这艰险的生存环境吓倒，更没有被艰辛、劳苦的生活摧毁精神意志，相反，在他们看来，正是这"山路十八弯"和"水路九连环"的艰苦环境造就了柔美如水的土家妹子、壮实如山的土家汉子，培养了他们乐观、豁达的人生观和价值观。他们没有埋怨甚至诅咒这样的生存环境，而是用甜美的歌声来讴歌这虽然艰苦，却为他们提供了生存、繁衍的必要财富的山山水水，称它们是"金银寨""珠宝滩"。同样是在这艰险的生存环境中，土家族养成了用歌声表达生活中的悲欢离合、酸甜苦辣、情感波澜以及梦想与期盼的审美性习俗。由于他们总是用歌唱来表达一切，土家族生活的地区也就成了"排对排""串对串"的，与土家族现实生活须臾不可分离的山歌的海洋。

因此，如果我们说《山路十八弯》是对巴人后裔生存环境与族群文化之间关系的审美表达，这种看法是可以成立的。对于川东巴文化圈来说，情况也大致如此。这似乎也在某种意义上证明了丹纳关于环境对艺术具有决定作用的主张是正确的，尽管歌曲的作者和丹纳似乎都没有提及同样对艺术有着决定性作用的"社会环境"。

---

① 余远国：《三峡民俗文化》，中国地质大学出版社，2015年版，第187页。

第二章　无歌不欢：日常生活中的诗性感动

　　《毛诗序》云："诗者，志之所之也，在心为志，发言为诗。情动于中而形于言，言之不足故嗟叹之，嗟叹之不足故永歌之，永歌之不足，不知手之舞之，足之蹈之也。"① 这可以说是儒家经学传统中对"诗歌"——既包括今天仅用于吟咏的"诗"，又包括今天用于演唱的"歌"这一审美形式颇为精彩又富于心理学色彩的解释。这个解释依据内心情感的强烈程度，将人们表达情感的方式分为"形于言""嗟叹之""永歌之"和"手之舞之、足之蹈之"这样由低到高的四个等级，在这个等级序列中，歌唱在人类的情感表达中处在一个仅次于手舞足蹈的较高层级，被认为是人类抒发情感的重要方式。如果说《毛诗序》在一定程度上揭示了人类情感表达的真理，徐新建先生则从区别本文与文本的意义上指出了作为声音组合的歌唱才是诗的本文。他说："诗的原型不在……文字经典，也不在……单吟独白，而在于日常生活中情景交融，不吐不快的'歌'——即与天地相通、群体交往的'唱'与'合'。"② 我们若想了解情感丰富的川东巴文化圈中人，尤其是其中的巴人后裔的审美生活情状，最可行的方法自然是走进，最好是如"庄周梦蝶"般"化"入他们的生活世界，去聆听、体悟他们那蕴含了悲欢离合、浓情蜜意的丰富情感，在日常生活场景中随时随地发生的歌唱，因为歌唱既是他们与生俱来的"喜好"，又是他们用以抒发情感、宣泄情绪的重要手段。

---

① 叶朗：《中国历代美学文库·秦汉卷》，高等教育出版社，2003年版，第24页。
② 徐新建：《"饮酒歌唱"与"礼失求野"——西南民族饮食习俗的文化意义》，载于《西南民族大学学报》（哲学社会科学版），2015年第1期。

采集民间歌谣以观民情的做法本来是中国自先秦时期就有的传统，但这种传统在中古以后发生了断裂，直到 20 世纪初，受西方民俗学学科的影响，作为一种民间表达方式的民歌，才又重新得到人们的高度重视。不过这次重视它的不是统治者，而是介于统治者与普通民众之间的知识精英。在发轫于五四运动前后，被界定为"新科学运动"和"新学术运动"，并被当作一场伟大"政治运动"和"文化运动"的组成部分之一的"歌谣学运动"① 中，最先系统讨论民间文学的文章指出，所谓的"民间文学"具有如下特点：

1）"民间文学"可与西文 folk lore 一词大略相同，因不易对应，只好勉强译为"民情学"。

2）"民情学"所研究的事项有三，"民间文学"位居其一……所以"民间文学"是"民情学"的组成部分——并且是最重要的部分。

3）"民间文学"……基本特征在于：群体创作、口头文学（oral literature）以及流行民间。

4）"民间文学"保存在"野蛮人类"和"文明人类的儿童与无知识人民"中；在前者为"跳舞""神话"和"歌谣"，在后者则是"故事"与"歌曲"。②

撇开引文中不可避免地存在的精英知识分子对民间及民间传统居高临下的态度这一点，这个关于"民间文学"的界定在很大程度上也可以说是对民间歌舞的界定。由于"民间文学"被界定为"人类本能的产物"，是"族群感情的自然流露"，所以我们可以通过它了解"民情"，即人们的生活情状，当然也包括本书研究的主题——审美生活。

在川东巴文化圈中，虽不是人人能歌善舞，却因为自古以来"俗喜歌舞"③ "……男女皆唱竹枝词"④ 的风俗在民间的传承不断，所以受此影

---

① 钟敬文：《"五·四"前后的歌谣学运动》，载于《民间文学》，1979 年第 4 期，引自《中国民间文学论文选》（下卷），上海文艺出版社，1980 年版，第 389-405 页。

② 胡愈之：《论民间文学》，载于《妇女杂志》七卷一号，上海商务印书馆，1921 年。

③ 范晔：《后汉书》（第 10 册）卷八十六《南蛮西南夷列传》，李贤等注，中华书局，1965 年版，第 2840 页。

④ 《太平寰宇记·卷 137》，引自童恩正：《古代的巴蜀》，四川人民出版社，1979 年版，第 47 页。

响，这一区域的人们总体上较好地保持了作为情感之自然流露的丰富歌唱传统，其具体表现有以下几点。

其一，保存下来的活的民歌资源数量惊人。在始于 1984 年，以抢救、发掘各地、各族群丰富悠久的民间文化为宗旨的"族群民间文艺普查"①工作中，川东达县地区（包括今达州市、巴中市和广安市邻水县）的文艺工作者就搜集、整理、出版了 8266 首当时仍在各地传唱的歌谣作品，其民歌资源之丰富，可见一斑。应当指出的是，由于巴人之歌具有"旋编旋唱"② 的特点，其民歌的实际数量远远大于出版的数量。借用土家族民歌《山路十八弯》的描绘，我们可以说，川东巴文化圈中的民歌同样具有"排对排"和"串对串"的性质，其丰富性用巴人后裔土家族山歌的说法就是"……土家山歌万万千……土家山歌唱不完"③。

其二，民歌的题材及反映对象相当广泛。川东巴文化圈中的民歌不仅数量多、流传广，而且题材范围及反映对象也可以说是无所不包，涵盖了生产劳动、爱情婚姻、生老病死、休闲娱乐、节庆民俗等诸多生活领域。一方面，人生的一切际遇都有可能诱发人们的情感波动，随后又总是以歌唱的方式平复这种波动，故而几乎达到了无事不歌唱、无时不歌唱、无处不歌唱的境界；另一方面，凡是生活中的所见所闻、所触所感、所思所想，都可以成为人们抒发内心情感的内容，因此，其歌唱的题材和对象也就达到了无事不入歌、无物不入歌、无语不入歌的境界。

其三，民歌保持了情感自然流露的特征。民歌的情感表达方式往往不同于文人之作。陈思和先生曾就民歌的审美风格指出，因为民间文化是在"国家权力控制相对薄弱的领域产生"的，所以"保存了相对自由活泼的形式"，也就能够较为真实地"表达民间社会生活的面貌"以及"下层人民的情绪世界"，因此，"自由自在是它最基本的审美风格"。④ 对于川东巴文化圈中的人们来说，随口而来、即兴而出、旋编旋唱的民歌正是他们以"自由自在"的方式表达自身那随缘而起的"情绪世界"，也间接地反

---

① 这次普查工作是由文化部、国家民族事务委员会和中国民间文艺家协会共同发起，在全国范围内展开。

② 庞麟炳、汪承烈等：《宣汉县志》，成文出版社，1976 年版，第 668 页。

③ 宋玉鹏、彭林绪、肖田：《土家族民歌》，四川民族出版社，1987 年版，第 1 页。

④ 陈思和：《中国当代文学史教程》，复旦大学出版社，1999 年版，第 12 页。

映出本地区人民"社会生活面貌"的艺术形式。

由于传统精英取向的美学有其自身的价值，本书并不主张像北京大学《歌谣周刊》主编常惠针对"贵族文学"所持的态度，即通过对民歌和民间审美的研究，让那种强调绝对"非功利的""静观的""贵族的"美学"不攻而自破"①，而认为完整意义上的美学必须把对民歌和民间审美的研究作为其重要内容，在此基础上，方才有望发明一种属于全人类的审美之学。为了更加清晰地呈现川东巴文化圈中人们以歌唱形式表现出来的审美生活，下文笔者将按照不同的生活领域，分别论述该文化圈中人们如何通过深情的歌唱将自身烦闷无趣，甚至在别人眼里多少有些困窘、无奈的日常生活升华为审美性的、值得一过的生活。

第一节　歌唱与劳作

从黑格尔开始，美学家们就已经认识到美、审美与生产实践活动之间存在千丝万缕的联系，以李泽厚先生为代表的实践美学学派甚至将美的本质（本源）归结为以生产活动为核心的社会实践，认为人通过社会实践认识自然、改造自然，使自然人化、人的本质力量对象化，从而使自然向人生成美，人也在此过程中产生了审美意识，形成了审美能力，因而美和美感均是人的社会实践的产物②；却几乎没有一个传统美学家认为那些处于孕育了美和美感的生产活动过程之中的人们，是可以进行审美活动的③。这是因为，在传统精英美学看来，按照康德给美下的定义："美是无一切利害关系的愉快对象"④（也即"非功利而生愉悦"），审美活动与以功利为目的的生产活动是截然分开的不同领域。

然而，至少前现代社会的人类生活实践，并不像传统美学家认为的那

①　常惠：《我们为什么要研究歌谣》，引自钟敬文：《歌谣论集》，上海文艺出版社，1989年版，第303—312页。常惠在文中指出，歌谣是民众的艺术，是"平民文学的极好材料"，而之所以要研究和提倡歌谣，是因为要知道"那贵族的文学"自此要"不攻而自破了"。

②　朱立元：《美学大辞典》（修订版），上海辞书出版社，2014年版，第16页。

③　作为传统美学的立法者，康德自己似乎是唯一的例外，他的《实用人类学》一书在论及意大利人时就提到了类似观点。

④　康德：《判断力批判》（上卷），宗白华、韦卓民译，商务印书馆，1964年版，第98页。

样，功利性活动与审美活动是不可能同时发生的两个互不关涉的独立领域。恰恰相反，与数量极少、衣食无忧的精英知识分子不同，绝大多数普通人几乎从来不会刻意从他们的日常生活中辟出一部分时间，去音乐厅欣赏交响乐，去博物馆欣赏雕塑和绘画，或者在风景名胜中流连忘返，他们的审美活动并不一定与功利性生产活动截然分开，而很可能是水乳交融、不可分割的统一体。不同地域、不同族群人们的区别仅仅在于，他们在生产活动中进行的审美活动多寡不一。对于本书考察的川东巴文化圈中人，尤其是其中的巴人后裔来说，就算说审美活动与他们的生产活动是同等重要、等量齐观的，恐怕也不为过。

中国古人好以"趣味"来表达人的审美感受，如宋人叶适论诗有"怪伟伏平易之中，趣味在言语之外"① 之句。近代梁启超则强调美与审美的先后顺序是先有美，然后才有审美"趣味"，认为"审美趣味"是人们"生活的原动力"和人生观的"根柢"，若"趣味丧掉"，则生活就"变成了无意义"，指出那种"拿别人的苦痛换自己的快乐"的行为是下等趣味②，故而应当用文艺将其引导"到高等趣味的路上"，因为文艺的"本质和作用，最主要的就是'趣味'"③，是培养人们高尚趣味的重要手段。对于文化发展较为滞后，又缺乏教育资源的巴文化圈来说，传统"士"阶层阅读的文艺作品很难传播到这里，即便能够传播，也不可能被不识字的普通群众阅读，并进而使他们获得"高雅"的审美趣味。因此，川东巴文化圈的居民便"无奈地"④ 选择了无须识字，仅靠口耳相传就能掌握，而且不会耽误其功利性生产的"歌"这样一种审美方式，来作为升华其生活意义和引导人们提升审美趣味的工具。因此，"歌唱"便成了与他们的生产生活相伴始终的审美活动。

由于川东地区地处大巴山南麓，以中低山和丘陵为主，又不乏海拔2000 米左右的高山峡谷，川东巴文化圈的生产活动种类繁多，人们（尤其是前现代时期的人们）既要到山林中伐石、狩猎，又要去河流里打鱼、

---

① 叶适：《水心先生文集·跋刘克逊诗》，引自曾枣庄：《宋代序跋全编 7》，齐鲁书社，2015 年版，第 4708 页。
② 梁启超：《梁启超论教育》，商务印书馆，2017 年版，第 186—187 页。
③ 梁启超：《晚清两大家诗钞题辞》，引自《饮冰室合集·文集》之四十三，中华书局，1989 年版，第 70 页。
④ "无奈"大约是精英知识分子容易做出的判断，事实上，这恰是人们的聪明之处。

放排；既要在乱石嶙峋的山间坡地上开垦，又要在数量不多的平畴旷野中耕种；既要身负重物在羊肠小道上往来运输，又要心有牵挂地在吊脚楼中穿梭绩纺。

在那些并不实际来此生活的浪漫主义者眼里，这里或许是其乐融融的"世外桃源"，其中的生活充满了诗情画意；在更加讲求实际的现实主义者眼里，这里可能是他们避之犹恐不及的地方。而对于川东巴文化圈的人们来说，这里既不是虚无缥缈的"世外桃源"，也不是深沉黑暗的人间地狱，这里只是他们真真切切地生于斯、长于斯、老于斯的现实居所，和其他任何地方一样，在这里的生产和生活中，人们既有欣喜也有悲伤，既有快乐也有愤怒，一切都平淡无奇。但这里同样有着与其他很多地域大不一样的地方，即不管是喜是悲、是苦是累，在生产活动过程中，人们从事艰辛劳作的同时，总是用歌声抒发内心那随缘而起的情感，或嬉笑，或怒骂，或柔婉动人，或高亢激愤，几乎每一种生产活动都有与之相匹配的歌。这些歌唱既与内心情感的波澜起伏相伴，又与生产劳动的节奏合拍。在各种与生产活动相生相依的歌唱中，薅草锣鼓作为一种特殊的艺术形式，其中的歌唱由歌师傅专门完成，与劳动者在劳动过程中自己发起的无伴奏歌唱不同，本书第三章将对其专门讨论，此处将按照歌唱种类的不同，分别讨论劳动过程中由劳动者自己发起的歌唱。

一、劳动山歌

歌唱并非巴人及其后裔的专利，以歌唱的形式抒发情感是全人类共有的行为。有趣的是，大多数族群都在功利性生产活动和歌唱一类审美性活动之间划出了较为明显的界限。通常，人们在进行生产活动时，是很难从功利的计较中超脱出来的，依照传统美学的意见，那些生活处于物资匮乏状态，几乎从未接受过传统意义上审美教育的普通民众是不可能发生审美活动的。"忧心忡忡的穷人甚至对最美丽的景色都无动于衷。"① 但事实证明，即使是物质生活极度贫困的农民也并不一定一天到晚都在愁眉苦脸中度过，根据人类学家对原始族群进行长期人类学考察后得出的结论——

---

① 马克思：《1844 年经济学－哲学手稿》，刘丕坤译，人民出版社，1979 年版，第 79 页。

"人类天生就是审美的和艺术性的动物"①，人不仅是能够制造和使用工具的人，能够理性思考的人，同时也是审美的人。换言之，任何人都具备审美的天赋。只不过很多人的这种天赋被功利性的欲望遮蔽了，但始终有一部分人，即便是无比困顿的物质生活，也无法遮蔽他们那与生俱来的审美天赋，无论是在休闲的时候，还是在功利性生产过程之中，他们都可以非常自然、自如地进入审美状态，川东巴文化圈中人大约就是或者是接近这种类型的人。之所以这样说，原因就在于他们能够在功利性的生产劳动过程中，随时随地用歌声来抒发他们的所见所闻、所思所感。

前文说过，川东地区的地理环境以山地和丘陵为主，还有不少高山峡谷，这里群山起伏、沟壑纵横、山险滩急，道路崎岖难行，加之人们居住相对分散，人们的交流往往就像宣汉县樊哙土家族聚居镇的民谣所说的那样："这山那山对到说，想要相会跑断脚。"② 由于两山之间距离较远，那种相互之间的"对到说"实际上往往是"对到喊"。在巴人"俗喜歌舞"风俗的影响下，当"对到说""对到喊"不足以抒发人们强烈内心情感的时候，就演变成了"对到唱"。很多时候，这种"对到唱"并不一定有确定的对象，而往往是一个人的独自歌唱，于是演变成类似内心独白的"山歌"。

巴人及其后裔生活的地区山歌非常发达，早在唐代，诗人李益、白居易等人就曾留下了"无奈孤舟夕，山歌闻竹枝"③ "《竹枝》苦怨怨何人，夜静山空歇又闻。蛮儿巴女齐声唱，愁杀江楼病使君"④ 之类的诗句，这大约是"山歌"一词首见于文人记载，其义或仅指"山间之歌"，外延大约比现代民俗学术语所说的"山歌"狭窄一些，但也说明当时已经有巴人后裔将竹枝歌当作山歌演唱了。对于爱好歌唱的巴人及其后裔来说，山歌的歌唱实践自然要比"山歌"之名出现早很多，而且，这种实践还被巴人后裔当作保持自身族群特色的传统传承，据清道光版《夔州府志》记载，开州（今重庆开县）地方的风俗是"重田神……冬则……击鼓，以为淫

---

① 迪萨纳亚克：《审美的人——艺术来自何处及原因何在》，户晓辉译，商务印书馆，2004年版，第4页。

② "脚"字在宣汉土家族地区方言中音"jio"。

③ 李益：《送南人归》，引自周振甫：《唐诗宋词元曲全集——全唐诗》（第6册），黄山书社，1999年版，第2123页。

④ 白居易：《竹枝词》，引自郭茂倩：《乐府诗集》，上海古籍出版社，2016年版，第978页。

祀，男女皆唱竹枝歌"①。这就说明，在《夔州府志》成书之时，开州地方的巴人唱竹枝歌还属于普遍现象，与之相似，在与开州紧邻且同属巴文化圈的川东地区，竹枝歌也得到了很好的传承，成书于宋代的《太平寰宇记》中就有关于巴渠县（县治在今达州市宣汉县境内）人民在聚会时"击鼓，踏木牙，唱竹枝歌为乐"② 的记载，从笔者在宣汉县土家族聚居区进行田野调查时看到的情况可知，川东巴人以"唱竹枝歌为乐"的好尚，不仅在周边汉文化的包围中一直持续到今天，而且将竹枝歌从原来的仅用于祭祀田神，进一步拓展到了生产劳动等各个生活领域。

　　川东巴文化圈的劳动山歌品种非常丰富，几乎每一种生产劳动都有与之相应的山歌类型。砍柴的时候，人们身处茂密的山林，除了周围的树木、草丛，很难见到可以用言语交流的对象。即便是一同上山的伙伴，大家在砍柴期间，一般也是各自活动，直到砍到数量足够的柴火，才会相互招呼一声，再一同下山。在砍柴期间，一方面，单调乏味的劳动往往容易让人心生倦意，如果默然无声地劳动，其效率就会逐渐降低。为了消除疲劳，巴文化圈中的人们往往采取高声歌唱的方式来提神助劲，于是你一曲，我一曲，你方唱罢我登场，高亢的歌声此起彼伏，在山谷间回荡，人们在歌声的陪伴下忘记了疲劳，不仅愉悦了身心，而且提高了劳动效率。另一方面，人在独处时往往容易浮想联翩，对于文化修养不高，且生活圈子非常狭窄的普通巴文化圈中人来说，其想象绝不会是文人学士那种"形在江海之上，心存魏阙之下"③ 之类的"神思"，而往往是与其现实生活密不可分的事象。对于巴文化圈中的人来讲，其朴直敦厚的文化性格使他们常常将自己对恋人的思念以歌唱的形式表达出来，因此，在唱砍柴歌时，其歌唱的内容往往离不开对"爱情"的表达和倾诉，例如，流传在宣汉县明月乡的一首《砍柴歌》就这样唱道：

　　　　太阳出来（吔）照山坡（哟哦），情哥（那个）唱歌（啥）妹来
　　和（哟喂）。这山唱歌（啥）那山应（哦），情妹（那个）跟哥（啥）

---

　　① 转引自《中华舞蹈志》编辑委员会：《中华舞蹈志·四川卷》，学林出版社，2014 年版，第 319 页。

　　② 转引自童恩正：《古代的巴蜀》，四川人民出版社，1979 年版，第 47 页。

　　③ 刘勰《文心雕龙·神思》，引自叶朗：《中国历代美学文库·魏晋南北朝卷》（下），高等教育出版社，2003 年版，第 182 页。

又一春（啰哦），哥在（那）山上（呃）把柴砍（啰哦），妹在（那）山脚把哥等（啰哦）。①

此曲虽名为《砍柴歌》，而歌唱的内容则是情哥、情妹之间那种平淡无奇却热烈缠绵的爱情。

不仅从事砍柴这类强度较大的劳动时要唱歌，人们在从事相对轻松的工作如放牛时，更是要以歌唱的方式来表达自己的轻松愉悦等情绪了，这类歌曲通常谓之"放牛调"。有一首《放牛调》就以愉快的口吻歌唱出了劳动者对放牛的喜爱之情：

清早起来去（吧）放牛（噢），去（吧）放牛（噢），一根（那个）田坎放出头，叫声我的小伙计，打子下棋多快乐。

牛儿吃得饱（呵）又饱（噢），饱（呵）又饱（噢），哥儿（那个）回来好做活，叫声我的好伙计，明天早些邀约我。②

川东巴文化圈中人的劳动歌可谓品种繁多，除了砍柴时唱砍柴歌、放牛时唱放牛调之外，他们在赶骡马时唱赶马调，背运货物时唱打杵歌，采茶时唱茶山歌，狩猎时唱撵山歌，薅草时唱薅草歌，栽秧时唱栽秧歌，车水时唱车水歌，打鱼时则唱渔歌……总之，几乎每一种生产活动都有与之对应的歌种。如果说砍柴歌、放牛调这一类的劳动歌曲较为普遍，尚不足以表现巴文化圈中人的山歌特点的话，那么，"巴山背二歌"则是川东巴文化圈中的典型歌种，尤其能够体现川东巴文化圈中人们在劳动过程中的审美情形。

"背二歌"是对巴山背二哥在从事背运劳动时所唱歌曲的称谓。巴山背二哥是大巴山区特有的从事运输职业的人。由于大巴山区道路崎岖难行，交通极为不便，这里的人们在丰水期尚可依靠水路运输实现与外界的商品交换；在枯水期，则只能依靠人力实现商品的长途运输。而在那些水路无法抵达的地区，人力运输是其唯一的选择，加之由于今川东地区在古代拥有著名的"宣汉井场"等一百多处盐井，是古代重要的产盐区，于是，在将这里的食盐运往周边各地销售以换取生活物资的过程中，很早就

---

① 四川省宣汉县政协文史资料编委会：《宣汉土家民歌》（内部资料），2014 年版，第 154 页。文中括号为引者所加，表示括号内的文字是衬词衬腔。下同，以后不再说明。

② 四川省宣汉县政协文史资料编委会：《宣汉土家民歌》（内部资料），2014 年版，第 76 页。

诞生了"背二哥"这一特殊职业。在古东乡县（今宣汉县）与湖北接壤地区的古盐道上有一首讲述背二哥历史的歌谣这样唱道："三道沟，九道梁，打杵子打在黄土上，那时还没有周文王。"①歌谣将背二哥产生的历史讲得比周王朝的历史更加久远，虽不见得是历史事实，但至少说明用背负的方式运输货物，在川东大地上古已有之。这一点，还有至今留存在宣汉前河上游百里峡段的刻石"大通险道"等遗迹可为证据。

背二哥们身负重物，长时间在悬崖峭壁、深沟大壑中艰难行走。生活的困顿，身上的重负以及脚下崎岖陡峭、充满危险的山路，一系列肉体和精神的重压并未将他们压迫成像鲁迅笔下的成年闰土一样麻木、呆滞的可怜人，相反，骨子里保存、承继着的古代巴人"乐观豁达"基因赋予了他们直面苦难、解构压迫的能力。这种能力的直接表现就是他们能够以歌唱的方式诉说内心的苦楚，使之在不间断的歌唱中得到消解，同时，他们还将长途背运的无聊寄托在对爱人的深深思念之中，从而使自己的长途跋涉具有了某种值得期待的意义。有一首流传下来的《背二歌》这样唱道：

　　吔！我背二（啰）哥来（吔）奴的（哟）人（啰哟嗬），我十冬（那个）腊月（贤妹二子啥）穿一（哟）层。
　　吔！我心想（啰）与郎（吔）脱一（的）件（呢哟嗬），我连起（那个）脱肩（呢贤妹二子啥）才两（哟）层。②

这是一首假托情妹思念、关心、体贴自己的歌。尽管在现实中，自己那"十冬腊月穿一层"的艰苦生活并不可能因此得到根本改变，但那来自情妹的关怀却能够起到衣服起不到的"暖心"作用。情感的满足足以使背二哥们抵御严寒带来的痛苦，而歌曲也让他们心中的负面情绪得到了消解，于是，尽管苦难未减、劳累依旧，他们却找回了生活的意义和前进的动力，在短暂的歇息之后再次奋力前行，旅途也就在这一遍又一遍的歌唱和慰藉中变得轻松了一些。

巴山背二歌的歌词内容往往与背二哥的生活密切相关。有一首背二歌用旅途中爬坡上行的技巧来比拟追求情妹的正确方式："上坡不急慢慢悠，

---

① 四川省宣汉县政协文史资料编委会：《宣汉土家民歌》（内部资料），2014年版，第28页。
② 四川省宣汉县政协文史资料编委会：《宣汉土家民歌》（内部资料），2014年版，第107—108页。

爱姐不急慢慢逗。只要一朝逗到手，姐要丢来（我）死不丢……"① 这首歌以起兴的手法先唱背运途中爬坡的技巧，紧接着一变而为歌唱追求爱情的技巧，以及一旦获得爱情之后对爱情的坚守。或许，正是这种对爱情的坚守，给予了背二哥们在寸步难行的负重上坡途中前进的动力，使他们能够不急不躁地翻过一座又一座陡峭的山岗，直达目的地。

巴山背二歌是背二哥们在劳动过程中或劳动的间歇即兴演唱的一种歌曲，其特点为即兴而起，想到什么就唱什么。因此除了大量的歌唱对爱人的思念一类歌曲之外，还有一些随兴而起的歌唱。如：

我打杵（呃）子儿（嘞）一尺（呃）八（吔），我上坡（喂）下坝（呃情哥哥）离不得（啰）它，（哎）。

我过河（呃吔）过水（嘞）探深（呃）浅（呃），我亲生（嘞）儿子（呃情哥哥）不及（嘞）它，（哎）。②

这首歌演唱的内容是背二哥们随身携带的重要辅助工具——打杵子。当然，背二哥们的精神世界随着时代的发展而不断变化，他们歌唱的内容也在不断反映时代的变化。第二次国内革命战争时期，川东巴文化圈的背二哥们在为川陕革命根据地的军民运盐时就这样唱道：

打一杵咳！哼一声啰，唱支歌儿歇歇脚（音 jio，引者按）。

打杵是我一条腿吔，跑得快来运得多。

川军把盐来封锁呀，巴山人民受折磨。

早日我把盐运回，免得大家指望我。

虽然背架压弯腰，身上流汗心里乐（音 luo，引者按）。③

不管唱的是什么内容，就像巴文化圈中的人们在其他劳作过程中所唱的歌曲一样，背二哥们所唱的歌都是他们现实遭遇和内心情感的直接或间接抒发。由于巴山背二歌具有衬词衬腔丰富、吼唱结合等特点，总体上是"辞情少而声情多"，因此，背二哥们的情绪主要是通过衬词、衬腔来抒发的。那一声声荡气回肠、曲折往复的歌唱，不仅缓解了他们身体上的疲

---

① 四川省宣汉县政协文史资料编委会：《宣汉土家民歌》（内部资料），2014 年版，第 29 页。
② 四川省宣汉县政协文史资料编委会：《宣汉土家民歌》（内部资料），2014 年版，第 109 页。
③ 川陕革命根据地红色记忆编委会：《红色歌谣》，大众文艺出版社，2012 年版，第 72 页。

乏，而且使他们在困顿生活中所累积起来的负面情绪得到了宣泄。歌唱完一曲之后，他们便又重新拾起对生活的期盼和对前途的憧憬，轻装上路了。

有研究者在评论巴山背二歌衬词、衬腔的特点时指出，它就"仿佛一声声叹息"，唱出了背二哥们的苦与愁，又仿佛是古老的巴山人在与大自然的斗争中发出的"声声呐喊和阵阵喘息"，是他们"在繁重的劳动中"展现出的"顽强的生命力"。① 也有学者指出巴山背二歌演唱方式上的特色，认为"在'吼唱'中迸发出的山野之情"，正是"巴山音乐之魂"。② 实际上，也正是这种"吼"中带"唱"，"唱"中有"吼"的演唱方式，赋予了背二哥们一种不拘格套，自由抒发内心情感，既能够愉悦心灵，又能够有效消除身体疲劳，提高劳动效率的审美生活方式。

二、劳动号子

川东巴文化圈中人不仅在从事各种劳动时常常唱山歌以自娱，而且在从事一些群体性重体力劳动时常常以一人领唱众人和的方式唱号子歌。通常，号子被定义为一种"举重劝力之歌"③，认为是人们在进行需要相互协作的集体劳动时歌唱的，其功用是"统一劳动节奏、协调劳动动作、调节劳动情绪"④。显然，这种观点对劳动号子社会功用的认识是准确的，但是，如果认为唱号子仅仅是为了实现功利目的的一种手段，就大错特错了。其实，正如鲁迅先生在《且介亭杂文·门外文谈》一文中曾经指出的那样，最初歌唱号子的人并不一定有什么明确的功利目的，而恰恰可能是因为他以"杭育杭育"的方式发表了自己在劳动中的感受而已。如此说来，无论是喊还是唱，号子最初只不过是劳动者抒发其在劳动过程中的生命感受的歌种，在此意义上，可以说号子这一歌种从其诞生之日开始，就与审美有深厚的渊源。至于其在劳动过程中起到的统一节奏、协调动作之类的功用，则都是在后来才被发现和加强的。

---

① 吴廷扬：《宣汉民歌艺术特征探析》，载于《中国音乐》，2015 年第 1 期。

② 筝鸣：《"巴山背二歌"的音乐美学特征探究》，载于《音乐探索》，2008 年第 1 期。

③ 刘安：《淮南子·道应训》，引自北京大学哲学系美学教研室：《中国美学史资料选编》（上册），中华书局，1980 年版，第 102 页。

④ 朱梅梵：《中国民族民间音乐》，武汉大学出版社，2014 年版，第 6 页。

　　川东巴文化圈的劳动号子就像这一地区的劳动山歌一样，凡是适合歌唱号子的劳动形式，都有与之相应的号子。比如，行船时唱船工号子，放筏时唱放筏号子，打夯时唱打夯号子，开山采石时唱石工号子，榨油时唱榨油号子，锯木时唱锯木号子，打连枷①时唱打连枷号子，修造土墙房子时唱打墙号子，抬滑竿时唱滑竿号子，抬运石头时唱抬工号子，放鱼鹰捉鱼时唱鱼鹰号子，撒网捕鱼时则唱渔网号子……真称得上是品类繁多。

　　川东巴文化圈人所唱的劳动号子，除了表面的"举重劝力"和统一劳动节奏、协调劳动动作等功用之外，另一重要功能就是调节参与集体劳动的歌唱者们的心情，使他们保持一种愉悦、乐观的心态。因此，号子歌中除了大量用于全体劳动者齐声喊唱的衬词、衬腔之外，往往还会有一些轻松、调笑的唱词由领唱者演唱，来调动劳动者们的愉快情绪，而在现实中，合唱者也确实被调动起来，并且随着领唱者的节奏和旋律婉转地一唱一和。有一首流传于宣汉隘口乡的抬工号子这样唱道：

　　　　一个（的呀）雀儿（那个）一（呀嘛）一张嘴（呀得儿哟），两个（里个）眼睛（是）绿（呀）油油。脚儿（是）朝前走（呀咿得儿哟咿得儿咿哟得儿哟哟得儿咿得儿），脚儿（是）朝前走（嘛咿得儿哟）。②

　　这首歌前面两句歌词中有实际意义的部分为"一个雀儿一张嘴，两个眼睛绿油油"，其本身与抬石头毫无关系，但在歌中却有起兴和押韵的功用，这就不仅赋予了抬工们想象的空间，同时使整首号子在韵脚上给人一种和谐、熨帖的感觉，这显然已属于美感的范畴了。再如：

　　　　领：对门（那个）山上（呃）

　　　　齐：（哟哟嗬）哟嗬喂

　　　　领：一（呀）庙（儿）堂（呵），

　　　　齐：喂咗咿喂啥，

　　　　领：姑嫂二人去烧香。

---

　　① 川东地区的一种农具，一般长约70厘米，宽约20厘米，通常用竹棍或木棍编制而成，将其固定在一根长竹竿上，可挥舞翻转，拍打铺在地上的麦子、油菜、稻谷等农作物，帮助作物脱粒。

　　② 四川省宣汉县政协文史资料编委会：《宣汉土家民歌》（内部资料），2014年版，第170页。

齐：哟哩嘿呀咗吧一呀咳喂咗嘞。

领：嫂嫂（那个）烧香（呃）
齐：（哟哟嗬）哟嗬喂
领：求儿女（呵），
齐：喂咗咿喂啥，
领：妹妹烧香求小郎。
齐：哟哩嘿呀咗吧一呀咳喂咗嘞。①

　　此首号子的领唱部分内容，描述的是劳动者在劳动过程中见到两名同行妇女进庙烧香，而人物之间的姑嫂关系，以及姑嫂烧香的所求均是歌唱者根据自身的生活经验揣度的。像这类带有简单故事情节的歌唱，就绝不仅仅是统一劳动节奏、协调劳动动作的"举重劝力之歌"了。通过对人物关系、人物心理的联想，歌唱者不仅抒发了自身内心某种隐秘的情绪，同时也激活了其他劳动者的审美想象。如此一来，号子歌就不但达到了"举重劝力"的功利目的，而且使劳动者们获得了悦耳悦心的审美享受。

　　此外，还有诸如"今天出门也灵光，看到幺妹洗衣裳，打得鱼儿满河跑，打得虾蟆钻裤裆，唯独对我咪咪笑，惹得哥哥我心发慌……"②一类的号子，更是充满了人情味和生活情趣，歌唱者及听歌者从中得到的审美愉悦，从岸上传来的俏骂声以及船上响起的哄笑声中即可窥见一斑。

　　川东巴文化圈中人的"喜歌"不仅表现在他们从事户外劳动时唱歌，当他们在家里进行一些较为轻便的如编织、绩纺、剁猪草、纳鞋底、做针线活等劳动时，也往往一边劳动，一边轻声哼唱抒情小调。小调类歌曲大多是妇女们歌唱的，且歌唱的内容也大多是男女之情，这部分内容将在本章第四节中予以讨论，此处仅略举一例：

　　　情妹当门一树檬，檬子树上挂灯笼。
　　　风吹灯笼团团转，火烧灯笼遍地红。
　　　情妹当门一树槐，槐子树上挂钉鞋。

---

① 四川省宣汉县政协文史资料编委会：《宣汉土家民歌》（内部资料），2014年版，第173—174页。
② 四川省宣汉县政协文史资料编委会：《宣汉土家民歌》（内部资料），2014年版，第165页。

你把钉鞋拿起去，天晴落雨都能来。

情妹当门一树椒，妹在树下把手招。

天牌地牌都没出，情哥点子已出来。①

情妹当门一条河，又喂鸭子又喂鹅。

鸭子趴在鹅背上，你看受活不受活？②

歌唱者一边劳动，一边抒情味十足地唱歌，既能够使他们在单调乏味的劳动中保持充沛的精力，确保劳动的效率，又能使他们通过无际的遐想寄托自己的内心情感。这样，不论其对现实的情感生活是满意还是不满意，相关的情绪都在这歌唱里得到了强化或净化，以后，生活还将一如既往地进行下去，而内心的情绪波澜则得到了平复。

第二节　歌唱与教育

儒家向来重视诗教。孔子曾教育其门下弟子曰："小子何莫学夫《诗》？诗，可以兴，可以观，可以群，可以怨。迩之事父，远之事君；多识于鸟兽草木之名。"③ 这就指出了诗所具有的强大教育功能。在《论语·泰伯》篇中，孔子进一步指出了诗教在一个人成长过程中的重要作用，认为成就一个完全意义上的人的三部曲是"兴于诗，立于礼，成于乐"。而诗教所起的则是奠基性、开创性的作用。在孔子以后的整个封建社会，尤其是在《诗》被经学化以后，诗教一直都是重要的儒家传统。虽然在孔子时代，民间的诗仍然是和歌、舞等融为一体的，但经过孔子删改以后的《诗经》则已经完全与歌、舞分离，成了仅能诵念的案头读物。

巴人及其后裔则不同，由于缺乏先进的文字系统，又没有像孔子那样的圣人来删改诗歌，更没有像朱熹那样的人来将其经学化，因而他们的诗、乐、舞不仅较少受到外来因素的影响，从古到今始终保持了其原生态

---

① 天牌、地牌、点子都是纸牌游戏——川牌中的牌名。其中"点子"一语双关，表面是指较小的牌，实际的意思则是"主意"，与上文的"把手招"的暗示形成互文关系。

② 四川省宣汉县政协文史资料编委会：《宣汉土家民歌》（内部资料），2014年版，第202页。

③ 《论语·阳货》，引自叶朗：《中国历代美学文库·先秦卷》（上），高等教育出版社，2003年版，第397页。

的生长、发展样态，而且作为他们教育后代的重要方式，一直在其族群发展历程中扮演着非常重要的作用。

同样的道理，由于川东巴文化圈中人的生存环境距离中原先进文化圈层始终遥远，而且自然环境较为恶劣，加之交通极不发达，导致这一地区的经济、文化水平始终处于落后状态，故而曾经是中央政府贬黜官员的去处之一，唐代诗人元稹就曾被贬谪到这一区域。经济、文化落后的直接后果就是这里的教育资源极其有限，因此，一般民众基本不可能接受正规的文化教育。在这样的环境中，本身没有文字传统，又长期被屏蔽在汉文化教育系统之外的巴人后裔们只好通过口口相传的方式将祖先遗留下来的各种技艺，以及他们在历史长河中形成的世界观、人生观、价值观传授给自己的后辈。

口口相传是无文字族群和无文化群体惯常采用的教育方式，并没有什么特别的地方。但是，语言的说教往往显得枯燥乏味，总是难以达到理想的教育效果。为了增强教育效果，喜好唱歌的巴人后裔们于是将歌唱当作他们的教育方法，并通过这种方法的使用，取得了较为良好的教育效果。在汉文化强大影响力的包围之下，川东巴文化圈中至今仍保存并持续发挥着巨大影响力的巴文化因素，在某种意义上，可以说是得益于巴人及其后裔所采用的"歌教"传统。

"歌教"是今天被识别为土家族的巴人后裔的普遍传统。在巴人后裔口口相传留存下来的《摆手歌》中，人们就不断地重复着诸如"燕子飞过九重天，九重天外好地方。麂子翻过万重山，万重山外好廊场。毕兹卡的祖宗来路远，经过千险与万难……"① 这样的唱词，不仅是巴人后裔对祖先迁徙历程的刻骨记忆，更是一种类乎"忆苦思甜"的族群发展史教育，它教育巴人后裔们要珍惜现在来之不易的生活。对于本身具有丰富音乐基因的巴人后裔来说，在现代教育普及之前，正是这种与乐曲相伴的教育，始终在他们的教育史中扮演着重要的角色。

尽管川东巴文化圈中的巴人后裔土家族人处在汉文化的包围之中，他们的生产、生活方式几乎已经被汉文化同化了，但是，这并不意味着巴文化的完全没落，相反，这些巴人后裔在积极接受先进汉文化的同时，不仅

---

① 湖南省少数民族古籍办公室：《摆手歌》，岳麓书社，1989年版，第126—127页。

在文化根底上很大程度地保持了"巴"的族群自性，而且在文化性格和民间习俗等方面不断对周围的汉族人产生影响，使这一区域的文化既具有典型的汉文化特点，又在文化性格、民俗事象方面染上了浓厚的巴文化特色。表现在教育上，就是"歌教"传统的普遍盛行。就像美国审美人类学家埃伦·迪萨纳亚克所说的那样："艺术远非边缘的、官能紊乱的、琐屑的或空想的，而是人类最严肃和最重要的事件的组成部分。"① 川东巴文化圈中的人们正是借助歌唱这样一种严肃的、审美的艺术形式完成了教育这样一件对他们来讲同样严肃而重要的工作。

从教育所涉及的内容方面细分，川东巴文化圈的"歌教"大致可以分为劝学歌、伦理教化歌和知识歌等三大类。

一、劝学歌

正如土家族诗人彭秋潭的一首竹枝词所言："生儿莫道在村庄，也要经书念几行。绾个木箱提篓饭，山神庙里是学堂。"② 改土归流以后，巴人后裔也日渐重视科举教育。由于经济、政治等多方面的原因，虽然川东巴文化圈中普通民众的教育非常落后，但他们同样非常重视教育。这不仅表现在后文将要讨论的通过歌唱方式对族群成员进行伦理教化和知识传授的歌曲之中，而且表现在很多规劝人们多读书、多学知识的歌曲之中。

就现存资料来看，川东地区的巴人后裔们非常重视书本知识，就像宣汉县龙泉土家族乡的一首小调所唱的那样："读得书多胜大坵（喂），不耕不种自有收（呃），白天不怕人来借，夜晚不怕贼来偷（喂）。"③ 他们把精神性的书本知识与更具现实性的物质——他们所赖以生存的良田"大坵"进行比较之后，认为读书有无尽的好处，因为一旦拥有了知识这种财富，就不但可以在免除劳作之苦的情况下获得很好的收益，而且无需担心这现实财富"被盗"。这样的歌自然很容易引起民众对书本知识的重视，所以一旦经济条件允许，他们就会不遗余力地供子女求学。

---

① 迪萨纳亚克：《审美的人——艺术来自何处及原因何在》，户晓辉译，商务印书馆，2004年版，第13页。

② 长阳土家族自治县地方志编纂委员会：《长阳县志》，中国城市出版社，1992年版，第537页。

③ 四川省宣汉县政协文史资料编委会：《宣汉土家民歌》（内部资料），2014年版，第200页。

为此，川东巴文化圈中的巴人后裔们便创造了种种鼓励人们，尤其是鼓励男性①以读书为本的歌。如至今仍流传在宣汉土黄镇的《劝郎歌》就这样唱道：

正月（嘛）是新春（嘞），劝郎（嘛）要发狠（啰），自古（呃）君子（喏）要务（哦）本。春来（嘛）不下种（呃），秋天（嘛）无收成（啰），十冬（哦）腊月靠谁（哟）人。

二月（嘛）过春寒（嘞），百花（嘛）开满园（啰），手抱（呃）杨柳（喏）把郎（哦）劝。花开（嘛）满园红（呃），劝郎（嘛）把书攻（啰），多读（哦）诗书大不（哟）同。

三月（嘛）好晴天（嘞），桃李（嘛）开满山（啰），手抱（呃）杨柳（喏）把郎（哦）劝。皇帝（嘛）坐北京（呃），都是（嘛）书为本（啰），读了（哦）四书捞功（哟）名。

…………②

这首歌以劝说男性苦读诗书、考取功名为目的，不但较好地运用了比兴手法，其富于形象特征的兴句很容易带给人强烈的美感，而且它同样是在一定的为巴人后裔所喜闻乐见的旋律中完成的。这样的歌，不仅能够起到让那些祖祖辈辈面朝黄土背朝天的人们蓬勃奋发的激励作用，而且重要的是，这样的效果是在听众们悦耳悦心的审美感受中实现的。

川东巴人后裔不是重视以汉文化为主体的书本知识的学习，作为一个长期依靠口头传统进行文化传承的族群，他们深知，在口头传统中，一个人掌握的知识是非常有限的，如果在学习过程中只知道谨守一家之言，知识面就会严重受限，对此，他们又在歌中唱道："人生在世要学好，人要参师并要淘。淘三道出清水，人参三师武艺高。"③这就告诫人们一定要"转益多师"，才能够使自己获得丰富的知识和高超的技艺。

有趣的是，川东地区巴人后裔虽然长期濡染于汉文化浓郁的"望子成龙"观念之中，却由于秉承"乐观豁达"族群精神，他们在不断通过艺术

① 和古代汉族类似，女性被错误地排除受教育范围，更有甚者，有些川东巴人后裔女孩甚至不被允许碰男孩子的书，说是会污染男孩的书致使男孩不能把书读好。参见罗洪忠：《賨人故里》，学林出版社，2012年版，第118页。
② 四川省宣汉县政协文史资料编委会：《宣汉土家民歌》（内部资料），2014年版，第134页。
③ 四川省宣汉县政协文史资料编委会：《宣汉土家民歌》（内部资料），2014年版，第165页。

形式"劝学"的同时，能够看到"远望青山百草稀，近看松柏长不齐。山中树木有大细，人也有贤又有愚"[①] 的人际智力差异，因此，被劝学的人主要是从小表现得聪明伶俐的"贤能之辈"，而对那些资质愚钝的人则所抱希望甚少，甚至不抱过多的希望。

二、伦理教化歌

通常，伦理道德说教是沉闷、枯燥而乏味的，口头说教往往效果不佳。为了提高人们的道德文化素质，巴人后裔们采取了人们喜闻乐见的方式——歌唱——来将教育内容形象化、艺术化，使听者在生动的艺术形象中受到感染，从而达到润物无声的教育效果。这类歌曲，大多数纯粹产生自民间，是巴人后裔集体智慧的象征，也有一些是由受过汉文化教育的巴人后裔创作的，形式上显得更加雅致，如清代土家族诗人彭秋潭的一首竹枝词就颇富教育意味："换工男女上山坡，处处歌声应响锣。但汝唱歌莫轻薄，那山听见这山歌。"[②] 不过可惜的是，文人创作的竹枝词在变得更加雅致的同时，却也因为舍弃了衬词、衬腔而失去了其活泼生动的特点。因此，本书的讨论范围仅限于民间的歌唱。

在川东巴文化圈，人们惯于歌唱生动形象的叙事性歌曲来进行劝诫。有一首《诫赌歌》是这样唱的：

> 正月耍钱是新年，耍钱（那个）哥哥去赌钱（嘛），奴家说你全不信（哎呀奴的哥），你家祖业都卖完。
>
> 二月耍钱百花开，耍钱（那个）哥哥不成才（呀），奴家说你全不信（哎呀奴的哥），陈账未去新账来。
>
> 三月耍钱是清明，耍钱（那个）哥哥挂祖坟（呀），长钱挂在坟头上（哎呀奴的哥），坟头脚下赌一场。
>
> 四月耍钱正栽秧，背起（那个）犁耙打老荒（呀），牛儿拴在田坎上（哎呀奴的哥），田坎脚下赌一场。
>
> 五月赌钱五月五，妻子（那个）叫你莫去赌（呀），奴家说你全

---

① 四川省宣汉县政协文史资料编委会：《宣汉土家民歌》（内部资料），2014年版，第165页。

② 长阳土家族自治县地方志编纂委员会：《长阳县志》，中国城市出版社，1992年版，第744页。

不信（哎呀奴的哥），你说赌钱有好处。

六月要钱热忙忙，赌钱（的）哥哥水牙床（呀），听见外头骨牌响（哎呀奴的哥），伸手不见赌钱郎。

七月要钱七月七，要钱（的）哥哥无饭吃（呀），夜晚既无鼠耗粮（哎呀奴的哥），白天也无鸡啄米。

八月要钱八月八，要钱（的）哥哥搞浪大（呀），奴家说你全不信（哎呀奴的哥），父公祖业卖完哒。

九月要钱是重阳，要钱（的）哥哥当衣裳（呀），一晚赌到大天亮（哎呀奴的哥），一身当得精精光。

十月要钱雪飘飘，约了妻哥去捞梢（按：意为翻本）（呀），一晚赌到鸡子叫（哎呀奴的哥），一晚闰身又去了。

冬月要钱冬过桥，三条（那个）裤儿当两条，奴家说你全不信（哎呀奴的哥），定要赌钱那些好。

腊月要钱满一年，双膝（那个）跪在神面前，口头许的红猪愿（哎呀奴的哥），哪个龟儿再赌钱。①

这首歌用叙事的方式塑造了一个原本家境殷实，却不听妻子的忠告，不论昼夜、不分场合地沉迷于赌博，甚至为了赌博而不惜荒废生产，越赌越大、越赌越输、越输越赌，不仅将自家现有的家业输了个精光，而且欠下了大额赌债，最后沦落到没饭吃——"夜晚既无鼠耗粮，白天也无鸡啄米"，无衣穿——"三条裤儿当两条"此般凄惨境地的赌徒形象。直到最后关头，这个沉迷赌博的浪子才终于明天赌钱的害处，当即就在神灵面前许下大愿——"口头许的红猪愿"，并发下重誓——"哪个龟儿再赌钱"。

对于一般民众来说，歌中赌徒从家境殷实到一无所有这样的落差是触目惊心的，其对嗜好赌博者的警示作用是相当大的。最关键的是，这样的警示和教育并不是通过空洞说教，而是通过审美的方式来实现的。歌曲的听众们在优美的旋律中，跟随唱词不断地在想象中完成对赌徒及其遭遇的形象塑造，并在形象塑造的过程中受到强力的警示教育。换句话说，听众在获得悦耳的审美感受的同时，也受到了"赌博贻害无穷"的伦理道德

① 四川省宣汉县政协文史资料编委会：《宣汉土家民歌》（内部资料），2014年版，第269页。原文歌词有所错漏，引用时根据田野调查情况进行了修正。

教育。

川东巴文化圈的伦理道德歌中既有劝诫男性应当行为端正的歌唱，也有一些对女性进行道德劝诫的歌曲，有一首《十劝》就这样唱道：

一劝姐要勤快，不等（那个）鸡叫（嘛）就起来（月啰溜溜月），起来（那个）三早做双鞋。

二劝姐要把家，莫把（那个）五谷（嘛）乱抛撒①（月啰溜溜月），抛撒（那个）五谷遭雷打。

三劝姐要学好，大是（那个）大来（嘛）小是小（月啰溜溜月），老是（那个）老来少是少。

四劝姐莫嫌贫，五行（那个）八字（嘛）命生成（月啰溜溜月），万般（那个）由命（嘛）不由人。

五劝姐带娃娃，无事（那个）莫把（嘛）娃娃打（月啰溜溜月），披麻（那个）戴孝（嘛）还要他。

六劝姐要和气，三从（那个）四德（嘛）要知礼（月啰溜溜月），众人（那个）向你（嘛）来学习。

七劝姐过月半，他人（那个）回来（嘛）莫怠慢（月啰溜溜月），前传（那个）后教（嘛）是直言。

八劝姐回娘家，娘家（那个）莫说（嘛）婆家话（月啰溜溜月），莫把（那个）亲戚（嘛）说生哒。

九劝姐莫喝酒，喝了（那个）酒来（嘛）丢了丑（月啰溜溜月），丈夫（那个）晓得（嘛）难抬头。

十劝姐莫行恶，三十（那个）媳妇（嘛）四十婆（月啰溜溜月），儿子（那个）儿孙（嘛）照样学。②

这首歌共十段，在完全相同的旋律中对女性进行了十个方面的劝诫，内容涉及勤俭持家、家庭关系、礼义廉耻等诸多方面，对于一般巴人后裔的女性来说，做到了这十个方面，就能成为一个德行高尚、受人尊敬的人。尽管歌词内容保存有对"三从四德"之类封建糟粕的宣扬，但不可否认的是，这首歌的大部分内容都是积极向善的，是对勤俭持家、不嫌贫爱

---

① 抛撒，意为浪费。

② 此歌词由宣汉县渡口乡薅草锣鼓传承人何德山提供。

富、尊老爱幼等正向价值的弘扬。尽管歌词不免显得生硬，和空洞的道德说教相差无几，但可贵的是，这种音乐的形式是人们所喜闻乐见的。换句话说，其内容是伦理教化的，其形式则是审美的。

除了分别针对男性、女性的伦理教化歌以外，还有一些伦理教化歌是面向所有人的。例如，有一首在宣汉县流传的小调歌曲就是教育人们搞好邻里关系的："买田要买湾湾田，买马要买十骡全。交情要交本院子，铁打江山万万年。"① 由于人际关系是相对抽象、复杂，不容易理解的，直接进行道德说教往往让人难于接受。为了让人们理解搞好邻里关系的好处，就必须从他们的人生经验入手。在川东巴文化圈，那种处于山湾里的田较少受到干旱的困扰，是最能够确保收成的好田；那种"十骡全"的马，则是力气大、能驮货、善行走的好马，这已经由千百年来的生产、生活经验无数次地证实，是这一区域人们心目中颠扑不破的"真理"。因此，歌曲首先提出了人人都能接受的两个告诫——"买田要买湾湾田""买马要买十骡全"，这样，当出现第三个告诫——"交情要交本院子"时，由于心理定式的作用，人们便很容易接受了，而最后一句歌词对搞好邻里关系好处的强调——"铁打江山万万年"，则进一步强化了这种劝诫的力量。值得注意的是，这种良好的道德劝诫效果，正是借助艺术欣赏——"审美"的途径来实现的。

三、知识歌

由于巴人后裔的教育总体上相对落后，在改土归流以前，几乎没有正规的学校教育，改土归流以后，也只有极少数家境殷实的人家才有能力让孩子去接受汉族经学化的科举教育，因而对绝大多数巴人后裔来说，学校教育是可望而不可即的，他们只能通过民间的、口头的渠道去认识他们生于斯、长于斯的世界以及它过往的历史，并获得更好度过人生的经验。恐怕正是出于教育后代的目的，一些具有创作才能的歌师傅②才把前人和自

---

① 四川省宣汉县政协文史资料编委会：《宣汉土家民歌》（内部资料），2014年版，第208页。歌中本有衬词，编者从简，此处亦省。

② 歌师傅一般由男性歌者充当，偶尔也由非常优秀的女性歌者充当。歌师傅是土家族中以歌唱为主要谋生手段的人，他们通过唱歌和别人交换劳力，来完成自己诸如种植、薅草之类的主要生产劳作。有的歌师傅不会唱薅草锣鼓，专门在丧事活动中唱孝歌，获取一定的现金报酬。

已观察到的现象编成了歌谣来演唱，并通过歌唱告诉人们尤其是小孩子一些关于这个世界的知识。川东地区巴人后裔虽然很早就受到汉文化的巨大影响，但其教育状况并不比其他地区的巴人后裔好多少，总体而言，他们同样主要是依靠口口相传的方式进行代际的知识传承。

从歌唱的内容来区分，川东巴文化圈中的这一类知识歌大体可分为三种类型。其一，是纯粹介绍生活常识的歌曲，例如宣汉土家歌师傅黄长兴老人唱的一首《老来衰》：

> 人老背驼（吔）把头低（哟）！树子老了叶（哟）子稀（哟）！
>
> 黄瓜老了（吔）光米米（哟）！茄子老了一（哟）张皮（哟）！
>
> 耕牛老了（吔）没得力（哟）！母猪老了长（哟）癞皮（哟）！
>
> 马骡老了（吔）背弓起（哟）！黄狗老了尾（哟）拖地（哟）！①

这首歌分四段唱出了人、树、黄瓜、茄子、耕牛、母猪、马骡、黄狗等在衰老之后的形象，让听众在悦耳的音乐中建立了关于这八种事物的"衰老"概念，可谓形象生动的生活知识教育。

其二，是介绍历史人物和历史事件的歌曲。例如，有一首在宣汉樊哙镇流传的《十二杯酒》是这样唱的：

> 一（呀）杯子儿酒，正当春，朱洪武（哇）打马下南京，保驾将军胡（呀）大海（呀），鞭打（那个）柴门常遇春。
>
> 二（呀）杯子儿酒，龙抬头，苏妲己（呀）沉醉摘星楼，贾氏夫人跳（呀）楼死（呀），黄家（那个）父子反朝歌。
>
> 三（呀）杯子儿酒，友情重，桃园（那个）结义三英雄，同生共死保（呀）汉室（呀），美名（那个）千秋齐赞颂。
>
> 四（呀）杯子儿酒，自家酿，美须（那个）髯公关云长，过五关来斩（呀）六将（呀），赤兔（那个）马来骋天下。
>
> 五（呀）杯子儿酒，桃花红，白马（那个）银枪赵子龙，长坂坡前保（呀）阿斗（呀），万马（那个）营中逞英雄。
>
> 六（呀）杯子儿酒，正栽秧，周武（那个）娘娘去采桑，等待齐王征（呀）战转（呀），四马（那个）投唐小秦王。

---

① 四川省宣汉县政协文史资料编委会：《宣汉土家民歌》（内部资料），2014年版，第161页。

七（呀）杯子儿酒，是端阳，刘秀（那个）十二去南阳，姚七马五双（呀）救驾（呀），二十（那个）八宿闹昆阳。

八（呀）杯子儿酒，热茫茫，镇守（那个）三关杨六郎，穆桂英来大破天门阵（呀），不许（那个）外蕃侵中原。

九（呀）杯子儿酒，秋风凉，程咬金（那个）三斧保瓦岗，尉迟恭来曾把白袍访（呀），单雄信（那个）誓死不投唐。

十（呀）杯子儿酒，是中秋，隋炀（那个）皇帝下扬州，一心要观秦（呀）淮景（呀），万里（那个）江山一起丢。

十一杯子儿酒，月照中，赤胆（那个）忠心志气雄，八虎两女齐（呀）动手（呀），金沙（那个）滩前保大宋。

十二杯子儿酒，一口清，王祥（那个）为母卧寒冰，黄河鲤鱼被（呀）感动（呀），成全（那个）孝子来相助。①

整首歌以敬酒的形式呈现，每敬一杯酒，就唱一段历史典故及相关的历史人物，这些典故都是中国历史上的著名事件，对川东巴文化圈中的绝大部分人来讲，他们不可能通过历史书籍去了解这些事件，唯一的途径就是通过民间流传的历史故事或歌谣对之作一些梗概性的了解。此处呈现的就是这样一种帮助人们了解历史，并给予历史一定评论的歌，听者（包括被敬酒者和其他在场的人）在聆听歌唱者委婉曲折演唱的同时，不仅能粗略地了解一些历史常识，也能从歌唱中耳濡目染一种判断是非的价值原则。

其三，是一种兼具介绍常识和历史、传说故事的歌。宣汉县马渡乡流传的一首《十二花古人》就是这样一首歌：

问：正月里什么花屋檐（那个）高吊？什么人手挽手同下山来？
答：正月里灯笼花屋檐（那个）高吊，梁山伯祝英台同下山来。
问：二月里什么花凑地（那个）发芽？什么人削了发自愿出家？
答：二月里萝卜花凑地（那个）发芽，付乐福削了发自愿出家。
问：三月里什么花满树（那个）红了？什么人在桃园结拜弟兄？
答：三月里桃子花满树（那个）红了，刘关张在桃园结拜弟兄。

---

① 四川省宣汉县政协文史资料编委会：《宣汉土家民歌》（内部资料），2014 年版，第152–153 页。

问：四月里什么花张口（那个）白面？什么人背书箱万古名传？

答：四月里荞子花张口（那个）白面，孔夫子背书箱万古名传。

问：五月里什么花遍山（那个）红了？什么人为宋朝出生入死？

答：五月里杜鹃花遍山（那个）红了，杨家将为宋朝出生入死。

问：六月里什么花满园（那个）黄了？什么人骑黄马反过西岐？

答：六月里黄瓜花满园（那个）黄了，黄飞虎骑黄马反过西岐。

问：七月里什么花满园（那个）白了？什么人骑白马挂帅东征？

答：七月里葫芦花满园（那个）白了，薛仁贵骑白马挂帅东征。

问：八月里什么花香飘（那个）十里？什么人造美酒醉坏刘明？

答：八月里黄桂花香飘（那个）十里，薛仁贵骑白马挂帅东征。

问：九月里什么花满园（那个）黄了？什么人孝亲情代父从军？

答：九月里黄菊花满园（那个）黄了，花木兰孝亲情代父从军。

问：十月里什么花普天（那个）照下？什么人家里穷卖身葬父？

答：十月里阳春花普天（那个）照下，昔董允家里穷卖身葬父。

问：冬月里什么花从天（那个）落下？什么人送寒衣哭断长城？

答：冬月里大雪花从天（那个）落下，孟姜女送寒衣哭断长城。

问：腊月里什么花满树（那个）红了？什么人喝斗酒歌诗百篇？

答：腊月里蜡梅花满树（那个）红了，古李白喝斗酒歌诗百篇。①

这是一首在巴文化圈较为流行的"盘歌"体的歌，演唱通过一问一答的方式，带有某种测试的味道，是巴人后裔考察某人反应快慢的一种方式。上引歌曲中，提问者每次问两个问题，一个盘问某个月开什么花，另一个盘问历史人物或传说故事的相关细节，回答者则给予相应的回答。不论是问是答，歌唱者都依照相对固定的旋律来进行。从这一问一答的歌唱当中，不仅能够看出提问者和回答者的反应水平，而且，听众（同时也是观众）在充满旋律感的一问一答中，既可了解关于花和历史掌故的知识，又可获得悦耳的听觉享受，这实在应当算是巴人后裔们一种寓教于乐的良好教育方式。

苏格拉底曾智慧地指出："任何一件东西如果它能很好的实现它在功

---

① 四川省宣汉县政协文史资料编委会：《宣汉土家民歌》（内部资料），2014年版，第95页。笔者引用时根据田野调查情况作了适当调整。

用方面的目的，它就同时是善的又是美的……"① 就川东巴文化圈的伦理教化歌和知识歌而言，演唱者的目的当然是引导人们"求真"和"向善"，而实际听歌的受众则是在欣赏优美旋律的审美享受中受到这种"真"和"善"的教育的。因此，我们完全可以做出这样的判断，川东巴人后裔这种通过歌唱来达到教育族人的方式，是一种审美式的教育，或者更准确地说，是一种用"歌唱"的审美形式统摄现代教育体系中的德、智、美三育，最终达到成人之"德"、长人之"智"和育人之"美"这三重效果的综合性教育，体现了他们"乐观豁达"族群文化精神影响下的美学智慧。

第三节　歌唱与政治

人类是社会性动物。自从人类进入阶级社会以后，不论是居庙堂之高，还是处江湖之远，也不管是荫庇于天子脚下，还是藏身于荒郊僻壤，每一个人都不可避免地要与国家、地方的政治生活发生或远或近，或紧密或疏松的关系。因此，任何人也就必然会在其所处的历史时期选择一种政治态度。一般认为，在中国历史上，精英知识分子们对本时期的政治往往表现出两种截然相反的态度，一种是以儒家为代表的积极入世态度，另一种则是以道家为代表的消极避世态度。② 而在以汉族为主体的古代民间社会，人们对政治的态度往往既缺乏积极参与的主动性（对于普通人来说，一般也没有参与的可能），也不会刻意地去逃避（事实上本身也无处可避），而通常选择一种主动适应乃至逆来顺受的态度，当政治昌明的时候，他们会发自内心地将功劳归于明君贤臣；当政治黑暗的时候，则又认为是君昏臣乱的后果，只有在政治极端黑暗的时候，人们才会自发地产生对抗的行为。

川东巴人后裔对于政治生活的态度比较鲜明，当政治环境良好的时

---

① 北京大学哲学系美学教研室：《西方美学家论美和美感》，商务印书馆，1980 年版，第 19 页。

② 我们笼统地说道家所取的是"消极避世"的政治态度，其实并不准确。准确而言，原始道家的政治态度是"无为而无不为"，或者说是"法道而为"，而不能说是"消极避世"的。因为此处重点不在讨论儒道两家的政治观点，故未加辨析，仍沿用笼统之说。

候，他们非常顺从，而在政治黑暗、民不聊生的时候，他们又往往出于自身"刚勇"的族群文化天性，不甘心忍受统治者的极端压迫，而选择揭竿而起。从《后汉书》《华阳国志》等史志记载的情况来看，川东巴人及其后裔既有积极入世，为中央王朝屡立战功的骄人成绩，又多次在无法忍受中央或地方政府盘剥的情况下产生对抗政府的反叛行为。随着历史的演进和大量汉族人口的迁入，在汉族中庸文化的巨大影响下，川东巴人后裔在保持其"刚勇"族群特质的同时，逐渐减少①了与中央政府的直接对抗，而在大多数时候选择了以歌唱的形式表达其对当代政治生活以及附属于政治的封建礼教的态度。

川东巴文化圈中人表达其对政治生活态度的歌唱大致可以分为以下三种：一种是对当下生活境况的歌唱，包括对苦难生活的诉说或对幸福甜蜜生活的赞美；另一种是对所期望的政治生活及政治人物的歌唱；还有一种则是表达对丑恶的政治及政治人物的憎恶、诅咒、揶揄等情感的歌唱。按照题材进行分类，这三种歌唱又可以分别归入"关于政治生活的歌唱"和"关于政治人物的歌唱"两大类型。

一、关于政治生活的歌唱

从巴人亡国至中华人民共和国成立以前长达两千多年的历史时期，川东巴人后裔在大部分时间的生活都是较为艰难的，这种艰难既表现为前文已经论及的其所生存地区自然环境的恶劣，又表现为这一地区政治环境的持续恶劣。尽管如此，川东巴人后裔并没有因此而变得像鲁迅笔下的阿Q、祥林嫂和成年闰土等人物那样懵懂、麻木，而是在其与生俱来的乐观、豁达的族群性格基础上滋生了一种既不麻木愚昧，又不盲目乐观的生活智慧——以歌唱的方式来抒发自己在生活中的喜怒哀乐，表达自己对政治以及与政治相关的人与事的好恶。通过这种途径，人们内心积极的情感在歌声中得到了强化，而消极的情绪则在歌声中得到了净化，因而，不论现实政治如何变化，他们始终都能保持一种"乐观豁达"的人生态度。总

---

① 减少不等于消失。事实上，清代就发生过东乡白莲教起义；新民主主义革命期间，仅在达州就有十二万余人参加红军，反抗腐朽政权。这些事实都能表明巴人后裔"刚勇"的性格特质在这一地区的传承不断。

体而言，在此种巴文化的影响下，川东巴文化圈中的人们也是这样对待政治生活的。

不论是生活的困顿与艰苦，还是偶尔获得的生活上的幸福与满足，川东巴文化圈中的人们都能够以旋编旋唱的方式将其纳入歌唱的范围。情苦则歌悲，遇喜则声乐，唱恨则切齿，歌盼则情切……总之，生活中的一切情绪皆淋漓尽致地在其歌唱之中得到"审美性"的展示。

且不远溯，在新民主主义革命时期，川东地区人民处于封建主义和军阀混战的双重压榨之下，生活本就极度艰难，再遇上旱、涝等自然灾害，更呈现一幅民不聊生的凄惨景象。当时有一首叫作《家乡年年旱又涝》的歌谣这样唱道：

> 家乡年年旱又涝，地主举起杀人刀。
> 租子重来利息高，捐税多得像牛毛。
> 携儿带女去逃荒，野茫茫啊路迢迢。
> 父亲饿死在山崖，一堆黄土埋荒郊。①

歌中表面唱的是旱涝灾害，实际却将矛头指向了那些"举起杀人刀"的地主老财，因为正是他们的残酷无情加剧了穷苦百姓的人生痛苦。在川东巴文化圈，像这类抒发自身悲惨生活境遇的歌还有很多，譬如，巴中地区流传的一首《穷人歌》，其前八段中除第三段以外，唱的都是穷人的悲惨遭遇：

> 正月（那个）是新（呃）年（咧），穷人（那个）好可（呃）怜（咧），衣服（那个）烂了（塞）没有衣（哟）换（啰哟嗬）。富人（那个）吃得（呃）好（咧），穷人（那个）吃不（呃）饱（咧）。他珍馐（那个）美味（塞）白炭火（哟）烤（啰哟嗬）。
>
> 二月春耕早，军阀像虎豹，压迫穷人保护土豪。组织清乡军，到处整穷人，奸掳烧杀无处安身。
>
> ············
>
> 四月立夏节，穷人泪悲切，缺油断盐无处赊借。麦子未曾黄，家

---

① 达州军分区：《达州市军事志 1911—2005》，解放军出版社，2007 年版，第 371 页。歌曲在实际演唱中应当有衬词、衬句，在收录时省略了，以至于难以从歌词中窥见人们歌唱时婉转忧伤的情绪。

中又无粮，几乎饿死白发老娘。

五月是端阳，穷人昼夜忙，鸡叫头遍就起床。割麦又栽秧，一天两头忙，几碗稀饭肚儿里装。

六月火热天，穷人好可怜，背上晒得似油煎。富人他有钱，丝绸身上穿，手拿白纸扇儿慢慢扇。

七月早谷黄，穷人没搞场，稻穗出齐颈项望长。青黄接不上，家里又无粮，一家大小饥饿难当。

八月是中秋，穷人好发愁，心里一算租谷不够。穷人种田庄，皮纸写端详，晒干车净送租上仓。①

在这首歌中，穷人们通过将自身和富人有着天壤之别的生活品质进行较为细致的对比，对自身难以摆脱的贫穷命运有了较为清醒的认识。另一首流传于巴中地区的《放牛娃儿盼红军》共有六段歌词，其中前五段也都是以放牛娃的口吻倾诉自身在封建剥削制度下的悲惨遭遇：

放牛娃儿好（啊）伤心（哪），家中没钱去（啊）帮人（哪），爹妈们也不忍心（哪），爹妈们也不忍心（哪）。

清早起来天（啊）未明（哪），双手打开牛（啊）圈门（哪），把牛儿放在山林（哪），把牛儿放在山林（哪）。

放到下午才（啊）回还（哪），一家老小饭（啊）吃完（哪），酸萝卜剩下一盘（哪），酸萝卜剩下一盘（哪）。

帮人帮到三（啊）四年（哪），每年回家都（啊）没钱（哪），回家去没衣裳穿（哪），回家去没衣裳穿（哪）。

地主穿得厚（啊）墩墩（哪），我们冬天穿（啊）一层（哪），脚后跟鲜（啊）血淋（哪），脚后跟鲜（啊）血淋（哪）。②

这首歌曲段段皆以悲凉哀怨的商音结尾，歌唱者和听歌者就在这悲凉婉转的歌唱中产生强烈的共鸣，同掬一捧辛酸的眼泪，而自身那悲苦的内心情感也在这悲怨的音乐声和辛酸的眼泪中得到净化。

---

① 李旭升：《巴中民歌》，四川人民出版社，2006 年版，第 210—211 页。后面各段与第一段唱法一致，引用时省去了衬词、衬句。

② 中共中央宣传部宣传教育局、中华人民共和国文化部艺术司：《伟大的长征——纪念红军长征胜利 70 周年歌曲集》，学习出版社、文化艺术出版社，2006 年版，第 38 页。

　　川东巴文化圈中人不仅在生活境遇艰难困苦的时候以歌唱的方式来净化自身的情感，当他们的生活境况有所好转，甚至翻身做主人的时候，同样不忘以歌唱的方式来强化内心的积极情感和生活本身在其意识中的意义感。例如，当宣汉县政府做出了开发巴山大峡谷①旅游景区的决定以后，那些居住在巴山大峡谷周遭的巴人后裔们由衷感到高兴。这种发自内心的高兴不仅表现在他们的言语之中，而且以歌唱的形式表现了出来："龙泉自古土家族，而今才是有福气。旅游开发到此地，不愁油盐和柴米。"②

　　同样，由于党的十七大提出了新农村建设的大政方针，川东巴文化圈中人深感自己的生活即将发生巨大变化，自身生活境况将会在这样的方针政策下变得越来越好，他们不仅由衷感到高兴，而且凭着好歌的本能，将他们对这一政策的拥护和对美好生活的憧憬也编成了歌曲来传唱：

　　　　十七大精神就是好，建设美好新农村。生活富裕子女贤，人人能说又能唱，人人能说又能唱。

　　　　建设美好新农村，全民上下齐奋进。响应号召跟党走，人人欢笑奔小康，人人欢笑奔小康。③

　　除了对悲惨生活的倾诉，以及对美好生活的歌颂，川东巴文化圈中人大部分时候都处于对美好生活的向往之中，这类歌唱往往出现在对现存悲惨境遇的歌唱之后。如上文所举《穷人歌》的后四段：

　　　　九月菊花黄，来了共产党，他为穷人出好主张。寄生虫杀尽，杀尽不留根，推翻封建闹翻身。

　　　　十月小阳春，工农革命军，无产阶级世界联盟。穷人要齐心，革命得了胜，穷人翻身工农专政。

　　　　冬月雪花飘，革命起高潮，帝国军阀一齐打倒。人民站起来，建立苏维埃，工农当家做主人。

　　　　腊月梅花开，红旗扎起来，创造一个新的世界，不分贫与贱，没

---

①　巴山大峡谷即位于宣汉县境内土家族人民聚居区域之内的百里长峡，原名"百里峡"，是宣汉县政府重点打造的 AAA 级旅游景区。
②　由宣汉县龙泉乡土家族歌师傅袁诗安等人编唱。
③　由宣汉县马渡乡民歌手雷泽胜编唱。

得富与穷，实现共产、世界大同。①

以及前引《放牛娃儿盼红军》一歌的最后一段："放牛娃儿盼（啊）红军（哪），红军来了天（啊）放晴（哪），穷苦人才得翻身（哪），穷苦人才得翻身（哪）。"②

最能代表川东巴文化圈中人对于自身悲惨现实处境的倾诉，以及对于美好前景期盼的，莫过于流传在巴中地区的一首名叫《尖尖山，二斗坪》的民歌，歌中这样唱道：

> 尖尖山，二斗坪，包谷馍馍胀死人，弯弯路，密密林，茅草蓬蓬笆笆门，要想吃干饭啥，万不能，万不能。
>
> 风里滚，雨里淋，一年到头累死人，年年苦，辈辈穷，老天专整穷苦人，怨得老天啥，太不平，太不平。
>
> 老封建，铁锁链，锁了穷人几千年，金四川，银四川，老财一手遮了天，四川的干人啥，太伤惨，太伤惨。
>
> 盼星星，盼月亮，盼来救星共产党，云要散，天要亮，总有一天见太阳，苦难的日子啥，不久长，不久长。③

这首歌的第一段是对生存现实自然环境和生活境况的描述；第二段开始对自身"年年苦，辈辈穷"的苦难命运发出不平的呐喊；第三段则找到了自己穷苦一生的原因："老封建"和"老财"的压迫；最后一段将改变命运的希望寄托在了"救星共产党"的身上。整首歌层层递进，思想也逐渐变得清晰，无论是歌者还是听众，都能在歌声中一方面抒发穷苦命运给自己带来的伤感，另一方面在音乐美的感染中明白造成自身悲惨命运的根本原因，从而激发起一种对能够改变自身命运的革命政党——中国共产党的热切盼望之情。应当说，这样的歌唱既在现实中起到了激励劳动人民的宣传作用，同时又起到了洗涤人们消极、悲观情绪，培养积极向上精神的审美功效。

---

① 李旭升：《巴中民歌》，四川人民出版社，2006 年版，第 211 页。此处各段与前引第一段唱法一致，引用时省去了衬词、衬句。

② 中共中央宣传部宣传教育局、中华人民共和国文化部艺术司：《伟大的长征——纪念红军长征胜利七十周年歌曲集》，学习出版社、文化艺术出版社，2006 年版，第 38 页。

③ 川陕革命根据地红色记忆编委会：《红色歌谣》，大众文艺出版社，2012 年版，第 17 页。

二、关于政治人物的歌

川东巴文化圈中人喜欢唱歌。他们不仅将自己现实的或理想的生活境况编成歌曲反复歌唱，而且对一个时代的政治人物，也常常以歌唱的方式来表达他们的态度和情感。对帮助他们翻身得解放的政治人物，他们由衷地予以歌颂和赞美；对那些带给他们苦难和厄运的反面人物，则如鲠在喉，不吐不快，极尽挖苦、讽刺、揶揄、咒骂之能事。这样的歌曲在新民主主义革命时期尤其丰富。

川东巴文化圈曾经是川陕革命根据地的重要组成部分，红四方面军曾在这里打土豪、分田地，并在此打赢了"万源保卫战"，战胜了四川军阀的六路围攻，深刻影响了中国革命的进程。因此，指挥这场战争的红军将领总指挥徐向前便成了这一区域人们心目中的英雄人物，也成了人们歌颂和赞美的对象。流传在宣汉县马渡乡的一首名叫《打得白匪稀巴烂》的民歌就这样唱道：

> 映山红，红满山，朵朵笑迎徐向前，指挥好吗（咿呀呀子哟）？袁家坪上扎大营（哪齐不咙咚呛得儿咙咚呛），鲁班河前练夜战，练夜战（呀咿呀呀子哟）。

> 马渡关前传捷报，金华寨里把敌歼，把敌歼嘛（咿呀呀子哟）。红军杀敌猛如虎（嘛齐不咙咚呛得儿咙咚呛），打得白匪稀巴烂，稀巴烂（嘛咿呀呀子哟）。①

这首轻快柔和的徵调式歌曲，用拟人的手法描写映山红喜迎徐向前，实则表达的是人民群众见到徐向前的喜悦心情。歌中描写的扎营、练兵、传捷报、把敌歼和"打得白匪稀巴烂"等事迹则表达了人们对徐向前卓越指挥才能的由衷赞美。歌曲并未描写惊天动地、轰轰烈烈的事迹，而仅仅描写了他们熟知的一些事情，语言朴实无华，但歌曲中流露出的对徐向前总指挥的喜爱、赞美之情却浑然天成。类似的歌曲在新民主主义革命时期的川东巴文化圈还有很多，此处仅再举一例，在"万源保卫战"的发生地

---

① 四川省宣汉县政协文史资料编委会：《宣汉土家民歌》（内部资料），2014年版，第250—251页。歌中的袁家坪、鲁班河、马渡关、金华寨等均为宣汉县马渡乡附近地名。

万源市，至今流传着一首叫作《十唱徐向前》的歌：

> 一唱徐向前，打进大巴山，领导创建苏维埃，穷人有靠山。
>
> 二唱徐向前，打仗最勇敢，追剿灰军和残匪，敌人吓破胆。
>
> 三唱徐向前，为民报仇冤，打倒土豪和劣绅，穷人把身翻。
>
> 四唱徐向前，禁止烧大烟，帝国主义害中国，烟匪连根铲。
>
> 五唱徐向前，打倒那封建，解放妇女出苦海，男女平等权。
>
> 六唱徐向前，分地又分田，从此土地回老家，穷人笑开颜。
>
> 七唱徐向前，关心柴米盐，开会济贫分粮食，穷人吃饱饭。
>
> 八唱徐向前，支援大生产，红军穷人手携手，并肩夺丰年。
>
> 九唱徐向前，红军纪律严，行军打仗爱百姓，丝毫不侵犯。
>
> 十唱徐向前，动员把军参，土豪劣绅国民党，通通要推翻。[①]

这首歌较为全面地歌颂了徐向前的丰功伟绩以及他给川东巴文化圈老百姓带来的切切实实的福利。这一时期受到歌颂的除了徐向前，还有红军其他一些将领，如王维舟、李先念、李家俊等革命先烈也是川东巴文化圈中人们歌颂和赞美的对象。

与对待革命先烈的态度截然相反，对长期横行川东大地，给人们带来苦难和厄运的地主老财、军阀恶霸和反动政治人物，川东巴文化圈中人则以歌的形式给予辛辣的讽刺和咒骂。例如，在宣汉县流传着一首叫《骂军阀》的歌就是这样唱的：

> 崔二蛋真讨厌，当了土匪不上算，你还要侵犯我（呀）苏维埃政权。范绍增土匪精，绿林出身（哪）剥削我工农们，发财不赢。
>
> 王方舟刽子手，刘湘走狗，重庆杀工农，血水横流。狗刘湘真可恨，光杀穷人，万众一心夺政权，工农来专政。[②]

这首歌点名道姓地将川东地区的军阀几乎骂了个遍，艺术化地表达了人们对这些军阀的厌恶、憎恨之情。也有的歌是挪揄、讽刺军阀和国民党反动派的，前者如《刘湘自叹》：

---

① 中共万源市委党史研究室：《万源革命诗文选》，大众文艺出版社，2009 年版，第 16—18 页。

② 中共宣汉县委党史资料征集办公室：《宣汉文史资料选·第 3 集》（内部资料），1983 年版，第 116 页。

我刘湘坐重庆，神魂不定。

想从前思今后，珠泪长倾。

悔不该我当年，整治穷人。

穷人们联合起，要我狗命。

共产党他主张，赤化全省。

打土豪行共产，社会革命。

我本想用大兵，六路剿尽。

哪知道王方舟，硬打不赢。

邓锡侯田颂尧，也是嘴劲。

上前线把武器，送给红军。

刘存厚廖雨辰，更是不行。

打宣汉见红军，就往后滚。

细思量不该任，剿共司令。

罪恶多数不清，下跪饶命。①

歌曲通过心理揣摩，以模仿的方式唱出了军阀刘湘打败仗后的心情，借刘湘之口，表达了川东巴文化圈中人对刘湘本人及其下属只知欺压百姓，而没有真实本领，在红军的进攻面前节节败退，最后只能落得"下跪"乞求"饶命"的下场的揶揄与讽刺之情，而作为歌唱者和听众的革命军民，则从歌中感受到了无比的骄傲与自豪。

宣汉马渡乡著名民歌歌手李依若教当地乡民唱的《心焦》一歌，歌词如下："山间月儿高，风吹杨柳摇，蒋介石在台湾，心里多心焦。心焦我的兵，打仗不认真，不是丢枪炮，就是去投诚。"② 同样揣摩着当时国民党反动派最高领导蒋介石的心理活动，描摹出了他因为自己领导的军队"打仗不认真"，或"丢枪炮"，或主动向共产党投诚而产生的苦恼。歌中的主人公固然是无比苦恼，而歌唱者和听众却可从反面人物的苦恼中感受

---

① 中共万源市委党史研究室：《万源革命诗文选》，大众文艺出版社，2009 年版，第 48—49 页。此歌另有版本，参见川陕革命根据地红色记忆编委会：《红色歌谣》，大众文艺出版社，2012 年版，第 87—88 页。

② 宣汉县政协文史资料编辑委员会：《宣汉县政协文史资料第二十七集·情歌王子李依若》（内部资料），2015 年版，第 147 页。

到愉悦和快慰。类似的还有《田颂尧自叹》《白匪胆如鸡》① 等歌曲，这些歌曲充分表现出巴文化圈中人乐观、幽默的文化性格，表明了这一地域的人们在巴文化的浸润下，能够以审美的方式将内心的愤怒予以转化，并借助艺术的形式予以表达，从而将自己从不良的情绪中解放出来。

此外，这一地区还流传着不少诸如"红军救了穷人命，吃了葡萄莫忘藤。红军走了红旗在，革命自有后来人"② 之类的感恩歌曲，以及希望自己的亲人加入理想政治队伍的歌，例如在通江县流传的名叫《送郎当红军》的歌谣，就是这样一首歌：

一送我郎当红军，郎当红军救穷人，打倒土豪和恶棍，好让穷人来翻身。

二送我郎当红军，打倒地主把产均，农民有了田和地，喜盈盈来笑盈盈。

三送我郎当红军，郎当红军杀敌人，活捉刘湘蒋介石，单刀二刀处死刑。

四送我郎当红军，革命工作要认真，打倒贪官和污吏，要为穷人把冤申。

五送我郎当红军，冲锋陷阵要坚定，若为革命牺牲了，父母妻儿都光荣。

六送我郎当红军，郎当红军要当心，翻身不忘共产党，吃水不忘挖井人。

七送我郎当红军，红军纪律要执行，红军要爱老百姓，不拿群众一根针。

八送我郎当红军，莫挂孩子和家庭，孩子有妻来照应，家庭自有妻操心。

九送我郎当红军，东方发白要起程，包袱行李交给你，叫声我郎慢慢行。

十送我郎当红军，临行话儿记在心，等到全国插红旗，敲锣打鼓

---

① 川陕革命根据地红色记忆编委会：《红色歌谣》，大众文艺出版社，2012 年版，第 70、34 页。

② 通江县图书馆：《红韵——川陕苏区诗词歌谣集锦》，九州出版社，2013 年版，第 133 页。

迎亲人。①

整首歌以川东流行的歌谣形式——"十送"来表达妻子（或情妹）对丈夫（或情哥）的十个愿望，所有的愿望合在一起，实际上就是希望自己的丈夫（或情哥）成为一名理想中的救苦救难救穷人的红军战士。

在巴文化的浸润下，川东巴文化圈中人对他们无处逃避，必须生活于其中的政治生态环境采取了一种审美的态度，当政治昌明、安居乐业之时，他们就在歌唱中表达一种欢喜、满足、感恩之情，赞美和称颂带给他们光明和幸福生活的政治人物；当政治黑暗、民不聊生的时候，他们则不仅在行动上采取坚决斗争的方式，同时也不忘以歌唱的形式表达对造成自己不幸命运的政治及政治人物的憎恶、诅咒、揶揄和讽刺。总而言之，他们是喜也歌、怒也歌，悲时唱、乐时也唱。由此可见，川东巴文化圈中人并不像鲁迅先生笔下那些蒙昧无知的人物，没有盲目地顺从当时当地的政治环境，而是有着清醒的认识和明确的态度。由于他们总是以歌唱的方式来表达自己的态度，因此我们可以说，他们对政治生活采取的乃是一种艺术的、审美的态度。

第四节　歌唱与爱情

前文我们已经讨论过，巴人具有朴直敦厚、刚勇重义和乐观豁达的族群性格，这样的族群性格具有强大的感染力量，在与其他族群的长期杂居或交往之中，这些族群的人们也多多少少具有了类似的性格，于是，在古巴国区域及巴人后裔活动的主要区域中，那些长居于此地的人们不论归属于哪个族群，几乎都具有了巴人的族群性格，这些区域整体上也具有一定的巴文化属性。在重庆尚未成为直辖市之前，在四川有所谓的"川东性格"，其区域涵盖今重庆直辖市全域及南充、达州、巴中、广安等地。在重庆直辖以后，"重庆性格"成为一种典型的区域文化特征，而处于四川省区域内的达州、南充、巴中、广安等川东北区域的人们同样具有与紧邻

---

① 川陕革命根据地红色记忆编委会：《红色歌谣》，大众文艺出版社，2012年版，第89—90页。

的重庆人相同或相近的性格。实际上，不管是"重庆性格"还是今川东区域中人的性格，均可称之为"巴文化性格"。

川东地区人们的"巴文化性格"不仅表现在其对政治和政治人物的爱憎分明之情中，而且更加鲜明地体现在他们关于爱情的观念和表达之中。

爱情是人类共有的情感。如何对待爱情，不同的文化传统有不同的具体表现。在儒家文化居主导地位的汉文化传统中，个人尤其是女性的情感总是要服从于长辈的、家族的、集体的、国家的观念和利益，女性甚至因为从小就被灌输"三从四德"之类的观念，并处于社会、家庭的严密管控之中，而失去了自由追求爱情的权利和意识，人性遭受严重压抑甚至扭曲。对她们来说，爱情自由便成了一种空洞而苍白，几乎不可企及的梦想。相比之下，巴人及其后裔的爱情生活显得更加自由而充满诗情画意。在改土归流以前，巴人及其后裔由于保留了较多的族群自性，人们的爱情生活较少受到来自家庭、社会乃至政治的干扰，总体上是相对自由的，多数时候，人们都是通过歌唱的方式追求爱情。改土归流以后，尽管由于流官们不遗余力地推行中原汉文化，这些区域的人们受到汉文化婚姻爱情观念的巨大影响，人们的婚姻生活模式逐渐与汉文化圈趋同，但是，人们在婚前的爱情生活上却保持了较大程度的自由，较少受到外界的干扰；即使是婚后，对婚姻生活不满的人们仍然在心灵上保持了对自由爱情的期盼和追求。无论是婚前还是婚后，人们对爱情自由的表达都既是行动的，又是歌唱的，因此在很大程度上也是审美的。

尽管就户籍机关所登记的族群身份来看，目前川东巴文化圈中绝大部分人在户口簿上的"民族"一栏里都明确标识为"汉族"①，甚至人们在生产、生活等方面也几乎完全采取了"汉族"的方式，但是如上所述，由于巴文化强大而持久的影响力，这一区域的人们在文化性格上却具有相当浓厚的巴文化色彩，是典型的"巴文化性格"。尽管这里的人们在婚姻生活方面采取了与中原汉族相同的观念和模式，但是人们的爱情观念则在很

---

① 事实上，尽管随着历史上汉族人的不断迁入，这一区域巴人后裔在总人口中的比例愈来愈小，但一直有相当数量的巴人后裔世代代生于斯、长于斯、老于斯，也有一些巴人后裔在人口迁徙潮流中从其他地方迁入这一区域。仅以达州市宣汉县为例，有族谱可考的巴人后裔就多达15万，而登记为土家族的人口却仅有5万多，可见，这一区域至今仍生活着大量民族身份未准确识别的巴人后裔。参见奉正明：《宣汉土家族源综述》，引自向本林：《宣汉土家文化》，中国文史出版社，2013年版，第17—25页。

大程度上受到巴文化的影响，表现出与其他地方汉族人大异其趣的处理方式，具体表现在以下两个方面。

一、大胆追求真挚爱情的歌唱

巴人重情重义的族群性格在其后裔中得到了很好的传承，表现在情感生活方面，就像一首情歌唱的那样："天上星多月不明，塘中鱼多水不清，朝中官多文书多，世上花多撩人心。"① 这首歌的前三句都是起兴，其实歌者想表达的就只有最后一句话——"世上花多撩人心"。从表层意义来看，这句歌可做如下阐释：人心——生发情感的载体——在"花"这样一种美学家眼里最具代表性的审美对象的强烈刺激下，荡起了层层涟漪，人的丰富情感也由此迸发，或者像杜甫一样产生类似"感时花溅泪"的感慨，或者像杜丽娘一般由春光而诱发春心，等等。总之，审美活动由此开始。然而，从歌曲实际隐含的意思来看，这里的"花"并非指称作为自然物的花朵，而是暗指年轻貌美的女性，如此，这首歌就变成了男性巴人后裔们在面对世上众多美貌女子时情感波动的一种表达。换言之，当那众多的美貌女子出现在男性巴人后裔们的视野之时，他们的爱美之心便被激发——"撩"了起来，对美好爱情的追求与歌唱也就随之成了他们（当然还包括作为女性巴人后裔的她们）生活中的一件平常之事。

对川东巴文化圈中人，尤其是其中的巴人后裔来说，在恶劣的政治环境和自然环境之中，他们既难以获得政治领域的自由，又难以获得物质生产方面的自由，爱情曾经是他们在暗无天日的历史长河中唯一可以自由追寻的东西。后来，由于汉人的大量迁入，这一地域的大部分地区很早就汉化了，汉族严苛的封建礼教成了约束人们精神自由的缰绳，自由恋爱在现实中变得越来越不可能，从而更多地变成一种理想中的爱情模式。尽管这里的人们在现实中已经很难实现"有情人终成眷属"的爱情理想，但残酷的现实并没有扼杀他们追求爱情自由、歌唱自由爱情的乐观、豁达天性。于是，这里的巴人后裔们便将自身对自由爱情的渴望化作了缠绵悱恻的情歌，反复地咏唱、咏唱、咏唱……在那些忘情的歌唱中，他们不仅表达了对心仪对象的倾慕之情，抚慰了那些难成眷属的有情人受伤的灵魂，而且

---

① 吴恭俭：《土家族情歌集》，四川民族出版社，1981年版，第1页。

深深地感染了周围那些被严苛封建礼教规训的汉族人，使他们也跟着唱起自身对爱情的渴望、获得真爱的喜悦以及爱情无法得到满足的失落与悲伤等情感。川东巴文化圈中人大胆追求爱情的歌唱大致可以分为三类。

首先，是对仰慕对象的歌唱。巴人"朴直、刚勇"的族群性格表现在他们的情感生活中，就形成了一种大胆、朴素、直白的爱情表达方式，他们面对自身心仪的对象，总是通过歌唱的方式来大胆表白："远望情妹白蒿蒿，好像田中嫩谷苞。心想变个油蚱蜢，一下飞去抱住腰。"① 这首土家族情歌非常形象地表明了作为巴人后裔的土家族表达爱情的方式。在情哥的眼里，情妹远远看去既像一棵青翠欲滴的白蒿蒿，又像田里的嫩谷苞一样艳丽可人，此时情哥是那么渴望与情妹厮守在一起，但又迫于礼教无法实现这一美好的愿望。于是他突发奇想，幻想自己化身为一只不引人注目的"油蚱蜢"，可以自由地飞过去抱住情妹的腰，实现与情妹融为一体的爱情渴望。

如果将这首歌与汉族的歌作一比较，就能看出巴人后裔与汉人在情感表达方式上的区别。例如：同样是描写人的美貌，《诗经·卫风·硕人》中卫庄公夫人庄姜的美是这样的："硕人其颀，手如柔荑，肤如凝脂，领如蝤蛴，齿如瓠犀，螓首蛾眉，巧笑倩兮，美目盼兮。"② 而巴人后裔所描述的情妹的美则是："远望情妹白蒿蒿，好像田中嫩谷苞。"前者用来形容美人的多是一些远离日常生活实际的事象，表现出对功利性现实生活的某种超越，后者则直接用与日常生活息息相关的事物——白蒿蒿、嫩谷苞（两者皆可食用）来描述他们心仪的对象，但此时这些生活性的事物并不代表他们的功利性欲望，而仅仅是他们从生活场景中信手拈来的代表美好事物又充满了生活气息的意象。同样是描写人们对美貌女子的爱恋，汉乐府民歌《陌上桑》这样描述人们对罗敷的倾慕："行者见罗敷，下担捋髭须；少年见罗敷，脱帽著帩头；耕者忘其犁，锄者忘其锄，来归相怨怒，但坐观罗敷。"而巴人后裔的表现则是"心想变个油蚱蜢，一下飞去抱住腰"。前者只描写了"行者、少年、耕者、锄者"等人物在看到罗敷美貌

---

① 四川省涪陵地区川东南民族资料编辑委员会：《文艺·土家族民歌》（第一集）（内部资料），1986年版，第35页。

② 《诗经》虽未配乐，但由于孔子所删之诗在当时都是可以合乐歌唱的，因而其本质上仍然属于"歌"。

时的外在表现，而对他们当下的内心波动则不加任何描写，这和儒家"发乎情，止乎礼义"①的中庸传统是一致的；后者则直陈当事人——审美主体的内心世界，主人公虽然迫于现实中的礼教传统无法立刻与情妹两相厮守，却大胆地将自己内心的这种渴望以歌唱的方式表达出来，这就表明虽然在行动上受到封建礼教的约束，巴人后裔们的内心世界却自由不羁，是封建礼教约束不住的。

在历代巴人后裔族群性格的强大影响下，川东巴文化圈中人，不管是土家人还是汉人，也不论其情感生活是幸福还是悲苦，他们大都通过歌唱的方式来表达内心的真实情感，因此这里的情歌也就表现出一种朴素、真实、火辣的特点。这样的情歌尤其深刻地表现在对仰慕对象的歌唱上，如一首宣汉土家族的五句子歌是这样唱的："姐儿生得人品好，早就有心来捞到。脱下鞋子满山跑，刺儿扎脚请你挑，轻手轻脚捏一爪。"②这里的男性抒情主人公对"姐儿"虽仰慕已久，却一直苦于没有机会接近。为了达到与"姐儿"近距离接触的目的，不惜采取自我伤害的方式——"脱下鞋子满山跑"——诱发"姐儿"的同情心，来创造接近她的机会——"刺儿扎脚请你挑"，以实现接触动作——"轻手轻脚捏一爪"，而非仅用言语来传达爱意和表明心迹。显而易见，这样的歌唱是内心情感的真实剖白，是对"男女授受不亲"封建礼教的大胆突破，尽管只是表现在歌唱中，却也是巴人后裔乃至其他族群中受巴文化影响的人们心灵不受羁绊，追求自由爱情的表现。

同样是在宣汉，另一首五句子歌唱道："姐儿生得一脸麻，出门就把粉来搽。叫声姐儿莫搽粉，脸上有麻心不麻，情人眼里麻是花。"这首歌的歌唱对象是一位脸上生有麻子的女性。俗话说："女为悦己者容。"这位女性为了给心爱的人留下美好的印象，每次出门之前都要搽粉来掩盖脸上的麻子。对此，抒情主人公以歌唱的方式对她进行开解，告诉她用不着以"搽粉"的方式去掩饰一般人眼里的所谓缺陷——"麻"，因为在情人的眼里，她的情感、道德——"心"的完美——"不麻"，才是赢得爱情的更

---

① 《毛诗序》，引自叶朗：《中国历代美学文库·秦汉卷》，高等教育出版社，2003年版，第25页。

② 四川省宣汉县政协文史资料编委会：《宣汉土家民歌》（内部资料），2014年版，第31页。

重要的因素，因而，她脸上的麻就显得非常次要，甚至在"情人眼里出西施"这样一种心理作用之下，她脸上的麻不但不显得丑陋，反而有一种令人陶醉的美——"情人眼里麻是花"。这样的歌反映了川东巴文化圈中人更加注重内心道德情操，而不甚关注外貌美丑的爱情观。在一定程度上，从这样的歌唱所反映出的"素朴"爱情观也可见出巴文化所受道家文化的影响。

其次，是大胆表白爱情的歌唱。在改土归流之前，由于较少受到中原儒家文化的影响，三从四德、男尊女卑、男女授受不亲等封建思想观念对巴人后裔们的影响较小，那时，他们的爱情生活是比较自由的，其表现之一就是男女青年可以通过歌唱的形式自由选择婚恋对象。改土归流之后，尽管汉文化主导了巴人后裔生活地区人们的生活观念，巴人后裔的婚姻生活也像汉人们一样，奉父母之命、媒妁之言，但是，追求自由、纯真爱情的天性却并未泯灭。在尚未谈婚论嫁之前，年轻人青春萌动、情窦初开之后，在遇到自己心仪的爱情对象时，不论男女，总是敢于大胆表白。甚至那些已经结婚却不满意自己婚姻的人们，也会以某种"不道德"的方式来歌唱自己对情哥、情姐的思念。

在有"川东民歌之乡"美誉的宣汉县马渡关镇流传着一首名叫《幺妹站在对山岩》的歌，就表现了男女之间大胆的爱情表白：

> 先是男角：幺妹站在对山岩，听哥把心思唱出来。妹妹呀，哥爱你，我俩走到一起来，开花结果幸福路。叫声我的妹，何时嫁到我家来？
>
> 这边有幺妹接上了：哥哥站在对门山，妹也对你把喜事宣。哥哥你记清，大红花轿准备起，拜过花堂入洞房。叫声我的情哥，何时接我到你家来……①

这是一首由宣汉县马渡关镇现代人李依若根据当地山歌改编的新民歌，歌中的男女主人公都大胆抒发了彼此的爱情和一起创造幸福生活的愿望，尽管由于现今马渡关镇居民的族群身份一般都被登记为"汉族"，这

---

① 此曲为宣汉县马渡关镇民歌手雷泽胜在接受记者采访时所演唱，参见达州文艺网：《原生态马渡民歌——质朴村民话传承》一文：http://www. dzwyw. net/Article/ShowArticle. asp? ArticleID=1994。

里的民歌也被定性为"汉族"山歌，但是从歌唱中这种大胆的表白来看，应当说，其文化基因是属于巴文化的。

　　同样，甚至还有更为大胆的《韭菜歌》：

　　（女）奴在后院割韭菜哟喂，突然串出个小伙来呀。这是什么怪哟喂，咿呀呀登哟，呀呀咿登哟，这是什么怪哟喂。

　　要吃韭菜拿把去呀喂，要想贪花夜晚来呀。莫穿响皮鞋哟喂，莫穿响皮鞋哟喂。

　　（男）不知树儿哪边栽哟喂，不知门儿哪边开呀，叫我怎样来哟喂，叫我怎样来哟喂。

　　（女）屋后有根梧桐树哟喂，梧桐树上挂灯台呀，傍到梭下来哟喂，咿呀呀登哟，呀呀咿登哟，傍到梭下来哟喂。

　　门斗脚下有碗水哟喂，门斗打湿自然开呀，情哥请进来哟喂，咿呀呀登哟，呀呀咿登哟，情哥请进来哟喂。

　　灶孔里头有壶酒哟喂……①

　　在这首歌里，面对男性主人公发出的爱情信号，抒情女主人公表现得尤为大胆且心细，为男性主人公前来相会做好了充足的准备。从歌曲塑造的人物形象来看，若非巴人后裔，未必能唱出如此大胆而"有伤风化"的歌。因此可以说，即便在歌唱形式上采取了汉族民歌的形式，这样的情歌在精神气质和文化底色方面却是不折不扣的巴人之歌。不论是巴人后裔，还是受巴文化影响的其他族群人民，川东巴文化圈中人就在这种"大胆"的歌唱中将自身对自由爱情的向往无拘无束地表达了出来。

　　最后，是对恋爱中男女心理活动的歌唱。无论哪个族群，处于恋爱中的人们，其心理活动都是极其丰富和复杂的，但人们对恋爱心理的表述则不尽相同。在汉文化传统中，在《诗经·关雎》"乐而不淫，哀而不伤"②美学风格的影响下，一般来说，传统精英知识分子的文学作品对恋爱心理的表述往往是含蓄而不张扬的。但是，儒家思想的这种规训力量虽然在改

---

　　① 宣汉县政协文史资料编辑委员会：《宣汉县政协文史资料第二十七集·情歌王子李依若》（内部资料），2015 年版，第 120 页。

　　② 《论语·八佾》，引自北京大学哲学系美学教研室：《中国美学史资料选编》（上册），中华书局，1980 年版，第 16 页。

土归流之后约束了巴人后裔的日常行为，却难以束缚他们那自由不羁的灵魂，又尤其是对于自由爱情的向往，以及对爱情的大胆歌唱。其具体表现则是他们敢于在歌唱中大胆表露自己恋爱中的各种心理活动。

川东巴文化圈中人大胆地歌唱自己恋爱心理的歌唱中，有的对恋爱心理的表达比较有节制，符合儒家的"中庸"传统。有一首薅草锣鼓歌是这样唱的："情姐后头一匹垛，又放牛儿又放羊。愿做牛羊跟姐走，天天偎在姐身旁。"这首歌就很委婉而有节制地表达了希望与情姐长相厮守的爱情心理。再如，宣汉县红岭乡流传的一首《车灯调》这样唱道：

我一（呀）把（那个）扇（呀）子（啰）二（那）面花，
情姐爱我我也爱她。
情（那）姐（来）爱（呀）我（来）花（呀）扇子，
我爱情姐牡丹花。
（寸寸冬寸寸冬寸冬寸冬寸寸冬）①

这首歌短短的唱词里，塑造了两个人物形象——抒情主人公"我"和"情姐"，两个人物都有"爱"的冲动，但两者的"爱"又有所不同，情姐"爱"的是我手里那一把"二面花"的扇子，是一种对美好事物的审美情感，她对我的"爱"不过是一种幻想中的爱屋及乌——因为喜欢我的"花扇子"而连我也一并"爱"了；作为抒情主人公的"我""爱"的则直接是"情姐"这个人物，爱她的原因则是她具有"牡丹花"一般的美。在这首歌里，抒情主人公对"情姐"的爱以及渴望获得"情姐"青睐的表达都是较为含蓄的。类似的歌曲还有诸如"我和情妹同过沟，摘颗李子口头丢。酸溜溜来涩溜溜，你难舍来我难丢"② 等小调歌曲，直接描写抒情主人公与情人难舍难分的情感，风格上也相对比较含蓄。

在更多的情况下，川东巴文化圈中人对爱情心理的表达则是直白而大胆的。例如，在宣汉县流传的一首小调歌曲这样唱道："草帽子儿满天飞，好久没与姐打堆。心想与姐同个堆，又怕旁人说是非。"③ 抒情主人公在参加群体性劳作的过程中，突然看见了心仪已久的"姐儿"，内心开始矛

---

① 四川省宣汉县政协文史资料编委会：《宣汉土家民歌》（内部资料），2014年版，第259页。
② 四川省宣汉县政协文史资料编委会：《宣汉土家民歌》（内部资料），2014年版，第209页。
③ 四川省宣汉县政协文史资料编委会：《宣汉土家民歌》（内部资料），2014年版，第208页。

盾起来：既想马上走到"姐儿"身旁与她一起劳动，以告慰自身的相思之苦，又碍于礼教的束缚，担心流言中伤给她带来伤害。在这首歌中，虽然抒情主人公在封建礼教的约束下，行动上还迟疑未决，但是敢于将这种复杂的心理活动歌唱出来也是需要胆量的。

还有一些歌唱尤其大胆。例如同样流传在宣汉县的另一首小调歌曲就这样唱道："栀子花开六瓣头，情哥约我黄昏后。日长遥遥难熬过，何日搬掉毒日头。"① 这首歌的抒情主人公是一位多情的女性，她在接到情哥的约会以后，迫切地期待夜晚到来，但是白日漫漫，难度如年，此时，那曾经作为光明与幸福象征的太阳在她的眼里竟变成了"毒日头"，是阻碍她与情人相会的巨大障碍，以至于她突发奇想，想要搬掉那可恶的"毒"太阳，好让时光一下子从白天进入夜晚，使她能够立刻见到"情哥"，与他缠绵相会。如此大胆和奇异的爱情心理，在川东地区，恐怕也只有巴人后裔，或者是深受巴文化影响的女子才会有。

除了这类直接刻画表达主人公情感心理的歌，还有一些描写抒情主人公揣测情人心理活动的歌曲，实则是抒情主人公自身情感心理的曲折反映。如流传在宣汉县清溪乡的小调歌曲《奴家今年一十七》："奴家今年一（呀）十七（呀啥），打打扮扮去看戏（呀），情哥等妹等得急（咿呀呀得喂），情哥等妹等得急。"② 歌曲的唱词非常简单，刻画了一个正在梳妆打扮，希望以最美的容貌去见情哥的年轻女性，在塑造自身美好形象时的心理活动。从表面看，她是担心自己打扮时间太久会让"情哥"等得着急；实际上，则是情窦初开的她既希望将最美好的形象展示给对方，又因急于见到对方而不愿耽搁太多时间的矛盾心理的表现。

在这一类型的歌中，还有一首名叫《王家二姑娘》的山歌，完整地刻画了一位年轻女子思念情哥的心理活动及行动：

> 王家二姑娘，坐在牙床上，茶也不思饭也不想。
>
> 天气热不过，睡也睡不着，浑身的汗水往下落。
>
> 刚刚一睡着，梦见我小情哥，梦见我情哥在喊我。

① 四川省宣汉县政协文史资料编委会：《宣汉土家民歌》（内部资料），2014年版，第209页。由于此歌系作者李依若创作于抗日战争时期，所以其中"何日搬掉毒日头"也就隐含了希望早日赶走日寇的深层意味。

② 四川省宣汉县政协文史资料编委会：《宣汉土家民歌》（内部资料），2014年版，第194页。

翻身把脚摸，不见我小情哥，不见我情哥眼泪落。

睡起也无意，起来打主意，写封书信寄出去。

铁锁响叮当，打开书柜箱，拿出信纸一两张。

纸儿折成行，墨儿磨成浆，写封书信寄给我的郎。

问问小情哥，你是啥心肠，小妹妹望郎早成双。①

不论是哪个族群，情窦初开的少女都极有可能陷入类似"王家二姑娘"那样茶饭不思的相思之苦，中国传统汉族文学对这样的情况多有描写。但是，像歌里刻画的这位抒情主人公那样敢于主动写信给对方——"小情哥"，质问其爱情态度——"你是啥心肠"，并明确表达希望早日成为眷属——"早成双"愿望的，在儒家文化成为主宰之后的汉文学传统中几乎是看不到的。② 在川东地区，当然也只有巴人后裔及受到巴文化深刻影响，具有了巴人性格的非巴人后裔女性才可能具有如此大胆的爱情观念。

二、对爱情的执着守望

除了上述对心仪对象、真挚情感以及恋爱心理的歌唱，在川东巴文化圈中，还有很多歌曲是抒发人们对爱情的执着守望的。这样的歌曲多种多样，概括起来，大致有以下几种：

其一，是关于爱情成功或失败的歌。前文说过，巴人后裔的爱情观是自由的，在汉族文化强势进入以前，巴人后裔常常以歌为媒，寻找自己满意的爱情对象，他们也往往用歌声表达自己获得真爱的喜悦。在川东巴文化圈中，流传于宣汉县马渡乡的《十把扇子》就是这样一首歌唱"有情人终成眷属"的歌：

一把（那个）扇子（吗连连）笃笃齐（哟溜溜），情妹（那个）爱我（吗哎哟）我爱她（哟干哥啥）。情妹（那个）爱我（吗连连）花扇子（哟溜溜），我爱（那个）情妹（吗哎哟）牡丹花（哟干哥啥）。

---

① 四川省宣汉县政协文史资料编委会：《宣汉土家民歌》（内部资料），2014 年版，第 89 页。

② 明代以后兴起的市民文学另当别论，此处不赘述。

二把（那个）扇子……

…………

十把（那个）扇子（吗连连）小阳春（哟溜溜），姊妹①（那个）二人（吗哎哟）配成婚（哟干哥啥）。情哥（那个）情妹（吗连连）两相好（哟溜溜），祈愿（那个）生个（吗哎哟）小宝宝（哟干哥啥）。②

歌中的男女主人公一开始互有好感，随后产生爱慕之情，随着交往中情感的逐渐加深，两人一起劳作、耳鬓厮磨、形影不离，最后终于修成了正果——"配成婚"。

由于汉文化的强势输入，川东各非汉族人民在思想观念和行为方式上都很大程度地汉族化了，这就现实地造成了很多真心相爱的男男女女在父母之命、媒妁之言的约束下，失去了"有情人终成眷属"的爱情："我与情妹门对门，看到情妹长成人。花花轿子抬起走，把我丢到九霄云。"③眼看着与自己青梅竹马的情妹被别人娶走，这是多么令人遗憾啊！内心那种被抛弃——"把我丢到九霄云"的苦闷与悲伤自是无法言说的，唯有通过歌唱才能将其消解和净化，无论如何，生活还得继续下去，这真可以说是"何以解忧，唯有歌唱"了。

在无力改变现实的情况下，川东巴文化圈中人并没有因此沉沦，而是选择以歌唱的方式来消解那积聚在内心的苦闷和悲伤，虽然在现实中与真爱的人分散了，但是，相爱者的心却紧紧地交缠在一起，并不因情人已经结婚而放弃对他（或她）的思念，无奈之中，甚至像宣汉县马渡乡民歌《来生白头》所唱的那样，将终身相守的希望寄托在来生：

香油树儿结香油，收拾回家走一头；

一则回家看爹妈，二则回家会朋友。

看见爹妈两个头，会着朋友泪长流；

相逢恨不未嫁时，缘续来生到白头。④

---

① 在川东巴文化圈，无论是姐妹、兄妹，还是姐弟，都可统称之"姊妹"。

② 四川省宣汉县政协文史资料编委会：《宣汉土家民歌》（内部资料），2014 年版，第 81 页。

③ 四川省宣汉县政协文史资料编委会：《宣汉土家民歌》（内部资料），2014 年版，第 206 页。

④ 宣汉县政协文史资料编辑委员会：《宣汉县政协文史资料第二十七集·情歌王子李依若》（内部资料），2015 年版，第 16 页。

抒情主人公在出嫁之后，在油菜花结籽的时节回了一趟娘家。回娘家的表层原因是去探望父母，但这并不是她回娘家的唯一原因，隐藏着的另一层原因是——"会朋友"。这里的所谓"朋友"实则是她无法与之成为眷属的情哥。抒情主人公在嫁作他人妇之后回到娘家，寻找到机会与情哥会面时，因木已成舟，此生无法再与情哥成就姻缘，哀叹之余，便只好把此生未尽之缘分寄托来生了。

其二，是妇女思念游子的歌。由于所生活地区地理环境的恶劣，川东巴文化圈中人除了要进行农事劳作，有的还不得不长期出门经商、帮工，甚至当背二哥从事长途搬运，于是就产生了大量的女性盼望丈夫、情郎回家的歌曲。例如，在宣汉县新华乡流传的一首《望郎歌》就这样唱道："太阳落土（哦）四山黄（呃），犀牛望月（哟嗬）姐望（呃）郎（呵），犀牛望月（吔）归大海（哟哦），姐儿望郎（哦呃）归绣房。"① 如果说这首歌中抒情女主人公的思念情感还显得较为中庸、平和的话，那么，流传在宣汉县红岭乡的《眼泪汪汪望小郎》一歌，抒情女主人公对情郎的思念则已经使自己的情绪无法平静了：

> 太阳（哎）落土（哎）四山（那）黄（哎），
> （那）情妹（那个）出来（啥）收衣（哟）裳。
> 双手（那个）搭在（的）竹竿上（哎），
> 眼泪（里个）汪汪（啥）望小（哟）郎。②

当抒情主人公"情妹"在黄昏时刻出门收取晾晒在屋外的衣裳时，看到四面的山峰在落日的余晖里变成了黄色，由于对情郎的极度思念，于是触景生情，想到天就要黑下来，而自己却不知出门在外的情郎此时身在何处，将如何过夜，她将双手搭在晾晒衣物的竹竿上，眼睛却注视着情郎外出的方向，一种浓浓的思念和牵挂油然而生，如同奔泻的潮水，冲垮了她情感的堤坝，眼泪哗哗地流了出来。她的动作就这样定格下来，似乎成了一尊活生生的雕像。

这类表达对爱人的执着思念的歌曲很多。有些人出门寻找生计一去就是几个月，甚至几年都无法回家，在家留守的妻子（情妹）从丈夫（情

---

① 四川省宣汉县政协文史资料编委会：《宣汉土家民歌》（内部资料），2014年版，第198页。
② 四川省宣汉县政协文史资料编委会：《宣汉土家民歌》（内部资料），2014年版，第199页。

哥）出门的那一刻起就开始牵挂，于是就有了一年一年循环往复的思念，就像宣汉县新华镇流传的那首叫作《姐儿进绣房》的山歌所唱的那样：

> 姐儿进绣房（呀），两眼泪行行（呀），手摸着胸膛（那个）私自细猜量。
>
> 樵楼一更鼓（呀），有话对谁诉（呀），奴自对银灯（那个）自思自揣摩。
>
> 正月望二月（呀），二三望四月（呀），三四月不回（那个）说至端阳节。
>
> 端阳望中秋（呀），中秋望重阳（呀），重阳不回（那个）奴心无主张。
>
> 十月飘大雪（呀），望郎望心切（呀），望去望来（那个）望至冬腊月。[1]

这里的抒情女主人公在情哥外出之后，一个人形单影只地过着思念情哥的生活，她从正月情哥离开的时候起，开始日思夜想，盼望他的归来，就这样一天天、一月月地盼望，从正月到二月，再到三月、四月、端阳节、中秋节、重阳节，每一个团圆的节日都没等到情哥的归来，甚至一年到头了，还在盼望之中，不知道情哥是否会在过年的时候回到她身边，与她团圆。

其三，是关于被抛弃的痴情者的歌。"痴心女子负心汉"自古便是爱情文学的母题，各个族群的文学中都不乏此类作品。以《诗经·卫风·氓》为代表的汉族诗歌大都通过批判男性主人公"始乱终弃"的行为，表达对女性主人公不幸命运的同情和怜悯。这些诗歌往往主要描写男性主人公的负心行为，对痴情女子的描写都是为了衬托负心汉的恶劣行径。川东巴文化圈中的民歌则不同，其中有很多歌曲对负心汉的负心行为着墨甚少，却对女性主人公的痴情表现进行了细致的刻画。

川东巴文化圈中流传着一首名叫《太阳当顶过》的叙事民歌，讲述的是一个痴情的"姐儿"，面对一个书生的大胆追求和挑逗——"左手来接茶，右手捏一把"，内心非常喜欢——"捏得姐儿浑身麻"。碍于传统的道

---

[1]　四川省宣汉县政协文史资料编委会：《宣汉土家民歌》（内部资料），2014年版，第136页。

德观念，她在书生的鲁莽——"我是与姐借东西，转身钻进绣房里"——面前，保持了镇定和矜持——"姐儿发了气，骂声'背时的'，奴家是个青头女，做事无差异"，但也因此气走了对她用情未深的书生："天下美女多的是，你有啥稀奇。"书生的离去使早已暗生情愫的她心有不舍——"书生下了坎，姐儿跟着撵"，但薄情的书生似乎死了心——"书生是个硬气汉，不往回头看"。从此，书生一去不回，只剩下痴情的"姐儿"正月望、二月望……月月望郎郎不归，终于相思成疾，一病不起，在那个象征"有情人终成眷属"的中秋团圆之日，"姐儿"不但没有等来书生的回心转意，反而一命呜呼——"把命丢"。①

这首在题材上沿袭了"痴情女子负心汉"爱情诗母题的叙事民歌塑造的女主人公形象并没有把重心放在对负心汉的谴责上面，而是细致入微地刻画了女主人公对情哥期盼、思念、煎熬直到死去的过程。虽然歌里的"情姐"没能够像《牡丹亭》里的杜丽娘那样"死而复生"，但是，其对情哥的真情却正如叔本华所说的那样："强烈的情绪……以一种令人难以置信的力量和忍耐，打破所有的障碍。如果不能遂此目的，则以身殉之。"②达到了汤显祖所谓"情不知所起，一往而深，生者可以死"的极高境界，这样的至情至性，在川东地区，大约也只有巴人后裔才能做到。因此可以说，这首叙事民歌在文化品性上是属于巴文化的，是巴文化圈中人爱情生活的审美性写照。

另一首在宣汉县马渡等地流传的叙事民歌《十里坪》③，叙述的是一次偷情事件。歌中讲述清代一位富家女子因容貌姣好被本城马公子看上，马公子半夜潜入姑娘绣房，依靠自己的满腹才华和巧舌如簧获得姑娘的青睐。姑娘大胆冲破平常所受的封建教育，委身于马公子。在尝到爱情的甜蜜之后，毕竟要面对现实，姑娘十里相送，一路千叮咛、万嘱咐，在送走马公子之后，因无法面对礼教的折磨，只好选择一死了之——"双手解下黄丝带，谢天谢地谢府灵。如今哥儿走远了，我也高挂一根绳。"这首叙事歌曲塑造了两个敢于相爱的年轻人。在相爱的过程中，马公子有"乱"

---

① 歌词参见陈正平：《巴渠民间文学与民俗研究》，四川大学出版社，2001，第247—249页。
② 叔本华：《叔本华论文集》，陈晓南译，百花文艺出版社，1987年，第124页。
③ 参见宣汉县政协文史资料编辑委员会：《宣汉县政协文史资料第二十七集·情歌王子李依若》（内部资料），2015年版，第72—77页。

无"弃"："叫我死来我就死，叫我丢姐万不能……我若一时忘了你，我也难活二十春。"歌曲中的女主人公仅仅因为一次偷情行为就付出了生命的代价，着实可惜。但是，我们从歌曲中却感受不到她对自己这种"出格"行为的半点后悔之意，即便是在临死之前，她也没有对自己的"鲁莽"行为加以反省，反倒是一直挂心于"哥儿"，担心他折返回来阻拦自己，一直等到他走远之后才上吊自杀。如此至情至性，绝不是那些成天计较于功利的人所能做到的，对于那些视自由爱情如生命般重要的巴文化精神后裔而言，却又在情理之中。

质朴真醇，天生"喜歌舞"的川东巴文化圈中人对爱情的歌唱是层出不穷的，可以说，哪里有情感事件的发生，哪里就有对爱情的颂唱。最能代表这一地区人们爱情观念的歌曲，莫过于长期濡染于巴文化氛围之中，有"情歌王子"之称的宣汉马渡人李依若于 20 世纪 30 年代初期所作的《跑马歌》：

> 跑马溜溜的山上一朵溜溜的云哟，端端溜溜的照在康定溜溜的城哟，月亮溜溜的弯弯康定溜溜的城哟！
>
> 李家溜溜的大姐人才溜溜的好哟，李家溜溜的大哥看上溜溜的她哟，月亮溜溜的弯弯看上溜溜的她哟！
>
> 一来溜溜的看上劳动溜溜的好哟，二来溜溜的看上会当溜溜的家哟，月亮溜溜的弯弯会当溜溜的家哟！
>
> 世间溜溜的女子任我溜溜的爱哟，世间溜溜的男子任你溜溜的求哟，月亮溜溜的弯弯任我溜溜的求哟！①

这首歌还有一个举世闻名的名字——《康定情歌》。它原本讲述的是李依若与女同学李英之间的爱情故事，但其中所表达的爱情理想却不只属于他自己，而同时属于他从小生于斯、长于斯，最后又老于斯、死于斯的川东巴文化圈。仔细品味这首歌的歌词会发现，这种爱情理想既不同于"郎才女貌"那种精英式的唯美主义爱情理想，也不同于汉文化传统中那种根深蒂固的"门当户对"式功利主义爱情理想，而是一种与巴人及其后裔长期所处的生存环境密切相关的"美善并重"的爱情理想。其在歌曲中

---

① 四川省宣汉县政协文史资料编委会：《宣汉土家民歌》（内部资料），2014 年版，第 73 页。

的具体表现则是：李家大姐的美——"人才溜溜的好"，打动了李家大哥——"看上溜溜的她"，但李家大哥又不只是因为李家大姐人才好就决定爱她，作为讲求生存实际的巴文化圈中人，李家大哥进一步对李家大姐进行了观察，发现她不仅人才好，而且是一个勤劳——"劳动溜溜的好"，并懂得生活——"会当溜溜的家"的女子，只有当"美"和"善"这两方面都符合自己的心意时，李家大哥才向她示爱。同时，一旦对象兼善兼美，川东巴文化圈中人便有了更高一层的爱情理想，即"世间女子任我爱，世间男子任我求"。在封建礼教的统治下，这样的爱情理想在川东地区实际已很难实现，但毫无疑问的是，它深刻地反映了川东巴文化圈中人对自由爱情生活的向往与追求。

总之，无论现实的爱情生活是幸福甜蜜还是凄楚苦涩，川东巴文化圈中人都会一方面在想象中让自身的爱情之思自由奔放，另一方面又不断地用或欢欣或凄惨的歌声歌唱自身的爱情际遇，又或者通过演唱别人的爱情故事①来抒发自身的爱情感受。在这些歌声之中，无论是歌者，还是听众，其心中起伏波动的情绪都最终得到了平复。之后，他们便又重新去度过那于别人而言或许平淡无奇、波澜不惊，于自己而言却波澜壮阔、色彩斑斓的日常生活……

第五节　作为审美性节庆的对歌节

巴人后裔天性"喜歌好舞"，不仅表现在前文所述日常生活的方方面面，而且表现在他们对"对歌"这样一种审美性娱乐活动的喜爱上。中国很多少数族群都有对歌的习俗，巴人后裔土家族人也有此习俗。土家族人喜欢对歌，除了相关文献的记载，还可以从一组对唱的民歌中看出："（甲）蜂子采蜜爱花朵，席上有酒爱上座。秀才出口爱作对，土家人人爱对歌。（乙）隔河听到山歌吼，三步并作两步走。几步登到歌台上，你一

---

① 川东巴文化圈中还有不少借梁山伯与祝英台故事及孟姜女故事发挥的情歌，限于篇幅，此处暂不呈现。

首来我一首。"①

巴人后裔的对歌习俗始于何时，今天已无从知晓，根据有关川东地区巴人"俗喜歌舞"②的历史记载来推测，这一区域巴人的对歌行为大概很早就产生了。在巴人后裔的现实生活中，对歌的活动是常常发生的。在改土归流以前，对那些尚未婚嫁的男女青年来说，要想得到心仪对象的青睐，发起或参与对歌是必不可少的手段；在某些巴人后裔聚居的地区，已婚男女之间的对歌非常频繁，甚至达到了"……以歌声为奸淫之媒……"③的地步。同时，在巴人后裔的歌师傅之间还有一种类似比试性质的对歌，这种对歌行为往往发生在某一歌师傅路过另一歌师傅的居住地；或者两个歌师傅"狭路相逢"，而他们又互相知晓或者其中一方名声较大之时。随着时间的推移，好歌的巴人后裔们就逐渐设立了一个专门的"对歌节"。

不同地方的巴人后裔所定的"对歌节"日子不尽相同，川东地区巴人后裔们的"对歌节"一般设在农历四月二十八日这天。④在"对歌节"那天，来自四面八方的巴人后裔和这一地区其他族群的人们都来到事先选定的地方，"男女老少欢聚一堂，唱和山歌"⑤。自20世纪80年代以来，由于改革开放，川东地区的大部分巴人后裔都选择了外出务工，大型的、频繁的对歌活动逐渐变少，不过，在宣汉县渡口土家族乡，由著名薅草锣鼓传承人何德山带动，每年上半年当地都要举行一次"赛歌会"（如图2-1、图2-2所示），只是时间已经不会专门确定在农历的四月二十八日，而是根据实际情况较为灵活地安排。既然是"赛歌会"，自然有比赛的性质，最后也要由邀请的评委评出一、二、三等奖来。相较以往自发组织起来的对歌活动和对歌节，"赛歌会"在形式和风格方面虽然有些走样，但出于非遗传承的需要似乎也无可非议，毕竟，随着传承人的日渐减少，现在已经不大可能出现自发组织的"对歌节"了。

---

① 宋玉鹏、彭林绪、肖田：《土家族民歌》，四川民族出版社，1987年版，第6-7页。

② 范晔：《后汉书》卷八十六《南蛮西南夷列传》，李贤等注，中华书局，1965年版，第2840页。

③ 张天如《永顺府志》，引自杨铭：《土家族与古代巴人》，重庆出版社，2002年版，第270页。

④ 大部分土家族聚居区的对歌节被定在农历四月初八日这一天，宣汉土家族的对歌节定于农历四月二十八日，据说是为了纪念曾在今樊哙土家族聚居镇屯兵练兵的汉代名将樊哙。

⑤ 左尚鸿：《国家非物质文化遗产：薅草锣鼓》，文化艺术出版社，2014年版，第53页。

图 2-1　宣汉土家族薅草锣鼓赛歌会①

图 2-2　宣汉土家族薅草锣鼓赛歌会②

　　20 世纪 80 年代以前，川东巴文化圈中的"对歌节"主要在宣汉县土家族聚居区一带较为活跃，但参与这一活动的人并不仅限于后来将族群身份登记为"土家族"的居民①，在现今的渡口、龙泉、三墩、漆树等四个土家族乡，樊哙土家族聚居镇以及附近其他乡镇的人都自发地参与到对歌节活动当中。据薅草锣鼓传承人袁诗安等人回忆和描述，在"对歌节"活动当中，人们的对歌大致可以分为两类：一类是对歌台上的对歌活动，这类对歌带有比赛性质，是歌师傅与歌师傅之间的实力比拼；另一类是对歌台下的对歌活动，这类对歌是以交流感情为目的，主要发生在青年男女之间。以下对这两类对歌活动分别加以讨论。

一、对歌台上的对歌活动

一般来讲，对歌活动在川东巴人后裔中是较为普遍的，在田间地头、街市集会、山间行走等日常生活活动之中，只要有一个人情动于中，便会以歌唱的形式抒发出来，而他的歌唱又恰好触动了其歌声所及范围之内另一个人的类似情感，那个人很快便会同样以歌唱的方式给予回应，一段对歌活动就此产生。由此可见，生活情境中的对歌活动是相当自由的，人人都可以在自己情绪被调动而又乐于歌唱的时候随意加入，既不需要别人的批准，也无需考虑自己的歌唱水平，因为在大多数时候，相互对歌的两个人是并不见面甚至互不相识的，对歌活动的发生，纯然出于一种抒发情感的需要。

"对歌节"则不同。由于最初设立这一节日的目的就是通过对歌来选出当地的最佳歌师傅，因此一般只有歌师傅才具备登台竞技的资格，其余人则只能成为看客和听众，在欣赏对歌台上的歌唱时愉悦心情，获得审美的享受。没有被推举上对歌台参加比赛的人若想参加对歌活动，便只能在台下临时自发组织。

参加对歌台上正式对歌活动的歌师傅，通常都是一个地方众多歌师傅中的佼佼者，他们往往代表所在地区与其他地区歌师傅进行对歌比赛，在对歌赛中获胜的歌师傅将成为这一地区的名人。由于参加对歌比赛的歌师傅都是经过老一辈歌师傅精心调教的优秀人才，他们都谙熟各种类型的民歌，而且都具有较强的依据现成旋律旋编旋唱的能力，因此他们在对歌台上所唱的歌也就丰富多彩，不仅现成的山歌、小调张口即来，有时更是根

---

① 宣汉县土家族的识别和登记直到 20 世纪 80 年代后期才完成。

据现场的情境随口唱出新的歌词，表现出超凡的审美创造能力。正式的对歌比赛活动总是先由一方发起，一般而言，发起方唱一首什么样的歌，对歌的一方也要唱一首同类型的歌，可以用相同的旋律歌唱，也可以用其他旋律歌唱，以下试举一例。

发起方先唱一首挑衅的歌：

> 叫唱歌来就唱歌，你歌没有我歌多。
>
> 我有山歌几百箩，拿出一箩与你唱，唱到明年割早禾。

发起方希望通过夸耀自己的歌多，从气势上压倒对方。但对歌一方毫不示弱，马上对唱道：

> 叫唱歌来就唱歌，你歌没有我歌多。
>
> 我歌好比牛毛多，唱了三年六个月，才唱一只牛耳朵。

发起方见无法从气势上压倒对方，便立即改变策略，演唱了一首略具历史知识的歌：

> 叫我唱来我就唱，一唱唱到《三国》上。
>
> 三国有个赵子龙，万马军中称英雄。

从唱词内容来看，发起方显然仍有自夸之意。对歌者不甘示弱地回敬道：

> 叫我唱来我就唱，甘罗十二为丞相。
>
> 甘罗十二年又小，太公八十遇文王。

发起者又唱：

> 叫我唱来我就唱，一唱唱到《孟子》上
>
> 孟子见了梁惠王，谅你不是唱歌郎。

见对方试图贬低自己，对歌者马上毫不客气地回应：

> 叫我唱来我就唱，一唱唱到《大学》上
>
> 《大学》孔氏之一书，唱歌我才是师傅。

发起方见历史歌难不倒对方，马上又唱一首显示幽默才情的扯谎歌：

太阳落土打下梭①，听我唱个扯谎歌。

昨年看到牛下蛋，今年看见马坝窝②。

对唱方并没有被难住，马上回应道：

太阳落土往下梭，听我唱个扯谎歌。

两个和尚在打架，头发抓成乱鸡窝。

…………

发起方与对歌方就这样刀来剑往、互不示弱，你一首、我一首地唱下去，直到其中一方"江郎才尽"。对唱的形式除了这样的"短兵相接"，还有一问一答的盘歌甚至对相同曲目的不同演唱等诸多形式。如果对唱双方实力旗鼓相当，对唱的过程就会持续很长时间，但在通常情况下，双方总是会分出胜负的。当对唱的一方已将所有会唱的歌都唱过一遍，又不能很快地编出新歌来的时候，就往往会借用较多"哎——""啊——"之类的衬词来拖延，以获取更多的时间来编撰歌词。但是，他的对手可不会给他这样的机会，每每遇到这样的情况，已占有明显优势的一方就会马上唱一首奚落对方的歌，来结束这场比试：

会唱歌来歌对歌，不会唱歌打哦嚯，

哦嚯哦嚯几哦嚯，几个哦嚯当个歌。③

在川东巴人后裔们的对歌节活动中，在歌台上的这种竞赛性对歌每次都有多场，一般会持续半天到一天，每次都会评出一名最优秀的歌师傅。这位最佳歌师傅就在一段时间之内成了对歌文化影响所及之处的名人，一时间倾慕者众。

当然，设立对歌节的意义并不仅仅在于选拔最佳歌师傅。对于天性"乐观豁达""喜歌舞"的巴人后裔以及受巴文化影响的整个川东地区其他族群的群众，又尤其是其中那些尚未婚配的青年男女来说，对歌节的意义更多则是到那歌唱的海洋之中去欣赏美妙的歌喉，去寻找一位长相英俊或

---

① "打下梭"意为"往下落"，与下文"往下梭"同义。

② "坝窝"意为筑巢，下蛋、筑巢均是鸟类的行为，说兽类也能筑巢，显然是荒诞的，故而显得可笑。

③ 四川省宣汉县政协文史资料编委会：《宣汉土家民歌》(内部资料)，2014 年版，第 204 页。

秀美、善于唱歌或懂得欣赏歌唱，而且在对歌中与自己情投意合的异性作为自己的终身伴侣。因此，如果说对歌台上的对歌竞赛是对歌节活动的主旋律的话，对歌台下为了寻找真爱，随情而起、此起彼伏的歌唱则是与台上对歌相呼应的众声合唱，是对歌节中最富于生命意味，也是情感流动最为湍急、最动人心魄的地方。

二、对歌台下的对歌活动

前文已经说过，在改土归流以前，巴人后裔的恋爱和婚姻是非常自由的，就像一首土家民歌所唱那样："好水洗衣不用槌，好姐连歌不用媒，阵阵山歌架起桥，情哥情姐桥上会。"人们寻找如意对象的主要方式就是对歌。一般来讲，越是能唱好歌的年轻人，就越容易得到异性青年的青睐。因此，"对歌节"这样的男女大规模集会和展示自身歌唱本领的舞台，也就为青年男女提供了寻觅佳偶的大好时机。因而在现实的"对歌节"场景中，不仅有对歌台上的歌唱竞技，而且有台下以男女青年为主的各种形式的对歌活动，于是出现了一种台上对歌、台下也对歌的热闹场面。

男女之间的对歌活动，通常先由一个男性发起，有时候一些大胆的女性在看到中意的男青年时，也可能主动发起对歌。当某个青年在人群之中发现一位很令他满意的对象时，就会跑到对方的面前唱起一首试探性的歌曲，对方若是有意，就会接着他（或她）唱。于是你一段，我一段地唱下去，逐渐表明心迹。

例如，一位稍微有些腼腆的男青年看中了人群中一位漂亮的女青年，便跑到她的面前唱道："大河涨水小河浑，小河边上栽林檎。林檎好吃树难栽，情妹好交口难开。"以起兴的方式先唱一些与主题无关的事象，最后才委婉地表达自己希望与对方交往，却难以开口的心情。此时，如果男孩子的长相符合女青年的择偶标准，歌也唱得不错的话，她就会同样用歌唱的方式大大方方地回应："情妹当门一条梁，好个梁上有堰塘。堰塘无水靠天落，情妹无郎靠媒说。"首先将自己家的大致方位告诉对方，并暗示男方，自己尚未订婚，若男方有意，可以请媒人上门说媒。

如果双方都互有好感，一段对歌活动便得以继续下去。男方在听到女方的暗示后，便进一步试探："高粱杆杆节节长，问你想郎不想郎。"女方一听，仍然不予正面回答，以暗示的方式唱道："丝瓜开花长长想，豆豆开花想成双。"男方接着明确向对方倾诉自己的爱意："情姐长得像枝花，人人看见都在夸。看了一下又一下，十年八年都爱她。"对此，女方则稍显矜持回应道："大河涨水涨上岩，傍岩有个柳树台。风不吹来柳不摆，郎不招手姐不来。"暗示对方必须要主动一点。男方听到这样的暗示，感到非常高兴，马上便表明自己对对方浓烈的情感："情姐后头一匹壕，又放牛儿又放羊。愿做牛羊跟姐走，天天偎在姐身旁。"听到男方如此深情的表白，热情火辣的女方也毫不含糊地唱道："哥哥山歌传过沟，情妹屋头把碗收。忽然听见山歌声，锅铲铁瓢一齐丢。"意思很明显，对方的热情已经打动了她的芳心，她也已经深深地爱上了对方。

听到这样的回应，男方自然是喜不自胜，但一想到自己贫寒的家境，男方又不禁担心起来，脸上露出迟疑、犹豫的神情，欲唱又止。女方显然看出了男方心中有事，眼看赛歌会就要结束，马上就要分别，心急如焚地想知道男方心里在想什么，于是开口唱道："太阳落山又不落，情哥有话又不说。有话你快些说给我嘛……"要求他尽快把心事说出来。听到女方关切的询问，男方终于鼓起勇气，决定将自己的担忧告诉对方："叫声小妹你且听，情哥有话难开唇。心想叫你跟到我，怕你爱富不爱贫。"对男方的担心，女青年予以了正面回答："叫声情哥莫多心，贤妹爱的是勤快人。哪怕你金银堆满屋，怎能打瞎我眼睛。"告诉对方，自己有着积极健康的价值观，崇尚的是巴人后裔与生俱来的朴实、真诚，不是一个可以轻易被金钱俘虏的人。这样，一段甜蜜、美满的爱情便很有可能就此拉开序幕了。

当然，这些发生在对歌台下的男女青年之间以谈情说爱为目的的对歌活动，并不具有相同的程式。不同青年之间，由于现实情景的区别，他们相互搭讪的方式、对歌的内容、对歌的结局都不尽相同。例如，同样是搭讪，有的男性就不像上述男青年那样含蓄，而是开门见山地表达对方的美貌已让自己动情："栀子开花亮堂堂，你是谁家小姑娘？脸像月亮腰像柳，猫儿钻进我胸膛。"[1] 如果恰好碰到同样大胆的女性，对方就会这样暗示：

① 四川省宣汉县政协文史资料编委会：《宣汉土家民歌》(内部资料)，2014年版，第206页。

"情妹当门一树槐，槐子树下搭戏台。早来三天有戏看，迟来三天戏幺台。"① 告诉对方，既然有心喜欢，就应该趁早大胆追求，否则被别人抢占先机。当然，在川东土家人生活地区流行的经典情歌《六口茶》也往往是男女青年对歌活动中的必唱曲目：

> 男：喝你一口茶，问你嘛一句话，问一声幺姑娘爹妈在哪塌？
>
> 女：喝茶就喝茶，哪有这多话，爹送妈妈回呀嘛回娘家。
>
> 男：喝你二口茶，问你嘛二句话，问一声幺姑娘哥嫂在哪塌？
>
> 女：喝茶就喝茶，哪有这多话，我的哥嫂种呀嘛种庄稼。
>
> 男：喝你三口茶，问你嘛三句话，问一声幺姑娘姐姐在哪塌？
>
> 女：喝茶就喝茶，哪有这多话，我的姐姐出呀嘛出了嫁。
>
> 男：喝你四口茶，问你嘛四句话，问一声幺姑娘妹妹在哪塌？
>
> 女：喝茶就喝茶，哪有这多话，我的妹妹上呀嘛上学哒。
>
> 男：喝你五口茶，问你嘛五句话，问一声幺姑娘弟弟在哪塌？
>
> 女：喝茶就喝茶，哪有这多话，我的弟弟还是个奶娃娃。
>
> 男：喝你六口茶，问你嘛六句话，问一声幺姑娘今年你多大？
>
> 女：喝茶就喝茶，哪有这多话，我奴家今年一呀一十八。
>
> 男：你也一十八呀我也一十八，我们啦二人来呀嘛来玩耍。
>
> 女：喝茶就喝茶，那有这多话，你我要听爹爹妈妈的话。②

这样的歌曲，在一问一答、一唱一和之中，巧妙地呈现出青年男女之间情感试探及回应的过程。

正是因为对歌节为青年提供了如此富于抒情气氛的环境，那些正处在青春期的青年都会借机以质朴热情的歌唱去寻找那份属于自己的爱情，每一次对歌节的举行，也就成了一场最盛大的集体相亲会，不少人都在对歌节中找到了自己的意中人。不过，最终能否真正和自己的意中人结为连理，在川东这个思想早已被儒家礼教统治的地区，则还面临着种种可能。

---

① 四川省宣汉县政协文史资料编委会：《宣汉土家民歌》（内部资料），2014年版，第204页。"幺台"意为结束，原文为"完台"，据田野调查实际唱法更改。

② 四川省宣汉县政协文史资料编委会：《宣汉土家文化》（宣汉县政协文史资料第二十五集），中国文史出版社，2013年版，第245页。

三、对歌节的"静观"与"狂欢"

如前所述，对歌节的举行对各地的歌师傅们来说，是一次通过歌唱获得美好声誉的大好时机；对于那些尚未婚配的男女青年们来说，则是一次通过歌唱寻觅最佳伴侣的良辰吉日。但不论是以歌唱为主要营生的歌师傅，还是希图在对歌节中获得美好爱情的适龄青年，他们都不过是众多参与对歌节活动者中的少数人，对更大多数参与到对歌节这一活动中的男女老少们来说，审美——从海洋般的歌声中获得精神的愉悦——才是他们主要的，也是最高的目的。这一目的的达成，通常有两个途径：一是在对歌台下充当一名忠实的观众或类似京剧"票友"一样的爱好者；二是积极投身到台下广泛而丰富的对歌活动当中，做一个直接参与对歌的歌唱者。

在前一种情况下，人们在欣赏对歌台上的歌唱竞赛时，若是正在对歌的其中一位歌师傅正好代表的是自己所居住的那一地区[1]，他们就会主动加入他的阵营，在他歌唱时跟着一起兴奋地唱和，当他取得胜利时也和他一样感到兴奋和荣耀；如果代表他们的歌师傅在比赛中失败了，尽管他们也会表现出某种惋惜之情，却并不会因此而"愤然离席"，更不会对获胜的歌师傅进行攻击，相反，他们仍然怀着愉快的心情，留在原位继续欣赏其他歌师傅的歌唱。这样的欣赏态度尽管带有某种"功利性"——荣誉感，显得不那么纯粹，但由于他们并不十分执着于那种间接的荣誉——何况获得或失去的荣誉并不归他们本人所有，因而这种"功利性"对他们的审美心境虽有一定的影响，却并不造成根本性的损伤。所以说，他们的整体状态仍然是审美的。

更多时候，台上的对歌竞赛者都是与己无关的其他地区的歌师傅，此时，对歌台上的歌唱竞赛就成了一种纯粹的审美对象，多少有些类似今天在电视台演播现场观看"CCTV青年歌手大奖赛"或者"中国好声音"一类节目。这样，台上歌师傅的每一句歌唱都成了他们审美判断的对象，他们一边跟着歌师傅轻声唱和，一边还对他们的歌唱水平进行评价，并时不时地就自己的判断征求旁边观众的意见。此时的他们就这样沉浸在一种审美的心境之中，不再去思考今年的收成，也暂时忘记了经济上的宽裕或

---

[1]　根据对歌节规模的不同，就川东地区巴人后裔来说，这里的"地区"或是村寨，或是乡镇。

窘迫，还有人生遭际的幸运或不幸。

如果说在对歌台下的欣赏主要还是一种"静观"式的审美[1]，那么，更多地发生在对歌台下，由参加对歌节活动的普通人自发组织的对歌活动——除了前文已经述及的青年男女之间为了寻觅意中人而发起的对歌，还有很多在朋友之间、熟人之间、未上场竞赛的歌师傅之间，甚至互不相识的陌生人之间发起的对歌——就是一种狂欢式的审美。因为这样的对歌往往比较随意，由其中一方随意发起，另一方若没有兴趣，则一笑了之，不予回应；若是另一方也有兴趣对歌，便展开回应，一场对歌可能只互相对唱一首，也可能对唱多首，其持续时间取决于双方的歌唱能力和兴趣，对歌的唱词则既可以是相互问候，也可以是插科打诨，还可以是男女之间的试探、挑逗与回应。例如，某个男性看见一位长得俊俏的小媳妇，心有所动，想上去搭讪，又担心因互不认识而遭到冷落甚至抢白，于是唱歌试探道：

> 栀子花儿把把乌，你是谁家小媳妇？
> 心想与你说个话，可又人生面不熟。[2]

但是他的担心完全没有必要，因为对方就是一个大胆而热烈的巴人女性后裔，对于他这样的心思早已司空见惯，于是半带调侃、半带引诱地回应道：

> 栀子花儿把把乌，亏你哥子跑江湖。
> 石头也怕独钻子，一回生来二回熟。[3]

这样的对歌活动完全无需考虑对方是否是已婚男女的伦理规范。

苏联著名文艺理论家巴赫金在讨论中世纪的民间文化时说："中世纪的人似乎过着两种生活……另一种是狂欢广场式的自由自在的生活，充满了两重性的笑……对一切神圣物的亵渎和歪曲……不敬和猥亵……同一切

---

① 为了确保对歌台上竞赛的顺利进行，观众在对歌台下的唱和通常都是轻声甚至无声的，更接近谷鲁斯所说的一种"内模仿"。参见朱立元：《美学大辞典》（修订本），上海辞书出版社，2014年版，第443页。

② 四川省宣汉县政协文史资料编委会：《宣汉土家民歌》（内部资料），2014年版，第206页。

③ 四川省宣汉县政协文史资料编委会：《宣汉土家民歌》（内部资料），2014年版，第206页。

人一切事的随意不拘的交往。"① 这种狂欢式的生活具有这样四个特点：人们之间随便而又亲昵的接触、插科打诨、俯就、粗鄙。细观对歌节现实情境中的对歌活动，可以发现，对歌台下的很大一部分对歌活动大致也具有这样的特点。因此，对这部分对歌节活动的参与者来说，对歌节就是一个无限敞开的狂欢之所，人们沉浸在这种狂欢的氛围之中，或听或唱，完全忘记了自己的现实生活处境。

综上，应当说，所有那些投身于对歌节活动的人们，要么在一种静观的状态下获得了精神的愉悦，要么在一种忘我的迷狂状态下进入了精神的狂欢境界。总之，他们中的绝大多数在节日期间都暂时远离了一切功利的追求，而纯然地成了过着艺术化人生的审美之人。在这个意义上，我们似乎可以说，川东巴人后裔的对歌节在设立之初虽另有目的，实际却演变成了一个"审美性"的节日。

小　结

作为巴人后裔的土家族因歌谣数量之多和种类之繁而有"歌的海洋"之称。这是因为他们不仅一生都与歌唱有着不解之缘，从出生之后的洗三、满月、周岁，到成年、婚嫁以至死亡，在人生的每一个重要节点，都有专门为之举行的歌唱活动；而且针对不同的人生活动，又与之相对应的繁复歌种，如儿歌、摇篮曲、交友歌、哭嫁歌、孝歌、酒歌、茶歌、号子、山歌、小调，等等，不一而足。

作为古代巴人的文化后裔，川东巴文化圈中人，尤其是其中的巴人后裔们都特别喜欢唱歌，其喜爱的程度正如土家族民歌唱的那样："山歌不唱不开怀，磨子不推转不来。主不劝客客不醉，花不逢春不乱开。山歌本是古人留，留在世上解忧愁。三天不把歌儿唱，三岁娃儿白了头。"② 对于他们来说，"何以解忧，唯有唱歌"，不唱歌的日子是枯燥乏味而又难捱

---

① 巴赫金：《陀思妥耶夫斯基诗学问题》，白春仁、顾亚铃译，生活·读书·新知三联书店，1988 年版，第 184 页。

② 颜婧：《即使没有月亮　心中也是一片皎洁》，新世界出版社，2014 年版，第 114－115 页。这里的八句歌实为两首。后一首也有这样唱的："山歌本是古人留，留在世上解忧愁。山歌唱得忧愁散，唱得黄河清水流。"参见川东南民族资料编辑委员会：《文艺·土家族民歌第一集》（内部资料），1986 年版，第 1 页。

的。他们不仅自己喜欢唱歌，而且喜欢听别人唱歌。对于好听的歌曲，他们都异常珍惜："哎，耳听山歌唱得好（呀），摘匹树叶来包到（哦），十字路口打开看，飞的飞来跑的跑。"[1] 这种珍惜并不是为了功利性地据为己有——因为这些好听的歌都是充满活力的可"飞"可"跑"生命体，是不可以被独占的，而是为了能够在适当的时候再次进行欣赏，以愉悦自己的心灵。由此可见，川东巴文化圈中人们的生活无时无刻不与歌唱发生着密切联系。

忙时歌解乏，闲时歌除闷，喜时歌欢乐，哀时歌洒脱。歌唱成了与人们终日相伴的生活事件。无时不歌，无处不歌，无事不歌，似乎是他们生活的一种常态。无歌不欢，无歌不乐，更是他们对待人生的一种态度。正是这样的原因，可以说，川东巴人后裔们完全承继了其祖先"俗喜歌舞"的审美文化传统，成了一群在歌唱中生活的"审美人"。而对于那些在文化品性上长期接受巴文化熏染的川东地区其他族群来说，歌唱也俨然成了与他们生活形影不离的日常事件。

如果把以巴人后裔土家族人为代表的川东巴文化圈中人的人生作为一个整体来观照的话，似乎可以说：他们的人生就是一曲无尽的歌。

---

[1]　四川省宣汉县政协文史资料编委会：《宣汉土家民歌》（内部资料），2014年版，第165页。

第三章　利乐相生：作为审美过程与功利手段的薅草锣鼓

　　出于"喜歌舞"的"乐观豁达"的天性，川东巴文化圈中人对歌唱这一审美形式甚是喜爱，其具体表现已在上一章中得到了大致呈现。显而易见，古代巴人乐观豁达的族群性格不仅被他们的直系后裔——川东土家族人一代又一代地传承下来，而且深深地浸润、滋养了那些先后生活在这一地域的其他族群人民，使他们很大程度上具有了这一充满美学意味的族群性格，有意无意地成了这一性格的文化后裔及其歌唱传统的传承与传播者。①

　　尽管受种族、时代、环境②等因素的影响，人们歌唱时的肢体动作、音乐的表现形式、歌词的语言风格等方面会呈现出各不相同的特点，但歌唱作为一种抒发内心情感的方式则几乎为世上一切族群的人们所共有。因此严格来讲，不管是劳动间歇所唱的山歌，还是以追求爱情为目的的情歌；不管是以传授知识和劝诫为目的的教育歌，还是臧否时政和政治人物的政治歌，都绝不是川东巴文化圈中人独有的，其他地方和族群一般也有类似的歌曲和歌唱行为。不同的是，与其他大部分地区的族群和人民比起来，这里的人们在日常生活之中以歌唱的方式来抒发自身随缘而起的喜怒哀乐等情绪的频率要高得多。换言之，相比之下，川东巴文化圈中人比其

---

　　① 近年来宣汉县马渡乡因为广泛的民歌传唱而先后获得"川东民歌之乡""四川民间艺术（特色）文化之乡""中国民间文化艺术之乡"等荣誉称号，正是川东巴文化圈中人继承、实践巴文化"喜歌"传统的集中表现。

　　② 法国艺术史家丹纳认为对艺术造成最终影响的有种族、时代和环境三种重要因素。参见丹纳：《艺术哲学》，傅雷译，人民文学出版社，1963 年版，第 7 页。

他大部分地方的人们具有更加强烈的将平淡无奇的日常生活审美化①的意识和能力，并在现实生活中有更多的实践。

根据源自西方的美学学科知识，如果说在日常生活中以歌唱的方式来抒发自身在遭遇各种情境时的内心波动属于无可争议的"审美生活"的话，那么，"薅草锣鼓"这一在川东巴文化圈中传承千年以上，将生产活动与艺术表演有机融合的文化事象，则显然是难以理解的。因为这一文化事象是在人们进行薅草活动的同时，配以锣鼓的击打和歌师傅的歌唱，有时还有劳动者的和唱。如果我们将其定性为审美活动的话，人们在这一事象中去除田间杂草，争取农作物丰收的功利目的，又显然与康德关于"鉴赏是凭借完全无利害观念的快感和不快感对某一对象或其表现方法的一种判断力"及"美是无一切利害关系的愉快的对象"②的经典定义矛盾；但如果我们就此认为这一事象与审美完全无关，而仅仅是一种人们追求更多生存性物资的功利性活动的话，那就无法说明其中敲锣打鼓和歌唱的行为何以会给那些正处在功利性劳动中的人们带来无任何实际利益的精神愉悦。

如此看来，以康德、黑格尔为代表的经典美学思想显然是无法说明薅草锣鼓这一文化事象的。那么，如何才能对这种文化事象进行恰当的阐释呢？依照徐新建教授关于本文与文本关系的讨论，为避免我们的表述被已有的文本左右，从而使我们关于薅草锣鼓的见解为"偏见所遮蔽和裁剪"③，我们最好不要不加讨论地对它做出是或不是审美事象的判断，而应该取一种更加严谨的态度——深入到一个传承川东土家族薅草锣鼓的文化本文（context）之中去看个究竟，只有在深刻理解薅草锣鼓这个文化本文的基础上，我们才有可能得出一个对它的相对客观且更加接近其本文的表述文本。

---

① 这里的将"日常生活"予以"审美化"，不是英国社会学家费瑟斯通基于后现代消费主义文化而提出的所谓"the aestheticization of everyday life"。与后者消弭艺术和生活之间距离的倾向（在物质层面将艺术降低为生活或者将生活拔高为艺术）不同，前者是以艺术的方式从精神层面将生活审美化，而其根本的动力则是他们"与生俱来"的审美天性。

② 康德：《判断力批判》（上），宗白华、韦卓民译，商务印书馆，1985年版，第47—48页。

③ 徐新建：《本文与文本之关系——人类学的研究范式问题》，载于《黔东南民族师专学报》，1998年第4期。另可参见王璐：《从"文本中心"到"本文探求"——文学人类学研究范式探讨》，载于《西南民族大学学报》（人文社会科学版），2011年第1期。

第一节　薅草锣鼓如何生成

"薅草锣鼓"这一文化形式进入大众的视野是相当晚的事情，与兴起于 21 世纪初的全球"非物质文化遗产"保护运动紧密相关。随着《保护非物质文化遗产公约》在联合国教科文组织获得通过和中国政府的随后加入①，中国"非物质文化遗产"保护受到了空前的重视，国家、省、市、县各级都将"非物质文化遗产"保护当作一项重要工程来抓。在国家层面，从 2006 年开始，先后于 2006、2008、2011、2014 和 2017 年公布了五批"非物质文化遗产保护名录"。作为一种与山区集体薅草劳动相伴的艺术形式，"川北薅草锣鼓"于 2006 年进入了《第一批国家级非物质文化遗产名录》，成为 72 项入选的民间音乐项目之一。2008 年公布的《第一批国家级非物质文化遗产扩展名录》和 2017 年公布的《第五批国家级非物质文化遗产名录》中，"薅草锣鼓"项目之下又新增了包括"川东土家族薅草锣鼓"在内的 8 个子项目，连同原有的"川北薅草锣鼓"，一共 9 个子项目。② 一时之间，薅草锣鼓从过去的"养在深闺人未识"，一下子变得家喻户晓起来。在各地政府的重视和学者的推动之下，这一濒临失传的艺术形式重新焕发了生机，相关的研究也随之展开。③

在各类关于薅草锣鼓的研究之中，有一类是探讨薅草锣鼓起源的。左尚鸿在梳理国内相关研究的基础上，在《国家级非物质文化遗产：薅草锣鼓》一书中，从"起源传说""生成环境""流传与发展"三个层面对薅草锣鼓的起源、生成及流传与发展进行了论述。④ 其中，"薅草锣鼓的起源传说"部分罗列了三种主要观点——薅草锣鼓"源于西周田祖祭仪""源

---

① 《保护非物质文化遗产公约》于 2003 年 10 月在联合国教科文组织第 32 届大会上通过，2006 年 4 月生效。该《公约》旨在保护以传统、口头表述、节庆礼仪、手工技能、音乐、舞蹈等为代表的非物质文化遗产。中国于 2004 年 8 月加入该条约。

② 另外的七个"薅草锣鼓"子项目分别是 2008 年公布的武宁打鼓歌、宜昌薅草锣鼓、五峰土家族薅草锣鼓、兴山薅草锣鼓、宣恩薅草锣鼓、长阳山歌和 2017 年新增的金湖秧歌。

③ 对薅草锣鼓的研究在 2006 年以前较为零散，直接以"薅草锣鼓"命名的研究文献极少，2006 年以后，以"薅草锣鼓"命名的研究文献逐年增多。

④ 左尚鸿：《国家级非物质文化遗产——薅草锣鼓》，文化艺术出版社，2014 年版，第14－36 页。

于田间精怪传说"和"源于驱赶野兽传说"。① 在"薅草锣鼓的生成环境"一部分中，作者从环境决定论的角度出发，认为盛行薅草锣鼓地区的自然地理环境、相关族群的历史文化环境以及宗教信仰环境决定了薅草锣鼓必然在秦巴山脉、武陵山区以及幕阜山等地产生。

应当说，左尚鸿对薅草锣鼓的起源和生成原因的研究是有一定贡献的，但他并没有解决薅草锣鼓的起源和生成问题。而对于本书来说，要真正理解薅草锣鼓这个文化本文，对其进行一番刨根问底的研究显然是非常必要的。鉴于"薅草锣鼓"目前已经进入《国家级非物质文化遗产名录》的 9 个子项目，其涉及的地域范围较为广泛，历史上曾经流行这一艺术形式的地域自然更加广阔，各地薅草锣鼓背后的文化根基未必相同，其起源和生成的原因必然相当复杂，故而很难一概而论。为了使本书的讨论相对集中，此处拟相对集中地探讨与本书论题紧密相关的川东巴文化区域中土家族薅草锣鼓的生成问题。

一、锣鼓的起源及其功用

如果遵循人们惯常采用的顾名思义方式来理解，那么，正如其名称给我们的暗示一样，薅草锣鼓就是一种在薅草等群体性劳动中表演的艺术。从今天虽然越来越少，却仍然在传承的各地薅草锣鼓来看，这一艺术形式的表演又基本伴随了集体劳动的全过程。可想而知，这一艺术形式的产生必然与农耕生产有着不可分割的紧密联系。

但是，锣鼓并不是一开始就用于农耕生产的，其最初的发明也并非为了农耕生产。关于鼓的起源说法不一，据《礼记·明堂位》载："土鼓，蒉桴，苇钥，伊耆氏之乐也。"说明在神农时期就已经有敲击土鼓为乐的习俗了，其发明时间想必更早。据考古发现，我国境内至迟在新石器时代就已经在生产和使用土鼓了。有学者认为"鼓是源于自然而高于自然"的艺术创造，是原始人类受到自然界中雷声的启发，为了模仿雷声的巨大震撼力而创造出来的一种具有雷的神性的乐器兼礼器。② 也有学者猜测鼓的

---

① 该书的资料整理性质较强，对薅草锣鼓的起源并没有提出作者自己的观点。

② 韩德明、钟泽骐：《鼓与雷神——鼓起源的文化诠释小议》，参见古宗志：《中国民族音乐研究》，贵州民族出版社，1999 年版，第 179—189 页。

发明源于远古的某一次偶然事件，认为鼓因为声音洪亮，而在生产、生活、战争中起到传递信息、协调动作、鼓舞人心和惊吓野兽等多种作用。① 以上两种观点均有一定的合理性，在一定程度上能够说明鼓的产生和功能。我以为，鼓最初是在狩猎族群日常生产生活的一次偶然事件中被发明的说法较为合理，具体是谁发明的已不可查证，也并不重要。重要的是，鼓在被发明之后，最初并不是作为乐器，而是作为在狩猎活动中惊吓和驱赶动物的工具，以达到猎获更多野兽的目的，以后才逐渐被用于战争、祭祀、娱乐和农耕等活动之中。

相比之下，锣的发明要晚很多。国内关于锣的最早记载见于杜佑《通典》："自宣武之后，始爱胡音……打沙锣。"说明锣本是一种西域乐器，锣虽在秦汉之间即已被发明，但大约到公元五世纪末才传入中原地区。② 和鼓不同，锣大概是从事金属冶炼的西南少数族群一次偶然击打黄铜制品时，为其发出的具有乐感性质的声音所启发而发明的，具体的发明者今天同样已无法考证，就本书的研究目标来讲，也无须考证。但有一点却是很重要的，即铜锣似乎一开始就是作为一种乐器而被发明出来的，尽管它后来也被广泛地应用于仪式、战争、劳动等场合。

鼓和锣这两种乐器，一为皮革，一为金属，前者发明较早，后者发明相对较晚；前者声音洪亮厚重，后者声音清丽悦耳；前者以其强烈的节奏感催人奋进，后者以其优美的乐音和乐人心。这两种乐器一旦相遇，便在祭祀、战争、农事等各种场合相互配合，共同演绎出人类的种种情感状态。直到今天，鼓和锣仍然在婚丧嫁娶等各种民俗生活中发挥着抒发情志的重要功用。

二、锣鼓艺术与农业生产

锣、鼓这两种乐器在发明之后，都先后与农业生产发生了联系。发明

---

① 赵丹丹：《八音古乐：古代乐器与演奏艺术》，现代出版社，2014 年版，第 142—145 页。

② 有人认为 1978 年在广西桂县罗泊湾 M1 号西汉初期墓中出土的一件铜器是锣，如孙祥宽：《凤阳锣鼓与锣鼓曲谱初探——兼谈锣鼓乐起源》，载于《皖北崛起与淮河文化——第五届淮河文化研讨会论文选编》，合肥工业大学出版社，2010 年版，第 65—67 页。但也有人认为那种乐器不过是形似锣的另一种乐器——"钲"，如薛艺兵：《中国乐器志一》（体鸣卷），北京：人民音乐出版社，2003 年版，第 105—106 页。

时间较早的鼓与农业生产发生联系也相当早。但应当指出的是，鼓并不是一开始就被直接用于农业生产劳动之中，它与农业生产之间起初只是一种在祭祀农神的过程中发生的间接关系。先秦典籍《诗经·小雅·甫田》有"琴瑟击鼓，以御田祖"的记载，孔颖达疏曰："以迎田祖先啬之神而祭之。"郑玄对《周礼·春官·籥章》中籥章之职责"凡国祈年于田祖，……击土鼓，以乐田畯"中"田祖"一词的注解为："田祖，始耕田者，谓神农也。"对其中"田畯"一词，他又引郑司农云："田畯，古之先教田者。"则"田祖""田畯"同义，皆指农业始祖神农氏。显而易见，西周时期已有祭祀神农的仪式，击鼓娱神是其祭祀环节之一。如此看来，这应当是击鼓这一艺术行为与农业生产之间最早的联系。

后来，击鼓这一艺术行为的娱乐范围逐渐扩大，在祭祀对象神农氏之外，首先得到这项殊荣的当然是司掌农田的官员——"田大夫"[①]，再后来，击鼓艺术又从宗庙走向田间，成为奴隶制社会农业劳动中以鼓点振奋奴隶们的精神，催促他们加快劳动步伐，协调他们劳动节奏的一种手段，某种程度上也变相使人们的精神得到了愉悦。这样一种以鼓点节奏催工的方式究竟始于何时，今天已难以确考，从目前已经发现的考古学材料来看，可以断定，至迟在东汉时期的四川地区，这种方式已经相当流行。可资证明的考古材料至少有二，其一是 1953 年于四川省绵阳县（现绵阳市内）新皂乡东汉墓中出土的一具东汉陶水田，这具长方形水塘造型的泥质红陶水田被一条田埂分为左右两个部分：右侧部分为藕田，其中有鱼、田螺和荷花等形象；左侧部分为秧田，田中有五个人像，其中一人身穿长袍，拱手而立，大概是监工；其余四人都是短褐赤足的劳动者，劳动者中有两人捐物拎罐，一人执薅秧耪，另一人腰部悬鼓，双手作击鼓状。[②] 这具陶水田最耐人寻味之处在于：在已经有人监工的情况下，为何要在劳动者中专设一击鼓之人？显然，其目的并不在于监工，而在于用富于节奏变化的鼓点来使劳动者的精神得到愉悦，从而消除疲劳，提高劳动效率。

这种将击鼓娱乐劳动者的素材作为艺术表现对象的陶制品并非孤例。

---

① 《毛诗故训传》在释《诗经·豳风·七月》诗"同我妇子，馌彼南亩，田畯至喜"中的"田畯"一词时说："田畯，田大夫也。"

② 刘志远：《考古材料所见汉代的四川农业》，载于《文物》，1979 年第 12 期。

在东汉考古材料中，还有一件于 1982 年 2 月在绵阳市城郊公社高涧槽何家山嘴东汉残砖室墓中出土，高 18.6 厘米的泥质红陶秧鼓俑。该陶俑微微翘首，布巾束头，面带微笑，身穿短褐，腰束宽带，袖筒、裤管均高高挽起，腹部悬有一面小鼓，双手执桴，作击鼓状。[①] 有论者认为，这具陶制击鼓俑可以说明，至迟在汉代，于田间以击鼓的方式配合劳动已成为流行于巴蜀的风俗。[②] 除此以外，笔者以为，与本书讨论的问题相关，这件陶俑的装束也特别值得注意：其以布巾束头的装束方式很容易让人想起今天的巴人后裔土家族，尽管我们尚无法证明这个陶俑就是当时巴人遗裔的形象。

上述两件陶制品中均未发现锣这一乐器，说明到东汉时，锣还没有传到四川，更没有用于农事生产。将锣与鼓相配合，在田间劳动中敲打的行为恐怕是唐代或更晚的事情了。

从上述陶制品中，同样无法推断的是，在田间劳作中，人们击鼓的同时是否有像今天在薅草锣鼓中常见的歌唱行为发生。可幸的是，虽然从历史和考古资料中都无法得出推断，但我们可以通过田野调查资料进行推测。据宣汉县龙泉土家族乡薅草锣鼓传承人袁诗安（如图 3-1 所示）在薅草锣鼓歌中介绍：在农田中唱歌的行为早在神农时就已经开始了，其产生的原因乃是在神农氏开始种植五谷以后，有一天突然出现了很多危害庄稼的蝗虫，由于当时没有农药，于是神农氏召集天下的歌师傅来到歌场唱歌，希望通过唱歌的方式赶走害虫，在众多歌师傅当中，有两个特别厉害，他们接连唱了三天三夜，终于将田中蝗虫全部赶走，也因此被神农氏封为歌中状元。从那以后，就有了在田间唱歌的习俗。[③] 这段口传史料告诉我们，在巴人生活的地区，由于"喜歌乐舞"乃是一种习俗，人们在集体劳动的同时安排专人——歌师傅在一旁唱歌鼓劲，很可能在他们开始农耕劳作的初期就已经发生了。后来，歌唱又与鼓点的节奏配合，出现了击鼓与唱歌交替进行的模式。当锣这种西域乐器传入并普及开来，也就逐渐

---

① 孙华、郑定理：《汉代秧鼓俑杂说》，载于陈文华：《农业考古》（半年刊）1986 年第 1 期（总第 11 期），农业出版社，1986 年版，第 112 页。

② 四川省音乐家协会：《四川省民族民间音乐研究文集》，北京：大众文艺出版社，2008 年版，第 5 页。

③ 资料来源：宣汉县龙泉土家族乡薅草锣鼓传承人袁诗安。访谈时间：2015 年 8 月 3 日；地点：宣汉县龙泉乡；受访人：袁诗安（时年 70 岁）。

加入集体劳动并与之前的鼓、歌相配，而成为如今的薅草锣鼓。

图 3-1　川东土家族薅草锣鼓传承人袁诗安在演唱薅草锣鼓歌

三、薅草锣鼓的生成及命运

锣鼓艺术与农耕劳作的结合并没有在整个中华大地普遍展开，而主要在秦巴山区、武陵山区以及幕阜山等地域发展和传承。对长期生活在中原一带的人来说，在劳动过程中以专人敲锣打鼓并配合歌唱是闻所未闻的。宋代曾氏在《薅鼓序》中就说："薅田有鼓，自入蜀见之。始则集其来，既来则节其作，既作则防其笑语而妨务也……"[①] 元代农学家王祯也在其所撰的《农书》中绘有薅秧鼓图，并引曾氏之语予以解读。如此，我们不禁要提出一个值得思考的问题：为什么薅草锣鼓主要在上述几个地区流行和传承，而在其他地方难得一见？这一现象背后隐含着什么样的深层原因？我以为，丹纳的种族、环境、时代三因素说可以给我们大致较为准确的解释。

---

① 转引自萧洪恩、张玉璋：《国脉民天　长江流域的农耕文明》，长江出版社，2013 年版，第 205 页。

　　其一，薅草锣鼓的生成与由自然环境决定的农业生产方式密切相关。原始农业时期，刀耕火种是普遍的农业生产方式，在那样的情况下，必须采取群体劳动的方式协同合作，才有可能在开垦土地等艰苦劳动中得到想要的收获。可以想见，这样的劳动定然是艰辛而又容易使人疲倦的，对于生活在广袤平坦的中原地区族群来说是如此，对于那些生活在地势崎岖陡峭的山区族群来说更是如此。于是，想方设法消除人们的困倦，提高劳动效率，进而在相同条件下取得更多的劳动成果，就成了各地一部分农耕族群思考的一个重要问题。①

　　最初，各地人们采用的消除劳动困倦的具体方法今天已不能确知，但按照原始文化的发展脉络来推测，在平原地区，通常应当是一些巫舞之类的东西。而在地势不那么平坦甚至陡峭、险峻的山区，由于在劳动时跳舞是一件相当困难的事情，因此，像巴人那样"天生""喜歌"又善歌的族群，便采用了歌唱这样一种方式。尽管按照流传在宣汉县龙泉土家族乡的薅草锣鼓歌歌头的表述——"自从神农皇帝治下五谷，田里禾苗突然长了害虫，天子无法可治，就许下贺功良愿，召集天下歌师傅来到歌场挑选。其中陈功、刘元二人特别会唱，他们在田埂上唱了三天三夜，田里的虫蝗就突然不见了。神农皇帝就封他俩为'歌中状元'，也就是从那时起，唱薅草锣鼓歌的习俗就一直流传到现在"②，似乎最初在田间地头唱歌的目的只是赶走危害庄稼的虫蝗和鼠耗③，但那应当只是对带有巫歌性质的一部分薅草锣鼓歌的描述，事实上，从流传下来的各地薅草锣鼓唱词来看，这类巫歌性质的歌唱只占整个薅草锣鼓唱词的极少部分，其中虽然有巫术内容在薅草锣鼓发展过程中逐渐减少的原因，但可以断定的是，即便是在最初发生于田间劳作时的歌唱事件中，也不大可能全部是诅咒性的唱词，其中必然有一部分是帮助人们消除困倦的歌唱。随着社会生产力的发展和

---

　　①　民国版《宣汉县志·职业志》关于"薅秧……水蒸日炙，鞠躬指掘，劳倦易生，鼓之舞之，于是有薅草锣鼓之组织……"的记载说明，薅草锣鼓一类田间艺术的产生原因之一即是帮助劳动者消除困倦。参见庞麟炳、汪承烈等：《宣汉县志》，成文出版社，1976 年版，第 667 页。原文未断句，引文标点为引者所加。

　　②　本段口头表述由宣汉县龙泉土家族乡薅草锣鼓传承人袁诗安提供。

　　③　在由已故宣汉县薅草锣鼓传承人黄长兴老人演唱，薅草锣鼓传承人袁诗收集整理的《谷花五门》中有"赶走鼠耗出田地，再也不把庄稼吃"之类的唱词。汉文化经典《礼记·月令》中也有关于"孟夏，驱兽无害五谷"之说，但如何驱兽，则没有说明，但大抵可以肯定的是，汉族人似乎不会以唱歌的方式来驱兽。

人们认识世界能力的不断提升，薅草锣鼓中的巫术性内容也就越来越少，在一些后起的薅草锣鼓歌如川北薅草锣鼓中①，几乎已经完全没有了巫歌的影子。后文有论述。

其二，薅草锣鼓的传承发展与在一定自然环境中生存的族群及其文化密切相关。审视我国已公布的"非物质文化遗产保护名录"中"薅草锣鼓"项目所包含的9个子项目的地域分布情况，再结合本书第一章中梳理的中国古代历史及考古资料，我们会发现一个相当有趣的现象，即现有的9个薅草锣鼓子项目中除武宁打锣鼓和金湖秧歌外，另外7个都分布在巴文化影响范围之内的秦巴山区和武陵山区，即使是在远离古代巴国和巴人后裔居住范围的地方，人口流动带来的文化传播等，也可能对一定地域之外的另一人群发生影响。按照《武宁县志·艺术卷》"打鼓歌最迟是公元一千七百年前由湖北传入武宁"②的说法推断，武宁打锣鼓也可能是巴文化影响的产物，其文化属性同样可能是以巴文化为根底的。

这样一种地域与文化现象之间的纽带关系及其深层原因说明，某一文化品种的表现形态及特征，不仅是由其所处的自然环境来决定的，在很大程度上，也是由生活在这一自然环境中的族群文化性格来决定的。根据我们的考证，今天的土家族地区虽然很大一部分都不是巴人的发源地，但由于这些地方后来在很长一段历史时期内成为巴人或巴人后裔的定居地，加之巴人族群乐观豁达的文化品性极具感染力，这一文化所到之处，当地的其他族群也很快在文化性格上被同化，故而曾经的巴国领地和后来的土家族居住区，以及与之毗连的蜀、楚、汉地，不仅成了歌唱活动发达的地区，而且还将歌唱这一娱乐方式与锣鼓艺术相结合，运用到田间劳动过程之中，发展成一种既能提高劳动效率，又能愉悦劳动者身心的艺术形式。

其三，薅草锣鼓在生产劳动中的地位，随着社会生产力的发展进步不

---

① 之所以说川北薅草锣鼓歌是后起的，是因为其关于薅草锣鼓来源的传说中老君铸锣的说法显然是受到《西游记》将老子神化为冶炼大师的影响而编造的。参见广元市文化遗产保护中心：《川北薅草锣鼓》，中国发展出版社，2016年版，第4页。

② 《武宁县志》中还有关于乾隆年间"楚人来宁垦山者。多以百计，绝嶂层岩，鸡犬相应. 火耕旱种，百锄并山。每数十人为伍，其长腰鼓节歌，以一勤惰……"的记载。转引自陈建宪：《荆楚民间文学》，武汉出版社，2014年版，第306页。《武宁县志》中的楚人是古人对生活于古楚地之人的统称，从其描述来看，那些所谓的"楚人"实际上可能就是巴人，或者是以薅草锣鼓为习俗的楚地其他族群。

断变迁。依据川东土家族薅草锣鼓歌歌头中的说法推测，由于巴人多居住在崎岖、陡峭的山地，所以在农耕社会的初期，他们较早运用了在劳作时唱歌的方式来祈祷丰收，同时消除劳动者的困倦。后来，随着鼓的发明和普及，因其洪亮、巨大且悦耳的声音及强烈的节奏感，巴人很快便将其与原来的歌唱结合起来，采用击鼓与歌唱相间的方式，既为歌师傅争取了休息的时间，又不至于因为歌师傅的休息使劳动者重归于困倦。当铜锣这一乐器从西域传入内地并逐渐大众化以后，人们逐渐发现金属、皮革两种不同材质乐器的混响远比单调的鼓声更能愉悦劳动者的心情。大约到唐代，锣鼓齐鸣便替代了单调的鼓声，并与歌唱配合，形成了薅草锣鼓这一较为固定的艺术形式。

由于我国境内的农耕技术在进入铁器时代以后，保持了上千年的相对稳定，农业生产方式在很长时期内几乎没有发生过变化。因此，在山地薅草、水田薅秧（主要也是为了除草）、集体挖土（除草也是挖土劳动重要的程序之一）等集体劳动过程中，便一直沿用了薅草锣鼓这一艺术形式。正如有学者在对四川薅草锣鼓研究后指出的那样，这也使薅草锣鼓这一艺术形式在长期的传承发展中，形成了较为固定的创作和表现程式，从而使自身具有鲜明的特色，而表现出不同于其他地方薅草锣鼓的差异。[1] 但是，和其他任何事物一样，薅草锣鼓这一艺术形式也不可能永恒不变，它必然要随着时代的变革而发生变迁乃至改变命运。

随着我国社会的发展，到 20 世纪 70 年代末，改革开放成为大势所趋，在随后的 40 多年时间里，农村发生了翻天覆地的变化。除了人民物质生活的极大丰富和人均收入的显著提高，广大农村地区的另一巨大变化就是：过去被人们视为农民立身之本的农业劳动逐渐丧失了其本体地位，青壮年纷纷外出务工，过起了年初离家、年底归乡的候鸟式生活，除了一些年岁较大或极少量因其他原因无法外出的人，农村几乎成了一个巨大的空巢。这样的情势变化也不可避免地造成了集体劳作的不可实现，以及薅草锣鼓这一田间艺术的迅速衰落，以至于成了必须经过保护才能够继续传承的"非物质文化遗产"。

薅草锣鼓这种在巴文化影响下的田间艺术从萌芽到成型大约用了上千

---

① 王瑞：《试析四川薅草锣鼓的程式性》，载于《四川戏剧》，2015 年第 5 期。

年时间，在其定型以后又经历了一千多年的发展。到 21 世纪初，与其他地方的薅草锣鼓一样，川东地区的薅草锣鼓也遭遇了前所未有的发展困境。但是，作为一种农民在田间劳作时的审美生活方式，这朵艺术的奇葩因为得到人民政府的关注而受到了保护。这也使我们今天尚且能够在田野中见到它素朴的形象，进而感受和分析它在川东人民日常生活中起到的精神作用。

第二节　田野中的川东土家族薅草锣鼓

在作为古代巴国腹地和巴文化重要传承地的川东巴文化圈，薅草锣鼓曾经是普遍流行的一种田间艺术形式。作为一个长期生活在川东地区的研究者，尽管在决定将其确定为研究对象以前，笔者并未真正见到田野场景中的薅草锣鼓，但对于这一艺术形式的存在却早有耳闻。为了让田野工作更加具有实效性，在进入川东土家族薅草锣鼓传承地——宣汉县土家族聚居区之前，笔者首先从文献的层面进行了一番考察。

对于川东土家族薅草锣鼓，近年来不仅有一些音乐界的学者进行过相关研究，先后生产了诸如《川东土家族薅草锣鼓的当下语境与文化价值研究》《川东土家族薅草锣鼓的艺术形态及美学特点研究》《论川东土家族薅草锣鼓的美学思想》等一类研究文本[1]，民俗学者陈正平教授也将其作为一种民俗事象从发生学的视角进行了探究，认为这一区域的薅草锣鼓产生于西周时期，成型于汉代，随着农业生产成为人们生活的主要内容，其表现形式定型为以敲鼓击锣的方式配合歌师傅演唱劳动歌、情歌、生活知识歌以及传统祭神歌等地方流行歌谣。[2] 尽管事实上由于锣这一乐器在汉代尚未传入中原，也没有进入川东地区，故而关于川东土家族薅草锣鼓成型于汉代的说法，尚值得商榷，但陈正平教授就川东土家族薅草锣鼓的发

---

① 赵英、何元平、王瑞：《川东土家族薅草锣鼓的当下语境与文化价值研究》，载于《四川戏剧》，2011 年第 4 期；王瑞：《川东土家族薅草锣鼓的艺术形态及美学特点研究》，载于《济宁学院学报》，2010 年第 5 期；周兰：《论川东土家族薅草锣鼓的美学思想》，载于《曲靖师范学院学报》，2012 年第 4 期。

② 陈正平：《巴渠民间文学与民俗研究》，四川大学出版社，2001 年版，第 147 页。

生、发展所做的基本判断无疑是正确的，从侧面说明了川东土家族薅草锣鼓历史的悠久。

不仅如此，川东土家族薅草锣鼓一直盛行不衰，还有来自官方史志方面的记载为证，民国版《宣汉县志·职业志》有对川东土家族薅草锣鼓（时名薅秧锣鼓）较为详细的记载：

> 薅秧初次践泥，继则拔草，拔草时已长夏矣。水蒸日炙，鞠躬指掘，劳倦易生。鼓之舞之，于是有薅草锣鼓之组织。先期如集侪侣，少则三四十人，多或百许人，亦有闻风而至者，旷野平畴，按亩分布。公推二人，一击鼓，一击锣，亦有推三人者，则一钩马锣也。堂堂鍪鍪，并奏齐鸣，间之以歌，小说若《封神》《西游》《水浒》《三国演义》《平山冷燕》及《梁山伯与祝英台》等，故事若《王三槐》《冷天禄》《袁廷蛟》及《桂大人》《罗大人》等，随众所欲，旋编旋唱，此唱彼和，夸多斗捷。时而驳诘，时而吹诵，时而嘲讪，时而谦让，时而邪许，时而吁嗟叹息，如是者一歌二歌。恐其气衰而倦也，则以抢彩激励之；恐其时久而饥也，则以点心餍饫之。行行且止，若往而复至，夕阳西下时，又为辞神、送神之曲，悠扬其声，顿挫其词，最终则齐呐喊之，而纷纷然如鸟兽散。是日也，饮馔备极丰腴，招待备极周详，虽所费甚巨，然听众腰不知愈，手不知疲，工作较平日为倍，故农家皆不惮烦为之。否则招集不至，工作不力，无形中之损失，反有甚于此者矣。统名为薅秧歌，唱歌者为"哥牌子"或"歌头"。①

在这段记载中，县志作者不仅阐述了表演薅草锣鼓艺术的原因——"鞠躬指掘，劳倦易生"② 以及表演的基本程式，而且描述了劳动者观看表演后的劳动效果——"腰不知愈，手不知疲，工作较平日为倍"。20世纪末，由四川省宣汉县县志编撰委员会集体编撰的《宣汉县志》又一次对薅草锣鼓进行了记载："山区农民还素有打薅秧锣鼓的习惯。每当夏季薅

---

① 庞麟炳、汪承烈等：《宣汉县志》，成文出版社，1976年版，第667-668页。原文未断句，引文标点为引者所加。

② 这在某种意义上也可看作薅草锣鼓艺术的发生学依据。

秧草或者薅包谷草的时候，往往有山歌和锣鼓响彻山谷，以此鼓舞干劲。"① 当然和民国版县志的记载相比，要简略得多。

与达州市毗连，且同为古代巴国旧地的巴中县（今属巴中市）清道光版《巴州志·风俗篇》也有对薅草锣鼓的记载："康熙雍正年间，春田栽秧，选歌师傅二人击鼓鸣钲于陇上，曼声而歌，更唱迭和，丽丽可听，使耕者忘其疲，以齐功力。"② 川东地区其他各县的县志中虽然没有关于薅草锣鼓的明确记载，但并不表示这些地方完全没有这种田间艺术形式。从近年来川东地区文化工作者搜集整理的民歌资料来看，薅草锣鼓这一艺术形式应当是曾经普遍存在于这一地区的。③ 没有相关记载的原因可能是这一地区书写方志的传统开始时间较晚，加之前朝所修方志因各种原因并未保存下来，很可能在清代后期再修方志的时候，薅草锣鼓这一艺术形式已经因为汉人的大量移入和劳动方式的改变而较少得到大范围展演，因而没有引起志书书写者的注意。

不管是方志的记载，还是学者的研究，关于川东土家族薅草锣鼓这一艺术形式的各种表述文本，都是我们了解"川东土家族薅草锣鼓"这一文化本文的桥梁和路径，尽管通过对它们进行比较、分析，在多个文本形成的互文关系中，可以探寻一条通达本文的道路，但在此基础上，若是能够直接进入这一文化本文，对它进行近距离甚至零距离的接触和观察，将有助于我们更好地理解川东土家族薅草锣鼓，并对它做出更加接近其本相的表述。为此，自 2015 年 8 月开始，笔者先后数次来到至今仍鲜活地传承川东土家族薅草锣鼓的宣汉县土家族聚居区，展开田野调查。通过与川东土家族薅草锣鼓非遗传承人袁诗安、何德山等人的交流和对他们的深度访谈，并近距离体验他们的日常训练（如图 3-2 所示）及在田间劳作时的薅草锣鼓表演，笔者对川东土家族薅草锣鼓不仅有了更加直观、形象的感受，而且对这一艺术形式的审美性质有了更加深刻的体悟。为了让笔者的讨论更具说服力，此处暂不对川东土家族薅草锣鼓的表演及其性质作任何

---

① 四川省宣汉县县志编纂委员会：《宣汉县志》，西南财经大学出版社，1994 年版，第 784 页。

② 引自四川省非物质文化遗产保护中心：《四川非物质文化遗产民间文学艺术集录》（第二部·上卷），巴蜀书社，2011 年版，第 113 页。

③ 在笔者所知的渠县、达县、万源等地民歌集中，都或多或少地保留着薅草锣鼓歌这样一种艺术形式。

评价（这一工作将在本章最后一节完成），而是先结合薅草锣鼓传承人的讲述和笔者在田野考察中记录的薅草锣鼓表演片段，依照其表演程式对薅草锣鼓的田野实践进行某种程度的还原。

图 3-2　宣汉县土家族歌师傅在练习薅草锣鼓

川东土家族薅草锣鼓的表演程式定型较早，有一首薅草锣鼓歌对这一程式做了粗略的描述："清早要唱露水清，吃了早饭立五门。晌午好打传十字，黑了收兵转回程。"在实际操作中，一场完整的川东土家族薅草锣鼓表演通常是按照起歌头、立五门、传十字、拆五门这样四个步骤来次第展开的。

一、起歌头

薅草季节天气炎热，为了避开正午的毒辣太阳，又不耽误薅草的进度，川东地区很早就形成了出早工的劳动习俗。天刚蒙蒙亮，歌师傅和换工的人们就来到当天薅草的主人家里，此时，主人家已经或即将备好饭菜。按照惯例，在大家入席吃早饭以前，要先由歌师傅说唱一段或多段歌词，名曰"起歌头"，以此宣布薅草锣鼓表演正式开场。

在薅草锣鼓表演传统中，流传下来的歌头唱法很多，有的唱薅草锣鼓歌的起源，有的以说唱方式宣布劳动纪律，有的唱对主家的祝福……歌师傅可以因时制宜、因地制宜地从流传下来的歌头中随机选唱，一些聪明伶俐的歌师傅还会根据当时当地的实际情况进行旋编旋唱。以下略举几例：

> 锣圆鼓圆，挎在胸前。
>
> 老者少者，细听我言：
>
> 神农植下五谷，虫蝗忽然发现。
>
> 天子无法可治，许下贺功良愿。
>
> 召集天下歌师傅，来在歌场挑选。
>
> 内中选出两个，名叫陈功刘元。
>
> 两个能工上将，都是口聊舌辩。
>
> 说得天花乱坠，讲得地道方圆。
>
> 歌长唱了三日，虫蝗忽然不见。
>
> 天子龙心大喜，许为歌中状元。
>
> 唱歌就从那时起，肉口流传到今天。①

这首歌头就是以说唱的方式向人们讲述薅草锣鼓歌的来历。又如：

> 锣圆鼓圆，挎在胸前。
>
> 轻轻打动，好比令旗一般。
>
> 各家哥兄老弟来在此间，
>
> 老的陪你走，少的薅边边。
>
> 细耘草来细扯草，莫挽火燎圈圈。
>
> 今日辰时动工，要到日落西山。
>
> 那时龙回驾转，方才算得安然啰。②

这首歌头以念诵的方式宣布了劳动纪律，要求换工薅草者要听从歌师傅薅草锣鼓的调动，在劳动过程中，年轻人要做到尊重老人，主动承担重任——"老的陪你走"和危险任务——"少的薅边边"（因为山区坡地边上比较危险），同时，还要注重薅草质量，不可敷衍了事——"莫挽火燎圈圈"。再如：

------

① 引自袁诗安、袁诗平等演唱，桂德承记录整理：《川东土家族薅草锣鼓词选》（内部资料），第51—52页。

② 引自袁诗安、袁诗平等演唱，桂德承记录整理：《川东土家族薅草锣鼓词选》（内部资料），第54页。

> 今日会着贤兄，果然大不相同。
>
> 言语旮旯缝缝，讲得情顺理通。
>
> 讲的唯老尊重，讲的唯书敬重。
>
> 男要耕读为重，女要四德三从。
>
> 孔明去借东风，曹操败走华容。
>
> 太宗皇帝得梦，仁贵挂帅征东。
>
> 舍身救人吴猛①，哭竹生死孟宗。
>
> 恭喜老板打薅草锣鼓，说个八面威风。②

这首歌头乃是承接上一首而来，另外一名歌师傅在听完前一个歌师傅宣布劳动纪律后，首先对他的安排表示赞赏，然后借历史典故进一步宣扬传统道德，并向薅草的主人家道喜——以孔明借东风打败曹操和太宗做梦得薛仁贵取得征东胜利，暗喻当天的薅草劳动定能顺利完工。这类说吉利性质的歌头还有很多，此处再举一例：

> 老鸦飞起黑悠悠，贤师叫我起歌头。
>
> 歌头不知哪里起，歌尾不知哪里收。
>
> 歌头起在金銮殿，歌尾煞在五凤楼。
>
> 五凤楼前金鸡叫，双凤朝阳在一头。③

吃过早饭后，歌师傅和一众薅草人就按照主人家的安排，赶赴劳动地点，准备开始薅草劳动了。

二、立五门

到了薅草劳动现场之后，歌师傅首先要做的，就是在整个薅草锣鼓程式中非常重要的一环——立五门。这一环节对整个薅草活动和薅草锣鼓表演都非常重要，其中保留了古代以来很多仪式性的内容。"立五门"有一

---

① 吴猛，二十四孝之一，幼时家贫无蚊帐，因见父母劳累，不忍心其被蚊虫叮咬，遂裸身眠于父母身旁，任蚊虫叮咬自己而不驱赶。唱词中的"舍身救人"或当为"舍身饲蚊"。

② 引自袁诗安、袁诗平等演唱，桂德承记录整理：《川东土家族薅草锣鼓词选》（内部资料），第72—73页。

③ 引自袁诗安、袁诗平等演唱，桂德承记录整理：《川东土家族薅草锣鼓词选》（内部资料），第7—8页。

个非常复杂的程序，包含了十多个步骤。以下根据田野考察实际依次展示。①

立五门的第一步是观天。这时，歌师傅唱道："清早起来观天竭（音qie，意为"去"），五方雾到黪麻黑。黄云老祖毫光射，亮开五方现日月。"这说明天气不错，适合薅草。紧接着第二步又唱露水："观天高上丢过竭，要把露水说明白。露水……一颗四两称不孬（川东方言音pie）……你若怕我把谎扯，借把戥子你来测。"大意是说露水很大，需要打露水后才有办法劳动，暗示今天的劳动难度可能较大。所以第三步就要唱"插旗点兵"："观完露水收了者②，没得竹木怎得结。唐僧取经西天竭，随带种子朝转折……竹木成林……这下旗杆不消借，砍根竹子锯几节。旗子插到五方竭……安营扎寨搞透彻……"这一步主要讲述了旗杆的来历。旗杆有了，旗子插到了东、南、西、北、中五个方向，士兵（这里指薅草的人）都安营扎寨了。

要"立五门"，光有士兵还不行，还要有木材；要上山砍木材，就得有伐木的工具。伐木的工具不会凭空而来，这就需要穷根究底地去"找用具"的来历："意欲伐木上山竭，差了军器怎了得？左右上下无处节，铁矿记上说明白。"于是就要依次从"采铁矿"开始："须弥山上……好泥色……老君亲自走起竭，认出铁矿很出色。"铁矿有了，还要"筑八卦炉炼铁"："须弥筑炉乾宫借，坎宫挖坑水源得……坤卦挑些泥巴竭，兑安砧墩最为切。"铁炼出来了，就可以"造工具"了："晚上做起到半夜……老君……硬是一天打到黑。锄头弯刀不消借，样样军器不欠缺……"

工具都齐全了，接下来就要为修建五门选址"择地基"："样样做得多透彻，没有屋基要不得。白鹤背起罗盘竭，四大部洲找龙脉……转身走到巴东竭，山清水秀好闹热。凤凰抬头往上咧，金鸡摆尾把翅拍……五龙捧圣落了穴。这个屋基真不孬……老君牵起铁牛竭，屋基平得多特别。要把日子选透彻……"地基选址工作完成了，紧接着就要将用于立五门的建筑材料（主要是木材）按照码号堆放好，为下一步修造做好准备工作，也就

---

① 这里展示的是歌师傅们唱得较多的一种立五门程序，但这并不是唯一一种，宣汉地区至少还有一种与此有较大差别的"谷花五门"，主要讲述稻谷及薅草锣鼓的来历，只是会唱的人不多，参见黄长兴演唱，袁诗平记录，桂德承整理：《谷花五门》（内部资料）。

② 收了者，意为"结束"，具有相同意思的还有"么了台""煞了角（音 ge）"等。

是"做排列"："鸡子一叫就起碣……柱头长短做透彻，穿方落檐搞清白（意为明白）。柱头上把码号写，好按码号串排列。分开放在一堆碣，长短不许差一截。"

准备妥当之后，接下来就是找阴阳先生算好串排列的日子，到时候就可以将五门立起来了，这一步即是"择日子串排列"："娄金先生请起碣，抱本通书把期择。甲拨到寅分好孬……总要选个大利月……看明就把期单写，不等期拢串排列……拉的拉来扯的扯，立起五方五排列。左边茶房……右边卖酒……金銮宝殿毫光射……二十四拜朝金阙。差了瓦匠派人碣，扬州去把瓦匠接。琉璃瓦盖真不孬，霞光亮崭好特别。"

房子修好了，还要给它"绘彩画"："泥水匠把活路写，做的花草好看得。各种颜色买回碣，上五色的下五色。中楼画的张四姐，大闹东京显道德。另外又画孙行者，去把王母蟠桃摘。吞口（一种驱邪的木雕）放在大门碣……各样装修弄透彻，五门概用锁来捏（捏：意为"锁"）。无有钥匙难进碣，童子拿到不得结（意即'没办法'）……"既然如此，只好去向天上的神仙"求钥匙"："急忙焚香把表写，香烟缭缭透金阙。玉帝不知啥扯扯（意为'什么事'），耳又烧来面又热。才命千里眼快碣，凡间有啥事莫得？调查清楚忙回碣，回复玉帝说明白。降下钥匙真不孬，童子跪地双手接。"有了钥匙，就可以上"五楼取书"："开了五门上楼碣，五楼取出书五册……东楼书本很不孬，八仙过海极闹热……南楼取书看通夜，观音修行几造孽……西楼取书看透彻，唐僧取经会佛爷……北楼书本有识者，说的真武祖师爷……中楼书本也不孬，苏秦来管事一折。中楼锣鼓很不孬，声音又响又新色，把它背在歌场碣，肯定大家都喜悦。"这样，打薅草锣鼓的用具也有了。

有了锣鼓和歌书，虽然已经可以打薅草锣鼓了，但要保证当天能够很好地完成薅草任务，还必须有神仙帮忙，所以最后一步就必然是"安神"："五楼取书收了者，龙王土地说明白。歌师傅与你把酒写（即"斟酒"），老板快把刀头（指上等的猪肉）热。龙王你莫择好孬，那些不是莫见窄。有雨遣到别处碣……土公土婆肖二姐……歌师傅再把敬酒写，猪王太子听明白……五门已经搞透彻，口干舌燥费心血。若是同意一起碣，树下吃烟把凉歇。"到此，立五门这一程式就算完成了。

三、传十字

立五门的程序较为复杂，所花的时间也较长。这一程序完成后，便进入到歌师傅可以自由发挥的环节——"传十字"。所谓"传十字"，即演唱一些由十个字组成一句的长篇历史故事歌曲。但在实际操作过程中，又并不限于演唱这一类歌曲，很多时候，歌师傅可以根据实际情况即兴发挥。这一环节演唱的歌曲种类繁多，既有说岳飞、斥秦桧的历史故事歌，也有《秦香莲》《山伯访友》《安安送米》《孟宗哭竹》等民间故事歌，还有各类号子、情歌和互相盘答之歌，将激发劳动积极性、传授知识、诵赞爱情和调笑娱乐等功能融为一体。

"传十字"歌是一种较有巴人特色的歌曲，这种歌曲每句都正好十个字，且歌词基本上句句押韵。此处略举《安安送米》中的"庞三春出嫁"片段，读者可以从中领略到"传十字"歌的大致风貌：

> 庞三春手拉父珠泪滚滚，哭声父叫声母费了苦心。
> 父母恩带女儿千辛苦尽，我娘带女儿时常要操心。
>
> …………
>
> 千辛苦带大了心血费尽，到今日父母恩一事无成。
> 丢父母儿分散我是外姓，养女儿菜子命难报母恩。
>
> …………
>
> 妯娌多我女儿定要和顺，切莫要争强弱自重一生。
> 到婆家莫逞能定要孝敬，孝公婆敬丈夫要有恩情。
> 庞三春拉父母珠泪滚滚，哭声我父母你费尽精神。
> 见哥哥和嫂嫂来把房进，嫂见妹妹见嫂哭得伤心。
>
> …………
>
> 那三府急安排就把神敬，请出那女儿家进了轿门。
>
> …………

事实上，在"传十字"环节，并不以演唱"传十字"歌曲为主，歌师傅更多的是根据薅草现场情境、自身的歌曲储备情况及应变能力而演唱号子、情歌、盘歌一类歌曲。他们时而歌唱爱情，演唱诸如《情妹歌》《探郎歌》之类的情歌，此处仅略举两首《情妹歌》，如："情姐长得像枝花，人人看见人人夸。看了一下又一下，十年八年都爱她。"又如："细麦草帽满天飞，好久没在姐一堆。说不完的知心话，流不干的眼泪水。"这样的歌唱往往激起人们内心的情感涟漪，使他们精神为之一振，心情也随之变得更好。时而演唱诸如《吹白》《荒唐》一类没有任何功利目的，而纯粹以诙谐搞笑和单纯娱乐为目的的歌曲，譬如有一首《吹白》就这样唱道："说吹白就吹白，吹个白来了不得。丝线套牯牛，扭都扭不得，炭筛囵①蚊子，气都出不得。链子套鸡母一扯七八节，哑巴唱歌听得明白。缺牙巴啃猪蹄还要厉害些，牙根长起硬如铁。九十老翁跑江湖，八岁孙头少年白。"②又如一首《扯谎歌》唱道："太阳落土又落坡，听我唱个扯谎歌。两个墨蚊（一种非常微小的飞虫）在打架，包谷按死一大坡。"这类歌曲多以不合常理的怪事为歌唱内容，通常无关宏旨，仅仅为了博听者一笑，其现实功用同样在于激发人们的乐趣，调节劳动的气氛。人们时而又根据劳动现场的进展情况，对劳动者提出要求，或者对某些不尽心尽力的行为提出批评，如："某人出工不出力，枉自披了男人皮。把你名字说出去，你的面子过不去。"提醒人们注意劳动质量。时而两个歌师傅又展开相互盘答的对唱，如：

> 清早来，清早来，
> 清早先从哪里来？
> 先从旱路来吗水路来？
> 旱路来见了几十几座山？
> 水路来见了几十几个滩？
>
> 清早来，清早来，
> 清早先从东方来，
> 旱路来也没见山，
> 水路来也没见滩，
> 只见八十老汉提鸟笼，

---

① 囵，音"kang"，川东方言，此处意为"罩住"。
② 四川省宣汉县政协文史资料编委会：《宣汉土家民歌》（内部资料），2014 年版，第 263页。

肩挑一副担。

肩挑一副什么担？
鸟笼里面是什么？

肩挑一担是阳雀，
鸟笼里面是画眉。
············

薅草劳动并不是一直进行，而是常常采取劳逸结合的方式。因工作时间较长，歌师傅看到劳动者都比较疲倦的时候，就会唱一首《烟歌》来让大伙儿稍事休息，如："两脚软兮兮，周身都无力。商量众伙计，煞号把烟喰（喰：川东方言，同'吃'）。"又或者到了吃午饭的时候，就以歌唱的方式通知大家休息："太阳当顶照北岩，公鸡叫唤把头抬，肚儿饿得咕咕叫，回去吃了晌午来。"① 而在每一次"歇气"结束之后，下一次"活路"开始之前，他们也要演唱几首烟歌，如："吃了烟来又架势（架势：川东方言，意为开工），还不架势等几时。砂石磨儿现开齿，十八女儿学针织。"又如："喰了烟来又要来，大山翻过小山来。大山翻过歌牌子，小山翻过歌秀才。"号召帮工的人们回到工作岗位，继续劳动。

四、拆五门

待到太阳下山，即将天黑的时候，歌师傅还要完成薅草锣鼓表演的最后一个程式——"拆五门"。尽管所谓的"立五门"和"拆五门"都仅仅是虚拟的程式化表演，并没有在现实中真正地"立"或"拆"，但按照薅草锣鼓传承人袁诗安的说法，这一程式虽名为"拆五门"，实际却只能拆掉东、南、西、北四方的四个门，中间的门则像人间的"中央朝廷"一样，一旦立起来，就具有了某种神圣性，即便是在完成薅草任务之后，也不能拆，哪怕是虚拟性的。相对"立五门"的程式，"拆五门"的程式要简单得多，其基本任务就是敬祝和祈求各位神灵，保佑主人家谷物丰收、

---

① 引自袁诗安、袁诗平等演唱，桂德承记录整理：《川东土家族薅草锣鼓词选》（内部资料），第66页。晌午，指午饭。

家业兴旺：

> 一天时间容易混，太阳渐渐往西沉。
>
> 我要来把老师问，还来商量拆五门。
>
> 桷板檩子朝下扬，中央柱头留几根。
>
> 两边转角拆干净，中间留起好安神。
>
> 要热刀头把神敬，敬酒纸火香三根。
>
> 挨一挨二①把神请，先要祝告龙王神。
>
> 龙王老爷要感应，两天落雨三天晴。
>
> 保佑风调和雨顺，五谷丰登国太平。
>
> 丢下龙王暂不论，又请青苗土地神。
>
> 保佑禾苗朝上长，地内杂草点不生。
>
> 还有一言要告禀，山王菩萨你且听。
>
> 山精水怪隔干净，莫滚石头乱伤人。
>
> 转身又把神来请，猪王太子听分明。
>
> 保佑猪儿不害病，小的都杀三百斤。
>
> 全靠大家鼓干劲，感谢各位来凑成。
>
> 薅草锣鼓打过后，万事亨通百业兴。

至此，一天的薅草锣鼓表演就算完成了。此时，歌师傅一般都会再唱一首诸如"太阳落土又落岩，薅草锣鼓要歇台，草薅尽了歌不尽，再敲锣鼓唱拢来"②之类的歌曲，宣布一天的劳动到此结束。歌师傅和换工薅草的人们在回到主人家用过晚餐之后，便各自打道回府了。

第三节　利乐相生：薅草锣鼓的功利性与审美性

在详细了解其表演的完整过程之后，我们不禁要问：川东土家族薅草锣鼓表演究竟是一种什么样的活动？作为一种独特的民间艺术，它在人们的生产生活中到底扮演着什么样的角色？其功用仅仅是促进功利性生产，

---

① 挨一挨二：方言，意为"依次"。

② 潘顺福：《薅草锣鼓》，湖北人民出版社，2006 年版，第 177 页。

还是同时兼具功利性和审美性？

对于薅草锣鼓的性质，此前的学者大多倾向将其界定为一种"在广大劳动人民中产生和流传的劳动艺术形式"，是"通过锣鼓节奏或表演吟唱来控制节奏，以推动劳动进度，提高劳动效率，缓解劳动压力"[1] 的一种劳动辅助方式，大约只注意到了这一艺术形式的功利效果。就连清代土家族诗人田泰斗也曾站在精英知识分子的立场上满怀同情地写道："农人随口唱山歌，北陌南阡应鼓锣。莫认田家多乐事，可怜一锄汗一窝。"[2] 没有认识到薅草锣鼓对劳动者的审美和娱乐功能。近年来虽有一些研究者大概注意到了薅草锣鼓的审美性质，指出打唱薅草锣鼓除了具有驱赶野猪之类糟蹋庄稼的野兽和加快劳动进度，提高劳动效率的主要功效外，还"是土家人的劳动进行曲"，"可以活跃气氛减轻疲劳"，[3] 但显而易见的是，研究者对薅草锣鼓部分唱词"较强娱乐性"的发现，是附加在其功利效果之上的。

在本章的开始部分，笔者已经指出对薅草锣鼓定性的困难，即我们既不能因为这一表演活动发生在薅草一类功利性劳动过程之中，就将其定性为一种特定的功利性活动；也不能因为它是典型的艺术形式而将其定性为一种经典美学意义上的审美活动。因此，要想准确界定薅草锣鼓表演的性质，就必须首先反思经典美学将审美与功利性活动绝对分开的二元对立思想。

从学科发展的角度看，为了学理分析的方便，从理论上将审美与功利彻底划分的做法无可厚非，甚至大有裨益。事实上，西方经典美学和艺术思想自康德、黑格尔以来取得的辉煌成就也正是建立在将审美与功利绝对分开的思维逻辑基础之上的。遗憾的是，西方传统美学及其追随者——中国现代美学在取得巨大理论成果的同时，也在实践层面犯了一个和它在理论方面的成就一样巨大的错误——认为审美活动也是，而且必然是与现实功利性实践活动水火不容的纯粹精神活动，从而武断地剥夺了普通劳动者

① 左尚鸿：《国家级非物质文化遗产——薅草锣鼓》，文化艺术出版社，2014 年版，第 12 页。

② 湖南少数民族古籍办公室：《历代土家族文人诗选》，岳麓书社，1991 年版，第 179 页。

③ 桂德承、苏谦：《川东土家族薅草锣鼓保护与开发初探》，载于《四川文化产业职业学院学报》，2008 年第 3 期。

的审美权利，认为他们是不可能进行审美活动的绝对功利主义者。经典美学家在借此树立包括他们自身在内的贵族、精英知识分子关于"趣味"的绝对权威，进而将这一阶层塑造成审美王国中独享审美愉悦的"君王"，普通民众成了他们眼里可怜的、不懂也不会审美的"芸芸众生"；反过来，经典美学也因为忽视甚至无视普通民众的审美行为而使自身的理论视野变得相当狭隘。有一个明显的例子：在西方资产阶级革命过程中，面对新兴资产阶级在经济、政治方面取得的决定性胜利，那些没落的贵族阶级竟然可笑地举起了美学家赋予他们的，在审美领域"至高无上"的"趣味"盾牌。①

今天看来，那种将审美活动与功利性实践活动截然两分的思想方法显然是错误的。撇开铺天盖地的"泛审美现象"不论，此处要做的是就本章论述的对象——薅草锣鼓表演中审美与功利并存共生的现象进行阐释，使其成为反驳西方经典美学思想的一项有力证据，并重新归还普通民众被剥夺的审美"权利"。

一、"演"与"看"：薅草锣鼓表演中审美关系的形成

一整天的薅草劳动漫长而枯燥，极易使人产生困倦之感，这不仅会降低劳动效率，从而很难保证劳动的进度；而且对川东巴文化圈中"天性""乐观""喜歌舞"的人们来说，这种枯燥劳动中的沉闷气氛也是他们难以承受的一种痛苦。正因为如此，川东巴人后裔们唱出了"锣鼓不打冷清清，山歌不唱好闷人"②的心声。在此意义上，打薅草锣鼓就不仅是帮助人们提高工作效率的"劳动进行曲"，更是人们消愁解闷、抗击精神困顿的审美对象，其关键在于劳动者在劳动的同时能否与薅草锣鼓表演之间建立起一种"审美关系"。

所谓"审美关系"，按照周来祥先生的说法，就是指人与现实对象之间的一种关系，它既包括美的本质、美的形态等客观的方面；也包括美感、美感的类型、审美理想等主观的方面；还包括主客统一而产生的高级

---

① 陆扬、王毅：《文化研究导论》（修订版），复旦大学出版社，2015年版，第328—329页。
② 引自袁诗安、袁诗平等演唱，桂德承记录整理：《川东土家族薅草锣鼓词选》（内部资料），第17页。

形态的艺术，它是把美、审美、艺术三个部分统一起来的轴心。① 然而，对于更多的美学家来说，审美关系似乎是不证自明的，也远没有周来祥先生说的那么重要，有些学者甚至认为它不能成为美学研究的对象。② 在笔者看来，"审美关系"既不像周来祥先生说的那么复杂，也不像王一川先生认为的那样无关紧要：一方面，它是审美主体和客体之间的一种欣赏与被欣赏的关系，并不具备囊括一切美学问题的体系性意义；另一方面，对于本书试图论证的问题——农民群体③在日常生活中进行的审美活动来说，主体和客体之间能否建立起审美关系，则是一次实践活动能否成为审美活动的关键，因此又是非常重要的。

从薅草锣鼓表演程式的四个部分来看，其中的立五门、拆五门这两个部分都带有很强的仪式性，唱的内容多是一些与神灵有关的事情。从性质上来讲，这些歌主要是唱给神灵听的，其功能主要是"娱神"，其目的是希望生产活动能够获得神灵的福佑。"起歌头"部分较为简短，也有较强的仪式性，其内容或是唱薅草锣鼓歌的来历，或是唱对薅草主人家的祝福，或是唱劳动的规则和纪律等。在整个薅草锣鼓表演过程中，用时最长的要算"传十字"环节。在这一环节中，歌师傅演唱的内容主要可分为三种类型：第一种是演唱各种在长期传唱过程中流传下来的长篇历史、传说故事；第二种是演唱一些抒发人们各种情感的抒情性歌曲，形式上有长有短；第三种是依据劳动进度演唱的一些鼓舞干劲或发出指令、调节劳动节奏的短歌。其中，第一类为固定曲目；第二、三类歌曲既可以是流传下来的传统曲目，也可以是演唱者根据劳动场景或当时当地的感受"旋编旋唱"的"新作"。无论是演唱长篇故事，还是演唱抒情性短歌，在这一阶段，歌师傅和劳动者都积极地参与到薅草锣鼓表演活动中去，共同形成了一种"演"与"看"或"唱"与"听"的主客关系——也就是所谓审美活动当中主客体之间的那种"审美关系"。由于上述三类歌曲中的第三类具有较强的功利性，在性质上更多属于功利的艺术，与本书的主旨关系不大，因此本书只将前两类歌曲作为讨论对象。

---

① 周来祥：《论美是和谐》，贵州人民出版社，1984 年版，第 4 页。

② 王一川：《美学对象不是"审美关系"——与周来祥同志商榷》，载于《江汉论坛》，1985 年第 3 期。

③ 川东巴文化圈中人的主体是农民。

其一，演唱长篇故事时审美关系的形成。薅草劳动漫长难挨，这对天性乐观的巴文化圈中人来说是不可忍受的，好在这里有自古以来就流传不断的薅草锣鼓表演，可以帮助人们在枯燥乏味的体力劳动中打发时光。最能够使那些天生"爱听故事"的劳动者们饶有兴味的，莫过于歌师傅们以歌唱的形式讲述的各种各样的故事，即"故事诗"。

故事诗起源于民间，流传于民间，已是公认的事实。胡适先生曾深刻地指出，纯粹的"故事诗"产生于"爱听故事又爱说故事的民间"，因为只有民间才有说故事和弹唱故事诗所需的因"田家作苦"而在"岁时伏腊，烹羊炰羔，斗酒自劳"，并因"酒后耳热"而"仰天抚缶而呼乌乌"的环境和气氛。① 今天，我们以一种更加宽广的人类学视野去审视民间，可知民间并不只是在"岁时伏腊"的空闲时间才会说故事和弹唱故事诗，对于有些族群，譬如本书讨论的巴人后裔，② 乃至受其影响而具有了类似文化性格的川东巴文化圈中人来说，他们甚至就在"作苦"之际，也不是闷声不响地埋头苦作，而是在辛苦劳作的同时，想方设法地"苦中作乐"，真不愧是与生俱来的"乐天派"。这些"乐天"的巴人后裔以及那些受巴文化影响的川东巴文化圈中人用以"苦中作乐"的，正是被列入国家级非物质文化遗产保护名录的"川东土家族薅草锣鼓"。

薅草、薅秧、挖土等活动虽是体力劳动，但对于一般农民来说，又算不上是过于沉重的体力劳动，无需他们集中全部精力去投入，加上乐观而不甘寂寞的天性，使他们很容易在劳动过程中实现"一心二用"——在确保劳动效率的同时，还可以分出一定的精力去欣赏歌师傅们的表演，获得精神上的审美愉悦。在整个薅草锣鼓表演过程中，最能长时间吸引人们审美兴趣，并带给人们审美愉悦的，也正是歌师傅们演唱的各类历史、传说故事。

从民国时期《宣汉县志》的记载来看，薅草锣鼓表演过程中演唱的"故事诗"多是从诸如《封神榜》《西游记》《水浒传》《三国演义》《平山冷燕》等小说或者《梁山伯与祝英台》《王三槐》《冷天禄》《袁廷蛟》等

---

① 胡适：《白话文学史》，中国画报出版社，2014年版，第44页。

② 今天看来，薅草锣鼓习俗的传承地区，绝大部分都是古代巴人的聚居地，那些非巴人聚居地的薅草锣鼓，应当也是在受到巴文化的影响后发展起来的。

民间故事改编而成的。以《梁山伯与祝英台》为例，这首故事诗是在同名汉族民间故事传入巴文化地区以后，由巴人后裔（土家族的歌师傅们）按照本地区、本族群人民的审美习惯和文化心理改编而成的①。在川东巴文化圈中，《梁山伯与祝英台》是薅草锣鼓表演"传十字"环节的固定曲目之一，此处就以其为例，尝试讨论在薅草锣鼓表演过程中，劳动者是如何与"故事诗"发生"审美关系"的。

在薅草锣鼓表演的田野实践中，歌师傅们所演唱的故事诗是将梁山伯与祝英台这个汉族的民间故事整体移植到巴文化语境中的新作，不仅故事开头和结尾的地点都被设置在巴人后裔的生活区域——思州城外、酉水边，而且人物性格、语言也具有鲜明的巴文化特征。故事虽然是借来的，但其中的一切自然、文化背景都是劳动者所熟悉的，因此很容易引发人们的审美同情。

故事一开头就唱道："古往到今来，出一祝英台，眉清目秀真可爱，好个女裙钗。"接着以巴人后裔的审美标准描述祝英台的才艺："自幼在闺阁，勤把针线学，描龙绣凤女娇娥，挑花又绣朵。"一个"眉清目秀"又才艺出众的女性形象就被推到了人们面前，勾起了人们的审美想象。紧接着，歌师傅又告诉大家这位居住在"门前一对桂花树，青龙对白虎。左右两清泉，一双好龙眼……麒麟迎凤凰……凤头上"的美娇娘并不满足于富家小姐的安稳生活，而是向她的父亲提出了"儿要杭州把学上，女装男儿样"的请求，并以"儿将前朝古人比……有个蔡文姬……又有一个谢道韫……女儿虽是女钗裙，行动自小心"为由说服了父亲，至此，一位美丽而又个性鲜明的女性形象已然活脱脱地呈现在人们的想象之中。这样，人们与这首故事诗之间便初步建立起了一种审美联系。

获得父亲允许后，祝英台在辞家读书的过程中将会有何种遭际？前途命运又将如何？这些无不引发听众们的无限遐想。于是，人们不知不觉地将自己置身于故事之中，随着故事情节的发展，在祝英台"路遇"梁山伯时，为她结交了梁山伯这样一位同道而高兴，也为她巧妙隐瞒真实身份的机智而称许；在"同窗"的三年里，因为她与梁山伯"同桌又同眠"而担

① 不同巴文化区域流传的《梁山伯与祝英台》在诗歌形式上略有不同，但通常都是以歌的形式表现的。

心她暴露身份，为她在长期相处中对梁山伯生出爱慕之情而高兴；在祝英台得知父亲生病，"收拾行李忙动身，回家登路程"，梁山伯长途"相送"的过程中，又因为祝英台频频暗示，梁山伯却始终"不开窍"而深感着急。此时，听众已经深深地被故事情节征服，俨然成了一个与故事中人物"同喜同悲"的"命运共同体"，其与故事诗之间的审美关系已全面形成。

在祝英台回家之后，他们便与梁山伯一起"日夜思想祝九郎"，与祝英台一起"思念同窗人……相思泪淋淋"；在梁山伯赴祝家庄"访友"之时，人们不仅为祝英台"好像一个活观音，缺少一净瓶"的美而惊羡，更为两人情深似海却姻缘难成的肝肠寸断而深感遗憾；在梁山伯回去以后因思念过度而一病不起时，人们又常常推己及人地感到伤心、痛楚；在梁山伯收到祝英台所开的药方，因伤心过度而死去的时候，人们又感到无比的失望、哀伤；在祝英台哭坟时因其精诚所至而感动上天，观世音菩萨特意前来让梁山伯还魂，并解除祝英台与马家的婚约时，人们便充满了"有情人终成眷属"的快意；当梁山伯与祝英台结成美好姻缘，又考取了状元以后，人们又感到了一种"春风得意返家园，美名天下传"的满足。故事到此结束，人们却长久沉浸在这首故事诗所带给他们的审美愉悦之中。

川东土家族薅草锣鼓表演的其他"故事诗"，尤其是根据本地历史人物冷天禄、王三槐、袁廷蛟等人的事迹编撰的"故事诗"，不仅将巴文化作为整个故事的文化背景，而且和上述《梁山伯与祝英台》的故事一样，人物的举止、语言、性格等都是这里的人们所熟悉的，很容易被听众理解，同时，歌唱的方式又是他们喜闻乐见的，所以，这些故事诗总是能够与那些劳动中的人们建立起审美关系，成为带给他们审美愉悦的审美对象。

其二，演唱抒情性歌曲时审美关系的形成。如果说"故事诗"是一种需要通过较长时间去讲述一个引人入胜的故事，使听众们在与故事主人公一起经历"悲欢离合"的过程中得到情绪上的净化，并给他们带来审美愉悦的艺术形式，那么，"抒情诗"就是一种直接诉诸听众的情感世界，使听众某一种具体的情感得到强化或净化的艺术形式。在传统美学看来，具有相当审美修养的贵族或精英知识分子能够轻而易举，甚至在没有察觉的情况下，就与所阅读的抒情诗以及听到的由抒情诗改编而成的抒情歌曲之间建立起"审美关系"，这是不证自明的，几乎没有哪个美学家愿意在这方面花费笔墨。但是，由于本书讨论的对象既不是贵族阶层，也不是精英知识分子，而恰恰是被传统美学认为不会审美，也不懂审美的农民群体等普罗大众，如果不能证明他们能够和"抒情性歌曲"这种潜在的审美对象——何况这些审美对象还是在从事功利性生产的过程中呈现的——形成"审美关系"，那么我们关于川东巴文化圈中人"审美生活"的论题也就不攻自破，失去了进一步讨论的意义。如此看来，这项工作势在必行。

川东土家族薅草锣鼓表演中的抒情性歌曲，从抒发情感的性质来看，最主要的是爱情歌曲，另外还有一些表达闲适情感或以诙谐取乐为目的的歌曲①。在众多的爱情歌曲之中，有的直接抒发情哥对情姐（或反之）的爱慕之情，如："远望情妹白蒿蒿，好像田中嫩谷苞。心想变个油蚱蜢，一下飞去抱住腰。""情姐长得像枝花，人人看见都在夸。看了一下又一下，十年八年都爱她。"有的通过描述情哥（或情姐）在听到心仪对象的歌声或看到对方身影时，内心的感受或身体发出的行动，间接地表达对对方的情感，如："月亮出来亮堂堂，妹在河边洗衣裳。听到情郎山歌起，棒棒捶在手背上。"有的则直接通过动作描写来突显抒情主人公内心对情郎（或情姐）的思念，如："太阳落土四山黄，情姐出来收衣裳。双手搭在竹竿上，眼泪汪汪望情郎。"再如："哥哥山歌传过沟，情妹屋头把碗收。忽然听见山歌声，锅铲铁瓢一齐丢。"还有一些歌曲表达一种希望长久相爱的心情，如："白布帕子丈二长，挽个疙瘩甩过梁。千年莫准疙瘩散，万年莫准姐丢郎。"无论这些爱情歌曲表现的是哪种类型的情感，实际上都是听众们比较熟悉甚至亲身感受过的，因此，这样的歌曲一经歌师傅演唱出来，就能够马上在听众那里得到情感上的回应。这些歌曲作为潜在的审美对象与它们的听众之间也就马上建立起了一种审美关系，变成了这些听歌的劳动者们现实的审美对象。

除了上述这些比较短小的、直接唤起听众情感活动的爱情歌曲，川东土家族在薅草锣鼓表演时还经常演唱一些篇幅较长的爱情歌曲。这些歌曲通常会通过塑造一个抒情主人公形象，来抒发一种浓烈的情感。比如，有一首《十二更歌》是这样唱的：

> 辰时姐绣花，
> 想起奴冤家。

———————————

① 限于篇幅，此处仅分析人们在听薅草锣鼓中爱情歌曲时审美关系的形成。

冤家不来耍，
奴也不怪他，
心中乱如麻。

巳时姐绣鞋，
心想冤家来。
手把红丝线，
架个红绣鞋，
古怪真古怪。

午时郎来了，
姐儿在绣花。
丢下花不绣，
急忙去烧香，
烧香配冤家。

未时陪郎坐，
问郎饿不饿？
郎说真饿了，
急忙去烧火，
鸡鱼煮一锅。

申时郎吃饭，
吃的鸡和鱼。
郎说多谢了，
姐说空怠慢，
办的粗茶饭。

酉时谈真情，
胭脂和水粉。
象牙梳一把，

一包绣花针，
相送我情人。

戌时点明灯，
明灯照情人。
情哥上面坐，
奴家把酒斟，
杯杯要喝清。

亥时进绣房，
打开红罗帐。
郎说鸳鸯枕，
姐说枕鸳鸯，
鹦哥配凤凰。

子时正好耍，
小郎瞌睡大。
这么大瞌睡，
何必到我家？
误了小冤家。

丑时郎要走，
扯住郎的手。
真心难舍得，
奴不愿你走，
只想长久留。

寅时天要明，
穿衣送情人，
情哥你慢走，
送郎奴转身，

转身得下病。

卯时郎走了，
转身就不好。
短命我情哥，
魂魄带走了，
走路歪歪倒。

一碗白米饭，
每日吃三餐。
端碗就饱了，
放碗心又慌，
姐儿倒了床。

端公来杠神（意为"跳神"），
杠神神不灵。
丢下一刀卦
要命见阎君，
该当死得成。

亲戚朋友来，
抬副花棺材，
把姐来抬起。
叫声小乖乖，
想见梦中来。①

这首歌曲将抒情女主人公与情郎之间的爱情交往浓缩到一天内的十二个时辰，塑造了一个堕入爱河不能自拔，最后因思念过度而香消玉殒的女

---

① 此处引文主要依据了宣汉县土家族薅草锣鼓传承人袁诗安唱词，但结合石柱土家族自治县的流传版本进行了适当调整，参见川东南民族资料编辑委员会：《文艺·土家族民歌第一集》（内部资料），1986年版，第197—198页。

性形象。诗歌从象征一天的生活正式开始的辰时写起。一开始，抒情女主人公就因思念情郎而在绣花时"心中乱如麻"。到了巳时，她在绣鞋时竟然拿了红丝线架了个出嫁才穿的"红绣鞋"，其内心对与情郎良缘相配的渴望彰显无遗。到了午时，盼望已久的情郎终于出现，她喜出望外，连忙放下手中活计，去祈求神灵的福佑。从午时开始，抒情女主人公在接下来的未时、申时、酉时、戌时、亥时、子时度过了一段谈情说爱和缠绵悱恻的甜蜜时光。但是好景不长，或者是迫于生计，或者是出于其他原因，情郎不能和她长相厮守，经过丑时的挽留，到了寅时，天光见亮，激情也复归于理智，情人终归是要离开的，抒情女主人公不得不起床"穿衣送情人"。由于她对情郎用情太深，到了卯时，情人刚刚离开，她就陷入了无尽的相思之中，感觉自己的魂魄好像已被情郎带走，以致茶饭不思——"端碗就饱了，放碗又心慌"，精神不振——"走路歪歪倒"，后来竟一病不起，甚至神灵也无法将她解救——"杠神神不灵"，最终一命呜呼。

这样一首爱情歌曲，吟唱的虽然是别人的爱情故事，表面上似乎与从事薅草劳动的人们没有什么关系，但由于歌曲中的抒情女主人公无论是语言、性格、风俗习惯，还是她与情郎交往的细节，都是听众们非常熟悉的，甚至她的情感经历也很可能是听众们曾经亲身感受的，因此，每每在听到歌师傅们以熟悉的旋律表现这样一位至情至性的女性时，人们内心那隐秘的情感总是受到深深的震撼，随着歌师傅的演唱，人们的脑海中也浮现出一幅幅自己和情郎（情姐）交往的或甜蜜或苦涩的画面，他们内心关于爱情的甜蜜记忆再一次得到强化，而那些痛苦的记忆和随之而来的忧伤情绪则随着抒情女主人公的逝去而得以消解和净化。在此意义上，可以说，这样的歌曲往往一开始就深深地打动了听众，并与听众建立起了欣赏与被欣赏的审美关系。通过欣赏这样的歌曲，劳动者们在身体劳累的同时，又因为借别人家的酒杯浇了自家的块垒，进而得到精神上的放松乃至愉悦的享受。

二、利乐共生：功利目的与审美过程的统一

对于艺术的功能，人类很早就有了认识。在中国，先秦时期的孔子就指出艺术具有"兴、观、群、怨"四大功能；在西方，古希腊美学家亚里士多德也已经认识到艺术具有净化的功能。其后，艺术的功能不断地被人

们发现和总结。到今天，人们对艺术功能的表述可谓众说纷纭，单就划分的细致程度来看，美国音乐人类学家梅里亚姆认为仅音乐这种艺术就具有情感表达、审美愉悦、沟通、象征等十大功能①，爱沙尼亚美学家斯托洛维奇列举出来的艺术功能则有启迪、交际、教育、净化、娱乐、补偿等14种②，尽管如此，却还有诸如商业、治愈③等艺术功能没有被他们列举出来。事实上，无论学者做出怎样的细分，艺术的这些功能都可以归为两大类型，即超越性的审美、文化功能和功利性的实用功能。

正如美国审美人类学家理查德·L. 安德森在列举了生活在北美洲北极圈内的因纽特人、西非的约鲁巴人和中美洲兴盛于西班牙统治之前一个半世纪的阿兹特克帝国这样三个或渔猎或园耕或更复杂的非西方社会的美学体系之后所指出的那样，艺术"在每个社会中都表达了重要的意义"，而并非只是"文化蛋糕上的非实用糖霜"，而且，"为艺术生产提供概念基础"的审美原则似乎是"构成每种文化的一部分"，只不过，艺术哲学会因为社会的不同"而有很大差异"，有些社会"似乎更强调艺术的潜在精神维度"，而在另一些社会里，艺术则"在世俗领域发挥更大的作用"④。依照理查德·L. 安德森的意思，任何一种艺术都必然具有精神作用和世俗作用（亦即审美功能和实用功能）这样两个维度的功能，只不过在不同的社会中有不同的侧重点而已。这就是说，本书论题中的"薅草锣鼓"艺术也应当是同时具有审美和实用双重功能的。

人类的绝大多数活动通常都具有显著的功利性，薅草锣鼓表演也不例外，其强烈的功利目的和实用功能向来为人们所公认。无论说它是为了驱赶野兽，还是为了消灭虫蝗，又或者是为了祭祀田祖，人们关于薅草锣鼓起源的各种解释，都指向了一个非常明确的功利目的——为获得更多的物质利益。这一点，不仅可以从川东土家族薅草锣鼓歌《谷花五门》中"二人走进歌场去，唱了三天才稀奇。虫蝗不知哪里去，青苗从此无虫吃。天

---

① 参见梅里亚姆：《音乐人类学》，穆谦译，人民音乐出版社，2010 年版。

② 斯托洛维奇：《审美价值的本质》，凌继尧译，中国社会科学出版社，2007 年版。

③ 关于艺术的商业功能，可参看木哈姆－于埃：《艺术与商业》，董强译，程昕东出版公司，2008 年版；关于艺术的治愈功能，可参看德拉帕：《音乐疗伤：抚慰我们身心的古典处方》，阿昆译，陕西师范大学出版社，2003 年版。

④ 安德森：《艺术、美学与文化人类学：回顾与展望》，刘翔宇译，载于《民族艺术》，2014 年第 6 期。

子听说心欢喜……赶走鼠耗出田地，再也不把庄稼吃"① 等众多记载中看出，也可以从"打面铜锣圆又圆，歌师提锣上了山。锣鼓一响歌声起，野兽杂草吓跑完"② 这样的旧民歌中看出。而且，相关史籍的记载也表明，正是由于薅草锣鼓能够使听者"腰不知惫，手不知疲"，起到"工作较平日为倍"的效果，所以，尽管请人薅草并打薅草锣鼓"所费甚巨"，人们却"皆不惮烦为之"，因为经验告诉人们，如果不打薅草锣鼓，则可能产生"召集不至"或者"工作不力"的后果，其"无形中之损失，反有甚于此者矣"③。在现实的薅草锣鼓表演过程中，"立五门""拆五门"这两个环节所唱的歌曲都直接诉诸四方神明，其目的显然在于"娱神"，但从唱词可知，娱神的目的最终还是要服务于人的利益——"薅草锣鼓打过后，万事亨通百业兴"。同时，在"起歌头"和"传十字"环节中，也常有"吃了烟来要动身，莫把此处坐起坑。若把此处坑坐起，坐断龙脉草不生"和"你唱完了我又唱，要打锣鼓就打响。吃了老板饭和菜，做起活路要像样"④ 之类提醒劳动者好好干活，提高劳动效率的内容。此外，在劳动过程中，歌师傅在看到一些劳动不积极或劳动质量低下的现象时，也会随时以歌唱的形式进行督促。在此意义上，普列汉诺夫关于"人最初是从功利观点来观察事物和现象的，只是后来才站到审美的观点上来看待它们"⑤ 的观点大致也可以用来描述薅草锣鼓艺术的发展历程。

薅草锣鼓表演的功利性目的及其在生产活动中的实用功能是显而易见的；但是，如果仅仅看到薅草锣鼓艺术的功利性实用功能，而看不到它的超越性审美功能的话，就犯了传统美学常犯的那种认为劳动人民没有审美能力，不可能进行审美活动的错误。尽管历来人们对薅草锣鼓审美功能的认识非常欠缺，但也并非毫无认识，《广南县志》中就有关于薅秧歌的记载称："因足薅用力甚少，农人每视薅秧为乐事，男女互相笑语，互唱山

---

① 唱词由川东土家族薅草锣鼓老歌牌子黄长兴口述，传承人袁诗平记录，研究者桂德承整理，传承人何德山提供。

② 左尚鸿：《国家非物质文化遗产——薅草锣鼓》，文化艺术出版社，2014年版，第53页。

③ 庞麟炳、汪承烈等：《宣汉县志》，成文出版社，1976年版，第668页。

④ 引自袁诗安、袁诗平等演唱，桂德承记录整理：《川东土家族薅草锣鼓词选》（内部资料），第39、66页。

⑤ 普列汉诺夫：《论艺术（没有地址的信）》，曹葆华译，人民文学出版社，1962年版，第106页。

歌，口歌足划，其乐融融，甚有继续数日，山歌和答而不止者。"① 清代《巫山县志》也有"男妇盈亩田，鼓声上下相闻。是月秧长五六寸……鸣鼓击钲以督众。禾苗初生必薅草，复集众打薅草锣鼓，乐而忘劳，古云：田家自有乐，信非诬也"② 的记载。由此可知，个别学者对薅草锣鼓表演的审美功能已有一定的认识。同时，川东土家族薅草锣鼓中诸如"唱了一段又一段，薅了一弯又一弯，唱的薅的都辛苦，苦中有甜心喜欢"③ 之类的短歌表明，川东巴文化圈中人对于薅草锣鼓的审美功能也是有所认识的。再加上前文对薅草锣鼓表演过程中劳动者与叙事性歌曲和抒情性歌曲之间审美关系的论述，薅草锣鼓艺术的审美功能应当说是毋庸置疑的。在本节开头部分，笔者曾指出，一般论者只注意到薅草锣鼓"这一艺术形式的功利效果"，而在很大程度上忽略其审美功能的看法是错误的；但同样重要的是，我们不能因为前文已经证实劳动者们在薅草过程中与歌师傅演唱的薅草锣鼓歌建立起了"审美关系"，就无限放大其审美功能，认为它以审美为唯一目的，进而忽略它作为一种田间艺术必然具有的实用功能。

既然薅草锣鼓表演有其显明的功利目的，且在其表演过程之中，劳动者又能真实地获得审美的愉悦，那么，是否也像理查德·L.安德森所说那样：有一些社会"更强调艺术的潜在精神维度"，而另一些社会的艺术则"在世俗领域发挥更大的作用"④，在薅草锣鼓表演的审美功能和功利目的之间，也有一个主次或偏重的问题呢？就笔者所见的田野实践而言，或许我们在认同关于艺术哲学的观点的同时，应当认识到还有另外一种可能，即在有的社会文化中，艺术在精神和世俗这两个领域发挥了同等重要的作用。应当说，巴文化圈中的薅草锣鼓艺术就属于这样一种艺术类型。

斯托洛维奇认为："在亘古时代对象和现象的审美意义同它们的功利效用是融为一体的，并且由同样的词汇'美'和'好'来表示。"⑤ 应当说，直到今天，在民间社会中，对象的审美意义和它们的功利效用仍然是融为一体的，很少实质性地分开。对于土家族薅草锣鼓来说，这种"融为

---

① 萧洪恩、张玉璋：《国脉民天　长江流域的农耕文明》，长江出版社，2013年版，第206页。

② 光绪十九年版《巫山县志·卷十五·风俗》。

③ 潘顺福：《薅草锣鼓》，湖北人民出版社，2006年版，第177页。

④ 安德森：《艺术、美学与文化人类学：回顾与展望》，刘翔宇译，载于《民族艺术》，2014年第6期。

⑤ 斯托洛维奇：《审美价值的本质》，凌继尧译，中国社会科学出版社，2007年版，第221页。

一体"实际就是对于其审美功能和功利效果同等重视，也就是有些学者标注土家族民歌手田茂忠所唱山歌时初步认识到的那种"土家族人民聚众劳动时，有人击锣鼓而歌，以鼓劲，以娱情……"① 的双重作用。同样的认识在土家族民间也有发现，有一首薅草锣鼓歌就这样唱道："带唱山歌带种田，不费功夫不费钱。自己省得打瞌睡，别人听着也新鲜。"② 如果对这首薅草锣鼓歌作一个简单的解释，其大意应当是这样的：一边唱山歌，一边种田，既不耽误（工作）时间，也不需要花费金钱。（种田时唱山歌这样的活动不仅）可以使自己避免（因工作的单调乏味而）打瞌睡，进而影响工作效率，而且可以让听到歌唱的其他劳动者（因获得审美感受而消除疲乏）精神焕发，并进而起到提高劳动效率的作用。这首歌谣非常直白地唱出了巴人后裔对薅草锣鼓审美功能与功利效果之间并存共生关系的清醒认识。只不过这种认识以往一直不被学者们重视罢了。

美国当代著名汉学家宇文所安在其著作中对以康德为代表的经典美学审美关系理论有过一段精彩的批评：

> "每个人都必须承认，"康德在《判断力批判》中说（假设我们当中至少有三个人在场），"任何对于美的判断力，只要掺杂了哪怕最微不足道的一点个人利益，都将变成非常不公正、不纯粹的趣味判断。"他由此向社会证明，不管我们在艺术的核心发现的是哪一种美丽，它都不能触动我们的动物性欲望……艺术作品是一件东西，审美距离将我们与之隔开，这种概念既是失之片面的真理，又是权宜应付的欺骗，是当着仍在开庭的柏拉图的陪审团的面临时拼凑出来的。任何一个有过艺术体验的人，从通俗音乐引起的大众迷狂到古老诗篇带来的更费思量和更为博学多闻的快感，都知道艺术鉴赏和阐释中刻意保持的距离，并不是我们与一篇诗作或一首歌曲发生联系的首要条件。③

参照宇文所安这段关于"审美"的评论，来反思薅草锣鼓表演的性质，就会发现，我们不能按照西方古典美学的标准去评判薅草锣鼓，而应

---

① 杨国湘：《田茂忠山歌选》，刘官仲等编注，中国民间文艺出版社，1989年版，第134页。

② 徐旸、齐柏平：《中国土家族民歌调查及其研究》，民族出版社，2009年版，第7页。

③ 宇文所安：《迷楼：诗与欲望的迷宫》，程章灿译，田晓菲、王宇根校，生活·读书·新知三联书店，2014年版，第12页。

当将它放置在地域和族群文化的背景下去理解。这样，我们似乎可以对薅草锣鼓艺术的性质做出这样的判断：一方面，和任何一种以审美为主要目的且不在劳动场景中出现的艺术不同，甚至也与劳动者在劳动过程中所进行的其他审美、娱乐活动（哼唱小调、唱山歌、插科打诨等）不同，薅草锣鼓的表演具有非常明确的功利目的和督促劳动者提高劳动功效的实用功能；另一方面，薅草锣鼓表演的功利目的和实用功能不是通过直接刺激劳动者的身体这一途径来达到的，而是通过诉诸劳动者的审美感官，使其进入审美状态，来激发他们持续的生命活力，从而达到提高劳动效率的目的。严格来讲，这种达到目的的途径同样属于康德所谓"无目的的合目的性"。简而言之，在伴随薅草劳动的薅草锣鼓表演活动中，提高劳动效率的功利目的与保持人们精神愉悦的审美过程是相伴始终、合二为一的。

小　结

作为一种与薅草劳动相伴而生的艺术，薅草锣鼓是一门以听觉为主，又辅以视觉形象的艺术。然而，它不是经典美学意义上的纯粹的艺术，因为演唱者除了是敲打锣鼓、演唱歌曲的艺术家，他们又并不像经典意义上的艺术家那样超然于物外，而是同时身兼"监工"职责；艺术表演的欣赏者在从薅草锣鼓表演，又尤其是从其中的"故事诗"和抒情诗演唱之中获得审美愉悦的同时，也不可能像传统美学意义上的审美主体那样以悠闲自在的姿态去欣赏，而只能是在保持着劳动姿态的同时去欣赏。因此，无论是从表演者的角度来看，还是从欣赏者的角度来看，薅草锣鼓都与传统美学观念中的艺术大不相同。

在薅草锣鼓表演过程中的劳动，是一种与艺术共生互补的劳动。一方面，是克服劳动困倦的需要推动了薅草锣鼓表演的诞生和发展；另一方面，薅草锣鼓的诞生、发展及其现实的表演又不仅起到了消除劳动困倦的作用，更成为特定地域劳动者们的一种乐在其中的生活方式。这样一种生活方式，既不是西方传统美学所谓"非功利而生愉悦"的纯粹精神性审美活动，也不是一种以物质财富的增长为唯一目标的纯粹功利性活动，而是一种将物质功利的追求与精神愉悦的获得作为共同目标，并且将精神的愉悦和心情的舒畅贯穿于枯燥乏味又使人困顿的整个劳动过程之中，从而使在传统美学看来水火不容的审美与生产活动之间产生了一种二元共生的关系。

在此意义上，可以说，川东土家族薅草锣鼓既是一种典型的民间艺术形式，又因其表演的日常性而成为在川东地区长期存在的一种日常生活事象。对于那些生于斯、长于斯又老于斯的人们——无论其民族身份是土家族还是汉族——来说，他们从嗷嗷待哺的幼年时期就开始接受薅草锣鼓表演的熏陶、濡染，等到成人之后，又在它的陪伴下从事集体劳动，甚至直接成为在集体劳动中以薅草锣鼓表演来娱乐劳动者和提高生产效率的歌师傅。换言之，作为一种将审美享受完美地融合于生产生活实践之中的艺术形式，川东土家族薅草锣鼓实际上已全面融入了川东巴文化圈中人的人生过程，从而成为一种典型的审美生活方式。

第四章　闲趣乐适：民俗生活中的审美精神

　　任何一个族群在发展到一定文明程度之后，都会对其群体成员的行为、举止、语言等方面进行相应的规范和教化。这样的规范和教化于国家、上层阶级和主体族群而言，可谓之"礼"，于下层民众和少数族群而言则谓之"俗"。何谓"俗"？古汉语释之曰："习也……相效谓之习……俗谓常所行与所恶也……凡民函五常之性，其刚柔缓急，音声不同，系水土之风气，故谓之风……"①　故又称"风俗"，或曰"习俗"，现统谓之"民俗"。

　　所谓"民俗"，在民俗学家钟敬文先生看来，主要是指那些"文化比较发达的族群，它的大多数人民在行为上、语言上表现出来的种种活动、心态。它不是属于个别人的，也不是一时偶然出现的；它是集体的、有一定时间经历的人们的行动或语言的表现"②。钟先生的这个定义非常准确地指出了民俗事象参与者的族群性、形成时间的长期性及其以人的活动、语言为表现形态的文化特征。这个定义至少在表述上脱离了民俗活动主体活生生的现实生活，虽不无道理，却因为抹杀了"民俗"这一概念本身具有的生活气息，而多少显得有些抽象。相比之下，陈勤建先生关于"民俗"就是"社会民众中的传承性的生活文化"③的定义虽然难免有些宽泛，却极好地保留了这一概念的生活气息，即作为一种生存方式的"生活相"。沿着陈先生定义的方向，我们就可以走入研究对象的生活世界，去

---

① 许慎：《说文解字注》，段玉裁注，上海古籍出版社，1981 年版，第 376 页。
② 钟敬文：《钟敬文民俗学论集》，安徽教育出版社，2010 年版，第 243 页。
③ 陈勤建：《中国民俗学》，华东师范大学出版社，2007 年版，第 22 页。

观照他们的现实生活，进而使我们所描述的对象能够充满生命的气息。

"民俗"概念包罗万象，它不只是关涉民间文化学者们所经常关注的口传文学、民间音乐、戏曲、绘画艺术等文化事象，而且与该族群的家居文化、神圣空间、时日禁忌、生死观念、交往方式、生活态度等紧密相连，几乎渗透于人们现实生活的各个方面。从学科层面讲，现今人文社会科学的任何一个学科，都可以从民俗中找到研究的对象；反之，任何一门人文社会科学的学问都可以从民俗研究中获得裨益。因此，本书的学术目标之一就是要以美学的眼光对川东巴文化圈中人们的民俗生活作一番审视，将那些蕴藏其中的、长期被遮蔽的审美性内容加以发明和彰显。当然，这里的所谓"审视"绝不是要拿着放大镜去寻找民俗活动中个别的审美现象，再加以无限放大，而是要将其统摄于古代巴人及其文化后裔的族群性格之下来进行。

前文说过，"乐观豁达"是古代巴人的族群文化性格，是他们与生俱来的"天性"。这样的文化性格深刻地反映在史籍所载古代巴人的民间习俗之中，并没有随巴国的灭亡而消逝，而是随着巴人的迁徙、定居不断流转，且在与其他族群的文化交往中保持了一种族群性的自洽，随着"土民""土家"等新称谓的获得和族群认同的深化而在其民俗生活中得到了较为稳定的发展。当"土家"在 20 世纪中叶的族群识别运动中被确定为一个单一民族之后，"乐观豁达"这一显著性格特征便成为其文化标签之一。更进一步，这样的族群性格甚至还感染、熏陶了与其有着密切交往的周边其他族群人民，使他们或多或少地具有了类似的性格。对于某些向来传承着巴文化精神的地区——譬如当今的川东地区来说，尽管汉文化早已成为这一地区的主流文化，而且在户口登记中将民族身份登记为"土家族"的人也只占当地人口的极少数，但就这一地区人口的总体性格而言，却蕴含了极其浓厚的巴文化特色。具体而言，就是相关地区的人们在整体上具有"乐观""爽朗""豁达""耿直"之类的性格特点。这些特点甚至常常成为外地人对相关地区居民进行识别的有效工具，笔者以为这又可称之为"地域性格"。

单就"乐观豁达"这一族群或地域性格而言，川东巴文化圈中人在世俗生活中通过歌唱为自身找到了乐趣，使日常生活获得了诗意的升华；在群体性生产劳动中，歌师傅们的锣鼓音乐及其演唱则让原本枯燥乏味的田间劳作变成了一种引人入胜的"乐事"①，给人们带来了精神上的审美愉悦。不仅如此，就像黑格尔所说的那样，一个族群的族群精神是构成其族群意识"其他种种形式的基础和内容"，表现在其"意识和意志的每一方面"，以至于该族群的宗教、伦理、风俗等方面"都具有族群精神的标记"②。在此意义上，川东巴文化圈中人从古代巴人那里所承继下来的"乐观豁达"的族群性格也就较为集中地表现在当地以土家族群民俗为代表的生活事象之中。

现代以来，精英艺术家们常常从自己或其他族群的民俗生活中受到启发，激发出灵感，创作出令人耳目一新的艺术作品。从表面上看，似乎可以说他们的艺术是"源于生活（民俗生活）"又"高于生活"的，甚至远远高于那些他们从中汲取营养的民间艺术。但实际上，正如法国艺术哲学史家丹纳所言，对于群众和艺术家而言，风俗习惯和时代精神是相同的，因为在生活的一切方面，艺术家都与他们的观众完全相像。③因此，川东巴文化圈中那些在"民俗"中过着平凡生活的普通人，又尤其是其中那些精于审美创造的"民间艺术家"们，也就和那些所谓的"精英艺术家"一样，时时创造出新的"审美对象"来，又特别是当他们在农"闲"时节，拥有了"闲暇时间"，又具备了"闲适心态"的时候，就会在遵循民俗活动特有规则的同时，尽情地发现生活之"趣"与"适"，并从中获得精神之"乐"。如此一来，川东巴文化圈中的民俗活动也就具备了丰富的审美品性。

第一节　婚嫁哭与歌：离情别绪的艺术宣泄

最初，民群居而无婚。婚姻制度的确立是人类伦理意识和文明发展的一个阶段性标志。从历史发展的总体进程观之，随着生产力的发展和生产方式的转变，男性在社会生产中发挥的作用越来越大，并逐渐代替女性成

① 这一点从薅草锣鼓表演中劳动者"亦有闻风而至者"的现象即可以见出，参见庞麟炳、汪承烈等：《宣汉县志》，成文出版社，1976年版，第667页。
② 黑格尔：《历史哲学》，王造时译，上海书店出版社，1999年版，第55、67页。
③ 丹纳：《艺术哲学》，傅雷译，人民文学出版社，1963年版，第6页。

为社会的主导力量，社会定型为男权社会。与之对应，婚姻制度也最终定型为由男性主导的"嫁娶"制度。就不同族群、地域文化发展的具体情况而论，正所谓"百里而异习，千里而殊俗"①，那种总体上的"男娶女嫁"模式在不同的族群、地域，又因文化形态的不一而表现出纷繁复杂的形态。

人们一般认为，男大当婚，女大当嫁。不论男女，只要达到一定年龄，就势必谈婚论嫁。通常情况下，促使男女双方走入婚姻殿堂的原因主要有三种：或自由恋爱，或父母之命，或媒妁之言。当然，现实情境中，婚姻往往是两种甚至三种原因共同作用的结果。此外，大约在"改土归流"以前，有些地方流行以不尊重女性权利的"抢婚"方式来组成家庭；有些族群和地方还存在统治者享受"初夜权"，强暴新婚女性的现象。无论是什么原因促成了婚姻，参与到婚嫁仪式当中的不同个体都会对婚姻本身、婚后生活及牵涉其中的人和事发生或喜悦或悲哀或怨愤或祝福或惶恐或遗憾等种种复杂的情感。只不过，在不同文化传统中成长起来的人们所采取的表达情感的方式各有不同，有的诉说，有的哭泣，有的笑谈，有的沉默，有的歌舞，有的则兼数种而有之。中国西南地区的土家、藏、彝、壮等诸多少数民族都有"哭嫁"的婚姻风俗②，在这些族群的婚嫁仪式中，人们常常采用亦哭亦歌的方式来表述他们对婚姻大事的情感态度。而其中最具特色的，又莫过于作为巴人后裔的土家族人民及其丰富多彩的"哭嫁歌"。顾名思义，"哭嫁歌"，就是姑娘们在出嫁之前与亲戚朋友一起以哭腔所唱的歌。在"北起大巴山，中经巫山，南过武陵山，止于南岭"这一条"文化沉积带"上③，至今仍可看到不少土家族"哭嫁歌"的痕迹。

土家族哭嫁歌具体起于何时，至今已无法确考。清代中期土家族诗人彭秋潭在《长阳竹枝词·第二十首》一诗中写道："十姊妹歌歌太悲，别娘顿足泪沾衣……犹是巴娘唱竹枝。"在该诗自注中，彭秋潭说："其嫁

---

① 卢守助：《晏子春秋译注》，上海古籍出版社，2012年版，第82页。
② 参见叶大兵、乌丙安：《中国风俗辞典》，上海辞书出版社，1990年版，第172页。
③ 张正明：《土家族研究丛书总序》；朱炳祥：《土家族文化的发生学阐释》，中央民族大学出版社，1999年版，第4页。

女……曰十姊妹歌。恋亲恩，伤别离，歌为曼声……是竹枝遗意也。"①
无独有偶，大约与彭秋潭诗作同时的湖南《宁远县志》中，也有"于嫁女
前一夕，具酒馔，集妇女歌唱……达曙乃止"②的记载，由此可知，至迟
到清代，已有相当成熟的哭嫁歌习俗，且已获得了"十姊妹歌"这样的固
定称谓。而按照有些土家族学者关于哭嫁歌是"千百年来土家族妇女集体
智慧创作的结晶"的看法③，哭嫁歌的习俗已有千百年的历史。由于土家
族是一个有语言而无文字的族群，且长期处于"腹地里的边疆"，可以断
定，上述以汉字书写的关于"哭嫁歌"的记载应该是相当晚近的事情。如
果结合古代巴人"俗喜歌舞""乐观豁达"的族群性格推测，则在婚礼仪
式中以"歌唱"的形式来抒发自身情感的做法很可能在古代巴人婚姻制度
建立的初期，就已经存在了。

如此说来，土家族"哭嫁歌"真可谓源远流长。在其漫长的发展过程
中，土家族的"哭嫁歌"形成了一套相当繁复的演唱程式。有的研究者指
出，采录得很完整的土家族哭嫁歌包括"哭开声""哭上头""哭爹娘"
"母女哭""父女哭""哭哥嫂""姑嫂哭""兄妹哭""哭伯叔""姑侄哭"
"哭舅爷""舅甥哭""哭姊妹""堂姊妹哭""表姊妹哭""亲姊妹哭""骂
媒人""哭戴花""哭穿衣""辞祖宗""哭背亲""哭上轿"等二十多个部
分，长达数千乃至上万行。④除此以外，有时还有"哭木匠""哭八仙"
"哭十二月花"和"哭十杯酒"等礼节性内容，确乎算得上是一部"土家
族风味极浓的优秀抒情长诗"⑤。

对于土家族女性来说，"哭嫁歌"这一艺术形式几乎与她们终身相伴，
它不仅是帮助她们完成"自我建构"的艺术工具，而且是她们借以"解除
寂寞、抒发情感……的手段，也是她们终其一生的乐趣"。⑥由于土家族
女性继承了她们的祖先——古代巴人"朴直""刚勇"的性格特征，虽然

---

① 杨发兴、陈金祥：《彭秋潭诗注》，中国三峡出版社，1997年版，第186页。
② 清嘉庆十六年刻本《宁远县志》，引自丁世良、赵放：《中国地方志民俗资料汇编》（第6
册），国家图书馆出版社，2014年版，第582页。
③ 彭继宽：《哭嫁习俗与哭嫁歌》，载于《民族论坛》，1993年第2期。
④ 彭荣德：《试论土家族哭嫁歌的审美性及其功利目的》，载于《民间文学论坛》，1987年
第2期。
⑤ 彭继宽：《哭嫁习俗与哭嫁歌》，载于《民族论坛》，1993年第2期。
⑥ 康晓蕴：《土家族哭嫁歌对女性自我构建的影响》，载于《民族艺术》，2012年第3期。

"改土归流"以后汉文化"礼教思想"的强势输入在很大程度上改变了她们的思想和日常言行，却丝毫没有影响她们在演唱"哭嫁歌"时"大胆表达"的"艺术自由"，因此，流传至今的土家族"哭嫁歌"的内容覆盖面非常广泛，广大土家族女性完全可以借助它们淋漓尽致地表现自身丰富、细腻又复杂的各种情感。正如有的研究者所指出的那样，土家族新娘的哭嫁，"不是灰心丧气地哭，也不是绝望地哭，而是爱与憎、怨与怒、悲与愤等多种感情的复杂交织"①。如果按照其表现的复杂情感划分，则现存土家族"哭嫁歌"可以大致分为倾诉悲苦之情、表达祝福之意、宣泄怨怒之感和抒发感恩之思等四种类型。历史上川东巴文化圈中的土家族女性，甚至有一些受到其文化影响的汉族女性，也都世世代代重复和遵循此种"嫁而哭、哭而歌、歌而嫁"②的情感逻辑，在艺术的陪伴下，以一种审美性的方式，完成从"姑娘"到"妇女"的身份转变。

一、悲苦之情的审美性倾诉

按照男权中心社会"男娶女嫁"的婚姻模式，所谓"嫁"，即"女适人也……嫁者家也。妇人外成……自家而出谓之嫁"③，故又称"出嫁"。对于即将出嫁的女性来说，无论所嫁的对象是自己满意的、不满意的，还是自己一无所知的，也不管婚后的状况如何，有一点是确定的，即新娘将会永远离开自己生于斯、长于斯的故土；离开那生养、呵护自己的慈父慈母；离开那情同手足的兄弟姐妹；离开那些情深义重的亲戚朋友，告别那无忧无虑、无所牵绊的少女生活，走进一个完全陌生的世界，担负起从未承担过的重大责任。此时的新娘，其内心的悲苦是可想而知的，而"哭"，就成了情感细腻的女性表达这种悲苦之情的普遍方式。

关于哭嫁的最早记载，恐怕要算经典《诗经·邶风·燕燕》：

> 燕燕于飞，差池其羽。之子于归，远送于野。瞻望弗及，泣涕
> 如雨。

---

① 湖南省文化厅：《湖南省非物质文化遗产名录》（一），湖南人民出版社，2009 年版，第45 页。

② 徐新建：《说"哭嫁歌"》，载于《贵州大学学报》，1990 年第 3 期。

③ 许慎：《说文解字注》，段玉裁注，上海古籍出版社，1981 年版，第 613 页。

燕燕于飞，颉之颃之。之子于归，远于将之。瞻望弗及，伫立以泣。

燕燕于飞，下上其音。之子于归，远送于南。瞻望弗及，实劳我心。

仲氏任只，其心塞渊。终温且惠，淑慎其身。先君之思，以勖寡人。①

显然，在作为中原文化代表的《诗经·邶风·燕燕》所描述的出嫁情境中，我们还只能见到送嫁者与出嫁的新娘之间那依依难舍的感情，其中的人物表达这种难舍之情的方式则是"泣涕如雨""伫立以泣"和"实劳我心"之类的自然流露。可见那时的中原人民，无论是出嫁的新娘，还是送嫁的亲人，都还没有在婚嫁仪式中采用艺术的方式来表达情感。相比之下，古代巴人的后裔——土家族女性的"哭嫁"就充满了艺术性，对于他们来说，离家远嫁的"悲苦之情"仅仅用言语、嗟叹、哭泣的方式是难以表达的，"嗟叹之不足"，便只好"咏歌之"了。于是，随着婚期的日渐逼近，她们便将内心油然而生的感伤、悲戚和撕心裂肺的痛苦化作一句句、一段段唱词，伴随着哭声，缠绵悱恻地娓娓歌唱出来（如图 4-1 所示）。

图 4-1　宣汉县土家姑娘在结婚前一天唱哭嫁歌②

在川东巴文化圈中，新娘子在标志哭嫁开始的《开口歌》中就唱道：

---

① 佚名.《诗经》，叶春林校译，崇文书局，2012 年版，第 18-19 页。
② 图片来源：宣汉县土家研究会会长、宣汉县政协原副主席张国述先生。

"新打剪子新开剪，小儿开口心有欠。开口一声声不明，开口二声惊动人。惊动爹妈年纪高，惊动哥嫂不心焦……金鸡开口催天明，小儿开口诉苦情……"① 明确表示自己唱的乃是"诉苦情"的歌。她们所诉的"苦情"种类较多。有的诉说与父母难舍难分的"苦"：

> 叫莫伤心心越伤，
>
> 叫莫流泪泪越流，
>
> 谁人解得我千年苦？
>
> 谁人了得我万年愁？
>
> 离山离水容易离，
>
> 离娘离爹离不开，
>
> 自从今日离去后，
>
> 不知何日才回头？
>
>
> 天长路又远，
>
> 山高水又险，
>
> 山隔几十匹，
>
> 路隔几百里。
>
> 我有脚难走千里路，
>
> 我有翅难飞万重山，
>
> 爹娘呵，
>
> 我有梦难得再团圆！②

在离别父母之际，要叫那即将远行的新娘不伤心、不流泪，谈何容易。此时，她们心中的愁苦之情就像那长江之水滔滔不绝而来，所有那些"不要伤心，不要流泪"的劝解不但不能发挥任何效果，反而会起到打开新娘情感闸门的作用。

情感闸门一旦打开，那柔情款款、体贴入微的新娘子便免不了为家里的各种琐事担忧、发愁：

---

① 刘伯清：《广安民俗》，四川省广安市广安区文化广播影视新闻出版局内部资料，2014年版，第107—108页。

② 刘守华、巫瑞书：《民间文学导论》，长江文艺出版社，1997年版，第342—343页。

　　爹娘深情还未报，唢呐一叫离娘身，

　　烧菜煮饭谁来帮，砍柴喂猪谁承担？

　　年老病痛谁服侍，弟妹年小谁照应，

　　叫儿如何放得心，叫儿如何不悲泪？①

　　父母年老、弟妹尚幼，自己却即将远行，而一旦离开了父母，还有谁能够像自己一样体贴父母呢？想到这里，真是让人放心不下，只能平添几行悲泪。

　　再进一步，即将为人妻、为人母的新娘子联想到在自己的成长经历中，父母对自己无微不至的关怀，她又情不自禁地唱道：

　　天上星多月不明，爹爹为我苦费心，

　　爹的恩情说不尽，提起话来说不尽。

　　…………

　　一尺五寸把女盘，只差拿来口中衔；

　　艰苦岁月费时日，挨冻受饿费心血！

　　女儿错为菜子命，父母枉自费苦心；

　　女今离别父母去，内心难过泪淋淋！

　　为女不得孝双亲，难孝父母到终身；

　　水里点灯灯不明，空来世间枉为人！②

　　为了养育女儿，父母吃尽了苦头，然而不幸的是，自己身为女儿，必将远行，无法在父母身边尽孝，深感父母在自己身上是"枉费苦心"，几乎得不到任何回报。对此，新娘子也只能徒生枉在世间为人的"悲哀"。

　　其实，在"哭嫁"仪式中，心情悲苦的又何止新娘一人？新娘的母亲同样舍不得女儿离开，在和女儿对唱时，她也唱出了自己内心的悲苦之情：

　　我的闺女呀我的心，

　　女儿出嫁娘也伤心。

---

　　①　林继富：《中国民俗通志·民间文学志》（下），山东教育出版社，2005 年版，第 303 页。

　　②　胡长贵、李崇琛、胡孝红：《三峡民俗风情概说》，湖北人民出版社，2010 年版，第 170 页。

> 我的闺女呀我的肉，
>
> 女儿出嫁娘也难受。
>
> 舍不得我的女儿，
>
> 丢不得我的亲骨肉。①

尽管骨肉难分，但清醒的母亲深知木已成舟，女儿也应当成家立业。所以这类悲苦之情主要还在于出嫁的新娘。不过，通过婚礼准备期间歌、哭相伴的倾诉，到真正出嫁的时候，新娘子"悲愁""苦闷"的情感已经在很大程度上得到了净化。这样，婚礼过后，她们便能很快地进入新的角色，开始那甜蜜、愉快，充满生机的新婚生活。

二、怨怒之感的审美性宣泄

在充分倾诉了自己对"家"和亲人的留恋、不舍却不能停留的"悲苦之情"以后，姑娘们便会思考给自己造成这种"悲苦"的原因。以清雍正年间开始实施的"改土归流"政策为界，巴人后裔土家族姑娘们对自己"悲苦"命运的归因有所不同。

在"改土归流"以前，由于中央王朝对少数民族实施所谓的"羁縻政策"，并颁行"蛮不入境，汉不入峒"的禁令，加之巴人后裔生活的地域主要集中在"北起大巴山，中经巫山，南过武陵山，止于南岭"这一相对闭塞的"文化沉积带"②，因此较少受到中原地区儒家礼教思想的影响，在婚姻上是比较自由的，男女之间往往以歌为媒，通过对歌、赛歌、吹木叶、跳摆手舞和日常交往等方式建立恋爱关系，加深感情，待到情深意浓时，经过土老司作证以后才谈婚论嫁，双方除了根据现实的经济能力互赠礼物，相互不索取任何财物。也就是说，在那个时代，艺术上的卓越表现和交往中的情投意合才是决定一段婚姻能否成立的最重要条件。

由于婚姻几乎不受外界干扰，所以当时的土家族新娘往往将自己的"悲苦"处境归因于自己的女性身份或者父母的偏心与狠心。前者如："是

---

① 邓斌、向国平：《远去的诗魂：中国土家族"田氏诗派"初探》，湖北人民出版社，2003年版，第323页。

② 张正明：《土家族研究丛书总序》，朱炳祥：《土家族文化的发生学阐释》，中央民族大学出版社，1999年版，第4页。

你贵气的儿子，堂屋中间栽石榴，石榴开花满堂红。是你下贱的冤家女，像山中生的映山花，映山红开花唠唠空。"① 歌曲以地位上一"贵"一"贱"、生存环境则一植庭中、一生野外的两种植物——"石榴"和"映山红"来比况儿子和女儿家庭地位的不同，以及随之而来的在婚姻中一"走"一"留"的巨大待遇区别，这就把自己离家远嫁的悲苦命运归因到了自己的女性身份上去了；类似的还有"如果我是男儿身……如今成了女儿家，爹娘把我赶出门，一夜成了外乡人"② 之类歌曲。后者如："我狠心的爹，我狠心的娘，你女儿不满十八岁，就要送去见阎王。要是你儿是个男儿命，朝朝日日不离娘。"③ 歌曲以直白的方式，对父母在自己年纪尚幼——"不满十八岁"的时候就匆匆把自己嫁到一个必定受苦的环境——"见阎王"——中去的做法表示极大的不满，埋怨父母这种做法是一种"狠心"之举。类似的歌曲还有"六月太阳晒不死，三姊四妹赛死人，你们真是狠心呀，硬把生女赶出门"④ 一类的歌曲。当然，也有把两者合在一起来唱的。

清政府实施"改土归流"以后，汉族流官通过兴办学校等举措将儒家礼教思想强势输入少数族群聚居区。过去那种"以歌为媒"的自由婚姻观念受到强大的冲击。"父母之命，媒妁之言"以及男女双方家庭经济环境、社会地位等方面"门当户对"的观念在巴文化圈中逐渐起到决定性的作用。从那以后，尽管男女青年仍然可以通过唱歌、赛歌、跳舞等活动赢得异性的青睐，但是，借此赢得美好婚姻的机会却日渐减少。在这样的社会背景下，女性找到理想伴侣的可能性也变得越来越小。

对于那些在现实中不能嫁给与自己真心相爱的"情郎"的女性来说，她们在哀叹"有情人难成眷属"的悲苦之情的同时，由于自身认识能力的局限性，不可能认识到造成自己"悲苦"命运的始作俑者是不合理的封建

①　兴义市文化体育旅游和广播电影电视局：《多姿多彩的贵州民族婚俗》，贵州科技出版社，2011 年版，第 149 页。

②　罗中玺，田永国：《乌江流域历史文化研究：以黔东北地区为个案》，浙江大学出版社，2011 年版，第 217 页。

③　兴义市文化体育旅游和广播电影电视局：《多姿多彩的贵州民族婚俗》，贵州科技出版社，2011 年版，第 148 页。

④　罗中玺，田永国：《乌江流域历史文化研究：以黔东北地区为个案》，浙江大学出版社，2011 年版，第 217 页。

制度，而将其归因于实实在在地出现在她们视野之中，直接参与她们婚姻大事的"媒人"身上，认为正是"媒人"的过错才造成了自己的"悲苦"。于是在"哭嫁歌"中，她们将所有的矛头都指向了将自己与真心相爱的"情郎"活活拆散的"媒人"，对"媒人"的所作所为充满了愤怒和谴责。而她们所唱的"哭嫁歌"就可以说是一种"性爱对禁忌的嘲弄和反抗"，是"诗的嘲弄，歌的反抗"，是"文学的嘲弄，哭声的反抗"。在某种程度上，也懵懵懂懂地表达了对现行制度的抵触和痛恨。① 于是，她们这样唱道：

> 娘家去说女婿好，婆家去夸嫁妆多。
>
> 纸糊窗子风吹破，两头都是空壳壳。
>
> 说什么千言万语都为我，说什么一来一往操心多。
>
> 说什么开亲结义结好果，说什么男情女愿享欢乐。
>
> 天上的梭罗是王母娘娘栽，地下的亲戚是你媒人开。
>
> 你修的是条害人路，你搭的是座朽木桥。
>
> ············
>
> 天上起了黑乌云，媒人起了黑良心。
>
> 黑天黑地遭大雨，黑心媒人雷打死。
>
> 天上雷公响隆隆，单打做媒的害人虫。②

哭嫁过程中，新娘历数了媒人以谎话欺骗男女双方，害自己落入"苦窝"的种种"罪恶"，讽刺了"背时媒人嘴抹油""哄得猴子下树来"的好口才，同时也将自己满腔怨怒发泄在"媒人"身上，诅咒其"烂脚跟""烂脚杆"③，甚至被"雷打死"。

川东巴文化圈中至今仍在传唱的一首《骂媒歌》很有特色：

> 天上飞的是雁鹅，地上走的是媒婆，
>
> 媒婆大起黄瓜脚，这边吃了那边说。
>
> 背时媒人来到家，我在菜园种苦瓜，

---

① 徐新建：《说"哭嫁歌"》，载于《贵州大学学报》，1990 年第 3 期。

② 遵义地区文艺《集成·志书》编辑部：《中国歌谣集成·遵义卷》，贵州人民出版社，1993 年版，第 159—160 页。

③ 陈廷亮、彭南均：《土家族婚俗与婚礼歌》，民族出版社，2005 年版，第 248—249 页。

　　　　苦瓜苦瓜快发芽，媒人吃了烂掉牙；

　　　　苦瓜苦瓜快牵藤，媒人吃了死男人；

　　　　苦瓜苦瓜快开花，媒人吃了烂牙巴；

　　　　苦瓜苦瓜快结子，媒人吃了爆肚子。①

　　歌曲再现了这样一个场景——女主人公正在菜园种苦瓜，此时她远远看到讨厌的"媒婆"正向自己家中走来，她深知"媒婆"此行的目的正是要与父母商量将自己嫁到婆家，不能主宰自己命运的她迁怒于"媒人"，并寄希望于"苦瓜"为自己复仇，诅咒"媒人"在吃了"苦瓜"之后，发生"烂掉牙""死男人""烂牙巴""爆肚子"之类的惨剧。

　　事实上，新娘们深知自己的诅咒一般并不会成为现实。她们如此咒骂媒人的唯一效果就是缓释或消解充塞于自己内心的"怨怒之情"，从而使自己的心情复归于平静。面对新娘子的"诅咒"，"媒人们"并不会"逆来顺受"，他们往往唱起"天上无云不下雨，地下无媒不成亲……不是我给你牵红线，你还在娘家受煎熬"之类的歌来反击。对于作为亲历者和过来人的"媒人"来说，他们其实并不在意新娘的诅咒，因为在漫长的"哭嫁"风俗发展过程中，这种"咒骂"在很大意义上已经程式化，成为婚嫁仪式中必须进行的一个程序，因此，在他们看来，若"你不骂，他的'霉（媒）气'反而脱不了"②。

三、感恩之情的审美性抒发

　　感恩是人类特有的、普遍的意识和情感。人的一生中，在遭遇危险、遇到困难的时候，如果有人为自己提供过帮助，人们通常会牢牢记在心里，并力图在恰当的时候予以更大的回报，对此，古人有"滴水之恩，当涌泉相报"的说法，《左传》《后汉书》中有"结草""衔环"的典故，《史记》中也有关于韩信"一饭千金"报恩之举的记载。从上述典籍中的相关记载可知，在汉文化语境中，对于别人给予自己的恩情，人们关注的重心

　　① 饶庆发、吴显仕：《婚嫁仪式歌谣》；引自向本林：《宣汉土家文化》，中国文史出版社，2013 年版，第 136 页。

　　② 陈非：《我有南山君未识：陕南民歌之旅》，陕西师范大学出版总社有限公司，2015 年版，第 267—268 页。

在于对"知恩图报"的"报"这一动作的执行，而不太注重对所受之"恩"的言说式表达。与此不同，对生性"朴直敦厚""刚勇重义"而又"俗喜歌舞"的巴人后裔土家族人来说，他们对有恩于己的人不仅会想方设法地回报，而且习惯于在恰当的时候以言说、歌唱的方式当面表达。这种当面表达的目的不是要以"言"代"行"，而是要用"言""歌"的形式来强化自己对恩情的记忆，做出一定会报答恩情的承诺，给予施恩者一种类似"我决不会忘记你的恩情"的深刻印象，使其获得一种心理上的慰藉与平衡。

在川东巴文化圈典型的土家族婚嫁仪式中，新娘出嫁的前一天晚上，她的父母、叔伯、姑舅、姨娘、兄弟姐妹等亲人会齐聚"坐歌堂"，通宵达旦地互诉依依惜别之情。在这一程式中，有一个环节是新娘从父母开始，依次对所有亲人倾诉情感，尤其要将现有人生历程中对方带给自己的各种好处以"歌"的形式哭唱出来，所唱内容随恩情的深厚程度而定，可长可短，不拘一格。

在所有有恩于己的人中间，恩情最重的，莫过于对自己有生身之恩和养育之情的父母了，因而新娘唱得最多的对象也莫过于父母，当然，"哭（唱）父母"最主要的也就是哭唱父母对自己的养育之恩：

> 一哭爹娘养育恩，恩情难诉似海深，
> 自从女儿落下地，洗屎洗尿操碎心。
> 二哭爹娘养育恩，杀身难报二双亲，
> 一天喂奶七八道，女哭一声痛在心。
> 三哭爹娘养育恩，知恩不报何为人，
> 白天抱女不离手，夜晚抱女不熄灯。
> 四哭爹娘养育恩，王祥卧冰报双亲，
> 养女一年周岁满，教女说话开步行。
> 五哭爹娘养育恩，孟宗哭竹冬生笋，
> 女有病痛煎熬药，女出痘麻不离身。
> 六哭爹娘养育恩，一心只望女成人，
> 不管出门走人户，丢女在家不放心。
> 七哭爹娘养育恩，只望女大样样能，
> 自从女儿十四五，就教女儿学用针。

八苦爹娘养育恩，配送嫁奁爹操心，

洗衣浆衫做茶饭，样样讲给女儿听。

九哭爹娘养育恩，教女勤俭牢记心，

绩麻纺线都学会，裁衣做鞋样样能。

十哭爹娘养育恩，挑花绣朵娘教成，

松柏长青叶不黄，女儿诚心谢爹娘。

一谢爹娘带大我，二谢爹娘制嫁妆，

鸡叫五更冷风凉，高点明灯换新装。

穿起新衣想爹娘，颗颗泪珠滴胸膛，

爹娘见女出嫁走，难分难舍泪两行。

我劝爹娘莫伤心，爹娘养我不忘恩，

…………①

歌曲不仅回顾了父母在新娘的成长过程中所做的巨大贡献，而且借此当众表示自己将会牢记父母的恩情——"爹娘养我不忘恩"。

唱完了父母的恩情，新娘还要依次哭唱其他亲人对自己的恩情。20世纪80年代，我国进入改革开放以后，由于经济的快速发展带给乡土文化的巨大冲击，哭嫁仪式似乎也为了"提高效率"而迅速地精简下来，"坐歌堂"歌唱活动的持续时间也随之减少，但哭唱亲恩的环节还是得以保留。大约十年前，在薅草锣鼓传承人袁诗安的孙女结婚时，宣汉县土家文化研究会会长张国述等人专门对婚嫁仪式进行了采集。在他们的记载中，新娘是根据自己的人生经历来哭唱亲恩的：

娘带女儿七八岁受尽苦难，

屎一把尿一把也是枉然。

…………

离妈妈无爸爸好不惨然，

丢下了我女儿爷爷负担。

想起我这光景实在可怜！

我爷爷年纪大身体僵塞，

---

① 饶庆发、吴显仕：《婚嫁仪式歌谣》；引自向本林：《宣汉土家文化》，中国文史出版社，2013年版，第138—139页。

> 他出门上下坡走路都难，
>
> 我奶奶年岁大活路苦惨，
>
> 睡半夜起五更也很为难，
>
> 我爷爷和奶奶省吃省穿，
>
> 为的是替孙女备办妆奁。
>
> 奶带我费心血未报恩典，
>
> 费尽苦带大了也是枉然
>
> ⋯⋯⋯⋯⋯
>
> 我幺姑带侄女打尽麻烦，
>
> 又是背又是抱也是枉然，
>
> 你的恩也没有还报一点，
>
> 这一次都让你花费银钱。
>
> 叫一声我幺爸叔女分散，
>
> 叫一声我幺妈增添麻烦，
>
> 再不能替幺妈烧茶煮饭，
>
> 让幺爸和幺妈花费银钱。
>
> ⋯⋯⋯⋯⋯①

　　新娘在哭唱中逐一回忆了妈妈、爷爷、奶奶、幺爸、幺妈、幺姑等亲人在自己成长过程中所给予的关怀、帮助以及经济上的花费，再次强化了对这些有恩于己的人的情感记忆。

　　"改土归流"之后，"无媒不成婚"的礼教观念极大地影响了巴文化圈，尤其是巴人后裔土家族人的婚姻习俗，男女双方的姻缘往往要依靠"媒人"的多方奔走才能最终实现。因而，在婚礼仪式中，除了作为婚礼主角的新娘要抒发对各位亲人的感恩之情，新娘的父母往往也要以教育女儿的口吻唱出对"媒人"的感恩之情："天上无雷不下雨，人间无媒不成亲，媒人穿针又引线，大恩大德大好人。千年古树发新芽，媒人为你找婆家⋯⋯要谢媒人谢他恩，媒人为你操了心⋯⋯媒人恩情海洋深。"② 这一

---

　　① 张国述、饶庆发：《土家人的婚嫁习俗》；引自向本林：《宣汉土家文化》，中国文史出版社，2013年版，第127—128页。

　　② 李良品：《重庆民族文化研究》，重庆出版社，2010年版，第222页。

方面是出于"礼节"的考虑，另一方面还可以对被"骂媒歌"咒骂过的"媒人"起到情感抚慰的作用。

四、祝福之意的审美性表达

从文化层面来看，在川东巴文化圈中，新娘是整个婚礼哭嫁仪式的绝对中心，因而所有的"哭唱"活动都是围绕新娘来展开的。新娘的情感活动主导了整个婚嫁仪式，除了前面已经讨论过的以新娘为主体的"悲苦之情的倾诉""怨怒之感的宣泄"和"感恩之情的抒发"，所有参与哭嫁仪式的亲人、朋友、邻居等都必须发挥这样一种作用：为新娘的婚姻送去祝福，并劝说新娘在婚礼当天走上花轿，开启下一段人生旅程。

在汉文化典籍中，对婚姻的祝福早在春秋时期就已有记载：

桃之夭夭，灼灼其华。之子于归，宜其室家。
桃之夭夭，有蕡其实。之子于归，宜其家室。
桃之夭夭，其叶蓁蓁。之子于归，宜其家人。①

诗中的"宜其室家""宜其家室"和"宜其家人"既可以看作一种告诫，也可以看作一种对新娘婚后生活的祝福。

图 4-2　薅草锣鼓传承人袁诗安的妻子正在祝福和劝慰自己的孙女②

对于秉性"朴直""重义"且"俗喜歌舞"的古代巴人来说，在其"男娶女嫁"的婚姻制度确立之初，或许已经形成了以"歌舞"的方式祝

---

① 《诗经》，叶春林校译，崇文书局，2012年版，第6—7页。
② 图片来源：宣汉县土家研究会会长、宣汉县政协原副主席张国述先生。

福新娘的传统，只是由于缺乏文字的记载而难窥其原貌。不过，这样的猜测我们还是可以从流传至今的土家族"哭嫁"习俗中略见一斑。譬如，在哭嫁仪式的《开声》歌中，新娘的妈妈一开始就唱道："哪个妹子不出嫁？哪个男儿不出门……鸡已叫，天将明，母女开声惊动人。明朝轿前封赠你，万事大吉万事顺。"① 母亲先是宽慰女儿不要对"出嫁"这一人生重大事件心存恐惧，而要尝试以男孩子大胆出门闯荡的态度对待婚姻，并以十分肯定的口吻，告诉女儿婚后生活必定会令她满意——"万事大吉万事顺"，这实际就是一种美好的祝愿。有时候，如果新娘的父母不在人世或无法出席婚礼，这一角色就改由新娘的实际抚养者来充当（如图4-2所示）。

在陪伴新娘的过程中，几乎每个陪唱人都会以歌唱的方式对新娘进行祝福。有的唱："获得好邻居，胜如捡个宝，人人都知道，你的德行好。"祝福新娘能够遇到"好邻居"并与之和睦相处。有的唱："人要有志气，名声数第一，家业挣得起，人人尊敬你。真心祝愿你，明年有子女，早送学堂去，多多受教育……"② 祝福新娘婚后家业兴旺，赢得尊敬，子女多受教育。有的唱："花花轿子高抬起，美女终归配好男。恭喜你来祝贺你，天长地久到百年。"③ 祝愿新娘与新郎姻缘美满、白头偕老。即使是前来看热闹、讨"打发"的人，也会唱一些祝福的歌："姑娘今天你出嫁……明年生个胖娃娃。"④

新娘子在唱完了"骂媒歌"之后，心中的悲苦之情和怨怒之气都得到了宣泄，心情也渐渐平复下来。她深知不管自己心中对家是多么的不舍，对父母是多么的依恋，婆亲的队伍已经来了，自己即将离家远行，独自面对一个未知的世界，这已然不可逆转。此时，催促她上轿的锣鼓、唢呐已经响起来，亲人们也劝她走上花轿，去开启崭新的人生历程。在坐上花轿

---

① 川东南民族资料编辑委员会：《文艺·土家族民歌第一集》（内部资料），1986年版，第93页。

② 张国述、饶庆发：《土家人的婚嫁习俗》；引自向本林：《宣汉土家文化》，中国文史出版社，2013年版，第128页。

③ 饶庆发、吴显仕：《婚嫁仪式歌谣》；引自向本林：《宣汉土家文化》，中国文史出版社，2013年版，第133页。

④ 张国述、饶庆发：《土家人的婚嫁习俗》；引自向本林：《宣汉土家文化》，中国文史出版社，2013年版，第129页。

离开家以前，新娘对家的留恋也逐渐转化为对家人的祝福："……兄妹双双都富贵，家发人兴样样有。看到轿子斟了头，一股银水往内流……爹娘你们添福寿，哥嫂你们永安乐……"① 随着送亲队伍来到婆家，正式拜堂之后，一段崭新的，或甜蜜或平淡或悲惨的婚姻生活就此开始。

有学者认为，哭嫁歌所表达的情感并非只有凄楚和怨懑，"而是既有悲怨，也有欢乐"②。这种判断显然是正确的。以新娘为核心的女性哭嫁歌演唱群体，其所抒发、宣泄的情感除上述几种，当然也还有喜悦等其他情感，不过土家族女性，尤其是新娘本人，不管内心是否感到快乐，她都绝不可以在哭嫁仪式中表露出喜悦之情。

在川东巴文化圈的哭嫁习俗中，那些用以相互倾吐离别、感伤之情的"哭家、哭女、哭嫁"③ 之歌对于参与其中的女性来说，是一种以歌代哭、歌哭相伴的情感宣泄方式；对于那些在婚礼仪式中静听、旁观的年轻女性来说，这无疑是一个学唱"哭嫁歌"，增长自身才干的好机会；对于前来参加婚礼的已婚女性来说，新娘的演唱常常将她们的情思带回到自己或美好或糟糕的婚姻记忆当中，并使自己的情感随着新娘的歌唱再次获得强化或净化；而对于所有来到这婚嫁仪式现场的人们来说，这样的场景当然更是一个他们依据自己业已形成的审美标准对新娘及其他歌唱者的演唱做出审美判断，获得审美愉悦的美好时刻。在此意义上，如果将一场婚礼中的所有"哭嫁歌"视为一套大型"声乐套曲"的话，那么它简直堪称世界音乐史上"辉煌的乐章"，或者如音乐家们所言，它就是"中国式的'咏叹调'"④，进一步说，它不但是"一唱三叹的充满人性的歌曲"⑤，而且是巴文化圈中人以艺术的形式对长期蓄积于心的复杂情感的全方位"艺术宣泄"！

---

① 陈廷亮、彭南均：《土家族婚俗与婚礼歌》，民族出版社，2005 年版，第 257—258 页。

② 刘守华，巫瑞书：《民间文学导论》，长江文艺出版社，1997 年版，第 345 页。

③ 徐新建：《说"哭嫁歌"》，载于《贵州大学学报》，1990 年第 3 期。

④ 达瓦买提：《中国少数民族文化大辞典：中南东南地区卷》，民族出版社，1999 年版，第169 页。

⑤ 徐旸、齐柏平：《中国土家族民歌调查及其研究》，民族出版社，2009 年版，第 265 页。

第二节　绕棺与唱孝：丧葬仪式中的审美超越

莎士比亚在《哈姆雷特》里写过一句著名的台词："To be or not to be，that is a question"，文学翻译家常把这句话翻译为"生存还是毁灭，这是一个问题"。这句话之所以有名，就在于它将一个哲学上的难题（生死抉择的难题）用文学形象的方式向普通观众和读者提了出来。其实，如何看待生与死，是人类进入文明时代以后就一直在思考并试图解决的问题。一方面，这种关于生死意义及死后去向问题的思考推动了古典哲学和宗教思想的诞生；另一方面，现实中如何处理死者躯体的问题则在不同地域、不同族群中形成了各不相同的丧葬制度以及形形色色的丧葬仪式。

古代巴人在其文明发展进程中，和其他先进族群一样，很早就形成了较为成熟的丧葬制度。仅就本书论及的川东巴文化圈而言，从宣汉罗家坝遗址、渠县城坝遗址等巴人文化遗址中的墓葬形制以及陪葬品情况来看①，可以说，与中原华夏族群一样，古代巴人也是一个非常"重死"的族群。但就思想观念而言，表现在丧葬制度上，古代巴人的"重死"与中原华夏传统并不完全相同，而与当时西南少数民族普遍"俗好巫鬼禁忌"②的原始宗教信仰密切相关，其宗教信仰的直接表现则是《后汉书·南蛮西南夷列传》所载巴郡南郡蛮"俱事鬼神"③的习俗。

遗憾的是，从考古发现中，我们虽然能够窥见古代巴人丧葬制度的物化形态，但无法知道其丧葬制度的全貌，因为古代人对死亡的情感态度，以及人们为死者举行的丧葬仪式并不能随着陪葬品在墓葬中保留下来。同

---

① 陈卫东、陈祖军：《四川宣汉罗家坝遗址 2003 年发掘简报》，载于《文物》，2004 年第 9 期；陈卫东、王鲁茂、桂贞荣等：《四川宣汉罗家坝遗址第三次发掘取得重要成果》，载于《中国文物报》，2008 年 4 月 30 日第 002 版；四川省文物考古研究院，渠县博物馆：《城坝遗址出土文物》，上海古籍出版社，2014 年版，第 87-89 页。

② 范晔：《后汉书》（第 10 册）卷八十六《南蛮西南夷列传》，李贤等注，中华书局，1965 年版，第 2845 页。

③ 范晔撰：《后汉书》（第 10 册）卷八十六《南蛮西南夷列传》，李贤等注，中华书局，1965 年版，第 2840 页。

时，由于古代巴国在自己的文字系统形成之前①即为秦国所灭，其"非物质文化"现象也就不可能在以汉文化为宗的史籍中得到详尽记载，因此今天在正史之中便只能看到诸如"俗喜歌舞"之类的简略描述。尽管如此，在各朝各代史书和方志对古代巴人及其后裔文化事象一鳞半爪的记载基础上，加上一些曾在"巴地"为官的文人偶尔在诗文中描写的当地习俗，我们还是可以从中勉强拼接出一幅巴人及其后裔的丧葬文化习俗图景。

关于古代巴人的丧葬习俗，除前述《后汉书》《华阳国志》等史籍"俗喜歌舞"之类的记载以外，《隋书·地理志》载："其古人……无衰服，不复魄。始死……邻里少年，各持弓箭，绕尸而歌……其歌词说平生之乐事……歌数十阕……"② 其后，唐代樊绰《蛮书》引《夔府图经》云："夷事道，蛮事鬼，巴人……击鼓踏歌以兴哀……父母初丧，鼙鼓以道哀，其歌必狂，其众必跳……白虎之勇也。"又云："巴氏祭其祖，击鼓为祭。"③ 白虎乃廪君部巴人之后，这里记载的祭仪，应是从其先祖那里继承的。宋代朱辅在《溪蛮从笑》中也称巴人后裔在人死之后"群聚歌舞，舞则联手踏地为节"，并名曰"踏歌"。④ 清乾隆版《石柱厅志》的撰写者虽是站在汉文化的立场上，批评当地土家族"民俗则伦理不明，吉凶不合理"，但也如实记载了其"死亡不从凶而从吉，家家燕乐闹丧……"的丧葬风俗⑤。清同治版《长阳县志》所载土家族丧葬仪式为："丧次擂大鼓唱曲，或一唱众和……谓之打丧鼓，唱丧歌"，与之大致同时期的《巴东县志》也有类似记载："丧葬，殁之夕……鸣金伐鼓，歌呼达旦，或一夕至三夕……"⑥尽管各种史志的记载大都只言片语，但如果我们试着将这些零散的记载视为史家窥见的，作为整体的巴人及其后裔的丧葬仪式在不同时间、空间中呈现出的"豹之一斑"，那么，当笔者把这些记载作为一

① 在宣汉县，至今仍有只在土家族祭司中传承的，以象形为主的图案化文字，这些文字与史学家们所说的"巴蜀图语"不同，有些已经较为明显地"符号化"了。参见文先志：《土家人的原始崇拜与巫文化》；向本林：《宣汉土家文化》，中国文史出版社，2013 年版，第 169－193 页。

② 魏征、令狐德棻：《隋书》，中华书局，1973 年版，第 898 页。

③ 引自邓少琴：《巴蜀史迹探索》，四川人民出版社，1983 年版，第 46 页。

④ 引自朱祥贵：《土家族"撒尔嗬"源流、内涵及功能探讨》，载于《中南民族学院学报》（哲学社会科学版），1992 年第 4 期。

⑤ 石柱县志编纂委员会：《石柱县志》，四川辞书出版社，1994 年版，第 112 页。

⑥ 引自叶大兵、乌丙安：《中国风俗词典》，上海辞书出版社，1990 年版，第 269 页。

个整体来看待，并以自身在川东巴文化圈中的实地考察来印证时，就可以大致推测出整个巴文化圈中的丧葬文化习俗的全貌，以及人们对于生死的观念和态度了。

由于在历史发展进程中与其他民族文化交流程度的不同，尽管巴文化圈中不同地域巴人后裔的丧葬文化在具体程式等方面可能不同，但笼统而言，其总体风格却可以说是基本一致的，表现出一种独特的民族风情。从美学角度看，巴文化圈各地的丧葬仪式主要表现出两个方面的特点。

一、打丧鼓：狂歌鼓舞中的豁达生死观

由于各地巴人后裔①生存的自然环境均比较偏僻，与外界其他族群之间的文化交流相对较少，因而确保了其文化形态的相对稳定。故在父母去世以后，打一至数夜的丧鼓，众人在锣鼓伴奏中唱歌、跳舞陪伴亡人的活动也就成为巴文化圈，尤其是其中土家族人的习俗。当有子女的成年人，尤其是老人去世以后，首先要燃放鞭炮告知左邻右舍，并派人迅速通知死者的所有亲朋好友，从当天或第二天开始，直到出殡、下葬的前一天晚上，都会举行热闹的"打丧鼓"活动。

"打丧鼓"，有些地方又叫跳丧、跳丧鼓、"撒叶儿嗬"、闹灵歌、闹夜等，川东地区土家族人则名之曰"打绕棺"。这种活动具体起源于何时，今天已不可确考，但有一点是可信的，即这种打丧鼓的习俗最初很可能是受到被道教尊奉为"南华真人"的道家代表人物庄子的影响而产生并发展起来的。因为一方面，据著名道教学者卿希泰先生考证，包含丰富神仙思想的巴蜀文化乃是"杂而多端"的道教思想的重要源头之一，巴蜀地区是道教思想的发源地②；另一方面，巴蜀地区是正一派道教创建和初期发展的重要地区，古代巴人的生死观念与春秋战国时期的道家学说在某种程度上相互契合甚至相互借鉴都是完全可能的。在此意义上，庄子在其妻子死后"鼓盆而歌"的"怪异"举动，很有可能是受到古代巴人在战场上于赴死之际"前歌后舞"的豁达精神启发而发出的；反过来，庄子违背汉文化

---

① 此处所指不包括那些早已在民族融合中融入其他民族并丧失了巴族群"文化性格"的古代巴人隐性后裔。

② 卿希泰：《道教在巴蜀初探》（上），载于《社会科学研究》，2004 年第 5 期。

中"人之常情"的"鼓盆而歌"亡妻之举，又很可能因为契合了古代巴人"乐观豁达"的族群精神而被他们借鉴和发扬光大，逐渐演变为他们表达对死者的"哀悼之情的，一种带有自娱成分的歌舞"① 形式，并最终发展为巴人后裔们悼念死者的一种独特方式。不过，由于巴国的最终沦亡、大量巴人的异地流徙与融合，以及巴文化长期处于边缘地位等原因，在汉文化的阐释框架中，这种锣鼓齐鸣、载歌载舞的"打丧鼓"活动竟被《夔府图经》一类典籍解释为"父母初丧，鼛鼓以道哀……"② 的"致哀"行为。但是，笔者认为，这种在汉语书写中普遍存在的看法是一种"误读"，远远没有揭示出"打丧鼓"现象的本质。虽然也有极个别史志书写者认识到了"打丧鼓"习俗"不从凶而从吉"的本质特点，却同样站在"我族中心"观的立场上批判巴人后裔的此种举动是因"伦理不明"而导致的"吉凶不合理"。③ 综观"打丧鼓"活动中人们的各种表现，应当说，它是巴人后裔"乐观豁达"族群精神的集中体现，尤其重要的是，它反映了巴人后裔在面对"死亡"这一人生谜题时的"豁达"态度。

其一，从人们在"打丧鼓"活动中的具体表现来看，"打丧鼓"是对巴人后裔丧葬仪式上人们自发性悼念活动的统称，它包括鼓乐（有些地方，如川东地区则是锣鼓齐鸣）的伴奏，亲人们唱诵死者生平经历、事迹等内容的歌声，和人们伴随歌、鼓之声所进行的舞蹈。这三个方面都能够在一定程度上显示巴人后裔对"死亡"的态度。

巴人是一个善战的族群，在其历史发展过程之中，不断与其他族群发生各类战争。在这些战争中，听到鼓声的巴人士兵定会勇往直前，甚至英勇赴死，因此"鼓声"就在某种程度上具有了勇敢面对"死亡"的意义。当"鼓"这一乐器被用于丧葬仪式时④，其中大概也暗含了鼓励死者的灵魂勇敢面对死亡，甚至征服死亡的意义。这一点，还可以从有些高龄或久病的老人，要求子女为其打"活丧鼓"⑤ 这一现象中得到印证。

---

① 徐开芳：《恩施土家族苗族自治州民间舞蹈集》（上册），湖北人民出版社，2006 年版，第 319 页。

② 邓少琴：《巴蜀史迹探索》，四川人民出版社，1983 年版，第 46 页。

③ 石柱县志编纂委员会：《石柱县志》，四川辞书出版社，1994 年版，第 112 页。

④ 值得注意的是，很多地方土家族丧葬仪式中所用的都是牛皮大鼓，与战争中鼓舞士兵士气的战鼓相当。

⑤ 武占坤：《中华风土谚志》，中国经济出版社，1997 年版，第 753 页。

除了鼓声，歌唱是巴人后裔在"打丧鼓"仪式中的重要活动，有土家族诗人彭秋潭的诗歌为证："家礼亲丧儒士称，僧巫法不到书生。谁家开路添新鬼，一夜丧歌唱到明。"按彭秋潭自注中的说法，除了深受儒家文化影响的儒士，普通巴人后裔不仅要聘请僧道为亡人作法，而且在丧事之夜，一众人等还要"挤于丧次……彼此互相歌唱俚词，谓之'唱丧歌'也。"① 唐代文学家刘禹锡也曾有"蛮俗好巫，每淫祠鼓舞，必歌俚辞"② 的记载。从其丧歌演唱的方式来看，或者是由歌师领唱，众人则随之和唱；或者是两个或多个歌师一问一答地唱。从歌唱的内容来看，丧歌的内容非常丰富，歌师除了唱死者的生平经历、生者对死者的怀念等内容，更多时候，是唱一些与死者本身没有直接关系的诸如情歌、农事歌、劝善歌、盘歌及叙事歌之类的"稗官演义语"，具体内容往往从族群迁徙唱到现实生活，从历史人物唱到山川风物，从传说故事唱到猜谜打趣。到了下半夜，为了活跃气氛，甚至会唱一些插科打诨的内容，涉及的内容颇为广泛。③ 从演唱持续的时间来看，丧歌少则唱一个通宵，多则持续十余天，即所谓"殁之夕……歌呼达旦，或一夕……至十余夕不等"④。掌鼓的歌师在主持"打丧鼓"期间，每每唱到情感激动时，就会离开鼓座，走进舞场，随着跳舞的人一起"手舞足蹈，如醉如狂"，全场情绪亦随之激越，舞蹈被"推向一个又一个高潮"⑤。可见，无论是从丧歌参与者、持续时间看，还是从丧歌内容所涉及的广度看，唱丧歌的目的都远不止表达亲人去世的"哀伤"，而更像是丧礼仪式参与者集体情感的审美性抒发和娱乐性表达，以至于有些巴人后裔常常产生"半夜听到丧鼓响，脚板心里就发痒"⑥ 的审美冲动。

在歌师伴随鼓声演唱各种类型歌曲的同时，年轻的男性则往往分作几班，在死者棺材前的空地上不知疲倦地轮番跳丧舞，此谓之"跳丧"。"跳

---

① 湖北省长阳土家族自治县地方志编纂委员会：《长阳县志》，中国城市出版社，1992 年版，第 745 页。

② 刘昫等：《旧唐书》（第十三册）卷一百六十《字文籍、刘禹锡列传》，中华书局，1975 年版，第 4210 页。

③ 张梅兰：《隐喻：在历史与现实的双重叙事中完成》，华中科技大学出版社，2013 年版，第 44 页。

④ 叶大兵、乌丙安：《中国风俗辞典》，上海辞书出版社，1990 年版，第 269 页。

⑤ 彭英明：《土家族文化通志新编》，民族出版社，2001 年版，第 259 页。

⑥ 彭继宽、姚纪彭：《土家族文学史》，湖南文艺出版社，1989 年版，第 232 页。

丧"是土家族丧葬活动中各种舞蹈活动的总称，"包括'跳丧''坐丧'
'摇丧'和'游丧'等多种形式。"① "跳丧"的舞段非常纷繁，舞蹈过程
中，他们始终保持一种弯腰、弓背、曲腿的姿态，臀部向下颤动，脚踩八
字步，双手置于胸前左右晃动。其舞蹈动作主要是模仿老虎和其他动物甚
至植物的诸如"虎抱头""猛虎下山""犀牛望月""猴子爬岩""狗撒尿"
"牛擦痒""古树盘根"等动作和形态，这样的舞蹈动作保持了远古时代
"巴渝舞"的纯朴风格。②

　　由于深受汉族礼仪规范的影响，川东地区巴人后裔丧葬仪式中的舞蹈
被简化成了死者子女跟着道师先生绕棺材穿梭的形式。人们将这一简化了
的舞蹈形式称为"打绕棺"（如图4-3、图4-4所示），不过其舞蹈性仍
然存在，尚可看作古代巴人后裔"始死……邻里少年，各持弓箭，绕尸而
歌……其歌词说平生之乐事……"③ 习俗的简化版本。这样的舞蹈对于活
着的丧葬仪式参与者来说，自然是可以让他们在舒展肢体、愉悦精神的同
时，勾起乃至强化他们对于远古祖先的记忆，同时强化对于自身巴人后裔
"族群身份"的"认同"；而把这样的舞蹈跳给死去的人"看"，则似乎意
味着提醒死者的灵魂要"认祖归宗"，要尽快回到远古祖宗群体里去安息。
这或许是巴文化受到道家道教"视死如归"观念的影响所致。

　　① 张仃：《中华民间艺术大观》，湖北少年儿童出版社，1996年版，第440页。
　　② 武占坤：《中华风土谚志》，中国经济出版社，1997年版，第753页。
　　③ 魏征、令狐德棻：《隋书》，中华书局，1973年版，第898页。

图4-3、图4-4　宣汉县土家族葬礼中的"打绕棺"仪式①

　　从对"打丧鼓"活动的态度来看，巴人后裔对于"打丧鼓"或"跳丧鼓"的态度也是富于审美性的。在巴人后裔聚居的土家族地区，流行着诸多关于"跳丧鼓"的谚语，这些谚语都直接表现了人们对于死者的态度，同时也在某种程度上间接地反映了他们对于"死亡"的态度。比如一则谚语说："人死众家丧，一打丧鼓二帮忙"，另一则又说："生不记死仇，亡者为大"。② 在现实中，每当土家族山寨有人去世，死者的乡邻们即使在死者生前与其有很大矛盾，此时也会尽弃前嫌，主动前去打丧鼓，或者帮忙料理后事，直到死者入土为安。这些谚语间接地表明了巴人后裔是非常"重死"的，死亡对于他们来说具有超越一切恩怨的作用。一旦某人死了，活着的人不仅要将与他的恩怨全部了断，而且要主动地为其回归自然的怀抱提供力所能及的帮助。这样的态度显然是豁达、超脱的。可能也正因为如此，巴人后裔才能在本应悲从中来的死亡事件中保持一种自然、豁达的心态，为他们在"打丧鼓"活动中的"狂歌鼓舞"打下坚实的心理基础。

　　物质形式的"礼物交换"常被视为传统中国"乡土社会日常生活中最重要的实践"③，有趣的是，在巴文化圈中，却流传着诸如"打不起豆腐送不起礼，打一夜丧鼓送人情"④，或者"买不起礼，送不起情，跳一夜

---

①　图片来源：宣汉县土家研究会会长、宣汉县政协原副主席张国述先生。

②　武占坤：《中华风土谚志》，中国经济出版社，1997年版，第753页。

③　阎云翔：《淌过乡土中国的人情河流》，引自《解放日报·读书周刊》，2017年4月29日第6版。

④　彭继宽、姚纪彭：《土家族文学史》，湖南文艺出版社，1989年版，第232页。

丧鼓送人情"① 之类的谚语。体现在现实生活中，就是当一个人去世的时候，乡邻们不一定要给丧家送钱、送物，但一定会在死者的棺材旁通宵达旦地击鼓、跳舞和歌唱，陪伴死者度过最后一个晚上。这样，"打丧鼓"就成了巴人后裔之间礼尚往来的表达情感之"礼物"。照理说，"送人情"之举原本是世俗之事，与本书讨论的审美没什么关系，但由于巴人后裔所送的这种人情并非可以用"金钱的尺度"来衡量的具体有形之物，而恰恰是可以用"审美的尺度"来把握的精神性礼物——打丧鼓、唱丧歌、跳丧舞，尽管从表面看，以这样的方式"送人情"似乎是因为物质匮乏——"打不起豆腐送不起礼"，但这反而使邻里之间的人际关系（人情）变成了一种非功利的审美性关系——"打一夜丧鼓送人情"。

二、唱孝歌：生死两慰的伦理审美

如果说丧葬仪式中的"打丧鼓"活动是由古代巴人及其后裔"乐观豁达"族群精神的种子生根、发芽、生长起来的美学奇葩，那么，"唱孝歌"这样的丧葬文化则显然是巴国灭亡之后，巴人族群在与中原华夏民族的接触、交流中，在本族群原有的"敬老爱老"观念基础上②，吸收了儒家"孝文化"，并将其植根于本民族的艺术土壤之中，在自身艺术天性的浇灌、滋养中生发出来的，将伦理教化寓于审美实践的智慧创造。这一创造不仅充分发挥了歌唱这一音乐形式"之入人也深，其化人也速"③ 的艺术感染力量，使原本肃穆而枯燥乏味的伦理教化变得更加容易被人接受，从而很大程度地增强了其伦理教化的功效，而且以"长歌当哭"的方式将在其他族群那里难以纾解的关于死亡的悲哀、痛苦等情感进行艺术升华，并使之得到"净化"。深入考量"孝歌"文化产生的根源，我们可以肯定地说，若不是因为巴人族群本身富于"乐观豁达"的文化基因，这样的智慧

---

① 武占坤：《中华风土谚志》，中国经济出版社，1997年版，第753页。

② 土家族本来就有浓厚的"孝敬长辈"的观念，这一点可以从《华阳国志·巴志》中关于"惟月孟春，獭祭彼崖。永言孝思，享祀孔嘉……"的记载中看出，也可以从该民族世代口传的关于"儿子们得知母亲想吃雷公肉、喝雷公汤的愿望后，不惜得罪天神，最终导致洪水滔天的灾难，几乎造成人类灭绝"的神话故事中得到印证。参见彭勃、彭继宽整理译释：《摆手歌》，岳麓书社，1989年版，第37—68页。

③ 荀况：《荀子·乐论》，引自叶朗：《中国历代美学文库·先秦卷》（下），高等教育出版社，2003年版，第290页。

创造是不可能发生的。

"孝歌"具体起源于何时，今天同样无法确考，不过，川东土家族孝歌歌师们在"歌头"里是这样说的："昔日混沌初开始有歌师傅，自从周朝列国，孔夫圣人治下学堂，不幸楚王先死，亡灵停在殿上，陡然天昏地暗，殿上不见红丧……召集天下歌师傅，来了麻田姊妹，打鼓樊李二郎，……唱了七日七夜，陡然天发大亮，殿上现出红丧。自从楚王过后，才兴打鼓闹丧。"① 由此可知，大约从人类出现开始，就有了歌师傅，但闹丧"唱孝歌"的习俗则要晚至春秋孔子制礼作乐、兴办教育以后。这一说法是基本正确的。它既与《后汉书》等史书关于古代巴人"俗喜歌舞"的记载相吻合，又与审美人类学家埃伦·迪萨纳亚克关于审美是人类与生俱来的一种天赋，是人类得以脱离动物界的一种能力的判断相符②，且不与孔子提倡礼乐、孝善文化的历史发展事实相违背。

尽管"孝"是中原华夏族群的传统文化，甚至很有可能最初的"孝歌"也是由汉人制作并演唱的，但有一点可以肯定，即只有当华夏族的"孝"文化在与巴人族群的"歌"传统相遇以后，"孝歌"作为一种传承久远的文化形式才可能真正被"创造"出来，并持续发挥其伦理教化的作用。③ 这一点，可以从"孝歌"迄今基本只在"巴文化圈"中得以传承的历史事实中得到明显的印证。

"唱孝歌"，有些地方则称之为"唱丧歌"，是前文已经讨论过的"打丧鼓"活动的内容之一。表面看，"唱孝歌"和"唱丧歌"都有内容丰富、题材广泛和悼念亡者等共同特点，似乎是同一事物的不同称呼，其实不然，两者之间不仅仅存在名称上的差异，在具体内涵和演唱风格上也有着明显区别：前者集中唱"孝"，内容上是"一不讲三国勇猛，二不讲唐朝刚强"，而只是"讲些孝义，唱些纲常"④，对情绪的总体"要求是文明、

---

① 袁诗平：《唱孝歌的程序及内容》；引自向本林：《宣汉土家文化》，中国文史出版社，2013年版，第158页。

② 参见迪萨纳亚克：《审美的人——艺术来自何处及原因何在》，户晓辉译，商务印书馆，2004年版。

③ 这么说的原因在于：尽管有些少数民族如彝族也有唱孝歌的习俗，但土家族的孝歌公认是最有特色的。

④ 黄洁：《重庆土家族民歌选集》，中国文史出版社，2004年版，第189页。

严肃、悲哀"①；后者较为宽泛地唱"丧"，内容可以唱孝义故事，也可唱农事歌、情歌等，对情绪没有具体要求，可悲伤、可诙谐，甚至可插科打诨。前者以"劝孝化善"，激发生者对死者各种事迹的感动为唯一目的，其外在标准是要把活着的人唱得"痛哭流涕"，否则就是歌师"不行（唱孝歌的水平不够）"②；后者以陪伴死者，取悦活人为主要目的，其外在标准则是让参加"打丧鼓"活动的所有人保持一种"狂"的精神状态和"跳"的身体状态。前者是巴人后裔丧葬文化较多受到儒家文化影响的表现形态，后者则是较多保留和传承了古代巴人原始文化的表现形态。

川东巴文化圈是较早在政治、经济、文化诸方面被中原华夏文明影响的地区，巴国灭亡之后，继续留居这一地区的巴人及其后裔，以及后来在移民运动中迁徙到此地的巴人后裔，在文化观念方面都接受了不少汉文化的因素，因此在丧葬仪式上，虽至今仍与周边汉族人民保持了较大的差异，但也在与汉文化的长期接触中做出了较大的调整，主要表现在"跳丧"仪式的逐渐弱化和对"孝"文化的不断加强，从而形成了一种较为明显的"唱孝歌"丧葬文化。

在宣汉县龙泉、渡口一带的土家族聚居区，有着传承久远的"唱孝歌"文化传统，在这一地区及其周围很大一片区域，不论是土家人还是汉族人，凡家有丧事，都必定会在治丧期间聘请孝歌歌师③前来"唱孝歌"（如图4-5所示）。

---

① 袁诗平：《唱孝歌的程序及内容》；引自向本林：《宣汉土家文化》，中国文史出版社，2013年版，第158页。
② 资料来源：宣汉县龙泉土家族乡薅草锣鼓传承人袁诗安。访谈时间：2015年8月3日；地点：宣汉县龙泉乡；受访人：袁诗安（时年70岁）。
③ 孝歌歌师和唱薅草锣鼓的歌师傅不同，前者唱的是"阴歌"，后者唱的是"阳歌"，只有极少数功力深厚的人才能够做到白天唱薅草锣鼓，晚上唱孝歌。资料来源：宣汉县龙泉土家族乡薅草锣鼓传承人袁诗安（时年70岁）。访谈时间：2015年8月3日；地点：宣汉县龙泉乡。

图 4—5　宣汉县土家族歌师在丧礼上唱孝歌①

　　根据宣汉县土家族薅草锣鼓传承人袁诗平的归纳，一场完整的"唱孝歌"活动大致包括"说歌头""半说半唱""开场""迎亡安位""唱书"和"送亡"六大步骤，其中，"迎亡安位"又包含了"投文进表""投文""进表""放赦""接亡"……"安位""落座"等十八个程序；而审美性较强的"唱书"也包含了"灵前十件""唱十想十悲伤""唱横游十殿"和"唱孝书"等四个程序。② 一般而言，丧家会根据自家的财力，唱一至数夜不等的孝歌，无论唱一夜还是数夜，上述六大步骤都是缺一不可的，区别在于，唱孝歌的时间越短，"唱书"这一步骤所经历的时间就越短，所唱的孝书也就越少，有的甚至根本没时间唱；反之，则所唱的《大孝记》《丁兰刻木》《孟宗哭竹》之类孝书就越多，因为，仅仅"完整地唱完像《安安送米》这样一本孝书就要用一两个晚上"③。

　　此处暂且不论"唱孝歌"活动的具体操作模式，单论其对丧葬仪式参与者所起的作用，有学者认为"唱孝歌"具有"教育"人们尽孝，"安慰生者"等文化功能④，这种说法无疑是正确的，但从川东巴文化圈中土家族"孝歌"的内容来看，这种说法还不够全面，起码它还没有看到"孝

---

　　① 图片来源：宣汉县土家研究会会长、宣汉县政协原副主席张国述先生。

　　② 袁诗平：《唱孝歌的程序及内容》；引自向本林：《宣汉土家文化》，中国文史出版社，2013 年版，第 158 页。

　　③ 资料来源：宣汉县龙泉土家族乡薅草锣鼓传承人袁诗安。访谈时间：2015 年 8 月 3 日；地点：宣汉县龙泉乡；受访人：袁诗安（时年 70 岁）。

　　④ 胡美术：《道公视角：湖北恩施土家族丧葬习俗调查》，载于《长江师范学院学报》，2012 年第 1 期。

歌"既安慰死者，又安慰生者的伦理审美功能。

其一，"唱孝歌"活动是对死者的一种审美安慰。按照今天的科学常识，死人已经失去了"听觉"功能，不可能再听到歌师所唱的"孝歌"，更不可能产生只有活人才有的心理活动，因此也就无所谓"安慰"了。但是，由于巴人后裔土家族是一个"对敬事神祇十分敬重"的族群，死去的亲人往往被他们"升格为类似神祇的事物"，且他们认为生者能"通过一些神奇手段与其灵魂沟通"①，所以，他们有一个世代流传的规矩："死了人都必须敲锣打鼓、唱歌跳舞，为死者送行，让他（她）高高兴兴离人世，快快乐乐进天堂。"② 因此，如果我们把讨论的语境放置在这样一个相信人死后其灵魂依然存在，且一段时间之内会在其尸体附近停留、徘徊，之后还会上升神界的民间社会，这种认为"唱孝歌"是对死者的一种安慰的说法就立刻变得可以理解了。

按照这种思路，我们去检索川东巴文化圈中土家族及其周边居民在"孝歌"中所唱的内容，就会发现，孝歌歌师在"说歌头"环节当中，有一项非常重要的内容就是要"颂扬死者的人格风范"，称述他们生前劳碌奔波、抚养儿女、兴家创业的功劳③，这样的内容无疑是对死者一生所做的综合性评价，也是对其整个人生的"盖棺定论"，其重要性可想而知。所以，孝歌歌师一旦接受聘请，就会迅速赶到死者家中，向其亲朋好友和乡邻了解死者生前事迹，为自己在"说歌头"环节的即兴发挥准备足够多的创作素材。

"人非圣贤，孰能无过？"一般而言，死者作为常人，其生前必定既有优点，也有缺点。但值得注意的是，"孝歌"所唱死者生平事迹必须一律遵循"说长不说短，讲好不讲坏"的原则，如："亡者他把西归，孝子好不伤悲。想起父母恩惠，持家无所不为。养儿受尽焦累，一时不抱就背。房廊修得华美，猪羊牛马壮肥。又要男婚女配，又要磨石錾碑……"④ 这

① 瞿宏州：《论湘西土家族丧葬习俗的文化蕴涵》，载于《民族论坛》，2016年第6期。
② 张国述、饶庆发：《土家人的丧葬习俗》；引自向本林：《宣汉土家文化》，中国文史出版社，2013年版，第154页。
③ 张国述、饶庆发：《土家人的丧葬习俗》；袁诗平：《唱孝歌的程序及内容》；引自向本林：《宣汉土家文化》，中国文史出版社，2013年版，第156、158页。
④ 袁诗平：《唱孝歌的程序及内容》；引自向本林：《宣汉土家文化》，中国文史出版社，2013年版，第158页。

样做的目的大概有二。一是表达生者对死者生前功劳的敬仰和颂扬，使其有一种"功成名就"的满足感；二是表明生者对死者生前的过错采取"既往不咎"的宽容态度，使其不再担心生者的怨怒而"无所挂牵"地放心离开。当歌师以一种赞美的口吻唱出这样的歌曲时，就不仅仅是在教育生者记住死者的好处，更是对死者灵魂的一种慰藉，重要的是，这种慰藉又是以一种委婉动听的艺术形式来呈现的，不只是把活着的人设定为审美主体，死者（被巴人后裔们设想为真实存在的灵魂）也被设定成了"潜在的"审美主体，在生者的设想中，死者（的灵魂）一定会听到这些"歌功颂德"的音乐，并因而感到快慰。

其二，"唱孝歌"是对生者的一种审美安慰。尽管巴人后裔土家族自古以来就有"生死一如"的豁达观念，但在"改土归流"以后，由于儒家"孝文化"观念的影响，人们在形式上也部分地接受了汉族的丧葬文化，并在丧葬仪式中创造了"唱孝歌"这样的独特形式。对于家有新丧的生者来说，不论死者走的是"顺脚路"——无疾而终，还是因其他原因去世，都必然是一件令人悲伤的事情。但死者已矣，天性"乐观豁达"的土家族人不会沉湎于悲痛、忧伤的心境中无法自拔。为了从亲人去世的伤感心境中解脱出来，除了依靠族群天性中"视死如归"的"豁达"情怀，从前文所述狂歌鼓舞的"打丧鼓"氛围中纾解自己的伤感情绪，还有一条重要的路径，即通过"唱孝歌"活动来实现一种心理上的伦理平衡，进而使自己失衡的心理状态重归平衡。这类可以从伦理层面对死者亲人产生安慰作用的孝歌大体可分为三类。

一类歌曲重点回忆和讲述死者对孝子的恩情。如："歌师把鼓交，我把鼓儿敲，别的歌儿我不要，唱个要行孝。母亲怀起你……待等临盆降，父母受惊慌，儿奔生来死奔娘，生死纸一张。母亲生下你，才得一尺一，顿顿把娘奶浆吃，精心喂养你……儿女生了病，赶快请医生……儿女去读书，父母在家苦，起早摸黑把活做……艰苦把业创，修房制家当，高楼大厦多漂亮……父母几十年，养女把儿盘，双手双脚都磨烂，心血全熬干。"① 这是以第三者的口吻唱的亲恩，再如："一想爹娘把儿养，十月怀胎

① 粟登鳌、李明模：《孝歌》；引自向本林：《宣汉土家文化》，中国文史出版社，2013年版，第168页。

在身旁，二老难把宽心放，三仙位前许炉香，只待孕满临盆降，孩儿一尺五寸长，三天抱出堂前望，实在欢喜二爹娘，看来六亲和三党，个个恭喜得令郎，承宗接祖有指望，养儿无非把老防……"① 这又是设身处地以孝子的口吻在唱。随着歌师低回婉转的歌唱，死者的亲人，尤其是儿女通过回忆自己成长过程中父母的倾情付出，深深地感动了，忍不住悲泪纵横。

另一类歌曲主要倾诉孝子不忘亲恩的表白，以及对死去亲人的不舍。如："一根孝帕五尺长，捧着灵牌进孝堂，双膝跪在灵牌前，伤伤心心哭一场。一根孝帕五尺长，捧着灵牌哭爹娘，爹娘养我恩难报，今生今世永不忘。一根孝帕五尺长，叩头作揖哭爹娘，灵前插着三柱香，眼泪汪汪哭爹娘。"② 这是对不忘亲恩的哭诉。再如："……爹呀爹，不能走哇不能走！饭才摆上桌，茶没喝一口；汗没擦一擦，袖没抖一抖……芝麻开花节节高哟，爹呀爹，为何你要把我们丢……"③ 这是对死去亲人的不舍。在歌师缠绵凄婉的歌声中，孝子孝女们似乎被戳中了心窝，其暗藏胸中的情感似大海的波涛奔涌而出，忍不住放声痛哭起来。

还有一类歌曲讲述死者在另一世界所获得的善报。在前两类歌曲中，生者对于死者的思念、感恩、不舍等情感，都在歌师艺术化的调动中，随着尽情的哭泣得到了宣泄和净化，他们的这些情绪也得到了相应的平复。由于孝歌歌师被土家族视为能够沟通阴阳两界的人，因而他们所唱的内容也会被认为是真实可信的。歌师以全知全能的视角演唱死者在另一世界获得善报的歌曲，如："……亡者俯伏跪在旁，秦王此时抬头望，一见亡者喜洋洋，善人你在阳世上，好事做了百十桩，合家和睦和生亮，敬天敬地敬三光，这样善人该奖赏，赐你后人子孙昌，一代一个登金榜，簪缨百代诏书相，吩咐人役送出帐……"④ 既然歌师说死者不仅不会在"阴间"受苦，他们的善行还可能为阳间的子女换来福报，那对于听到这"大好消

---

① 袁诗平：《唱孝歌的程序及内容》；引自向本林：《宣汉土家文化》，中国文史出版社，2013年版，第164页。

② 粟登鳌、李明模：《孝歌》；引自向本林：《宣汉土家文化》，中国文史出版社，2013年版，第167页。

③ 粟登鳌、李明模：《孝歌》；引自向本林：《宣汉土家文化》，中国文史出版社，2013年版，第167页。

④ 袁诗平：《唱孝歌的程序及内容》；引自向本林：《宣汉土家文化》，中国文史出版社，2013年版，第164页。

息"的生者来说，是一件多么可幸的事啊！借此，孝子孝女们的情绪也进一步得到了审美性的平复。此外，歌师傅们还会演唱诸如"天也空，地也空，来来往往有何公；田也空，土也空，不知换了多少主人翁；金也空，银也空，死后何存在手中……"① 一类教人们看破生死的宗教性歌曲，这些歌曲也在一定程度上起到了净化生者情感的作用。

音乐学学者臧艺兵在观看了武当山民间歌师在丧葬仪式中的表现后感叹道："当我看到他在葬礼上绕着棺材彻夜歌唱的时候，我感觉到一种心灵的震撼。他不仅用平静的歌声超度棺内死去的人，同时，也在用真挚的歌声安慰活着的人。"他们"不仅让死去的人走得平静，也让活着的人活得更好。无论听歌的人还是唱歌的人，皆从中得到了一种心灵的踏实与自在。民歌手们正是通过演唱民歌，慰藉自己和身边的每一个人，从而安抚着一个族群的灵魂"②。借用臧艺兵的这段话来观照川东巴人后裔土家族人的丧葬仪式，我们又何尝没有类似的感受呢？

第三节　摆手歌与舞：年节仪式中的娱神与娱人

巴文化圈中具有强烈审美品质的民俗活动，除了前文已经讨论过的"哭嫁歌"和丧葬仪式中的"打丧鼓""唱孝歌"，还有一种巴文化圈独有的审美性文化习俗——"摆手"，土家语称之为"舍巴"，或曰"社巴""舍巴日""社巴日"，是一种既有舞蹈，又有歌唱，有时还有戏剧表演，主要在农历正月新春期间或三月、五月的某个时间与祭祖仪式配合进行的一种"诗、歌、舞、戏（茅古斯）四位一体"③ 的综合性艺术。在巴人及其后裔生活的广大地域，不同地区对"摆手"的称呼虽略有不同，具体操作程式和具体举行时间等也可能有一定的差异；但是，作为一种"土家族

① 胡美术：《道公视角：湖北恩施土家族丧葬习俗调查》，载于《长江师范学院学报》，2012年第1期。

② 参见臧艺兵：《民歌与安魂：武当山民间歌师与社会、历史的互动》，商务印书馆，2009年版。

③ 巫瑞书：《〈摆手歌〉与〈古老话〉比较研究》，载于《湖南大学学报》（社会科学版），2006年第6期。

年节时的族群传统活动"①，其基本内涵和表现形式又是大体相同的。

　　"摆手"具有悠久的历史。从现存史籍的记载来看，最早记载"摆手"的文献是现已失传的成书于隋唐以前的《夔府图经》；不过其有关民俗的大致内容被唐代樊绰《蛮书·卷四》转载："夷事道，蛮事鬼……正月初夜，鸣鼓连腰以歌，为踏蹄之戏……"在《夔府图经》之前，这种所谓的"踏蹄之戏"应当经过了漫长的萌芽和发展，结合其舞蹈当中有丰富的军事动作这一特点，尽管有人认为这些动作是在明代土司军队立下东南战功后才逐渐进入"摆手"仪式的②，但如果将古代巴人"俗喜歌舞"的传统考虑进来，就完全有理由相信它是从先秦时期巴国士兵的"阵前歌舞"发展而来的，是汉高祖宫廷"巴渝舞"的民间原版。③ 不过，当巴人后裔们进入相对稳定的安居生活以后，民间版"巴渝舞"在发展的过程中又逐步融合了农业生产等方面内容，故而流传下来的"摆手舞"并非全是军事动作。唐代以后，"摆手"的相关记载逐渐增多。唐代刘禹锡《竹枝词九首并引》云："四方之歌，异音而同乐……余来建平。里中儿联歌《竹枝》，吹短笛，击鼓……歌者扬袂睢舞，以曲多为贤……后之聆巴歈，知变风之自焉。"④ 宋《太平寰宇记·卷137》中也有关于通州巴渠县（在今宣汉县境内）的记载——"此县是当夷僚之边界。其民俗聚会则击鼓，踏木牙，唱竹枝歌为乐"⑤。随着方志书写在宋代的发展和定型，明清以后，中央政府为了编修一统志，均多次命令各地官员组织纂写本地方志进呈，借此，巴人后裔聚居各地的巴文化风俗得到了广泛的记载，"摆手"这样的典型文化现象也由此得到了较多的书写。

　　从诸多关于"摆手"的史志记载可见，"摆手"仪式在土家族生活地区是普遍存在的。在"摆手"的不断传承和发展中，形成了大、小摆手的

---

　　① 宋玉鹏、彭林绪、肖田等：《土家族民歌》，四川民族出版社，1987年版，第187页。

　　② 其中民间传说和清光绪版《龙山县志》对战争的记载有所不同，但对于军事动作进入"摆手"仪式的归因则是相同的。参见柏贵喜：《摆手祭：土家族社会结构的象征表达——土家族象征文化研究之一》，载于《中南民族大学学报》（人文社会科学版），2005年第3期。

　　③ 段绪光：《巴渝舞的源和流》，载于《中南民族学院学报》（哲学社会科学版），1984年第4期；彭武一：《摆手舞与巴渝舞》，载于《民族论坛》，1990年第1期；石亚洲：《土家族军事史研究》，民族出版社，2003年版，第229页；杨爱华：《巴渝舞的演变与流派》，载于《体育学刊》，2003年第3期。

　　④ 刘禹锡：《刘禹锡集》，吴在庆编选，凤凰出版社，2014年版，第130—131页。

　　⑤ 转引自童恩正：《古代的巴蜀》，四川人民出版社，1979年版，第47页。

传统，两者的区别在于：从举办周期看，大摆手一般三年举行一次；小摆手则年年举行。从举办规模看，小摆手通常只是本村本寨或附近几个村寨的百十来人参加；大摆手则涉及范围较广，参加人数众多，人数最多时可涉及十余个县好几万人。① 从舞蹈动作看，大摆手重点表现军事战争场面；小摆手则以狩猎、农事等动作为主。此外，在小摆手过程中，时常兼演原始戏剧"茅古斯"，大摆手过程中则一般没有戏剧表演。改革开放以后，"摆手"不仅在土家族生活地区得到继续传承和展演，还于 1999 年参加了在香港举行的国际旅游节，随后又登上了庆祝中华人民共和国成立 50 周年的庆典舞台，在天安门前亮相表演，从而让更多的非土家族人认识了"摆手"这一文化事象。②

事实上，"摆手"仪式不仅仅在族群识别运动所确认的土家族地区传承。有一位世居大巴山区的巴人后裔描述过其年少时（约 1976 年）所见证过的一场祈雨仪式：在牛皮大鼓声和长号声的伴奏中，人们将锅底灰和红墨水抹在脸上，算是简单化妆，然后手持长矛、弓箭、大刀、火铳等道具，围着巨大的篝火堆进行疯狂的舞蹈、喊叫，其舞步是以夸张的方式模仿先人们战争、渔猎的情节和动作。③ 这说明，在一些巴人后裔长期定居的地方，尽管文化早已汉化，其人口的族群身份也可能并不登记为"土家族"，却一直有着类似"摆手"的仪式传承，只不过其现实展演并不像在土家族地区那样密集而已。

无论是在土家族生活地区，还是在非土家族地区的巴文化传承地，尽管做"摆手"最初很可能是出于纯粹的功利目的——通过向祖宗神灵邀宠实现生产丰收，但由于"摆手"的主要表现形式是"歌"和"舞"，是艺术的而非赤裸裸的功利索取，因此，按照王国维对"歌舞"起源的探讨："歌舞之兴，其始于古之巫乎……巫觋之兴，在少皞之前……巫之事神，必用歌舞"，古代那些"恒舞于宫，酣歌于室"的"巫风"实践者——"巫"的实质即是"以歌舞为职，以乐神人者也"④。王国维相关探讨的意

---

① 参见水冬、陆玲：《土家有个摆手节》，载于《中国民族教育》，1994 年第 1 期。

② 冉光大、吴胜延：《摆手歌舞誉神州——酉阳自治县搜集整理推广土家摆手舞纪实》，载于《科技与经济画报》，2001 年第 2 期。

③ 福昌：《巴人村》；引自陈明洋：《地方》，南方日报出版社，2001 年版，第 246 页。

④ 王国维：《宋元戏曲史》，中国和平出版社，2014 年版，第 1 页。

义在于清楚地指出了巫歌巫舞所具有的"神人共娱"——"乐神人"特征。在此意义上，我们也可以说，在包括川东地区在内的巴文化圈中，由土老司（梯玛）主持并亲自参与的"摆手"仪式，同样具有"神人共娱"的特征，并且在漫长的发展过程中，其"娱人性"还经历了一个由隐到显、由少到多的渐变过程。

一、初创期摆手重"娱神"

如果我们将东汉末年由张道陵创立的道教视为中国宗教正式诞生标志的话，则在其之前的各种民间信仰模式就只能称之为前宗教或巫术了。前文说过，古代巴、蜀一带是盛行老子之术且民间宗教（信仰）特别发达的地区，这一地区的民间信仰为中国土生土长的宗教道教提供了重要的思想来源。今天的川东地区作为古代巴国的腹地，自然也很早就孕育、繁衍了丰富的民间宗教信仰，这些宗教信仰在发展过程中有的与儒、释、道三教中的某一教合流了；有的因为被其他信仰模式取代而逐渐消失了；有的则持续地以民间信仰的模式流传，其中一些如祭司文化则不绝如缕地传承至今①。

民间宗教信仰的特点是具有弗雷泽所谓巫术和宗教的"双面"性质。一方面，这种信仰相信自然和人类生命的过程是被某种"超人的力量所指导或控制"的，而且认为这种所谓超人力量是可以"被邀宠和抚慰"的；另一方面，由于人类已在一定程度上发现了事物发展具有的因果逻辑性，人们又坚信在巫师完成了"正常的巫术仪式并伴之以适当的法术"之后，就必将获得他们"预想的效果"②。从传承至今的各种民间习俗可见，川东巴文化圈的民间宗教信仰同样具有此种"双面"性质。在巫术仪式中，巫师们（川东俗称"端公""神婆""阴阳"等）一方面通过进献香、蜡、纸、雄鸡、刀头等物质性的"牺牲"和歌舞、器乐等精神性的"牺牲"来

---

① 在宣汉县土家族聚居区有一位俗名赵昌平、法名赵慧静的祭司，是最后一代土家祭司，她不仅能够会通儒、释、道三教，而且掌握了大量的比所谓"巴蜀图语"更加具有表情达意"符号"功能的"祭司文字"，这种文字很可能是民间流传的巴国古文字。参见张国述、向本林：《宣汉发现土家祭司文字》，引自向本林：《宣汉土家文化》，中国文史出版社，2013年版，第183—193页。

② 弗雷泽：《金枝》（上册），汪培基等译，商务印书馆，2013年版，第90、86页。

取悦神灵，祈求神灵为人降福、免灾①；另一方面，他们又通过使用铜铃、师刀、令牌等法器和唱诵咒语的方式来威胁和驱赶恶鬼、恶神，为人驱邪、治病、消灾。②

由这些在巴人后裔中传承至今的习俗出发去推测古代巴人的思想观念，虽不一定十分准确，但从文化心理模式的传承性而言，也不失为一种研究古人的可靠方法。在此基础上，反观《华阳国志·巴志》"周武王伐纣……巴师勇锐，歌舞以凌殷人，殷人前徒倒戈……"③ 和《后汉书》"板楯蛮夷者……俗喜歌舞，高祖观之……乃命乐人习之，所谓巴渝舞也"④ 的记载，可以断定，真正令"殷人前徒倒戈"的，绝不是"歌舞"本身，而是从"歌舞"表象中所显露出来的巴师"勇锐"之气。在武王伐纣的商末时期，巴师在战场上载歌载舞的行为既不可能是表达他们对战事的兴奋，因为历史证明巴人只是一个"善战"而非"好战"的族群；也不大可能是直接用来威胁商朝军队的，因为歌舞本身不可能对敌人产生任何震慑力和杀伤力。正所谓"战士军前半死生，美人帐下犹歌舞"⑤，对于军人来说，不要说在战场上载歌载舞，就是后方"歌舞升平"的享乐行为，也是他们深恶痛绝的。如此说来，帮助武王伐纣的巴师在战阵之前"载歌载舞"的行为，就不能简单理解为普通意义上以"人的审美"为目的的现代"歌"和"舞"。

根据前文有关巴人民间信仰的讨论，这种被汉高祖称为"巴渝舞"的"阵前歌舞"只能理解为一种兼有"邀宠"和"威胁"性质的"巫歌"和"巫舞"，巴师通过"歌舞"的方式，一方面向那些"指导或控制"着战争胜负的神灵"邀宠"，希望它们能够在战争中"眷顾"自己，使己方获胜；

---

① 张国述、饶庆发：《"栽花"习俗》；引自向本林：《宣汉土家文化》，中国文史出版社，2013 年版，第 119—122 页。"刀头"即刀头肉，通常为猪肉，每头猪仅有两块刀头肉，因少而显珍贵，常用于祭祀。

② 张国述、饶庆发：《"搬射"习俗》，向本林：《宣汉土家文化》，中国文史出版社，2013 年版，第 123—125 页。在"搬射"仪式中，巫师举着灵牌在病人头上不停抖动，并高唱"一打高山大庙鬼，二打低山小庙神，三打冷坛……天煞地煞，年煞月煞，小二神煞，一切推在五门外……"一类的咒语。

③ 常璩：《华阳国志校注》，刘琳校注，巴蜀书社，1984 年版，第 21 页。

④ 范晔：《后汉书》（第 10 册）卷八十六《南蛮西南夷列传》，李贤等注，中华书局，1965 年版，第 2842 页。

⑤ 高适：《燕歌行》，引自蘅塘退士：《图解唐诗三百首》，思履注，京华出版社，2016 年版，第 168 页。

另一方面，在他们的唱词中，多半又夹杂着"威胁"和驱赶那些可能于己不利之神灵的"咒语"，从而使自己远离厄运。由于巴师士兵对这种"巫歌""巫舞"的神力有着深信不疑的普遍信仰，当队伍中的"巫师"在战阵之前组织全部队伍参与这种以"歌舞"为表象的巫术活动时，就从客观上起到了两大作用：一是巴师自身的战斗精神被全面调动起来，整个队伍表现出一种强大的战斗气势——"勇锐"之气；二是巴师这种强大的"勇锐"之气再借着"歌舞"的表象传达给士气本就涣散的殷人，尤其是站在队伍前排的士兵之后，给他们造成了"此战必败"的强大心理压力，于是，他们无心恋战，便"倒戈"溃败了。

《后汉书》中记载了巴人中"其人勇猛，善于兵战"的板楯蛮一支自秦汉以来所立的诸多战功。除帮助汉高祖平定三秦之地以外，仅东汉时期，就立下了永初年间击败攻破汉川郡的羌人军队；建和二年击败再次入侵的羌人军队；在车骑将军冯绲率领下南征武陵，击败来自丹阳的精锐之师；以及由太守李颙率领，讨平益州叛乱等多次卓著功勋。按照板楯巴人"俗喜歌舞"的民间传统，想必在这些取得胜利的战争中，前述在阵前举行的"巫歌""巫舞"也一定发挥了非常重要的作用，难怪在与板楯蛮军队交战中"死败殆尽"的羌人称其为"神兵"，并告诫其族人"勿复南行"。①

这种关于巴师"阵前歌舞"系巫术仪式的说法并非毫无来由。在川东巴文化圈，直到20世纪二三十年代，国内革命战争时期，不论地方军阀部队的战士，还是刚刚加入革命队伍，思想观念尚未转变过来的战士，都非常相信有"刀枪不入"的所谓"神兵"。作战时，这些"神兵"跟着"祖师爷"一起高声念诵着诸如"……打不钻，杀不尽，观音老母来救命……"之类的咒语，气势凶猛地冲向敌阵。② 尽管"神兵"的迷信很快被破除，但在初期，这一依靠"巫术"来提高战斗力的做法确实对战争双方都具有很强的震慑力，甚至在一定程度上影响了一些小型战斗的胜负。这一历史事实说明在川东地区一直有着浓厚的民间信仰传统，并持续地传承着类似古代巴师"巫歌""巫舞"的巫术仪式。

----

① 范晔：《后汉书》（第10册）卷八十六《南蛮西南夷列传》，李贤等注，中华书局，1965年版，第2842—2843页。

② 王维舟：《川东游击军的斗争》；王波：《打神兵》，参见中共万源市委党史研究室：《万源革命诗文选》，大众文艺出版社，2009年版，第64—70、71—81页。

如果把古代巴师在战场上"歌舞以凌殷人"及其以后很长一段时间的民间版"巴渝舞"算作"摆手"的萌芽及初创阶段的话，则这一阶段的"摆手"具有强烈的巫术性质，其主要目的就是"娱神"——向神灵"邀宠"。但诚如英国人类学家泰勒对于舞蹈所发的高见，尽管对于"我们新时代的人来说"，跳舞"可能是一种轻率的娱乐"，但是对处于"文化的童年时期"的人来说，"舞蹈却饱含着热情和庄严的意义"，他们用舞蹈来表现"自己的愉快和悲伤、热爱和暴怒"，甚至将其"作为魔法和宗教的手段"。① 这就是说，巴人之所以要用"歌舞"的形式向神灵"邀宠"，正是因为他们从自己的"歌舞"中获得了愉悦，并进一步"推己及神"，将其作为"娱神"的手段。显然，古代巴人这种以"歌舞"来"娱神"的观念不过是他们"歌舞可以娱人"内在体验的一种折射。因此，古代巴人在日常生活中的"喜歌舞"之"俗"可能带有更多的"自娱"特征，而在带有祭祀性质的集体歌舞——"摆手"之雏形中，虽"歌舞"形式不可避免地具有一定的"娱人性"，但由于神灵地位的崇高及其力量的可怕，加之活动的根本目的是功能性的"娱神"，因而，参与其中的人往往是庄重严肃的，不太可能想到自己的娱乐，所以在大多数情况下，这一阶段的"歌舞娱神"活动是近乎"见神不见人"的。但由于巴人及其后裔与生俱来的"喜歌乐舞"天性，其中也必定潜藏着诸多娱人的成分，并可能在以后的发展过程中逐渐彰显出来。

二、定型期摆手"人神共娱"

按照人类普遍经历"万物有灵论"阶段的发展规律，在人类发展到相信万物有灵，并且相信可以使用巫术来借助"神灵的力量变化自然，造福人群"的时候，原始宗教也就应运而生。② 大概由于巴人的民间宗教信仰尚未来得及完成宗教性的转化，巴国就早早地灭亡了，所以巴人的民间宗教信仰便一直处于"原始宗教"的状态，后来则成为汉族所创宗教——道教的重要思想来源之一。既然古代巴人是一个具有浓厚原始宗教信仰的族

---

① 泰勒：《人类学——人及其文化研究》，连树声译，上海文艺出版社，1993年版，第269页。

② 吴泽：《古代史》（第四编），棠棣出版社，1951年版。转引自袁珂：《中国神话史》，北京联合出版公司，2015年版，第11页。

群，他们的神灵观念自然不会局限在战争领域，而是遍布其社会生活的方方面面，这一观点不仅可以通过逻辑推导得出，还可以从至今仍"活"在川东土家族民间社会中的敬奉"山神""猎神""土地神""四官神""财神""打儿菩萨"等神灵的多神信仰，以及"土地会""牛王会""马王会""猪王会""蝗虫会"等名目繁多的祭祀活动中得到印证。① 但是，巴国由于灭亡较早，在当时的众多方国中又不具有明显优势，其在史书中便自然不可能占有太多的位置，因而，对其民俗的相关记载，除了在中央王朝的国家建构过程中起到过重要作用的"歌舞以凌""勇猛善战"之类稍微详细以外，其他的就语焉不详了。

可以推测，在古代巴人的日常生活中，其"喜歌舞"之"俗"不仅表现在于史有载的战争场面之中，而且在其各种祭祀活动之中都有所表现。随着秦、汉大一统王朝的建立，巴人后裔也逐渐结束了大规模的迁徙，在"北起大巴山，中经巫山，南过武陵山，止于南岭"② 这一相对封闭且带有"腹地"和"边疆"双重性质的地域定居下来，并逐步确立了以农耕为主、渔猎为辅的生产、生活方式，加之中央王朝对西南少数族群长期采取"羁縻"的统治政策，因而中原文化对这一区域巴人后裔的影响甚小甚缓，而他们原有的巴文化传统则得到了较好的延续和发展。

与此同时，由"本身的超生理性和变迁性决定"，文化又"并不是固定不变的生活模式"。③ 按照生产方式决定文化模式的一般规律，一个社会的文化模式通常会随着其生产方式的改变而改变。由于农耕成为巴人后裔主要的经济生活方式，事关农业丰产、丰收等方面的祭祀也随之成为"事鬼"成俗的他们各种祭祀活动的重中之重。为了确保农业生产的时间不受影响，用于祭祀的"神圣时间"便逐渐向"农闲"时间"转移"，在经过一个较为漫长的发展时期以后，巴人后裔集体最重要的"神圣时间"被确定在了具有多重意义的春节期间。在此期间，节日的喜庆、丰收的喜悦和渴望、对祖先的思念、对神灵的崇拜、社群的交往等成为生活的主要

---

① 文先志：《土家人的原始崇拜与巫文化》；引自向本林：《宣汉土家文化》，中国文史出版社，2013年版，第169—173页。

② 张正明：《土家族研究丛书总序》；引自朱炳祥：《土家族文化的发生学阐释》，中央民族大学出版社，1999年版，第4页。

③ 黄柏权、葛政委：《从仪式到表演——恩施三岔"还愿"仪式的人类学考察》，载于《广西民族研究》，2005年第4期。

内容，根据《夔府图经》关于"正月初夜，鸣鼓连腰以歌"的记载，大约在该书成书以前，一年中最隆重的综合性祭祀活动即已在这一时期固定下来，无怪乎刘禹锡在看到建平的巴人后裔"联歌《竹枝》，吹短笛，击鼓……歌者扬袂睢舞……"时也正好是"岁正月"①，这一点也可从《摆手歌》"正月日子正好耍，年年给他们做社巴"② 的唱词中得到印证。

如果说隋唐以前巴人后裔尚未定型的以"歌舞"配合祭祀的活动体现的是"摆手"的初创期，则隋唐以后，由于社会结构进一步趋向稳定，巴人后裔的生活进入了长时期的安定状态。与之相应，他们在年节期间以歌舞的方式配合大型祭祀活动的习俗，既在时间、内容和形式上固定了下来，又获得了相对固定的名称。据《永顺府志·杂志》记载："每岁正月初三至十七日，男女……鸣锣击鼓，跳舞唱歌，名曰摆手。"③ 同时，由于"文化变迁"是"所有社会文化系统中"的"一个永恒的现象"④，最初以"祭祀祖先、祈求丰年、繁衍子孙、阖境清泰"⑤ 为目的，作为"土家先民的一种祭神巫术仪式"⑥ 的"摆手"自然也就随着巴人后裔的文化模式一起发生了变迁。这样的变迁不仅表现在将祭祀活动命名为"摆手"时所发生的从意义（祈求神灵）向表象（舞蹈动作）的偏离和流转，而且表现在祭祀活动过程中更多意义的掺入及活动内容的不断丰富。这种变迁实际可以看作"摆手"这一文化现象趋于定型的表现。

从美学的角度审视，相对初创期"摆手"而言，定型期"摆手"所发生变迁的核心是"娱神性"的减弱和"娱人性"的增强，简单来说，就是从原先近乎"见神不见人"的庄严状态逐渐演变成一种将庄严的祭祀仪式与狂欢式的群众娱乐融为一体的审美性民俗活动。刻于清乾隆年间的龙山县西湖乡御甲寨"摆手堂"石碑上说："盖闻……庙也者，神之居宫室也……自我彭公爵主……每岁……男女齐集神堂，击鼓鸣钲歌舞之……以

---

① 刘禹锡：《刘禹锡集》，吴在庆编选，凤凰出版社，2014 年版，第 130—131 页。

② 彭勃、彭继宽：《摆手歌》，岳麓书社，1989 年版，第 377 页。

③ 湖南省文学艺术联合会：《湖南歌谣集成》（一），湖南文艺出版社，2009 年版，第 25 页。

④ 伍兹：《文化变迁》，何瑞福译，河北人民出版社，1989 年版，第 22 页。

⑤ 巫瑞书：《〈摆手歌〉与〈古老话〉比较研究》，载于《湖南大学学报》（社会科学版），2006 年第 6 期。

⑥ 朱祥贵、杨浩：《摆手歌的原型及其它》，载于《中南民族学院学报》（哲学社会科学版），1993 年第 4 期。

为神之欢，人之爱也……"① 乃是这种"人神共娱"观念普遍存在于"摆手"活动中的明证。

这种关于"摆手"活动神"欢"人"爱"的观念，虽然晚至清初才被明确书写，并刻于石碑，但在现实中可能很早就出现了。在作为"摆手"活动重要内容的《摆手歌》中有一段"族群迁徙歌"这样唱道："竹卦要带来，路上还要问神灵，王龙也尺要带上，路上还要玩社巴。"② 歌词将用于"摆手"的工具"王龙也尺"和用于"问神灵"的工具"竹卦"并提，显示了这一工具的重要性，然而从其用词来看，开展"社巴"（即摆手）活动的方式不是庄重肃穆的"做"，而是带有浓厚娱乐性质和审美意味的"玩"，这就说明，人们在"摆手"的"功能形式与功效相等的地方"，也为它留下了"美感选择的余地"③。在英雄故事歌《洛蒙挫托》"每年到了正月间……跳的跳哩唱的唱，人也喜来神也欢……"④ 的唱词中，也可以看出这种带有明显"目的性的艺术"，同样"具有象征的性质"⑤，具有"娱人"和"娱神"的双重功效。

正如《礼记·檀弓上》所云："祭祀，与其敬不足而礼有余也，不若礼不足而敬有余也。"古代华夏族群秉持的是"事死如事生"的祭祀态度，他们特别强调祭祀时的"虔敬"，在祭祀的内容与形式之间，他们更重视的是"敬"这一实质性内容，如果条件不允许，作为祭祀之形式的"礼"是完全可以简化甚至省略的。巴人后裔则不然，据光绪版《龙山县志》记载："土民……摆手堂，供土司神位，陈牲醴……酬毕……击鼓鸣钲，跳舞唱歌……歌时男女携手，翩跹进退……"⑥ 可见，在巴人后裔那里，对祖先及神灵的虔敬与其自身借祭祀之机进行娱乐身心的"歌舞"活动并不是截然对立的，他们既重视祭祀时内心的虔敬，又重视在利用"歌舞"形式娱乐祖先和神灵的同时，让自身的情感和愿望得到审美化的表现。在他们那

---

① 柏贵喜：《摆手祭：土家族社会结构的象征表达——土家族象征文化研究之一》，载于《中南民族大学学报》（人文社会科学版），2005 年第 3 期。

② 彭勃、彭继宽：《摆手歌》，岳麓书社，1989 年版，第 133 页。

③ 里德：《艺术与社会》，陈方明、王怡红译，工人出版社，1989 年版，第 42 页。

④ 彭勃、彭继宽：《摆手歌》，岳麓书社，1989 年版，第 377 页。

⑤ 里德：《艺术与社会》，陈方明、王怡红译，工人出版社，1989 年版，第 43 页。

⑥ 柏贵喜：《摆手祭：土家族社会结构的象征表达——土家族象征文化研究之一》，载于《中南民族大学学报》（人文社会科学版），2005 年第 3 期。

"流畅、粗犷、抒情、古朴与热烈"① 的歌舞活动中，不论其初衷是祭祀祖灵，还是"蹈咏武功"，最后往往都表现为"桑濮风行，或至淫泆忘返"的娱乐场面。② 由此，定型期"摆手"的"人神共娱"特征便显而易见。

三、后期摆手凸显"娱人"性

在清王朝于雍正年间开始实施"改土归流"政策以后，那些在中原儒家礼乐教化中成长起来的流官们来到巴人后裔定居的巴文化圈，看到当地人在婚、丧仪式结束之后"……邀集男女会饮咂酒……"③，婚事不经"父母之命、媒妁之言"而"以歌为媒"、自作主张，以及人死之后"不从凶而从吉，家家燕乐闹丧……"等现象以后，觉得其行为非常怪异，于是批判这些都是"伦理不明，吉凶不合理"④ 的劣风陋俗，并一方面颁行禁令，另一方面以朝廷名义大兴学校，传授儒家经典，力图移风易俗。

流官们在大力推进巴人后裔聚居地区经济、政治、文化改革、发展的同时，也彻底打破了这一地域原有的文化自足状态。在官方和精英知识分子的大力倡导之下，越来越多的巴人后裔走进官办学堂或私塾，接受以儒、道思想为核心的汉文化洗礼。清代土家族士人彭秋潭有诗云："家礼亲丧儒士称，僧巫法不到书生。"⑤ 说明巴文化区域最先改变风俗习惯的，正是率先接受儒家文化的士人们，之后他们又持续地教育、影响其周边的民众，风俗由是逐渐改变。

与土家族聚居地区移风易俗进程基本同步，在人们的汉文化修养与日俱增的同时，其自身作为巴人后裔的显性文化特征也在日渐失落。在这一增一减的历史潮流之中，讲汉语的人越来越多，说土家语的人越来越少；生活习俗改从汉文化的人越来越多，坚持巴文化习俗的人越来越少；思想观念上主动学习汉文化的人越来越多，固守土家传统思想观念的人越来越

---

① 白新民：《土家族风情录》，四川民族出版社，1993年，第140页。
② 清光绪版《龙山县志·风俗》，引自丁世良、赵放：《中国地方志民俗资料汇编》（中南卷上），书目文献出版社，1990年版，第648页。
③ 四川黔江地区民族事务委员会：《川东南少数民族史料辑》，四川民族出版社，1996年版，第157页。
④ 石柱县志编纂委员会：《石柱县志》，四川辞书出版社，1994年版，第112页。
⑤ 长阳土家族自治县地方志编纂委员会：《长阳县志》，中国城市出版社，1992年版，第745页。

少……当然，与汉文化交流越是密切的地方，其社会和文化的变迁就越是迅速；相反，距离汉文化区域越远，与汉文化交往越少的地方，其社会和文化的变迁就越是缓慢。在巴文化传统相对根深蒂固的地方，如湖南永顺，其"摆手"习俗在清代仍然盛行，土家族贡生彭施铎在当地观看了"大摆手"活动后，作诗赞曰："福石城中锦做窝，土王宫畔水生波；红灯万盏人千叠，一片缠绵摆手歌。"值得注意的是，在诗人的眼里，"摆手"吸引人之处，已不再是其祭祀的内容，而是"水波""红灯万盏""人千叠"等触动其美感的形象和那缠绵动听的"摆手歌"了。

自然，像"摆手"这样一类具有显著巴文化特征的民间习俗也不可避免地会发生变化。到 20 世纪中叶，同样是巴文化圈，在那些与汉文化交往密切的巴文化区已基本不做或很少做大型"摆手"活动了，即使是在那些距离汉文化区较远的偏僻山寨，如来凤县河东乡舍米湖村，尽管摆手堂已在村里伫立了几百年，"摆手"的传统仍然传承不断，但当族群文化工作者陆训忠于 1956 年发现摆手堂时，当地人似乎已多年没有开展过"摆手"活动了，会跳摆手舞的人更少，当时在村里组织的摆手舞队竟只有 7 人，且这些老者对摆手舞的动作似乎也遗忘得厉害，以至于他们要在相互商讨之后，方能"将记忆中的舞蹈进行复原"[①]。这就说明，随着巴人后裔土家族在经济、社会、文化等方面的迅速现代化，学习和传承"摆手"这一融祭祀与歌舞为一体的综合性活动越来越少，起初的"全员参与"逐渐发展到表演者与观看者"各居其半"，再后来，表演者愈来愈少，而旁观者则愈来愈多了。

与"摆手"活动实际开展次数减少同时发生的，就是它的性质逐渐改变。前文说过，初创期的"摆手"具有强烈的巫术性质，其主要目的在于"娱神"；定型期"摆手"的"娱神"性逐渐减弱，而"娱人"性逐渐增强，到"改土归流"前夕，两者达到了近乎平分秋色的地步。"改土归流"后，"摆手"的"娱人"性进一步增强。一方面，很多地方的"摆手"活动逐渐被不太明显地区分为祭祀和歌舞两个部分，前者主要是用烧纸、点蜡烛、放火炮和供奉腊肉、生猪头、糍粑、米酒等祭品来向神灵"邀宠"，

---

① 唐卫青、张瑞：《从祭台到舞台的时空变迁：土家摆手舞的人类学解读以来凤县——舍米湖村为例》，载于《湖北民族学院学报》（哲学社会科学版），2015 年第 6 期。

后者则由最初的"娱神"明显偏向了以"人"为中心的"娱乐"活动，正如一首"摆手歌"所唱："……几多春宵情，唯有摆手浓……哥装哑巴妹装聋，只把秋波送……"①"摆手"活动甚至成了被封建礼教压制的男女青年互表爱恋的绝佳场合。在来凤县舍米湖村，祭祀仪式是在跳摆手之前进行的。祭祀时，众人进入神堂，将所带烧纸、腊肉、糍粑等祭品陈放在先祖神位前，然后跟着村内德高望重的老人行叩拜先祖之礼。人们双膝跪地，双手合十置于胸前，这时，领祭老人饱含虔敬之心地唱道："土王土祖土王做主，有事才来奉请，无事不敢议论。"待祭祀结束后，众人便自觉在院坝中围成一个圈，伴着锣声与鼓点开始愉快地跳"摆手"。②由于当地已基本不唱"摆手歌"，缺少了关于祖先创世、迁徙等方面的语言提示，因此，人们只是在舞蹈中模仿捕鱼、挖土、撒种、打糍粑、打蚊子等生产、生活场景以及虎、鹰等动物的动作。按照普列汉诺夫的说法，这样的"摆手"活动无非是想在闲暇时节"再度体验一种快乐的冲动"，而这种快乐的获得则多半是由于劳作或"狩猎时使用力气"。③

舍米湖村的现象并非个例，而是整个巴文化圈中"摆手"这一文化现象的现实缩影。在本书所讨论的川东巴文化圈范围内，尽管《太平寰宇记》卷137中尚有"……民俗聚会则击鼓，踏木牙，唱竹枝歌为乐"④的记载，但由于汉文化早已在这一地区占据了统治地位，关于"摆手"活动的明确记载今天已很难见到了。这恐怕与这一地区很早被汉文化深刻影响，而固守巴文化传统的巴人后裔则逃入宣汉、万源一带深山之中，久而久之，其民俗不为外界所了解有关。可以想见，这一地区巴人后裔的"摆手"习俗在明清以后也同样经历了一个迅速变迁的过程，其"娱人性"也更加清晰地凸显出来。

现代以来，包括川东巴文化圈在内的各地"摆手"发展模式大约都与来凤县舍米湖村极为相似——在被外界发现以前，已几近失传，在非遗保护运动中受到重视以后，开始由极少数老年人组织起来重新恢复传统。

---

① 唐荣沛：《土家摆手舞》，载于《档案时空》（史料版），2005年第3期。

② 唐卫青、张瑞：《从祭台到舞台的时空变迁：土家摆手舞的人类学解读以来凤县——舍米湖村为例》，载于《湖北民族学院学报》（哲学社会科学版），2015年第6期。

③ 普列汉诺夫：《没有地址的信·艺术与社会生活》，人民文学出版社，1962年版，第83—84页。

④ 童恩正：《古代的巴蜀》，四川人民出版社，1979年版，第47页。

"摆手"作为巴文化圈中人们建构自身文化特征的工具，而被一些居民主动练习（如图4-6、图4-7所示）。同时，一些学校也开始将其作为地方性知识列为校本教材的教学内容，组织学生进行大规模的传习（如图4-8所示），并开始组织队伍参加政府主办的文艺汇演，登上公开表演的舞台。在被开发成旅游景区的地方，甚至成立了商业演出队伍，只要游客愿意付钱，人们就可以随时提供表演。在这样的情况下，"摆手"更是完全脱离了其最初的"祭祀"语境，成了一种完全意义上的"表演艺术"，一种以娱乐游客为目的的审美对象。

图4-6、图4-7　宣汉县渡口土家族乡居民在广场上跳摆手舞

图 4-8　宣汉县渡口土家族乡中心小学学生在集体跳摆手舞①

　　可以说，"改土归流"以后，"摆手"不仅给那些接受巴文化浸润，传承"摆手"文化，亲身参与到"摆手"活动中去的巴人后裔带来了强烈的审美愉悦，让他们在闲暇的年节庆典期间达到了乐不思归的忘我境界，而且，当"摆手"作为一种巴人后裔的独特文化传承进入公众视野，并被搬上舞台进行公开展演的时候，也同样让那些"非我族类"的"摆手"歌舞旁观者获得了巨大的审美享受。有游客在重庆酉阳观看了大型"摆手"表演（如图 4-9 所示）之后，还即兴创作了诸如"摆手堂前男女多，优美舞姿摆手歌，牛头丝刀锣鼓响，乐得万人笑哈哈"之类的打油诗，来表达自己从中获得的审美感受。②

---

① 图片来源：宣汉县渡口土家族乡中心学校原副校长张伟（土家族）先生。
② 冉光大、吴胜延：《摆手歌舞誉神州：酉阳自治县搜集整理推广土家摆手舞纪实》，载于《科技与经济画报》，2001 年第 2 期。

图 4-9　西阳摆手舞①

　　之所以说"摆手"这样一种年节歌舞具有"娱神"和"娱人"的双重功能，并不断从"重娱神"向"重娱人"的方向发展，不仅因为它是表现巴人后裔从社会和劳动实践中得到"认识、情感和思想"②的一种带有浓厚巫术色彩和"娱神"目的的艺术形式，而且因为它在以"生动而奇特"的歌舞形象展现巴人及其后裔壮阔的"历史和生活的图景"③的同时，也深刻地表达了他们"最强烈的审美享乐"④。随着时间的推移，他们从这种动作夸张、声音缠绵的"摆手"歌舞中所感受到的快乐也越来越强烈。更进一步，在"美美与共"的现代社会，这种原本属于一个族群的独特歌舞，还可以为巴人后裔以外更多的人带来审美的愉悦。

第四节　家居与服饰：百姓日用中的审美精神

　　人类诞生以来，包括古代巴人及其后裔在内的整个人类发展的基本过程，实际上就是一个不断改善生存方式和提升生活质量的过程。这一方面表现为持续不断地制造和使用新的生产工具去获取更加丰富的生活资料；另一方面则表现为不断适应生存环境，持续地改善、美化自己的生活空间，使其变得更加舒适、美观、赏心悦目。总体来看，这里的两个方面基

---

　　① 图片来源：吴胜延摄，引自冉光大、吴胜延：《摆手歌舞誉神州：西阳自治县搜集整理推广土家摆手舞纪实》，载于《科技与经济画报》，2001 年第 2 期。

　　② 林耀华：《民族学通论》，中央民族大学出版社，1997 年版，第 474 页。

　　③ 巫瑞书：《〈摆手歌〉与〈古老话〉比较研究》，载于《湖南大学学报》（社会科学版）2006 年第 6 期。

　　④ 格罗塞：《艺术的起源》，蔡慕晖译，商务印书馆，1984 年版，第 165 页。

本上是同时发生又并肩前行的。

古代巴人及其后裔在与其他族群争夺生活资料的过程中，结合本族群最初以渔猎为主的生计方式，不断地由迁徙、安居到再迁徙、再安居……最终选择了"北起大巴山，中经巫山，南过武陵山，止于南岭"① 这一水系较为发达的典型山区丘陵地带作为族群的生存空间。在这样的生存空间之中，随着巴国的灭亡，在漫长的政治羁縻时期，巴人及其后裔努力适应和改造其生存空间，逐渐确立了以农耕为主，渔猎、采集等为辅的生产方式，基本满足了他们自我发展和族群再生产的物质生活需要。

在追求丰富物质生活资料的同时，作为人类学意义上"天性""喜歌乐舞"的"审美的人"，古代巴人及其后裔甚至表现出了比其他族群更加强烈的对精神快乐的追求。从本书第二、三章中可以看到，巴人后裔们将功利性物质生产和精神性审美娱乐有机融合为一个整体，他们在以功利追求为目的的生产过程之中或间隙，总是不忘展开以歌唱为主的审美娱乐活动；同样，正如本章前三节所呈现的那样，他们在嫁娶、丧葬、祭祀等神圣性的仪式中，也总是以歌唱、舞蹈等审美的方式抒发彼时彼刻的内心情感，或者抒发离家远嫁的复杂情感，或者祈祷祖先、神灵的福佑，或者表达对亡人的恩情、思念，并使自身的那一类情感得到审美性的宣泄。

鲁迅先生在《〈艺术论〉译本序》中阐述普列汉诺夫（鲁迅译为"蒲力汗诺夫"）的美学观点时，曾经充满辩证意味地指出，"一切人类所以为美的东西"，总是"于他有用"的东西，人们在审美时"虽然几乎并不想到功用"，但这种功用却可以经"由科学底分析而被发见"，因而，在"美底愉乐的根柢里"，倘若"不伏着功用"，那所谓美的"事物也就不见得美了"。② 对于古代巴人及其后裔来说，现实的功用与审美的愉悦大约具有同等的重要性，它们总是紧密地结合在一起。人们不仅在开展物质生产活动、举行神圣仪式的同时，通过歌唱、舞蹈等一切悦耳、悦目的方式来愉悦自己的精神，而且在他们日常生活领域的各种消费性活动中，更加突显出对于实用性和审美性的同等重视。

---

① 张正明：《土家族研究丛书总序》；引自朱炳祥：《土家族文化的发生学阐释》，中央民族大学出版社，1999年版，第4页。

② 鲁迅：《鲁迅全集（编年版）·第6卷》，人民文学出版社，2014年版，第380—381页。

在经济学的视野中，消费是人类"满足自身欲望的一种经济行为"。人类的消费活动大致可分为两类：一是生产消费，一是个人消费。前者是指"物质资料生产过程中的生产资料和活劳动的使用和消耗"；后者是指人们把"物质资料和精神产品用于满足个人生活需要的行为和过程"。^①因生产消费与本书论题关系较小，故不予讨论，此处仅讨论与审美有着密切关系的个人消费。个人消费通常包括衣、食、住、行、用以及更高级的精神享受等诸方面的内容，对于前现代的巴人及其后裔们来说，他们消费的物质资料和精神产品常常是合二为一的，亦即作为精神产品的艺术（如薅草锣鼓），往往同时承担着促进物质生产的任务，而作为生活用品的物质资料则在满足生理需要的同时，又往往兼具愉悦人们精神的审美功能。

川东巴人后裔精神产品的物质生产功能已如前述，这里单单讨论他们的生活用品、用具在自身的日常生活中如何同时起到愉悦精神的审美功能。尽管巴人后裔土家族人用于个人消费的生活用品和用具名目繁杂，但在与以汉族为主的其他族群的文化交往过程中，大部分东西都已经失去了独特性，很多甚至完全与汉族等其他族群实现了同质化。为使本书的讨论更具代表性，笔者打算仅仅选择他们用于栖身的"吊脚楼"、各种家具中最具特色的"滴水床"、服装及装饰物中最具生命力的"西兰卡普"这三种典型的生活用品、用具作为对象，来讨论在这些与他们终身相伴的物质资料中，寄托了怎样的审美情感。

一、吊脚楼：天人合一的栖居之地

人总是生活在一定的自然环境之中。自人类诞生以来，自然既是源源不断地为人类提供食物，使其生命得以延续的丰富宝藏，又常常给人类带来意想不到的灾害，使其遭受财产乃至生命的损失。自然这种亦善亦恶、时善时恶的属性不断地引发人类的深思。一方面，人类将自然这种时而慷慨地赐予、时而又可怕地伤害自己的特征予以人格化，从而推动了巫术和原始宗教的诞生；另一方面，当人类智力发展到一定程度之后，便试图去探索复杂的自然现象背后的规律，进而助推了哲学观念的发展。在人类对自然的探索和思考当中，逐渐形成了两种截然不同的自然观，一种是以西

---

① 郭自力：《一本书读懂国富论》，黑龙江科学技术出版社，2012年版，第306页。

方哲学为代表的天人二分哲学观，其对待自然的基本态度是改造和征服；一种是以中国哲学为代表的天人合一哲学观，其对待自然的基本态度是顺应和利用。这些哲学观一旦形成，又会反过来指导人们的思想和行为方式。

中国古代哲学以儒、道两家为主要代表。在哲学观上，儒、道两家都坚持"天人合一"的哲学观，表现在对待自然的态度上，以道家、道教的为代表的"无为"自然观尤其具有代表性。"无为"自然观具有强烈的生态取向，正如澳大利亚生态哲学家 R. 西尔万（R. Sylvan）和 D. 贝内特（D. Bennett）所指出的那样，道家（也包括道教）思想中"蕴涵着深层的生态意识，它为'顺应自然'的生活方式提供了实践的基础"①。同时也为中国人的生活实践打下了思想的基础。鲁迅先生更是睿智地指出"中国的根柢在道教"②，其意虽在批判，却也道出了道家、道教思想对于包括巴人后裔在内的，深受汉文化影响的中国人的思想和行为方式所起的根本性影响。

著名建筑学家梁思成认为，不同族群在衣食、工具、器物、家具和建筑等方面，均有着"不同的族群性格或族群特征"，就包括建筑在内的工艺而言，不论在什么样的时代，都"总是有它的一贯的族群精神"③。诚然，如前所述，川东土家族人不仅继承了其祖先古代巴人朴直敦厚、刚勇重义、乐观豁达的族群性格，而且同样在生存环境的建构，器物、家具的制造，服装、饰物的设计，以及食物的选择等诸多方面保持了一贯的族群精神，使人能够轻而易举地将他们与其他族群区别开来。在这些体现族群精神的事物之中，作为土家人劳作之余用以完成休养生息的重要场所，吊脚楼这种土家族传统民居建筑，既在他们的日常生活中发挥了重要的实用功能，又体现了他们在相对固定的生存环境之中对"栖居之地"所作的审美选择和艺术营造。这主要表现在以下几个方面：

其一，基址选择的天人合一。前文说过，包括川东地区在内的巴蜀地

---

① Richard Sylvan and David Bennett. "Taoism and Deep Ecology". *The Ecologist*. 1988, 18：148. 转引自胡化凯：《中国古代科学思想二十讲》，中国科学技术大学出版社，2013 年版，第 193 页。

② 鲁迅：《鲁迅全集·第 11 卷》，人民文学出版社，1981 年版，第 353 页。

③ 梁思成：《大拙至美：梁思成最美的文字建筑》，中国青年出版社，2013 年版，第 26 页。

区民间思想受到道家思想的影响，更是道教思想的重要来源。自然，长居
此地的巴人及其后裔的思想和行为方式也会深受道家和道教的影响，对于
居住地点的选择就是其表现之一。宣汉县境内大巴山区前、中、后三河流
域，是川东地区部分巴人后裔的最后栖息地。在这里，至今仍然可以看到
不少依山傍水而建的干栏式建筑——吊脚楼（如图4-10所示），这些吊
脚楼在修建时对于地点——基址的选择非常讲究，体现了自古代以来"天
人合一"观念的深刻影响。

图4-10 川东土家族吊脚楼

且不论民间在选择基址时必然秉持的"青龙白虎、朱雀玄武"和"以
人之意逆山水之意，以人之情逆山水之情"①等颇具美学意味的风水观念
中所包含的"天人合一"思想，单从现代科学的视角来看吊脚楼的基址选
择，就可以看出其中蕴含的既"顺应自然"，又"有益人生"的思想观念。
有的吊脚楼修建在负阴抱阳、背山面水的山湾之中，这样的基址一般地势
比较稳固，不大容易发生山体滑坡、巨石滚落等自然灾害；巨大的山体既
有效地遮挡了狂风暴雨的袭击，又能够避免阳光的全天候照射而导致屋内

① 管辂：《管氏地理指蒙》，一苇校点，齐鲁书社，2015年版，第93页。

的气温过高，从而不仅有效地避免了自然对人的直接伤害，满足了人们对于安全的需求，同时，冬暖夏凉的小环境更给人们带来"舒适"的生理感受以及随之而来的愉悦心情。有的吊脚楼修建在临河坡地的水面上，这样的基址既不挤占稀缺的耕地资源，为人们满足基本生理需求所需的食物生产留足了空间；又可以有效避免山地常有的蛇、虫、野兽侵害；适当的建筑高度还能有效避免夏季的洪水灾害。同时，由于水具有较强的温度调节功能，水边的气温通常更加均衡，因而也就更加适宜人的生活，更加能够给人带来"舒适"的感受，也更加容易使人保持愉悦的心情。不管是建在"山湾"还是"水边"，吊脚楼都以"无为"的方式，很好地顺应了自然，而自然又反过来还给人们一种既"安全"又"舒适"的居住感受，并为人的更高层次的需求即审美，打下了良好的生理和心理基础。

其二，构造方式的遵道而行。建筑是人类"一切造型创造中最庞大、最复杂"的实用艺术形式，它所代表的族群思想和艺术是"更显著、更强烈，也更重要"的[1]，对于川东地区的巴人后裔来说，吊脚楼同样具有这样的特征，它既是人们终其一生最庞大、最复杂，也最耗费心血的一件创造，又最为显著、强烈地代表着巴人族群自古以来的哲学思想和艺术观念。也就是说，吊脚楼不仅在选择基址时充分利用自然的便利，做到了使人身心"舒适"，而且在具体的建造过程中，同样贯彻了"天人合一"的思想，尽可能做到"遵道而行"。这一点主要表现在三个方面。

一是整体架构遵循依山就势的原则。古代巴人很早就采取了以干栏为主的民居形式。据史料记载，南北朝时期的巴濮后裔僚人"散居山谷……依树积木，以居其上，名曰干阑……大小，随其家口之数"[2]。唐代居于四川东部的南平僚也是"……人并楼居，登梯而上，号为干栏"[3]。曾在今达州市任通州司马的唐代著名诗人元稹有诗云："平地才应一顷余，阁栏都大似巢居。"并自注曰："巴人多在山坡上架木为居，自号'阁栏头'也。"[4] 川东巴人后裔至今采用的这种不改变原有地貌，依山就势地"在

---

① 梁思成：《大拙至美：梁思成最美的文字建筑》，中国青年出版社，2007年版，第28页。

② 李延寿：《北史·卷九十五·僚传》，中华书局，1974年版，第3154页。

③ 刘昫等：《旧唐书》卷一百九十七《南蛮、西南蛮列传》，中华书局，1975年版，第5277页。

④ 元稹：《长庆集》二一《酬乐天·之二》，引自张良皋：《匠学七说》，中国建筑工业出版社，2002年版，第34页。

山坡上架木为居"的整体架构方式，既很好地解决了潮热气候条件下房屋的隔湿和通风要求，又在无需额外增加建筑面积的前提下，很好地解决了猪、牛、羊等家养动物栏舍和杂物堆放场所位置等实际问题。

二是建筑材料遵循就地取材的原则。川东巴人后裔在修建吊脚楼时，除了极个别的巨富之家，一般人家的吊脚楼所需的建筑材料全部都是就地、就近取材。他们通常直接在坚固的岩石上平整屋基，或者用从山上就近开采来的条石砌成堡坎，作为吊脚楼的地基；吊脚楼的主体部分一般用山上随处可见的松、柏等原木来构成框架；除建在实地之上的伙房外，其余悬空之处皆用木板铺就；四面的墙壁则通常用当地富产之慈竹剖成的竹片夹成，内外皆用夹草泥涂抹一层，既方便又花费极少，还能隔热保温，富裕之家则以更加坚固的木板代之；房顶通常铺以可轻易寻来的树皮、稻草、茅草等物，只有个别殷实家庭才在屋顶上铺盖需要专门制作、耗资较多的青瓦片。①

三是建筑技术的天然工巧。吊脚楼的结构显示了巴人后裔在建筑方面的高超技巧，在整座吊脚楼的修造过程中，不用一钉一铆，无论是梁、柱、板，还是椽、檩、榫，全部都用木材加工而成。工匠在施工过程中，采用"穿斗"工艺将所有的柱子串联起来，形成一榀榀房架，再把檩条直接搁置在柱头上，并沿着檩条的方向，用斗枋把柱子串联起来，由此形成一个整体框架。② 这样的工艺使吊脚楼的建造简单而坚固，既能够使居住者的安全得到很好的保障，又无需花费过多的资财。不同人家的经济实力通常表现在墙壁、屋顶所用材料上，而结构方式则是一致的天然工巧。

其三，建筑装饰的"用"中见"美"。作为一种艺术形式，建筑与其他艺术形式之间的区别在于它兼具"实用性、地区性、总效性、公共性和技术性"③ 等众多特征。对于川东地区民间社会的巴人后裔来说，实用性自然是人们在营造建筑物时思考的第一要素，但这并不意味着他们对审美是忽略的。尽管黑格尔认为建筑是"与象征型艺术形式相对应"的，"适

---

① 在土司制度终结以前，上层社会对不同社会阶层能够使用的建筑材料有着明确的规定，不得僭越。参见彭绪林：《土家族居住及饮食文化变迁》，载于《湖北民族学院学报》（哲学社会科学版），2000年第1期。

② 龙江、李莉萍：《土家族吊脚楼结构解读》，载于《华中建筑》，2008年第2期。

③ 英国美学家罗杰斯·斯克拉顿观点。引自朱世学：《鄂西古建筑文化研究》，新华出版社，2004年版，第256页。

宜于实现象征型艺术的原则"，是用外在的东西去"暗示移植到它里面去
的意义"。① 实际上，"象征"并不是建筑的唯一表现方法，譬如建筑装
饰，就既充满象征的意味，又能够带给人形象性的审美愉悦。

川东巴文化圈中的吊脚楼也是这样，人们建造吊脚楼，在满足实用功
能的同时，不论贫富，都会想到装饰的问题。那些吊脚楼上或多或少的建
筑装饰，譬如房梁上用红黑二色所画的太极图，在悬吊的柱头上雕刻的金
瓜或荷花，悬挂在朝门、堂屋屋檐下的"吞口"（如图4—11所示），绣楼
上的雕花窗格（如图4—12所示），鳌形、凤尾形的翘角飞檐，屋脊上的
蝙蝠、葫芦、寿桃等形象，甚至柱脚（如图4—13所示）、廊檐上的雕花
刻镂，等等，既是巴人后裔们浓厚实用观念——于人生切实有益的"福、
禄、寿、财"等的形象体现，又是能够让他们感受到精神愉悦的审美符
号。换言之，这些装饰是以赏心悦目的审美形态表达出来的巴人后裔的哲
学观念和伦理思想。透过这些装饰，可以看到，吊脚楼实际上包含着一种
非常强烈的精神品质和价值取向——在对现实功用的直觉想象中获得精神
上的审美愉悦。

图4—11　川东土家族民居挂在门上镇邪的"吞口"

---

① 黑格尔：《美学·第3卷》（上），商务印书馆，2009年版，第30页。

图 4—12　川东土家族民居的雕花窗格

图 4—13　川东土家族民居的雕花柱础

　　简言之，川东巴文化圈中的吊脚楼这一建筑形态，在基址选择、构造方式和建筑装饰等几个方面均体现了巴人后裔对于其所处生存环境采取的主要是一种适应自然、舒适身心的态度，既最大限度地满足了休憩身心的生理、安全需求，又因其"以人合天"的主观选择而获得了最大限度的，足以在适当条件下转化为审美享受的感官舒适。如果不考虑人们现实生活中来自土司、地方官僚等统治阶级的经济剥削和政治压迫，在这样的生存环境中，基本做到物质生活的自给自足是不困难的。在某种意义上，这就具有了老子所谓小国寡民那种"甘其食，美其服，安其居，乐其俗"① 式的审美精神，也多少有些海德格尔所谓"诗意的栖居"② 的意味。

二、滴水床：身心两悦的憩息之所

作为一种灵性动物，人类最初修建房屋的目的主要在于满足生理、安全这一类低层次需求。随着社会生产力的发展和剩余产品的出现，人们对于所居住房屋的内部陈设也逐渐有了更高的要求。生活习俗逐渐演变，人们不再满足于在尖锐、冰冷的石头或潮湿、阴冷的泥地上席地而坐，木制的凳子、椅子、桌子之类家具便产生了；同样，当人们不再满足于夜里睡在冰冷潮湿的泥地或坚硬的石头上时，便逐渐产生了更加温暖、软和的木床等卧具。

巴人后裔的床在形式上经历了一个由粗劣到精美的漫长发展历程。早期的床以满足休憩身体的生理需求为主要目的，随着经济水平的提高，床的形式感和隐喻意义也逐渐得到重视。总体来讲，改土归流大致可以作为普通巴人后裔床的形式变革的一个分水岭。

在改土归流之前，由于等级制度森严，加之经济水平整体较为低下，除了土司家族的床在形式上较为考究，普通巴人后裔通用的是"火床"，也叫"火铺"。据乾隆版《永顺府志》记载，当时土民之家均"不设桌凳，亦无床榻，每家惟设火床一架"，这种"火床"的形制是"半屋高搭木床"，并在正中设置火塘——"安炉灶于火床之中"。这种"火床"的功能是多元的，它既是巴人后裔制作饮食的"炊爨之所"，又是他们宴饮、会客、休闲和取暖之地——"阖宅男女，无论长幼尊卑，日则环坐其上"，也是他们在天黑以后休憩身体、繁衍后代的重要场所——"夜则卧杂其间，惟各夫妇共被"，甚至在"有外客留宿"的情况下，"亦令其同卧火

---

① 陈鼓应：《老子今注今译》，商务印书馆，2006 年版，第 345 页。

② 有学者认为，"通过劳作筑造这样一隅：人处其间，上可以仰望天空，下可以俯瞰大地，承日月光辉，沐流岚虹霓，拥抱自然，与人亲亲，即是一种诗意栖居的状态。"笔者认为，对巴人后裔土家族人所居住的吊脚楼作这样的描述，总体上是较为准确的。参见陈素娥：《诗性的湘西——湘西审美文化阐释》，民族出版社，2006 年版，第 108 页。

床"。①

今天来看，"火床"本身朴素、简洁，形式上并没有多少美感。作为日常生活的开展之地，其美学功能主要表现为：它在满足人们的生理需求——取暖、做饭、用餐、休息、睡觉的同时，为人们提供了一个相对较为舒适的休闲、娱乐、交流场所，使更加具有审美性的诸如唱歌、绣花、讲故事、交流情感等活动得以无拘无束地展开。可以说，对于巴人后裔土家族人来说，"火床"既满足了人们的生理、安全需求，又为人们在日常生活情境中满足审美需求提供了物质基础，营造了审美氛围。但是，在深受汉文化礼乐教化的流官们眼里，这种"翁姑子媳，联为一床，不分内外"，共坐、共卧"火床"的巴人习俗是不可容忍的陋习，故而颁布各种要求移风易俗的告示，明确规定巴人后裔不得男女混杂坐、卧"火床"，卧室安排宜分别公媳、男女、内外，否则予以严惩。

在"如违查处、重惩不贷"的严厉政策引导之下，巴人后裔不得已对床的制式进行了改革。为了实现翁姑、子媳分床而眠，人们在保留"火床"取暖、做饭、会客、休闲等多种功能的同时，摒弃了其原先用于睡觉的功能。于是，新的、形制更小的床便逐渐在巴人后裔中生产并流行开来。随着流官们所带来的强势汉文化的逐渐流传和普及，巴人后裔在制造主要满足人类生理需求的床时，逐渐赋予了这一事物各种象征意义。最先被加入的象征意义是诸如"一不离九，二不离半"之类对婚姻、爱情的美好祝愿，所谓"不离九"谐音"不离久"，寓意天长地久；"不离半"则谐音"不离伴"，寓意白头偕老。具体的做法是，若要做6尺长、4尺宽的床，实际便只能做5.9尺长、3.9尺宽，而尾数9又只做一半多，即做成5.85尺长、3.85尺宽。②

如果说上述附加于"床"的所谓"不离九""不离半"的象征意义还比较隐晦和抽象，很难引起人们直觉式的审美快感的话，那么，随着时间的推移，这类附加在巴人后裔的"床"上的象征意味不但越来越多，而且不断从隐晦走向显明，从抽象走向形象。随着这种发展趋势的逐渐定型，

① 陈素娥：《诗性的湘西——湘西审美文化阐释》，民族出版社，2006年版，第102页。

② 彭绪林：《土家族居住及饮食文化变迁》，载于《湖北民族学院学报》（哲学社会科学版），2000年第1期。

便形成了巴人后裔土家族人特有的做工精细、结构繁复、样式精美的"滴水床"。

为什么叫作"滴水床"？对此历来说法不一，主要有两种：一种认为，因为床的结构类似房屋的层进式结构，每一层床檐皆似屋檐，取屋檐滴水之意而称之，故有两层床檐者谓之"两滴水"，有三层床檐者谓之"三滴水"，以此类推，最多者可达"九滴水"。另一种说法认为，"滴水床"得名于巴人后裔土家族姑娘"哭嫁"的婚俗，原因在于姑娘们出嫁前，要坐在床上唱"哭嫁歌"，表达对父母和兄弟姊妹的不舍与依恋之情，并常常伴以动情的眼泪，因取哭嫁时姑娘们泪水滴答之意，而将其所坐之床称为"滴水床"。此外，由于制作工艺极其复杂，往往要耗费数年时间，历经上千个工时才能完成制作，因此，"滴水床"还有另一个称呼："千工床"①。从这一侧面亦可看出，"滴水床"往往是一户人家最为贵重的财产，和一般人家相对较为简陋的家具陈设比较起来，甚至显得多少有些格格不入。

是什么原因促使巴人后裔土家族人要费数年之功，斥巨万之资来打造表面上似乎仅仅只能满足人们休憩身体之低层次生理需求的"滴水床"？在以富丽堂皇著称的"滴水床"上，除了一般很容易想到，且在前文已经提及的诸如长度、宽度"不离九""不离半"之类寓意婚姻、爱情能够天长地久、白头偕老的数字隐喻，以及诸如"连升三级""连生贵子""龙凤呈祥""瓜瓞绵绵""五谷丰登""松鹤延年""福寿双全""天官赐福""魁星点状""金瓜垂吊"之类具有民间"'红火热闹'的独特艺术风格"②，带有较强功利色彩的隐喻性图案形象，何以还有那么多诸如"忠孝廉义""渔樵耕读""八仙过海""喜上眉梢"之类不太具有现实功利色彩，甚至多少带有些隐逸气息，更多带有审美意味的图案形象，以及形式感多于抽象意义的飞檐翘角和雕梁画栋呢？这些此前无人追问的问题，笔者以为可以从"滴水床"上丰富多彩的图案来解答。

"滴水床"之所以又被称为"千工床"，原因正在于其做工相当考究，整张床上布满了形式多样、题材丰富、精美绝伦的雕刻图案（如图4—14、图4—15所示），每个图案都经过木雕匠人的精心雕刻、打磨和漆工匠人

---

① 林毅红：《土家族三滴水床》，载于《中国社会科学报》，2012年10月8日第B04版。
② 林毅红：《土家族三滴水床》，载于《中国社会科学报》，2012年10月8日第B04版。

的精心着色，花费的人力、物力均相当浩大。"滴水床"上的木雕图案，按其所表现的内容来划分，大致可分为四大类别，一是《三国演义》《水浒传》《说岳全传》《封神演义》等"戏文故事"；二是采桑、纺线、织布、渔猎、农耕等"民俗生活场景"；三是八仙、福禄寿三星、刘海戏蟾等神话、历史人物及事迹；四是表意吉祥的文字、器物、祥云、山水、花鸟虫鱼等图案。[①] 也有人依据图案的题材将其划分为人物、花草、动物和文字等四类。[②] 且不论这种分类是否恰当，单看"滴水床"上的一幅幅图案就可以发现，每一幅图案事实上都具有形象和寓意两个层面的美感：有些图案寓意物质生活的富足；有些寓意家族的繁盛和人丁的兴旺；有些寓意生活的平安与顺利；有些表彰伦理与道德的楷模；有些则表达一种生活的闲适与惬意……与每幅图案本身悦人眼目的形式合在一起，可以说，这些图案所涉及的内容涵盖了巴人后裔土家族人全部生活中的美好经验，他们对未来生活的美好憧憬，以及他们在休闲娱乐体验中的审美享受。

图 4-14　土家族滴水床[③]

①　吴丹：《土家族木制家具美学研究》，湖南大学硕士学位论文，2008 年，第 35 页。

②　彭燕、田进婷：《土家族滴水牙床的传统技艺与文化蕴含——基于传承人陶代荣的研究》，载于《广西民族大学学报》（哲学社会科学版），2012 年第 6 期。

③　图片来源：中南民族大学民族学博物馆网站，网址：http://www.scuec.edu.cn/s/13/t/280/3d/19/info15641.htm. 原件藏于中南民族大学民族学博物馆。

图 4-15　土家族滴水床①

　　对于包括川东土家族人在内的巴人后裔来说，"滴水床"是人们"幸福的化身"，其"宛如屋檐的滴水"，代表的是"生生不息"的"生命之源"，象征的是生命力的源源不断；对于未婚男女青年来说，它放射着幸福的光芒，是"通往美好人生"的始发站和"最高梦想"；"滴水床"是人们某种意义上的"终身依靠"，它既蕴含着对于美满婚姻的殷切期盼，又宣示了对于柔美爱情的甜蜜期待；"滴水床"更是"美的使者"，不但那些精美的图案中蕴含着人们对于一切美好事物的迷人想象，而且"滴水床"本身就是一件精美的艺术品，是青年男女心向往之的"光彩夺目""富丽堂皇"的人间仙境。②

　　可以说，"滴水床"凝聚了巴人后裔土家族人对于生活的全部美好想象。从肉体生命的角度来说，它不仅是人们休憩身体、疏导欲望、满足生理需求的场所，而且是人们繁衍子孙，实现自我生产和种族延续的场所；从爱情和婚姻生活的角度说，它不仅是青年男女正式组建家庭，开始夫妻生活的象征之地，而且是改土归流以后包办婚姻背景下青年男女爱情生活的真正萌芽、发展之地；从人的生命历程的角度来说，它不仅是崭新生命

---

① 图片来源：陈孝荣：《土家滴水床》，载于《人民日报海外版》，2012 年 7 月 20 日第 15 版。

② 陈孝荣：《土家滴水床》，载于《人民日报海外版》，2012 年 7 月 20 日第 15 版。

的诞生之地，而且是个体生命从稚嫩走向成熟、衰老以至于终结之地。在某种意义上，"滴水床"承载了巴人后裔土家族人从生到死整个历程中全部的喜怒哀乐，囊括了人们从肉体到精神、从快感到美感、从现实到超越的一切情感体验。因而，从本质上说，"滴水床"在功能上完全达到了现实功用与审美体验的完美结合。在这里，人们不仅安顿了白日里奔波劳顿的血肉之躯，而且安顿了琐碎日常中疲惫的心灵，在目不暇接的精美图案及其蕴藏的美好寓意之中，肉体与灵魂都获得了巨大的愉悦，焕发出勃勃的生机。

三、西兰卡普：效用与审美的互动之物

如果说人类对生产工具的打磨、加工最初只是为了获取更多生活物资，后来才逐渐将审美的意味附加上去的话，那么，人类对自身身体的装饰则可以说一开始就充满了审美的意味。对于诸如巴人及其后裔这类爱美尤甚的族群来说，他们更是不仅常常用歌唱、舞蹈来愉悦自己身心，而且时时不忘装点自己的身体，在美化自己的同时，美化别人的视觉。

和其他族群相似，巴人及其后裔主要是通过服饰来美化自己的身体，与其他很多族群不同的是，他们在服饰方面很早就形成了自己浓郁的族群特色，并很好地保持了下来。相较于其他族群，巴人后裔在服饰方面最大的特色就是他们创造了与蜀锦、云锦、宋锦、壮锦并称为"五大名锦"的土家织锦"西兰卡普"，并将其广泛地运用在服饰之中，形成了喜好"斑斓"的服饰审美倾向。

作为一种文化产品，西兰卡普的产生并非一蹴而就，而是有一个在巴人及其后裔日常生活中逐渐发展的历史过程。据《后汉书》记载，秦惠王灭巴以后，给普通巴人所定赋税是"户出幏布八丈二尺"①，这就说明至迟在战国时期，巴人已经掌握了高超的纺织技术，一般民众所纺的幏布已经具有代替钱币缴纳赋税的作用了。巴国灭亡以后，巴人后裔自古而来的爱美天性，使他们在与其毗邻乃至混杂而居，有着"织绩木皮，染以草实，好五色衣服"的传统，且在秦灭楚以后同样被"岁令大人输布一匹，

---

① 范晔：《后汉书》（第 10 册）卷八十六《南蛮西南夷列传》，李贤等注，中华书局，1965年版，第 2841 页。

小口二丈"作为赋税——"賨布"的"武陵蛮"影响下①，很快学会了印染技术。尽管西兰卡普准确的产生时间今天已很难知晓，但依据《隋书》关于"诸蛮多以斑布为饰"的记载，可以判断，至迟在隋唐时期，巴人后裔已经在本就较为精湛的纺织技术基础上发展出了成熟的织锦技艺，并广泛地将其运用到了服饰之中。更有甚者，随着巴人后裔织锦艺术的日益精湛，西兰卡普也变得越来越珍贵，大约到宋代，这种精致的艺术品更是成为土司向中原王朝缴纳的贡品，获得了族群以外人群乃至中央王朝统治集团的认可。②

对于巴人后裔的这一审美习俗，南宋学者朱辅在《溪蛮丛笑》一书中说得更加清楚，他明确指出，这种又被称为"峒布""溪布"的土家织锦"西兰卡普"乃是"绩五色线为之，文彩斑斓可见"，通常被巴人后裔们用作"被或衣裙，或作巾"，类似的描述还出现在清同治版《龙山县志》之中："（土锦）绩五色线为之，色彩斑斓可爱。俗用以为被，或作衣裙，或作巾……"③ 这些记载说明，巴人后裔的织锦在很长一段历史时期内，都是爱美的民众用以美化生活的日常用品。若将西兰卡普制作工艺的复杂性以及普通巴人后裔的经济能力普遍不高的实际考虑进来，大概《隋书》要比《溪蛮丛笑》的说法更为准确。应当说，直接将西兰卡普用来制作衣裙的，只可能是少数经济条件很好的巴人后裔，更多人大约还只能将其作为美化衣服的装饰艺术品（普通土家族人的衣着如图 4-16 所示）。

---

① 范晔：《后汉书》（第 10 册）卷八十六《南蛮西南夷列传》，李贤等注，中华书局，1965 年版，第 2829、2831 页。也有学者认为这些以賨布缴纳赋税的"武陵蛮"实际是巴人的一支，有一定道理，但其印染技术似乎是学自其他族群。

② 参见《宋史·真宗本纪》《宋史·哲宗本纪》和《宋史·蛮夷列传》。

③ 何相频、阳盛海：《湖南少数民族服饰》，湖南美术出版社，2010 年版，第 5 页。

图 4—16 《皇清职贡图》载清初湖南永顺地区土家男、女衣着草图①

巴人后裔那种重视身体装饰，爱好用色彩斑斓的西兰卡普来美化具有较强装饰功能的衣服，并进一步美化自身身体的审美习惯一旦形成，便似乎具有了某种恒常性。在成书于明代中期的《大明一统志》中，对巴人后裔衣着的描述仍是"土民服五色斑衣"②，直到清乾隆年间，《永顺府志》对巴人后裔衣着的记载还是"男女服饰均皆一式，头裹刺花巾帕，衣裙尽刺花边"③。这就说明，直到明代末期，巴人后裔仍然保持着自隋代以来就"以斑布（按：乾隆版《永顺府志》云：'斑布，即土锦'）为饰"、喜穿"五色花衣"的衣着传统。从隋朝算起，直到改土归流，这种衣着传统至少延续了千年之久。

清初实行改土归流政策以后，汉族商贾大量贩卖进口"洋布"到土家族地区销售，质优价廉的洋布逐渐替代土家族自己纺织的斑布、溪布，成

---

① 图片来源：何相频、阳盛海：《湖南少数民族服饰》，湖南美术出版社，2010 年版，第4、5 页。从草图可见，当时永顺、保靖等地区的部分土家族男人已开始着裤，上衣为圆领短袍，衣长至大腿，包头巾，系腰带，裹绑腿；女人则"高髻螺鬟"，内穿立领短袍，外套对襟背心，下着过膝百褶裙，以布缠腿。

② 何相频、阳盛海：《湖南少数民族服饰》，湖南美术出版社，2010 年版，第6 页。

③ 何相频、阳盛海：《湖南少数民族服饰》，湖南美术出版社，2010 年版，第4—6 页。

为其后巴人后裔制作服装的主要材料，而原来用途广泛的织锦西兰卡普则除了用于制作被面、祭祀用的披毯或孩子的盖裙，几乎不再用于制作服装。① 成书于清乾隆年间的《皇清职贡图》第一次以草图的形式呈现出的永顺地区土家男女衣着式样，与当时的男女有别的汉族服饰已几无区别，这在某种意义上可以证明流官们在当地推行汉文化的成绩斐然，也可以部分说明改土归流以后，巴人后裔的衣着在式样方面发生了翻天覆地的变化。但是，就历史发展的实际来说，巴人后裔衣着式样的改变并不意味着他们的服饰审美习俗发生了彻底的改变。事实上，直到民国时期，大多数巴人后裔群体仍保持着"色彩斑斓"的衣着传统，而且，这些服装的图案始终保留着西兰卡普的影子。

这就是说，无论社会政治如何变化，经济如何发展，尽管服装的材质、款式及衣着制度等都可能发生巨大的变化，但是，天性爱美的巴人后裔对于服装色彩的五色斑斓以及西兰卡普之于人的装饰性要求却保持着很强的稳定性。有的学者因此认为，巴人后裔土家族的西兰卡普"极端鲜明的彩色选择"，既是"出自生命本能"的自发创造，其中又蕴含着"集体色彩的表象意义"，它"潜移默化地影响着土家人的审美习惯"，并形成了"织锦艺人的色彩经验的世代传袭"。② 这一论断将巴人后裔对西兰卡普色彩追求的动因归结为"生命本能"和族群的"集体表象"。在某种程度上，这与笔者在前文所论他们的审美选择最终取决于其自古而来的族群文化性格的观点不谋而合，而巴人后裔的所谓族群文化性格又大致可以简略地归结为"喜歌、好舞、乐观、爱美"。

改土归流以后，西兰卡普虽然逐渐从服装制作原材料中退出，但它的装饰性及情感承载功能却得到了空前的增强。也就是说，一方面，西兰卡普作为身体装饰物的实用功能逐渐弱化，另一方面，其作为情感象征物的审美功能则逐渐强化。其具体表现是：人们在制作日常生活服装的时候，很少甚至几乎不再以西兰卡普作为布料，而西兰卡普常用的花纹则继续保留在日常服装的袖口、衣襟等处作为装饰（如图4-17、图4-18、图4-19所示），继续美化着人们的日常生活。同时，西兰卡普也逐渐发展为

---

① 何相频、阳盛海：《湖南少数民族服饰》，湖南美术出版社，2010年版，第8页。
② 宋仕平：《土家族传统制度与文化研究》，民族出版社，2005年版，第215页。

嫁妆的重要部分，在婚嫁习俗中扮演起重要角色来。由于陪嫁的西兰卡普主要是由出嫁姑娘自己纺织的，其数量的多少和工艺的精湛程度，往往从客观上证明女方家庭的经济条件，甚至成为判断一个土家族姑娘的标准。① 故而，现实中编织西兰卡普的活动不但没有退出人们的日常生活，反而受到了更大程度的重视。编织西兰卡普来制作嫁衣，俨然是每一个土家族姑娘的人生必修课。

图 4-17　民国时期土家族妇女盛装②

① 张汉军、谢宏雯：《从西兰卡普看土家族审美文化——以武陵地区酉水流域为例》，载于《长江论坛》，2010 年第 4 期。
② 图片来源：何相频、阳盛海：《湖南少数民族服饰》，湖南美术出版社，2010 年版，第 14 页。

图 4-18　清末土家族男子盛装①

图 4-19　宣汉土家族男上衣

因此，几乎所有土家族姑娘从小就开始在长辈的辅导下研习西兰卡普编织技艺。在学会已有的编织技艺之后，她们中的佼佼者还不断对西兰卡普的编织技艺、图案等进行探索、改进乃至发明、创造。单就西兰卡普上的图案而言，她们通过形象思维和抽象思维的相互转化，将自己生活中所见的美好事物转化成了西兰卡普上的图案。据统计，她们表现在西兰卡普上的图案涵盖了以娑罗花、荷叶花、牡丹花等为代表的大自然植物花卉图案，以阳雀花、猫脚印花、虎皮花等为代表的动物图案（如图4-20、图4-21所示），以桌子花、椅子花、桶盖花等为代表的生活用具图案，以单八勾、双八勾、四十八勾等为代表的几何图案，以凤穿牡丹、双凤朝阳、二龙抢宝等为代表的文字图案，以老鼠迎亲等为代表的人物故事场景，以云勾花、满天星、太阳花为代表的天象图案等七大类题材，120余种定型的传统图案，加上新创的现代风情图案，种类可达200余种。这些图案的题材极为广泛，"几乎涉及土家人生活的方方面面"[1]。

图4-20 西兰卡普"对蝴蝶"[2]

---

① 王颖、姚建平：《从西兰卡普谈土家族的审美意识》，载于《美与时代》，2005年第6期。
② 图片来源：王文章：《西兰卡普的传人——土家织锦大师和传承人口述史》，中央编译出版社，2010年版，第181页。

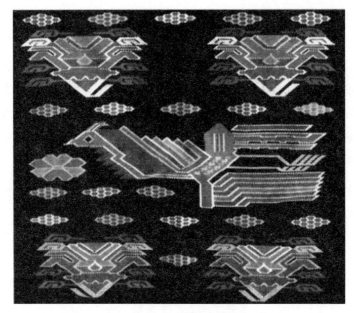

图 4-21　西兰卡普"凤穿牡丹"[①]

对于每一个巴人后裔土家族姑娘来说，她们在编织西兰卡普时几乎使出了浑身解数，因为她们无不希望自己所编织的每一块西兰卡普都具有技艺精巧、"色彩鲜明，花纹朴素绚丽"的特点（如图 4-22 所示）。通常，土家族姑娘出嫁前所编织的最后一块西兰卡普往往是她们自己的贴身饰物，出嫁时要拿它当头盖，赶歌舞会时拿它当披风。在丈夫远离家门时，她们便用它为丈夫包裹衣物，让它始终伴随在爱人身边，所以，在编织这一块西兰卡普时，她们总是倾注了"全部心思和艺术才能"。[②] 在此意义上，我们甚至可以说，西兰卡普是包括川东巴人后裔在内的土家族姑娘们用"最炽烈、最真诚的情感"——"以红色为主调的响亮明快的色彩"，用"最高昂的声调"——"'刚''直'的线条"所唱出的"最朴实的'山歌'"——"以粑粑架子花、锯子齿花、猫脚迹花等为题材的纹样"。[③]

---

① 图片来源：王文章：《西兰卡普的传人——土家织锦大师和传承人口述史》，中央编译出版社，2010 年版，第 182 页。

② 尹素卿：《土家族的"西兰卡普"》，载于《中央民族学院学报》，1984 年第 1 期。

③ 田大年、周平波：《土家族织锦》，载于《民族艺术》，1986 年第 4 期。

图 4-22　宣汉县土家族女性的西兰卡普刺绣

　　不只是土家族姑娘们将西兰卡普视为人生中异常珍贵的物品，巴人后裔中的每一个人都非常珍视西兰卡普。姑娘们不仅自己编织西兰卡普，而且总希望长辈们将她们所织的西兰卡普送给自己作为嫁妆；男性青年总是希望心仪姑娘赠送西兰卡普给自己，并将其视为定情信物；小孩子出世以后所收到的最为珍贵的礼物则往往是外婆送来的用西兰卡普制作的睡裙；民间祭祀或聚会中举行摆手舞[1]活动时，西兰卡普都是必备的舞蹈用品……正因如此，西兰卡普这种工艺独特、色彩斑斓的民间艺术产品，就在本质上成为巴人后裔土家族女性"寄托情思和编织梦幻的载体"[2]，更有甚者，它还进一步成了整个土家族群乃至包括川东地区在内的整个巴文化圈"风俗习惯、性格心理和审美意识"较为集中的表现。[3]

　　不管是以吊脚楼为代表的建筑营构，还是以滴水床为代表的家具制作，又或者是以西兰卡普为代表的服装修饰，这些东西都不仅是巴人后裔

---

　　[1] "每岁……土民齐集，披五花被，锦帕裹头……翻跹进退，谓之摆手……"五花被即西兰卡普。参见乾隆版《永顺府志》，转引自胡炳章：《土家族文化精神》，民族出版社，1999年版，第26页。

　　[2] 陈素娥：《诗性的湘西——湘西审美文化阐释》，民族出版社，2006年版，第109页。

　　[3] 张文勋：《民族审美文化》，云南大学出版社，1999年版，第63页。

土家族人日常生活中满足诸如生理、安全等低层次需求的必备之物，而且是他们在现实、琐碎的日常生活过程之中舒展身体、悦耳悦目、悦心悦意乃至悦神悦志的东西。它们既是川东巴文化圈现实生活中"百姓日用"的寻常之物，又是蕴含着丰富审美精神，足以让人们在充分发挥其效用的同时获得丰富乐趣的审美之物，是"用"与"美"的联姻，在某种意义上实现了生活层面的"尽善尽美"。

第五节　合欢与逍遥：饮酒传统中的生命情调

在人类文化发展历程中，酒作为一种佐餐饮品，正如《释名》一书对它所作的解释那样："酒，酉也……酉怿而味美也。"其发明本身就是一件非常具有美学意味的事情。在西方，酒的发明被归功于神灵。在古希腊神话中，天神宙斯的儿子狄奥尼索斯被视为葡萄酒的发明者，被尊为酒神，他不仅拥有葡萄酒醉人的力量，而且因其布施欢乐与慈爱而成为当时最具感召力的神祇之一。尼采曾经断言作为一种文艺体裁和美学范畴的"悲剧"的诞生与古希腊的酒神之间有着不可分割的联系，甚至认为西方艺术的持续发展是和酒神与日神的二元性密切相关的。[①] 与西方将酒的发明归功于神灵不同，在中国，仪狄造酒也好，杜康造酒也好，"仪狄造，杜康润色之"也罢，[②] 酒的发明者都被明确指认为是人而不是神。但与西方相似，酒与中国艺术和美学之间同样具有非常深厚的渊源和密切的关系。且不说司马相如与卓文君当垆卖酒，赢得美满爱情的人间佳话，也不说造酒史上种种美丽的传说，光是饮酒一事就在艺术和审美史上留下了众所周知的诸多美谈：既有陶渊明在"既醉之后，辄题数句自娱"[③] 的二十首"饮酒诗"留于后世；又有诗仙李太白饮"斗酒"而作"诗百篇"的文坛奇迹；还有从民间"曲水流觞"饮酒娱乐游戏中升华而出的"兰亭雅集"与

---

① 尼采：《悲剧的诞生》，周国平译，生活·读书·新知三联书店，1986年版，第2页。

② 以上三说均可参见朱肱：《酒经》，宋一明、李艳译注，上海古籍出版社，2010年版，第3页。具体参见该页注释第1、3条。

③ 陶渊明：《饮酒诗二十首·并序》；引自王景霓、汤擎民、郑孟彤：《汉魏六朝诗译释》，黑龙江人民出版社，1983年版，第173页。

书法圣品。

虽然在酒被发明后的相当长一段历史时期，饮酒都基本是贵族的专利，但随着生产力的提高和物质资料的日益丰富，饮酒的行为也逐渐普及开来，成为一种大众日常行为。宋人朱肱曾撰文指出饮酒对于世间一切人的重要性："大哉！酒之于世也。礼天地，事鬼神；射乡之饮……上至搢绅、下逮闾里，诗人墨客、樵夫渔父，无一可以缺此！"① 不论身份贵贱、地位尊卑、文化高低、职业雅俗，人们之所以普遍离不开酒和饮酒活动，除了西方学者安德生指出的食物作为"社会地位、礼仪地位……及其他社会事务的标志"，已经"不完全是营养资源，而更是一种交流手段"② 这一原因，对于中国人来说，更为深层和重要的原因，恐怕还是因为酒这种饮品所具有的那种足以"御魑魅于烟岚，转炎荒为净土"而"近于道"的巨大"功力"，酒的这种"功力"能够帮助那些"与酒游者"达到"视穷泰违顺"为戏事，甚至"死生惊惧交于前而不知"的超越境界。③ 归根结底，这样的"超越境界"又是一种与自然发生的生命活动合二为一的审美境界。

正如饮酒活动不为贵族和精英知识分子所专有一样，在生活实践中，一切饮酒活动的参与者也都拥有达到上述审美境界，并获得相应审美感受的同等条件。因为不论喝酒的人是谁，其喝酒之后的表现如何，喝酒的直接效果都是从生理刺激开始的。徐新建先生指出，酒改变人性，首先是从改变饮酒者的中枢神经开始的，它能够使饮酒者或者"因兴奋而慷慨高歌、勇猛奋战"，或者"因麻醉而飘然出世、消极沉沦"，或者"因身心愉悦而收到疗治疾病的效果"，或者因"迷狂入幻而导致危及旁人的不幸"。④ 也就是说，酒精刺激人体的部位和作用是一定的，但接受刺激的饮酒者的具体表现则或好或坏，或积极或消极，走向了极端。细细品察史籍和现实，便很容易发现，在饮酒之后表现得好或积极的，并不都是贵族和精英知识分子；而表现得不好或消极的，也并不都是地位卑贱和学问浅

① 朱肱：《酒经》，宋一明、李艳译注，上海古籍出版社，2010年版，第5页。引用时对引文标点有所改动。
② 安德森：《中国食物》，马孆、刘东译，江苏人民出版社，2003年版，第199页。
③ 朱肱：《酒经》，宋一明、李艳译注，上海古籍出版社，2010年版，第5页。
④ 徐新建：《酒文化引论》，载于《贵州社会科学》，1991年第8期。

薄者。事实上，现实的政治、经济、文化身份并不能成为划分酒后表现的判断标准。

因此，我们也就没有任何理由作出这样的判断，即贵族和精英知识分子在饮酒活动中获得的愉悦感受是审美的、超越的，而非知识精英的一般民众在饮酒活动中获得的愉悦感受则是非审美的、不超越的。换言之，即所有投身于饮酒活动中的人都有可能通过酒精对中枢神经的刺激作用而获得生理上的兴奋，以及随之而来的精神愉悦，甚至达到一种审美的超越境界。对于有着悠久酿酒历史和饮酒传统的川东巴人后裔来说，尽管在饮酒活动中也不免会有一些喝酒使气、迷狂伤人的现象发生，但大多数人是自古以来就浸润于酒曲之香，沉醉于醪醴之气，飘然于酒力之功，陶然于酒中①微醺之美，在共食聚饮的热闹气氛中凝聚了族群、愉悦了精神，在独酌、对饮和觥筹交错之中净化了情感，美化了人情。

一、美酒的酿造者

在中国古代文化中，几乎所有的远古发明都被归功于炎、黄等古代帝王及其臣民，酒也不例外。从古代巴人生产方式的发展情况来看，酒显然不是古代巴人的发明，但从有限的史料可知，他们却是一个很早就掌握了酿酒技艺的族群。尽管由于现存史料语焉不详，巴人造酒具体始于何时，至今已湮灭难知，但有一点可以确知，即至迟到战国后期，更具体地说是在巴国灭亡之前，巴人的一支——板楯蛮已经掌握了非常高超的酿酒技术。

古代巴人的酒，以"巴乡清"著称于世。根据《水经注·江水》的记载："江水又迳鱼腹县（今奉节）之故陵……江之左岸有巴乡村，村人善酿，故俗称'巴乡清'，郡出名酒。"《太平御览》卷53也引《郡国志》云："南乡峡西八十里，有巴乡村，善酿酒，故俗称巴乡村酒。"不管是"巴乡清"，还是"巴乡村酒"，按照当今学者的说法，巴人的清酒由于"酿造时间长，冬酿夏熟，色清味重"，因而是"酒中上品"。从善酿清酒这一点便可看出，古代巴人及其后裔的酿酒技术确实已经"达到相当高的

---

① 古人认为饮酒适度为"酒中"。

水平"①。

巴人酿酒技术高超，其所酿造的清酒非常名贵，早在春秋晚期便已闻名遐迩，很早便成了向周王朝进贡的贡品。据史书记载，秦昭襄王曾与杀白虎有功的巴人盟誓曰："秦犯夷，输黄龙一双，夷犯秦，输清酒一钟。"②将一对黄颜色的刻有龙形的玉③与一钟"清酒"相提并论，不仅显示了秦王朝对板楯蛮巴人的宽宥和优待，而且说明板楯蛮巴人所酿清酒的品质极好，在秦人看来非常贵重。

汉代邹阳在《酒赋》开篇就对酒作出了"清者为酒，浊者为醴；清者圣明，浊者顽呆"的定性评述。宋代的《酒谱》仍然严格遵循这一准则："凡酒以色清味重为圣……色如金……为贤。"可见，直到宋代，清酒都仍然被视为酒中极品，这就说明，即使是到宋代，能够酿出清酒的人也不在多数，如此看来，秦人对巴人清酒的看重也就不无道理。

巴人不仅所酿清酒名被天下，而且在酒的品种开发上也表现出了很高的智慧，三国谯周在《巴蜀异物志》中称赞巴人以"文草作酒，能成其味，以金买草，不言其贵"。邓少琴先生认为，这里所谓的"文草作酒"指的便是"由清酒发展而为加药的五茄皮酒"④。三国时代巴人之所以能够做到"以金买草"而"不言其贵"，自然是因为巴人的酿造技术足以做到"能成其味"，且一旦酿成，便很容易卖个好价钱。这就说明巴人所酿"五茄皮酒"的风味和药用价值均非同一般，既能满足人们以"美酒"获得精神兴奋的需求，又能起到很好的"疗治疾病"功效。自然，这种附加了药用功能的"五茄皮酒"必然是在清酒酿造技术达到成熟、稳定阶段后的新创造。据《太平寰宇记》卷139记载："巴州以竹根为酒，注入器，为时珍贵也。"说明当时的巴人后裔已经不限于用粮食酿酒，竹根、水稻、玉米、高粱、红苕乃至茅草根，凡可食用之物，皆可成为酿酒的原材料。

对于川东巴文化圈中的巴人后裔来说，酿制工艺复杂的清酒、药酒尚

---

① 董胜：《酒香千年：酿酒遗址与传统名酒》，现代出版社，2015年版，第58页。
② 范晔：《后汉书》（第10册）卷八十六《南蛮西南夷列传》，李贤等注，中华书局，1965年版，第2842页。
③ 有学者认为"黄龙"是铸成龙形的黄金，但我认为邓少琴先生在"黄龙"的"龙"字后夹注为"珑"，将其认定为一种玉的看法更准确。参见邓少琴：《巴蜀史迹探索》，四川人民出版社，1983年版，第30页。
④ 邓少琴：《巴蜀史迹探索》，四川人民出版社，1983年版，第30页。

且能驾轻就熟，制作工艺更加简单、技术更易掌握的醪醴之类浊酒就更加不在话下了。在川东巴文化圈中，人们几乎都懂得酿制浊酒。20 世纪 80 年代以前，在川东地区居住的人们，不论是巴人后裔土家族，还是移居此地的汉族人，几乎家家户户都会在秋季新谷成熟之后酿制一至数坛米酒或咂酒。川东当地人称米酒为"醪糟"，醪糟一般用糯米加曲药制作而成，实际是一种连糟酒；咂酒则主要是高粱、小麦等粮食加酵母酿制而成的连糟酒。这两种类型的浊酒在现今川东地区都有很好的传承，经过 20 世纪 80 年代以后市场经济的培育，还发展出了"大竹东柳醪糟"和"渠县咂酒"这样的糟酒畅销品牌。可见，酿酒这一古代巴人的传统技艺在川东地区得到了很好的传承和发展。

通常，事物的发展必有其直接或间接的原因。那么，巴人后裔何以如此善酿美酒呢？就本书所讨论的川东巴文化圈而言，按照事物发展的一般规律，当然，其首要的条件是水稻、小麦、高粱等多种农业产品的出现。换言之，古代巴人的酿酒技术必然是在他们的生产方式转变为以农业生产为主，并且出现了相当数量的剩余粮食以后，才可能从比他们更为先进的中原文化中学习、借鉴过来，进而得到长足发展。

当然，仅有粮食和原初的酿酒技术显然是不够的。古代巴人如此善酿，其酿酒技术不可能是一蹴而就的。究其原因，巴人的酿酒技术是在善于品酒者不断品尝的基础上，逐渐修正其技术上的缺点，并加以持续改进的结果。因此，可以肯定地说，巴人中的饮酒者，尤其是其中那些懂得饮酒之乐、饮酒之趣，能够品鉴酒之色泽、香味及口感好坏的善饮者，对巴人酿酒技艺的提高起到了非常重要的作用。可惜的是，由于巴人没有自己成系统的文字，自然也就无法将这些酿酒史上的功臣书之简牍，令其名垂青史了。故而，尽管远在战国后期，巴人就酿造出了声名远播的"巴乡清"酒，而各种史书却没有留下有关"巴乡清"酒发明者的哪怕只言片语，反倒是巴人的热情豪放、洒脱不羁的饮酒之风给人们留下了深刻的印象。这在某种程度上似乎印证了李白的名句："古来圣贤皆寂寞，惟有饮者留其名。"①

---

① 《李白全集》，王琦注，杨用成点校，珠海出版社，1996 年版，第 138 页。

二、美酒的乐享者

从现代商业的供需关系来看，一个善于酿酒的族群之中，必定有大量乐于饮酒，且善于饮酒的人。的确，古代巴人及其后裔就是这样一个族群，他们既是名酒"巴乡清"的创造者，又是一群通过品尝、鉴别、评述所饮之酒，不断对巴酒提出改良意见，使巴酒在酒色、酒香、酒味等方面不断得到改进，品质不断提升的人。与巴酒品质的逐渐提升几乎同时，巴人中的大量饮酒者也不断从酒精的刺激中获得无尽的兴奋、畅快乃至审美愉悦。

先秦史籍几乎没有关于巴人饮食习俗的记载，因此，我们虽然知道巴人所酿的"巴乡清"酒受到周王朝和秦昭襄王的青睐，却不知道巴人自己的饮酒状况。倒是在唐人所撰的《隋书》中，有这样一则记载："汉中之人，质朴无闻，不甚趋利。性嗜口腹，多事田渔，虽蓬室柴门，食必兼肉。好祀鬼神，尤多忌讳……崇重道教……每至五月十五日，必以酒食相馈，宾旅聚会，有甚于三元……通川、宕渠，地皆连接，风俗颇同。"① 这些崇重道教，质朴而不甚趋利的汉中、川东人，他们看重现世的生活——"性嗜口腹""食必兼肉"，在重要的节日里，更往往以"酒食"互相馈赠，而对于"蓬室柴门"的简陋居住条件反倒不甚在意，尽管他们不是士大夫们眼里的"圣人"，但其风俗却多少有些老子所谓"为腹不为目"② 的意味。隋唐时期，这些汉中人以及与之"风俗颇同"的川东通川、宕渠等地居民，虽然在人口结构上早已不以古代巴人后裔为主，但显然在风俗习惯和文化性格方面却在很大程度上成了这一地域古代先民——巴人的文化后裔，其在重要节日"以酒食相馈"的风俗想必也是古代巴人习俗的遗存。这种习俗从一个侧面说明"酒"对巴人后裔们来说是一种非常重要的，可以作为人际往来之"礼"的象征性事物。③

前文说过，古代巴人是一个具有"朴直敦厚、刚勇重义、乐观豁达"文化性格的族群，他们既可以在随时可能丧命的战场上做到"前歌后舞"、

---

① 魏征、令狐德棻：《隋书》，中华书局，1973 年版，第 843 页。
② 陈鼓应：《老子今注今译》，商务印书馆，2006 年版，第 118 页。
③ 对于一般人而言，"礼"之轻重往往可以和"情"之深浅相对等，今天在川东地区，人们还将红白喜事中的随礼称作"送情"，随礼金额较大的则称作"送大情"。

勇往直前，也可以在日常生活中做到"花蛇拿来当腰带，花虎捉住当马骑，吃酒连糟，吃肉带毛……"①般的勇猛与豪放。更何况，酒乃"百药之长"，又是"天之美禄"，是帝王用以"颐养天下，享祀祈福，扶衰养疾"的佳品②，是既可以用来疗治百病，又可以用于养生保健和提高生活品质的美好事物。因此，不仅周王朝和秦帝国的统治者们珍视"巴乡清"这样的美酒，那些酿造了美酒的巴人及其后裔们也同样无比喜欢和爱恋这些美酒。

巴人喜爱美酒，珍视美酒，其根本的原因或许在于《礼记·乐记》所谓"酒食者，所以合欢也"，意即通过聚食饮酒，可以达到使参与者"和合欢乐"的目的。人类学家李亦园先生把中国饮食传统这种"共食聚饮"的特征归因于中国古代的"致中和"观念，认为它代表的是中国文化的"终极关怀"③。李先生说的虽然是汉族传统，但显然也包括了深受汉族文化影响的巴文化，而其所谓"终极关怀"说到底其实是对于生命本身的关怀，是人类普遍存在的希望与世界和谐相处，并使自身感受快乐的情怀。在同意李亦园先生观点的基础上，徐新建先生进一步指出："'共食聚饮'是'致中和'情怀的动因，而后者则是前者滋生的结果……正是因为有了'共食聚饮'这样的日常行为，才引出了'致中和'理念的产生及其后作为'终极关怀'原则的形成；并且……进一步与无数具体的'形而下'饮食行为，形成彼此难分的交融和印证。"因而，这种"共食—会饮"的饮食习俗包含了一种"在任何艰难的条件下，人们对'果腹—充饥'之基本需求的'形而上'超越"④。反而言之，人们在以满足生理需求为目的的"进食"活动中，之所以能够达到徐先生所谓的"形而上"超越性，也正是因为"酒"这样的饮料具有一种强烈的刺激共食者中枢神经系统，使之在"进食"过程中始终处于精神兴奋状态的功能，从而使饮者能够做到

---

① 中国人民政治协商会议湖北省委员会文史资料委员会等：《湖北文史资料·鄂西南少数民族史料专辑》（内部资料），1990年第1辑，第153页。

② 班固：《汉书》（第4册）卷二十四《食货志》，颜师古注，中华书局，1962年版，第1182页。

③ 李亦园：《中国饮食文化研究的理论图像》，参见《第六届中国饮食文化学术研讨会论文集》，财团法人中国饮食文化基金会，2000年版，第1—16页。

④ 徐新建：《饮酒歌唱与礼失求野——西南民族饮食习俗的文化意义》，载于《西南民族大学学报》（哲学社会科学版），2015年第1期。

"尽情"地相互表述，这样，不仅整个"共食－会饮"活动充满了和合、融洽的"共"性，而且每个参与其中的主体也都能够在这种共同交往中自然而然地倾诉自己的忧愁、苦闷等各种情绪，使这类情绪得到类乎亚里士多德所说的那种"净化"①，进而感受到生命跃动的欢乐。

正是因为"酒"在巴人及其后裔的眼里有着如此妙用，故而，在物质生活并不宽裕的巴人及其后裔看来，"酒"不仅是他们自己在重要时日用以相互馈赠的象征性"礼物"和"共食－会饮"中用于助兴、尽兴、合欢和净化情感的审美性饮品，而且是他们用来孝敬长辈，帮助长辈颐养天年，获得更多人生乐趣的象征性事物。从《华阳国志·巴志》所记载的农事诗中，可以明显地看到巴人后裔的这种价值取向：

> 川崖惟平，其稼多黍，
> 旨酒嘉谷，可以养父。
> 野惟阜丘，彼稷多有，
> 嘉谷旨酒，可以养母。②

"旨酒""嘉谷"不只是具备一般食物均具备的"果腹"基本功能，更加重要的是，它们还具备普通食物所不具备的象征意味，即"养父""养母"的"孝""敬"功能。换言之，在川东巴文化圈的巴人后裔看来，父母为家庭操劳一生，功劳卓著，而今年老体弱，理当颐养天年。此时，除了言语的关切，普通饮食已不足以表达他们对生养了自己，且劳苦功高的父母的敬重，只有将自己酿制的最好的酒——"旨酒"，和所收获的最好谷物——"嘉谷"奉献给他们，让他们品尝最美好的饮食，感受更加愉悦的生命体验，才能很好地表达自己对父母最真诚的"敬"与"爱"。

川东巴文化圈中这种在老人生前对他们孝敬以"旨酒""嘉谷"，在他们过世以后则延请歌师傅"唱孝歌"以颂扬其功德，并抒发后人深情的两种习俗相映成趣，共同书写了这一文化圈中人们孝老、敬老，并尽一切可能将老人的生活予以审美化的地域传统。值得再次重申的是，"饮酒"在

---

① 古希腊哲学家亚里士多德在《诗学》中指出，悲剧可以唤起人们的悲悯和畏惧之情，并使观众的这类情绪得到"净化"，他强调的是艺术的"净化"功能。依照以徐新建教授为代表的文学人类学家的观点，如果将人们饮酒之后的那种较为自由的表述也视为一种文学表述，则通过这种表述，表述者同样能够使自身的情绪得到"净化"。

② 常璩：《华阳国志校注》，刘琳校注，巴蜀书社，1984年版，第28页。

这一传统中充当了非常重要的角色。

三、日常生活中的酣饮者

有人认为，饮酒远不只是一种生理性消费和较为低级的口腹之乐，在许多场合，酒都可以作为一种文化符号和文化消费，用来表示一种礼仪、气氛、情趣或心境，因而，刚烈、豪气、自强不息和无所畏惧，等等，都是"酒文化的重要性格"①。这里所谓的酒文化性格，说到底其实是饮酒者的性格。换言之，也就是有什么样的人，便有什么样的酒文化。同样，川东巴文化圈中人不仅善于酿酒，懂得饮酒，而且他们在自古代巴人那里传承而来的族群性格影响下，形成了自己独特的酒文化。

从流传至今的川东巴文化习俗来看，巴人及其后裔在人生的重要节点，必然有酒相伴。小孩出生，要请亲戚朋友和村寨邻居喝满月酒。在标志成人的结婚仪式上，要请亲戚、朋友、村寨邻居喝喜酒。成年人每逢生日，家人通常都会置办酒席为其庆生，而在整十岁时则往往大宴宾客，届时亲戚朋友及村寨邻居会前来为其举行大规模庆祝活动，而庆生的一个重要组成部分即"喝酒""敬酒"。当一个人死后，其家人同样会置办酒席，请前来打绕棺、唱孝歌的亲朋好友喝酒。在川东巴文化圈中，前三种情况下，被邀请前去参加庆祝活动的人通常都要"送人情"②。由于"喝酒"在这些活动中具有强烈的象征性，相应的，为示区别，人们就将这些活动分别称为"吃满月酒""吃喜酒""吃生日酒"，合而称之，则谓之"吃酒"。此外，在日常生活之中，家里来客要喝酒，请人帮工要喝酒，逢年过节要喝酒……当所有这些"吃酒""喝酒"的活动连缀在一起的时候，酒和饮酒活动就与人们的日常生活建立起了须臾不可分离的联系。

应当说，和其他巴人后裔聚居区一样，川东巴文化圈中人这种日常生活与饮酒活动的密切关联并不是现代的产物，而是从古代一直延续下来的生活习俗，这一点，可以从史籍和古诗文零零星星的记载中窥见一斑。擅长书写的文人雅士们在巴地饮用巴酒之后，往往以诗词的方式记载。盛唐

① 陶家驰：《楚酒，中国酒文化的缩影》，载于《华夏酒报》，2013年8月27日第A13版。
② "人情"可以是现金，也可以是礼品。改革开放以前，送酒、肉、面条等礼品的较多；改革开放以后，则逐渐演变为以送现金为主。

诗人杜甫路过云阳，在品尝过巴人清酒云安"曲米春"后，有《拨闷》诗云："闻道云安曲米春，才倾一盏即醺人……已办青钱防雇直，当令美味入吾唇。"① 此诗说明直到唐代，巴人清酒依然是天下名酒，虽已穷困潦倒，诗人仍要想方设法筹钱品尝美味的巴酒，足见巴人美酒的魅力。

中唐诗人白居易在任忠州刺史时有《郡中春宴，因赠诸客》诗云："……薰草席铺坐，藤枝酒注樽。中庭无平地，高下随所陈。蛮鼓声坎坎，巴女舞蹲蹲……"② 诗歌描写了巴地一次饮酒的盛况：春分时节，在坎坎的巴人鼓声中，一群美丽的巴人后裔翩翩起舞，诗人和宾客们一边欣赏巴人的歌舞，一边饮用巴人所酿的美酒，其乐陶陶焉，这完全是一幅审美生活的画面；在《春至》一诗中，他还描写了饮用巴人"呷酒"解闷的情景："若为南国春还至……闲拈蕉叶题诗咏，闷取藤枝引酒尝。"③ 在诗人看来，题诗固然可以打发闲暇时光，而饮用巴人"呷酒"同样具有消愁解闷的作用，在此，"饮酒"取得了与"题诗"同等重要的审美地位。

曾在出使元朝时造访过巴地的高丽诗人李齐贤在其《鹧鸪天·饮麦酒》词中描写自己的一次饮酒感受："……未用真珠滴夜风。碧筒醇酎气相通。舌头金液凝初满，眼底黄云陷欲空。香不断，味难穷。更添春露吸长虹。饮中妙诀人如问，会得吹笙便可工。"在自注中，他还特别写了一段说明："饮酒其法不蒭不压，插竹于瓮中，座客以次就而吸之，傍置杯水，量所饮多少，挹注其中，酒若不尽，其味不渝。"④ 有学者认为该词系李齐贤于陕西至四川峨眉山途中饮用咂酒后所作⑤，结合作者在自注中所描绘的饮法，以及酿制、引用咂酒主要为巴人后裔习俗这两点来看，李齐贤所饮用的很可能是巴人所酿咂酒，而且很有可能是在当时的巴文化圈中喝到了这种酒。

由于很多普通巴人后裔缺乏书面表达的能力，他们在饮酒时和饮酒之后的感受自然难以通过诗词等方式记录下来。随着方志传统的逐渐发展定型，他们的饮酒习俗才在以汉语书写的各地方志中得到一些零星的记载。

① 周振甫：《唐诗宋词元曲全集　全唐诗》（第5册），黄山书社，1999年版，第1664页。
② 周振甫：《唐诗宋词元曲全集　全唐诗》（第8册），黄山书社，1999年版，第3135页。
③ 周振甫：《唐诗宋词元曲全集　全唐诗》（第8册），黄山书社，1999年版，第3210页。
④ 张德秀：《朝鲜民族古代汉文诗选注》，辽宁民族出版社，2002年版，第103页。
⑤ 曾大兴、夏汉宁：《文学地理学：中国文学地理学会第四届年会论文集》，中山大学出版社，2015年版，第417页。

清乾隆版《石柱厅志》以批判的口吻描述石柱当地风俗曰："土风……其尤可怪者，邀集男女会饮咂酒。罐贮糟，糟注水成酒，插竹筒糟中，轮吸之。娶妇后行之……葬亲后行之……来往供应如流水……"，认为这是一种陋俗。① 从人类学的视角究其实质，这种批判是站在中原中心的文化立场上对巴人后裔饮酒习俗的一种误解。巴人后裔在实际生活中不论红、白喜事，皆"邀集男女会饮咂酒"的习俗，实际所起的作用正是前文所论"共食—会饮"中的和合、融洽以及净化功能，绝不能简单、粗暴地以"陋习"视之。

类似《石柱厅志》的记载，还有清同治版《咸丰县志·典礼》："咂酒，俗经曲蘖和杂粮于坛中，久之成酒，饮时开坛，沃以沸汤，置竹管于其中，曰咂竿，先以一人吸咂竿，曰开坛。然后彼此轮吸……盖蜀中酿法也。"② 文中所谓"蜀中"所指实际上是清朝时期四川的巴文化圈。这种以巴人酿酒之法生产出来的美酒，不仅"土司酷好之"，而且像清光绪版《龙山县志·风俗》卷十一所记载的那样，"土人"亦"喜欢之"。③ 这也从一个侧面说明，饮用咂酒，并从中获得从感官到精神的愉悦，是整个巴人后裔群体共同的爱好。而清同治版《咸丰县志》所载"惟有客来沿旧俗，常须咂酒与油茶"④ 的恒久风俗，则进一步表明饮用咂酒在巴人后裔日常生活中的重要作用。

今天，在川东巴文化圈的现实生活中，宣汉县更是发展出了一种独特的地域文化——"早酒"。在宣汉县，每每有朋自远方来时，不仅客人到来的当天晚上，主人一定会邀请一些本地朋友作陪，和客人一起饮酒助兴，不醉不归，而且特别注重在次日早餐时继续饮酒。一大早，主人就叫上客人，一起来到一家早餐店，点上少许荤菜、一碟花生米下酒，每人下一大碗面条，一边喝酒，一边天南海北地聊天，往往一顿"早酒"喝下来，大半个上午就过去了，⑤ 而主客之间的情谊也在酒的刺激下，再一次

---

① 四川黔江地区民族事务委员会：《川东南少数民族史料辑》，四川民族出版社，1996年版，第157页。
② 刘芝凤：《中国稻作文化概论》，人民出版社，2014年版，第342页。
③ 刘芝凤：《中国稻作文化概论》，人民出版社，2014年版，第342—343页。
④ 张梓、张光杰：《咸丰县志》，咸丰县志办公室重印本，1983年版，第190页。
⑤ 这里描述的是城镇里的人喝早酒的情况。在农村，每当家里来客时，同样要喝早酒，区别是喝酒地点是在主人家里，下酒菜也是主人家自备。

得到了审美性的增强。

四、饮酒与审美之关系

既然酒与饮酒在巴人后裔生活中有着如此重要的地位，我们不禁要问：是什么原因导致了巴人后裔与酒和饮酒活动之间产生了如此密切的关系？人们在饮酒活动中到底收获了些什么？由于巴人后裔自身文献的缺乏，我们无法看到他们自己的相关表述。但是，根据人类情感所具有的共通性，我们或许可以从有文字族群的人们关于饮酒乐趣的表述中，得到一些启发。

刘伶在《酒德颂》中描述饮酒的乐趣在于人们饮酒之后，"兀然而醉，豁尔而醒"的超时间性、"静听不闻雷霆之声，熟视不睹泰山之形"的超视听性、"不觉寒暑之切肌、利欲之感情"的超功利性，完全摆脱了外在事物对自身的功利影响，达到了一种"俯观万物"而觉其"扰扰焉，如江汉之载浮萍；二豪侍侧焉，如蜾蠃之与螟蛉"的超然境界，并切身地感受到一种"奋髯踑踞，枕曲藉糟，无思无虑，其乐陶陶"的审美愉悦。[①] 正因为在饮酒之后所获得的是一种"无思无虑"的绝对精神自由，感受的是一种"其乐陶陶"的精神愉悦，所以，饮酒才对刘伶具有如此之大的魅力。这大概也是巴人后裔离不开酒的原因吧。

白居易在《酒功赞》中也说：

> 麦麴之英，米泉之精，作合为酒，孕和产灵。孕和者何？浊醪一樽；霜天雪后，变寒为温。产灵者何？清醑一酌；离人迁客，转忧为乐。纳诸喉舌之内，淳淳泄泄，醍醐沆瀣；沃诸心胸之中，熙熙融融，膏泽和风。百虑齐息，时乃之德；万缘皆空，时乃之功。吾尝终日不食，终夜不寝。以思无益，不如且饮。[②]

饮酒的功用，在白居易看来，分而言之，曰"孕和"，曰"产灵"，前者指的是饮酒具有在"霜天雪后"的恶劣环境中使人体"变寒为温"的"和"的功能；后者指的是饮酒具有使满怀忧思的"离人迁客"在精神气

---

① 曾国藩：《经史百家杂钞（上）》，岳麓书社，2015 年版，第 172 页。
② 白居易：《白居易集》，中华书局，1979 年版，第 1466 页。引用时笔者据自己的理解对引文标点进行了适当调整。

质上"转忧为乐"的功效。总的来说，饮酒的功效在于能够使饮酒者达到一种"百虑齐息""万缘皆空"的超越境界。至于饮酒何以有如此妙用，即便智慧如白居易，"终日不食，终夜不寝"地加以理性思考，也难以探明其究竟。所以他感叹，与其苦苦思索而不得其解，倒不如通过饮酒来体验其中的乐趣。对于川东巴文化圈中人来说，他们更是只愿意到酒乡去体验饮酒之乐，而无暇去探究这种乐趣的根由了。

苏轼在《醉白堂记》一文中盛赞韩魏公的饮酒之乐云："……方其寓形于一醉也，齐得丧，忘祸福，混贵贱，等贤愚，同乎万物，而与造物者游……"① 在苏轼看来，酒醉之后的感受是一种"与造物者游"的逍遥之乐。如果苏轼此说还是对别人的饮酒之乐所作评价的话，那么，他自己在《前赤壁赋》中"举酒属客，诵明月之诗，歌窈窕之章……洗杯更酌……相与枕借乎舟中，不知东方之既白"的经历则是对这一乐趣的亲身体验。

与苏轼有着同样审美体验的南宋僧人法常似乎把饮酒的乐趣说得更为透彻："酒天虚无，酒地绵邈，酒国安恬：无君臣贵贱之拘，无财利之图，无刑罚之避；陶陶焉，荡荡焉，其乐不可得而量也。"② 饮酒的最大好处就是不计较"贵贱之别"，没有任何"财利之图"、无需"刑罚之避"，而获得的则是自由不羁的陶然之趣与胸怀坦荡的无量之乐，而这种快乐不是任何权势、地位、金钱、名声等功利性事物所能比拟的，说到底，这是一种不带有任何功利色彩的审美境界，是一种纯粹的生命感动。无怪乎川东巴文化圈中人即便是经济拮据，也总是乐于与亲朋好友甚至素昧平生的人一起畅聊痛饮，由此，也才形成了这一地域相当独特而恒常的"吃酒"文化，以及表面看来只是热情待客，甚至有些懒散、误事的"早酒"文化。

徐新建先生在论及人类与食物的关系时认为，我们不仅可以借鉴西方传统中关于人类与食物关系的名言说"食物成人"（We are what we eat），而且可以结合古今中外饮食文化发生和演变的情况添上一层"食俗成人"（We are how we eat）的意思。③ 如此看来，川东巴文化圈中人之所以在日常生活中与酒和饮酒活动的关系如此密切，大概正是因为他们深深地懂

① 李志敏：《唐宋八大家名篇鉴赏》（卷四），福建美术出版社，2013年版，第501页。
② 徐海荣：《中国饮食史》（卷四），杭州出版社，2014年版，第183页。
③ 徐新建：《饮酒歌唱与礼失求野——西南民族饮食习俗的文化意义》，载于《西南民族大学学报》（哲学社会科学版），2015年第1期。

得，适量饮酒不仅能够起到和合身心的生理作用，而且能够起到在劳作中提升干劲，提高生产效率的作用。更重要的是，正所谓"狂药自有妙理，岂特浇其礌磈"①，通过饮酒及饮酒过程中的言语、歌唱、舞蹈，以及那特殊的欢快气氛，人们还能够有效地消解忧愁、苦闷等不良情绪，强化舒畅、快乐的情感，获得精神上超越现实功利的审美愉悦，甚至暂时达到一种精神上的逍遥状态。

李白诗云："人生得意须尽欢，莫使金樽空对月……烹羊宰牛且为乐，会须一饮三百杯……将进酒，杯莫停……与尔同销万古愁。"② 诗歌表达了一种用美酒浇灌生命，让生命在酒力的刺激下绽放出诗意的强烈愿望。川东地区的巴人后裔，乃至整个川东巴文化圈中的人们，虽然未必能够像李白一样诗意地表达自己在饮酒过程中的生命感受，但可以肯定的是，对于他们来说，饮酒同样是日常生活中一种充满生命情调的审美活动，也是他们从古代巴人那里继承的"乐观豁达"性格在生活方式上的旷达呈现。

小　结

西方古典美学特别强调审美的"非功利性"，它要求审美主体在进行审美活动之前必须首先赶走自己的功利之心。中国传统士大夫美学所推崇的"风雅"同样要求摒弃功利考虑，否则便会落入"庸俗"。其实，不论是西方的所谓"非功利"，还是中国古代的所谓"风雅"，都离不开一种"闲"的心态。宋代著名文学家苏轼曾有一段关于"闲"的重要描述："……何夜无月，何夜无竹柏，但少闲人如吾两人耳。"③ 的确，夜月常常有，竹柏夜夜在，但能够在月夜欣赏竹柏的审美者却并不多，其关键就在于缺少了一种"闲"的心态。所谓"闲"，既是指时间上的余裕，更是指心境上的优游。一个整天忙忙碌碌的人无所谓"闲"，一个尽管无所事事，却空虚无聊的人，同样无所谓"闲"。

有了"闲"，便具备了审美的心理前提。但光有"闲"还不够，在

---

①　朱肱：《酒经》，宋一明、李艳译注，上海古籍出版社，2010年版，第3页。

②　李白：《将进酒》，引自纪昀：《家藏四库全书》（精华版），中国华侨出版社，2015年版，第329—330页。

③　苏轼：《记承天诗夜游》，引自熊礼汇：《历代小品》，齐同选注，长江文艺出版社，1996年版，第54页。

"闲"的同时还必须有"趣味"，方能够审美，方能够在平凡的生活中感受到快乐。就日常生活而言，照梁启超先生的意见，人必须常常"生活于趣味之中，生活才有价值"。① 对于继承了古代巴人"乐观豁达"族群性格的川东巴文化圈中人来说，不管物质生活多么窘迫，他们总能够在为生计奔波的同时，怀着一颗忙里偷"闲"之心，想方设法地去避免生活中的枯燥乏味。无论是在紧张忙碌的薅草劳动之中，还是在以休闲为主的婚嫁、丧葬、摆手仪式以及日常生活的饮酒活动之中，甚至在营造居所、家居布置和装饰身体的各种活动之中，都尽其所能地为自己和同伴营造一种生活的"趣味"，进而使整个川东巴文化圈中的日常生活都或多或少地具有审美的意味。

正如宣汉县土家族民歌所唱："谈情说爱歌为媒，下地劳作歌相随，悼念亡灵唱孝歌，结婚哭嫁歌伴泪。"② 可以说，川东巴人后裔不仅通身闪耀着艺术的才华，而且这样的才华被他们施展在日常生活的方方面面，不论是"忙"还是"闲"，也不论是"圣洁"的婚姻、爱情，还是"凡庸"的世俗生活，他们都不忘对自己的一言一行、一思一念进行审美性的艺术表达。尽管其日常生活习俗常常为秉持汉文化的儒家士大夫所指斥，然而，他们这种艺术性地度过平常人生的审美天性却感染了那些与他们平居杂处的其他族群的人，并不断向其生活区域的外围辐射，从而形成了一个以现代土家族聚居区为核心的"巴文化圈"，这个文化圈中的人们都不同程度地过着审美性的日常生活。

---

① 梁启超：《梁启超清华大学演讲录：为学与做人》，东方出版社，2015 年版，第 52 页。
② 张国述、饶庆发：《土家人的婚嫁习俗》；引自向本林：《宣汉土家文化》，中国文史出版社，第 126—127 页。

第五章 理论区分：作为美学范畴的审美生活

本书前面几章，笔者深入发掘了川东地区居民总体性格的文化根柢——"巴文化"。在此基础上，根据史料记载和传承至今的土家族人性格特点，笔者将这一总体性格的文化表征界定为"朴直敦厚、刚勇重义、乐观豁达"，并将该地域命名为"川东巴文化圈"。同时，笔者还运用田野考察所得的材料，尽可能全面地呈现了这一地域中的人们在生产劳作、教育、政治、爱情、婚丧嫁娶、家居、节庆习俗等日常生活情境中的审美状况，限于篇幅，虽然很难做到面面俱到，但足以从中窥见川东巴文化圈人们的审美性生活情状。

根据前文所述，我们可以看到，尽管这里人们的生活并没有也不可能完全摆脱那种在某些精英美学家们看来千篇一律、平庸陈旧的"日常性"特质，[1] 但他们，又尤其是他们中的巴人后裔却并没有因此成为"终日劳……数米计薪……虽觉如梦、虽视如盲"[2]，哪怕在最美的景色面前也同样忧心忡忡、无动于衷，不懂得审美的人。事实上，他们既迫于生计而汲汲于物质功利，又因其传承久远的"乐观豁达"文化性格而非常懂得在平淡无奇的日常生活中营造审美氛围，增添生活乐趣，在生活情境千篇一律的"日常性"中融入变化万千的"审美性"。

这就是说，川东巴文化圈中人，又尤其是其中的巴人后裔土家族人，他们的日常生活总是伴随着歌唱、舞蹈、手工技艺、家居装饰以及本书没

---

[1] 周宪：《文化表征与文化研究》，上海人民出版社，2015年版，第348页。
[2] 王夫之：《俟解》，转引自叶朗：《中国美学史大纲》，上海人民出版社，1985年版，第52页。

有述及的打钱棍（如图5-1所示）、车车灯、耍狮子（如图5-2所示）、民间故事等各式各样的审美活动。人们在进行这些审美活动时，并没有像精英美学家所要求的那样"从有利害关系的实用世界搬家到绝无利害关系的理想世界里去"①，恰恰相反，大多数时候，巴人后裔的审美活动都直接与追求物质功利的生产活动同步进行，人们并不是通过"搬家"去"绝无利害关系的理想世界里"，而恰恰是在"有利害关系的实用世界"之中完成了愉悦身心的审美活动。这一现象与西方传统美学关于"审美"的经典定义形成了鲜明的对比。这就说明，西方传统美学那种认为审美必定与功利性活动截然两分的观点并不是对人类"审美"行为的完整概括，因为它无视类似川东巴文化圈中人那种在"有利害关系的实用世界"中实现精神超越的审美类型。

图5-1　川东土家族人在跳"打钱棍"

---

① 朱光潜：《谈美·开场话》，引自《朱光潜美学论文集》，上海文艺出版社，1982年版，第446页。

图5-2　川东土家族人在观看"耍狮子"

　　如果要用一个词语来归纳川东巴文化圈中人这种将千篇一律的日常生活与趣味横生的审美活动统一在同一过程之中的现象，以笔者目前的学力，"审美生活"是笔者能够找到的最合适的词语。

　　何谓"审美生活"？这个词语已经有极个别学者在撰文时使用过。不过，查阅这些学者的相关论述之后，笔者发现他们对于"审美生活"一词，通常都是在未经界定的情况下加以使用的①，似乎这个由"审美"和"生活"两词组合的词语是不言自明、无需阐释的，其大概含义也被近乎先验地认为是指一种"精致而审美的日常生活；浪漫而自由的文化氛围"②，由此看来，它基本上还是在精英美学的意义上被使用，其所指涉的范围也就大致相当于精英知识分子以艺术创造、艺术鉴赏和游山玩水、赏玩器物等活动来美化自己的生活。其所追求的"情趣"则是与普通民众日常生活之"俗"相对的"雅"。③

　　显然，上述这类在精英美学框架内对"审美生活"的"不证自明"式

---

　　①　参见魏家川：《有关身体的日常语汇的审美生活分析》，载于《文艺争鸣》，2003年第6期。

　　②　刘永丽：《上海怀旧：对一种审美生活方式的向往》，载于《学术研究》，2006年第8期。

　　③　参见刘彦顺：《"时间性"何以成为美学的基本问题》，载于《社会科学辑刊》，2013年第4期；罗中峰：《中国传统文人审美生活方式之研究》，洪叶文化事业有限公司，2001年版；楚戈：《审美生活》，尔雅出版社，1986年版；苏状：《"闲赏"范畴与明清文人的审美生活》，载于《北方论丛》，2007年第5期等。

理解是无法解释本书所呈现的川东巴文化圈中人的"审美生活"实践的。在笔者看来，"审美生活"既包括只有少数精英知识分子能够通过非功利审美来达到的超越性生活（其极致乃是庄子式的"逍遥游"），也包括川东巴文化圈中这类普通人出于自身"乐观豁达"的族群、个体天性，自发自觉地在日常生活之中随时随地进行审美创造和鉴赏，赋予自身日常生活以更多的乐趣，从而摆脱那千篇一律的"日常性"，在功利世界中所实现的精神超越。因此可以说，这是一个全新的美学概念。

换言之，"审美生活"并不是"审美"与"生活"这两个在经典美学看来关系不大，甚至毫不相关的范畴的简单叠加，而是两者的有机融合乃至相互生发。这样的有机融合和相互生发，表现在现实层面，即是人人皆可能在不同程度上达到一种破除了生活"日常性"的人生境界；表现在理论层面，则预示着一种更具"人类性"和普遍意义的美学理论得以建构的可能性。为了使"审美生活"这一全新的美学范畴获得更加准确的理论阐释，就完全有必要厘清它与一些容易混淆的现有理论之间的关系，划定它们之间的界限，在此基础上完成对其内涵的界定。

第一节 理论区分之一：审美性 vs. 审美化

根据本书第二至四章的描述，可以说，川东巴文化圈中人的生活本质上是一种审美性的生活。在这里，生活的"主体"遵循他们自古而然或濡染而来的文化性格，自然而然地赋予"生活"多样的色彩，从而使看似千篇一律的日常生活变得色彩斑斓、趣味横生。因而，"审美"就成为这种生活本来具有的特点。或者换句话说，这样的生活本身就充满了审美意味。而且，存在于这种生活中的审美，既不需要主体以刻意地离开功利性世俗生活作为其寻求精神超越的前提条件，也不必然与主体或整个社会物质生活的极大丰富相关。

既然我们将川东巴文化圈中人的这种充满审美意味的生活称为"审美生活"，并且确认这种生活本身就充满了"审美性"，而不必然需要一种来自外部的艺术力量对其精神品质加以"提高"，也不依赖经济领域的成功所带来的物质极大丰富以及随之而来的文化、艺术商品消费，那么，这里所谓的"审美生活"便取得了相对上述两个方面——前者是指精英美学家们所倡导的"人生艺术化"境界，后者则是被称作"日常生活审美化"的以消费为特点的后现代社会景观的某种自足性，而成为对真实存在的历史与现实审美实践的一种全新理论归纳，甚至有望成为美学理论向前推进的一个切入点。

这即是说，尽管在"审美"行为这种文化外观和身心愉悦这种精神品质方面，"审美生活"这一范畴都难免与"人生艺术化"和"日常生活审美化"等理论有着诸多相似性，但又与这两者有着根本区别，只有将它们之间的区别分辨清楚了，才能够使"审美生活"这一全新美学范畴摆脱这两种理论的干扰，得到准确而深刻的理解。

一、"审美生活"与"日常生活审美化"

今天，当我们把"审美"和"生活"这两个词语并置的时候，最容易让人想到的美学思潮和相关理论恐怕要数"日常生活审美化"（又译作日常生活的审美呈现）。作为一种对后现代消费文化的理论归纳，"日常生活审美化"最早是由英国学者迈克·费瑟斯通（Mike Featherstone）在准确归纳文学艺术运动和把握当代生活中经济与审美现象的基础上，于 1988 年 4 月在新奥尔良举行的"大众文化协会大会"上所作题为"The Aestheticization of Everyday Life"（《日常生活的审美呈现》）的报告中提出来的。他从三种意义上谈论了"日常生活的审美呈现"这种"后现代性体验"："首先，我们指的是那些艺术的亚文化，即在一次世界大战和本世纪二十年代出现的达达主义、历史先锋派及超现实主义运动。在这些流派的作品、著作及其活生生的生活事件中，他们追求的就是消解艺术与日常生活之间的界限……第二，日常生活的审美呈现还指的是将生活转化为艺术作品的谋划……日常生活的审美呈现的第三层意思，是指充斥于当代社会日常生活之经纬的迅捷的符号与影像之流……"而其中的第三个方面则"是消费文化发展的中心"①。毋庸置疑，费瑟斯通对于"日常生活审美化"这一当代世界性审美实践潮流的理解和归纳是相当深刻的。不过，在费瑟斯通提出"日常生活审美化"这一概念时，其理论的涵盖范围基本还

---

① 费瑟斯通：《消费文化与后现代主义》，刘精明译，译林出版社，2000 年版，第 95—99 页。

局限于西方发达资本主义社会。

费瑟斯通的相关理论在经过短暂的沉寂后，于 20 世纪 90 年代末渐渐成为西方文化界的一个热门话题，到 21 世纪初，它在中国美学界也逐渐得到了较为热烈的回应。参与到对"日常生活审美化"这一话题讨论中的中国美学家大致可分为两类：一是乐观的倡导者，二是冷静的批判者。前者认为审美活动已然超越了纯艺术和文学的范围，并泛化到了日常生活的相关活动之中，他们把"日常生活审美化"看作后现代社会的一个典型特征，并以囊括的姿态指出，人类生活中出现的所有具有审美特征的事物，"从电视到网络，从手机到各类时尚"①，包括广告、时装、名牌、电视连续剧、城市规划、环境设计、居室装修，等等，都是"日常生活审美化"的有力证据。后者则从中细致地区分出两个字面意思似乎差别不大的概念——"日常生活审美化"和"审美日常生活化"，却尖锐地指出只有前者才是人类追求的目标，是真正意义上的审美，而后者虽然也能引起人们的美感，归根结底却是技术对人的控制，本质上与"人生的艺术化"这一崇高目标背道而驰。② 还有一些学者采用了诸如"泛审美""伪审美"一类词语来指称这一现象，其中蕴含的更多也是对传统美学失落的悲观和担忧。③

事实上，不管学者们对于"日常生活审美化"这一后现代文化现象是同情还是反对，整体上都基于这样一个现实：随着现代工业文明的快速发展以及电子信息技术的日新月异，一方面，社会物质生活从原先的总体不足甚至匮乏变得日渐丰富起来；另一方面，人们的审美、娱乐需求也随之被无限度地刺激起来。不但过去只有精英阶层才能欣赏的高雅艺术已"不再是单独的、孤立的现实"，随着"机械复制技术"的发展，它们也"进入了生产与再生产过程"，并失去了其原有的"唯一性"，进而"飞入寻常百姓家"，成为任何人都有机会欣赏的"复制艺术"。更有甚者，"一切事物，即使是日常事物或者平庸的现实"，也"都可归于艺术之记号下，从

---

① 周宪：《从文学规训到文化批判》，译林出版社，2014 年版，第 87 页。

② 彭锋：《日常生活审美化的迷误》，载于《光明日报·理论周刊》，2008 年 1 月 29 日第 011 版。

③ 在中国学术界所发起的对"日常生活审美化"现象的讨论中，持支持态度的有周宪、陶东风、陆扬、王德胜等学者，持批判态度的则有彭锋、鲁枢元等学者。

而都可以成为审美的"了。①

"日常生活审美化"现象与我们前面几章所描述的川东巴文化圈中人的"审美生活"似乎是非常接近的。若不细加辨析，恐怕有人甚至要在两者之间画上等号了。如此，对这两个概念的比较分析就很有必要。

（一）相似：审美不止于精英

既然"审美生活"概念如此容易与"日常生活审美化"相混淆，那么，它们两者之间必然有着诸多相似之处。

其一，审美主体的身份较为相似。本书描述的过着"审美生活"的审美主体所指涉的是生活在川东地区的普通人，既包括当地有一定文化的知识分子，也包括当地的城乡居民，当然，其中特点最为鲜明的还是生活在宣汉县土家族聚居区域及其周边地区的人们。与之相似，"日常生活审美化"概念所指涉的审美主体是置身于后现代消费社会中的所有个体，其中既有知识精英，也包括了普罗大众。可见，两者都将研究视野扩大到了传统美学所关注的精英阶层以外，并将关注的重点指向了普通人群。

其二，审美对象指涉的范围较为接近。本书所论川东巴文化圈中人"审美生活"中的审美对象既涵盖了人们在生活中所唱的歌、所跳的舞蹈等艺术形式，又包括了他们的家居、服饰以及一些民俗仪式，而这些都直接与他们的生产、生活对象相关；与之相近，那些力图将自己的"日常生活审美化"的人们，其审美对象也不仅包括了"复制"而来的艺术品，而且包括了美容、美发、时装、商场装潢、家具、日常用品、卡拉OK等众多日常生活事件和对象。可见，两者都将审美对象扩大到了传统美学所轻视的世俗生活领域。

其三，审美活动与日常生活相关。不管是本书所呈现的川东巴文化圈中人的"审美生活"，还是"日常生活审美化"理论中的审美主体所进行的审美活动，都有一个共同特点——人们并不像传统美学所描述的那样，需要辟出专门时间，到音乐厅、博物馆、美术展览馆、剧院等场所去进行审美活动，而是就在日常生活之中，随时随地开展审美活动。在川东巴文化圈中，那随缘而起的歌唱即是一例；而在后现代消费社会，只要你想

① 费瑟斯通：《消费文化与后现代主义》，刘精明译，南京：译林出版社，2000年版，第99页。

看、想听，则满目皆是美景、满耳都是乐音。

（二）区分：审美性和审美化

尽管"审美生活"与"日常生活审美化"这两个概念之间有着如此之多的相似之处，但如果就此便打算将这两者等同起来的话，显然是没有看到它们之间巨大的差异而大错特错了。大体而言，"审美生活"与"日常生活审美化"之间有以下三个方面的区别：

其一，表现形态不同。不论是日常生活的"审美化"，还是审美的"日常生活化"，作为一种后现代消费社会的审美文化，"日常生活审美化"主要有三个方面的表现形态：一是审美对象的日趋世俗化，其显著特征在于审美对象范围相较传统美学的无限扩大；二是审美活动的日常化，与审美对象的世俗化相对应，审美鉴赏活动不再像传统美学那样正式，甚至中规中矩；三是审美方式的媒介化，审美活动越来越受到媒介的控制，这种控制的最明显表现就是进入主体审美视野的对象变得日趋齐一化和平均化。①

与之相对，"审美生活"也有三个方面的表现形态，一是审美对象的世俗性，譬如川东巴文化圈中人的审美对象自古至今都与世俗生活领域息息相关，它既不受物质生活丰富程度的影响，也没有经历一个从高雅到世俗的"化"的过程，因而，其审美对象的特点便是"世俗性"而非"世俗化"。二是审美活动的日常性，除了摆手歌舞这一类仪式性较强的审美活动是在相对固定的时间，由专人组织并定期举行，川东巴文化圈中人的几乎所有审美活动均发生在某些精英美学家们眼里"千篇一律"的日常生活领域中，而不是像"日常生活审美化"运动那样，有一个从高雅的艺术领域向世俗的日常生活领域流动和扩大的过程，因而，其审美活动的特点是"日常性"而非"日常化"。三是审美方式的自发性，川东巴文化圈中人的审美活动均发生在自然而然的状态中，他们的情感随缘而生，他们的歌唱也随兴而起、旋编旋唱。而不像"日常生活审美化"运动中的审美主体那样，其审美活动貌似随时随地发生，实则要受到很多来自经济、社会、科技、媒介等因素的限制，因而，其审美方式的特点是"自发性"而非"媒

---

① 姜约：《"日常生活审美化"的表现形态及其美学效应》，载于《四川文理学院学报》，2012年第1期。

介化"。

　　其二，冲击传统美学的角度不同。"日常生活审美化"运动的蓬勃发展创造了大批有着"精细入微的鉴别力"，欣欣然优游于日常生活之中，被沃尔夫冈·韦尔施戏称为"美学人"（homo aestheticus）的主体，他们的"身体、灵魂和心智"都具有"时尚设计"，却已然"抛弃了寻根问底的幻想"，只是"潇潇洒洒站在一边，享受着生活的一切机遇"的"浅表的自恋主义"者①。按照费瑟斯通所引斯科特·拉什的观点，那些专为"美学人"们实现"日常生活审美化"而生产的后现代文化影像具有这样一些特点：它们是主体"对初级过程（欲望）而不是对次级过程（自我）的强调；对形象而不是对语词的强调；对对象的审美沉浸与欲望投射的强调，以反对与对象之间保持审美距离"。拉什还指出，这些特征实际是在消解分化（de-differentiation）。所谓"消解分化"，也就"意味着喜爱消解灵气（de-auraticization）的艺术，意味着一种欲望的美学，意味着感受和即时体验"。而其所致力"消解"的"分化"，即马克斯·韦伯和哈贝马斯所强调的"审美形式从真实世界中分化出来的过程"②，正是传统美学看重并长期坚守的特征。因此，尽管"日常生活审美化"潮流的确"让更多的普通人有更多的机会介入到审美活动中来"，甚至可能获得了真正的审美享受，③ 但值得注意的是，牵涉其中的审美主体显然已不再是传统美学意义上的审美主体，他们中的大多数所进行的审美活动实际是对传统美学"超越"价值体系的颠覆。

　　"审美生活"则不然，从本书前面几章的描述可见，川东巴文化圈中人，尤其是其中的巴人后裔土家族人，尽管他们的审美活动也发生在日常生活之中，却并不需要依靠外界的力量为其提供"美化"其"身体、灵魂和心智"的"时尚设计"，所有的审美对象都是他们用自己的生命去体验生活，感受其中的酸甜苦辣之后的情感性表述。因此，无论是创造美（如唱歌、跳舞）的人，还是欣赏美（欣赏歌唱、舞蹈）的人，这些审美对象实际都是他们生命的一部分。故而，他们的审美活动实际已经是他们全部

---

① 韦尔施：《重构美学》，陆扬、张岩冰译，上海译文出版社，2002 年版，第 10—11 页。
② 费瑟斯通：《消费文化与后现代主义》，刘精明译，译林出版社，2000 年版，第 101 页。
③ 姜约：《日常生活何以审美化》，载于《中华文化论坛》，2015 年第 2 期。

生活经验的必然而且自然的组成部分，这样，他们的生活就本然地具有一种"审美性"，而不像"日常生活审美化"潮流中的主体那样需要外部的力量来将自己的日常生活"审美化"。尽管这种"审美生活"同样是对传统美学的反动，但就同样强调审美主体精神超越这一点而言，它只是对传统美学视野范围的打破与重建，而没有对传统美学的价值体系构成威胁。

其三，两者的理论内涵不同。任何一种美学理论的提出都必然有其理论诉求。众所周知，当"日常生活审美化"作为一种审美现象被提出以后，很快便在美学理论界形成了两种截然对立的理论观点：反对者批判在这一审美运动中充当了主流角色的大众文化是为了一种"虚假的感官快乐而牺牲了许多历久弥新的价值观念"，而其本身也就成了"标准文化、程式文化（formula culture）、重复文化、肤浅文化的同义语"①，并且他们指出，作为其重要审美对象的现代艺术的一个重要特点就是机械复制艺术的出现导致了光韵艺术——传统艺术大崩溃，认为机械复制艺术对光韵艺术的取代是艺术在现今时代所发生的一个替变，而导致这种替变的根源则在于现代人企图"通过占有一个对象的酷似物、摹本……来占有该对象的愿望与日俱增"②。批评家卢森堡不无悲凉地指出，那种屈从于市场需求的倾向，"意味着对艺术想象力的摧残和破坏，意味着艺术走向前所未有的贫乏"，其美学的后果则是"将美感要素规范化"了，也"将真正艺术的创造性构成和表现力标准化"了，也就是说，它已经完全脱离了传统美学追求"不确定的深切感受和新的发现"的旨趣。③ 与之相对，支持者认为当代"日常生活审美化"潮流中审美文化的重要特征乃是"审美与生活的同一"，其具体的表现则是"生活的审美化以及审美的生活化"④。事实上，这种"审美与生活的同一"使"整个社会的人都可能成为潜在的审美主体"，为人们日常生活的"审美化"提供了一种可能性，并部分地成为现实。⑤ 在我看来，不论是日常生活的"审美化"，还是审美活动的"日常生活化"，这两种"化"都是以外部表现形态为标准所进行的判断，就

---

① 陆扬：《大众文化理论》，扬智文化事业股份有限公司，2002年版，第49页。
② 本雅明：《机械复制时代的艺术作品》，王才勇译，中国城市出版社，2002年版，第90页。
③ 史密斯：《艺术感觉与美育》，滕守尧译，四川人民出版社，2000年版，第23页。
④ 潘知常：《审美与生活的同一——在阐释中理解当代审美文化》，载于《浙江学刊》，1998年第4期。
⑤ 姜约：《日常生活何以审美化》，载于《中华文化论坛》，2015年第2期。

后现代消费社会大众文化视域中的审美活动而言，其中的"审美者"对于自身审美活动的自主性是极为有限的，其审美活动本身在很大程度上可以被归结为一种经济上的消费行为。究其根源，就在于这种所谓的"审美"其实是一种被"设计"的行为，而远非传统美学意义上主体自行创造，又自得其乐的审美活动。

与之不同，"审美生活"强调一种活生生的生活状态，它指的是一种人在日常生活中自主的审美状态，而不是按照某种外在的标准去改造一种自然状态的生活。一方面，这种"审美性"的生活状态在总体价值观上并不与传统美学对精神超越和人生境界升华的追求相悖逆，它关注的重心仍然是人们精神品质和人生境界的提升，以及人在这一过程中心灵的自由。另一方面，这种在日常生活领域自然发生的审美活动，又是对传统美学要求在审美过程中绝对排斥功利活动的一种理论纠偏。正如我们在川东巴文化圈中所见，人们事实上就在追求物质丰富的同时，通过自身的审美创造，获得了精神的愉悦和情感的宣泄。尤其重要的是，从根柢上说，川东巴文化圈中人的这种"审美生活"乃是源自他们从古代巴人那里传承而来的"乐观豁达"的文化性格，而与他们所处的时代以及那个时代经济、文化的发达程度无关。

简而言之，"审美生活"所描述的是一种自然而然的生活状态，它与"日常生活审美化"的根本区别在于：它强调的是一种由内而外的"审美性"，与"日常生活审美化"所关涉的那种由外而内的"审美化"有着"质"的不同。

二、"审美生活"与"人生的艺术化"

论及"审美"与"生活"的关系，在传统美学领域，最容易让人想到的自然是宗白华、朱光潜等大家所提出的"人生的艺术化"理想。宗白华先生大约是西方美学思想传入中国以后，第一个将"艺术"与"人生"紧密关联起来的美学家。在1920年的《新人生观问题的我见》一文中，针对当时流行的两种人生观——"现实的人生主义"和"悲观命定主义"，他提出了两种新人生观——"科学的人生观"和"艺术的人生观"。在这两种人生观中，他又认为前者虽好，但它是"如同研究无机现象一样"地将"人生生活当作一个客观事物来观察"，显得过于客观，于主观的人生不太适宜，"在人生观上还不完全"。因而，当他看到"生命创造的现象与艺术创造的现象"之间颇有相似之处，都是以一种主观的态度使物质"精神化"的过程时，便特别地倡导一种将自己的人生生活"当作一个高尚优美的艺术品"一样创造，使其"理想化、美化"的"艺术的人生观"——"从艺术的观察上推察人生生活是什么"以及"人生行为当怎样"的一种人生观。① 究其实质，宗先生所谓"艺术的人生观"也就是一种将人生"艺术化"的理想。

1932 年，在一篇以"人生的艺术化"为副标题的文章里面，朱光潜先生指出，虽然人的活动可以区分为"实用的""科学的""美感的"三个方面，但这几个方面并不是"互相冲突的"，而是"相互和谐的整体"。同时，尽管"实际人生"与"艺术"之间有着一定的距离，但由于它不过是"整个人生之中的一片段"，因而并不代表"艺术与整个人生的隔阂"。更进一步，他指出"人生"与"艺术"之间密不可分的关系，认为"离开人生也便无所谓艺术，因为艺术是情趣的表现，而情趣的根源就在人生"；相反，"离开艺术也便无所谓人生，因为凡是创造和欣赏都是艺术的活动，无创造、无欣赏的人生是一个自相矛盾的名词"。"人生"因此可以被视为"一种较广义的艺术"，但凡懂得生活的人便可以被称为"艺术家"，他的生活也就是"艺术作品"。基于此，他倡导在生活中采取一种"无所为而为的玩索"态度，通过一种"情趣"丰富的生活，来实现"人生的艺术化"。②

宗白华、朱光潜这种将人生"艺术化"的美学理想并非凭空而生，实际是对中、西方自古以来精英主义美学思想的总结和发展。直到晚年，朱光潜先生仍然"坚信情感比理智重要"，认为"要洗刷人心"，就必须"从'怡情养性'做起……要求人心净化，先要求人生美化"。③ 可见，他一生都在强调审美之于人生的重要性。不仅如此，宗白华和朱光潜两位哲学家更是用自己的一生实践了"人生的艺术化"这一美学理想。

---

① 宗白华：《新人生观问题的我见》，原文载于 1920 年 4 月 19 日《时事新报》的《学灯》专栏，引自林同华：《宗白华全集》（第一卷），安徽教育出版社，1994 年版，第 204—207 页。

② 朱光潜：《"慢慢走，欣赏啊！"——人生的艺术化》，引自《朱光潜美学论文集》，上海文艺出版社，1982 年版，第 532—533 页。

③ 朱光潜：《谈美·开场话》，引自《朱光潜美学论文集》，上海文艺出版社，1982 年版，第 446 页。

再回头看本书所描述的川东巴文化圈中人的"审美生活"，就人们总是能在日常生活中随时以艺术（主要是歌唱、舞蹈）的方式抒发自己的喜怒哀乐等各种情感而言，他们的人生似乎充满了艺术的情趣，已然实现了与宗、朱二位先生的美学理想相一致的"人生的艺术化"，因此认为应当直接将川东巴文化圈中人的"审美生活"归入"人生的艺术化"一派，而完全没有必要另作讨论。事实并非如此，本书所提出的"审美生活"概念虽然与朱光潜先生的"人生的艺术化"、宗白华先生的"艺术的人生观"①理想在理论上具有诸多相似性，却绝不能在它们之间简单地画上等号，或者简单地将"审美生活"划归"人生的艺术化"的旗帜之下。因此，对"审美生活"和"人生的艺术化"这两个概念进行一番细致辨析，便显得十分必要。

（一）相似：审美提升人生

之所以说"审美生活"与"人生的艺术化"这两种提法非常相似，若不加细致辨析，直接将前者归入后者似乎也并无不可，其根本原因在于，从本质上讲，两者的美学精神是一致的，即都主张通过"艺术的""审美的"方式来提升人的精神境界。具体而言，两者在以下三个方面颇为相似。

其一，具有近乎一致的美学理想。"人生的艺术化"的最终目标是使人从"艺术"角度去推察"人生"，对人生生活采取一种"无所为而为的玩索"的态度，进而使生活富于"情趣"，把人生过得像一件"高尚优美的艺术品"；"审美生活"是对川东巴文化圈中人所过的那种时以歌唱、舞蹈等艺术形式抒发自己的情感、娱乐自己和他人身心的日常生活的归纳，其美学理想是希望人们都能够过上类似的，在日常生活中始终与"艺术"相伴的生活，无论是喜是忧、是哀是乐，都能够随时使自身或积极或消极的情感得以抒发、宣泄，从而愉快地度过有限的人生。由此可见，"审美生活"与"人生的艺术化"在美学理想上就具有某种意义上的"同一性"。

其二，主体对待人生生活的态度相似。若不考虑两者所关心的主体的

① 宗白华：《新人生观问题的我见》，林同华：《宗白华全集》（第1卷），安徽教育出版社，1994年版，第204—207页。

身份，单就抽象的个体而言，无论是"审美生活"，还是"人生的艺术化"，其注重的都是个体人生境界的提升。就川东巴文化圈中人生活的实际状况来看，他们基于承自古代巴人族群的"乐观豁达"文化性格，而能够在"千篇一律"的日常生活之中与艺术结下不解之缘，过着一种几乎无时不歌、无处不歌、无事不歌的生活。从本质上说，尽管很难用传统美学常用的"崇高、优美"一类范畴来概括，但他们这种生活确乎已成为一种可以称之为"艺术品"的东西，而从根柢上指导他们如此"理想化、美化"自己人生生活的，则正是与宗白华先生所谓"艺术的人生观"不谋而合的"审美性"生活态度。

其三，主体提升人生境界的途径相似。若不考虑传统美学经常采取的在艺术领域区分雅俗、划分高下等级的做法，暂且将所谓的"精英艺术""平民艺术""民间艺术"或者所谓"美的艺术""实用艺术""机械艺术"之间的差异放置一边，而采用一种一视同仁的广义"艺术"概念的话，则本书所谓的"审美生活"范畴和朱光潜等人所谓的"人生的艺术化"理想之间就还有一个共同特点——它们所追求的提升主体精神境界的美学目标，都必须通过同样的途径去实现。如我们所见，川东巴文化圈中人的生活之所以能够被称为"审美生活"，原因正在于他们借助了"艺术"的形式——无论是歌唱、舞蹈还是建筑、家居、装饰——来改变日常生活的"千篇一律"性，而使其具有了丰富多样的情感色彩，不仅他们自身摆脱了日常生活的无聊，感受到了无尽的趣味，而且在旁人看来，他们的生活本身也似乎可以称为"艺术品"。可以说，川东巴文化圈中人通过艺术的途径将自己的人生变成了"艺术"，过着"艺术品"一般的"审美生活"，而这似乎正可作为朱光潜先生"人生的艺术化"美学理想的现实版本。

（二）区分：艺术性和艺术化

尽管"审美生活"与"人生的艺术化"有着上述几点相似之处，但如果因此便打算在两者之间画上等号，同样不免过于草率。事实上，两者之间有着非常明显乃至巨大的差别。这主要表现在以下三个方面。

其一，两者所取美学立场不同。朱光潜先生所提出的"人生的艺术化"美学理想，在把"实际生活看作整个人生之中的一片段"的同时，却又"肯定艺术与实际人生的距离"①，因此，严格来讲，"人生的艺术化"所期望的整个人生的"情趣化"，实际是将人人都必须要过的日常生活排除在外的，本质上是要把人劝离实际人生——世俗性的日常生活的领域，再通过对高雅艺术的欣赏，逐渐达成一种超越性的人生境界。应当说，朱光潜先生在此所取的美学立场，正是与西方自康德以来的古典美学一脉相承的，视日常生活不可避免的"功利性"为"审美"之大敌的"精英主义"立场。

与之不同，"审美生活"所取的是一种更具包容性的"人类主义"立场。首先，"审美生活"这一概念是从川东巴文化圈中人的日常生活境况中归纳、提炼出来的一种生活状态。这里的川东巴文化圈中人不仅包括少量的知识精英，更多地是指作为非知识精英，甚至在传统美学中被认为不懂也不会审美的农民群体。事实证明，在川东地区，以巴人后裔土家族人为中心的广大农民群体才是最大限度地传承古代巴人族群"乐观豁达"文化性格，把朱光潜等先生认为的与艺术隔着一段距离的"实际人生"过得像是一件"艺术品"的人，也才是"审美生活"的杰出代表。同时，由于"审美生活"这一概念是对所有川东巴文化圈中人生活状态的提炼和归纳，所以它并不排斥传统美学的审美主角——知识精英，而是将全人类都纳入了自己的理论视野，因此是一个具有"人类学"意义的概念。

其二，两者所指涉的主体身份不同。"人生的艺术化"命题所指涉的主体基本局限在贵族和精英知识分子这一极小范围内，这些人物质生活充足而丰富，无须迫于生计日日忙碌，四处奔波，多的是审美所需的"余暇"和进出博物馆、艺术馆、歌剧院以及四处旅游观光所需的"余钱"；又兼他们一般都受过较好的文化艺术教育，具有一般群众所不大可能具备的艺术鉴赏力和"高级趣味"，只要懂得一些美学的知识，懂得克制自己过于强烈的功利目的，培养起一种"无所为而为的玩索"的赏玩心态，就可以做到像庄子所说的那样不受物质世界的羁绊，而"逍遥"地悠游、审美了。正是出于这样的原因，在 20 世纪 50 年代的美学大讨论中，一些学者才直斥这样的美学是有闲阶级的、富人的，"敌视中国劳动人民的、反

---

① 朱光潜：《"慢慢走，欣赏啊！"——人生的艺术化》，引自《朱光潜美学论文集》，上海文艺出版社，1982 年版，第 532 页。

动的、剥削者"的美学。①

与之不同，"审美生活"将审美主体的范围扩大到了全人类，意思是说，任何一个人都能够成为审美主体，并通过审美实现精神的超越。不仅如此在把理论视野投向全人类的同时，"审美生活"所指涉的主体更加偏重传统美学讨论范围之外的非知识精英，尤其是精英美学家眼里那些每天汲汲于功利，不大可能具有审美所需非功利心态，也不太可能具有审美所需艺术鉴赏力的普罗大众，包括前文所讨论的川东巴文化圈中人，尤其是其中的巴人后裔土家族人。在人类历史的绝大多数时候，这样的人既没有丰裕的物质生活，也不大可能具备封建贵族和士大夫那样充裕的"闲暇"时间，最为关键的是，他们几乎不可能受到贵族、士大夫那样的文化和艺术教育。在传统美学的视野中，他们迫于生计，整天劳累奔波，是绝对不懂得审美，也不可能审美的。但是，川东巴文化圈中人的生活状态告诉我们，这样的判断显然是错误的。那些有着"乐观豁达"文化传统的人们，即便在最难以忍受的物质困窘情境中，也同样可以与艺术相伴，将审美的精神融贯于自己那"千篇一律"的人生之中，从而使其具有了某种"艺术性"。

其三，两者对"审美发生"条件的理解不同。"人生的艺术化"是朱光潜、宗白华等老一辈美学家在以康德为代表的西方传统美学思想影响下提出的一种美学理想。他们深受西方传统美学的影响，加之自身精英知识分子的身份，决定了他们必然对审美采取一种精英主义的立场。具体表现在对"审美发生"条件的理解方面，"人生的艺术化"自然也坚持西方传统美学一贯要求远离功利性活动的传统，这一点是非常明白的，无需赘述。

与之不同，由于"审美生活"是基于"人类主义"的美学立场，在观照绝大多数非精英的普通人日常生活现实状况的基础上，归纳、提炼而出的一种理论范畴，因此，它是否具有适用于全人类的"普遍"意义，是笔者理论思考的关键之处。如我们所见，在川东巴文化圈中，人们通常并不是像贵族和精英知识分子那样，在日常生活之外专门辟出一定的时间，赶

---

① 黄药眠：《食利者的美学——朱光潜美学思想批判》，载于《北京师范大学学报》（社会科学），1956 年第 00 期。

赴音乐厅、艺术馆等专门场所去进行艺术鉴赏，获得审美享受；恰恰相反，除必要的休息和睡觉等满足生理需求的时间以外，川东巴文化圈中人的物质性身体很少离开追求物质功利的活动。尽管身体常常处于劳作、奔波的状态，却并不妨碍他们的精神暂时离开功利的考量，并通过歌唱等艺术方式来抒发自己的喜乐哀愁等情感。即尽管他们的身体始终处于一种追求物质功利的活动之中，但他们的精神却能够通过唱歌、听歌、跳舞、观舞等审美活动得到娱乐。因此，判断一个人能否进入审美状态，不能看他的肉体是否脱离了功利性活动，而应该看他的精神是否被功利性追求束缚。像川东巴文化圈中人这样虽然身体总是被功利性的劳动束缚，但精神却可以自由地进行艺术创造和欣赏的日常生活状态，自然是配得上"审美生活"这一美学称谓的。

从以上辨析可见，川东巴文化圈中人的"审美生活"既与"日常生活审美化"这一后现代审美潮流和"人生的艺术化"这一传统美学的典型代表之间有着诸多的相似性，却又与这两种美学潮流或观念有着巨大的理论差异——"审美生活"强调的是生活中本然存在的"审美性"，而"日常生活审美化"和"人生的艺术化"所强调的则是通过一种外在于生活的力量——艺术商品或高雅艺术来赋予人生、生活一种审美的外观——"审美化"或"艺术化"。因此，我们不仅不能简单地将"审美生活"与它们中的任何一种画上等号，而且应当看到，"审美生活"不是它们中任何一种理论的翻版或改头换面，而是一种基于人类学立场的美学新构，是一种试图解释一切审美现象的全新理论。

第二节 理论区分之二：内生性 vs. 外附性

川东巴文化圈中人的"审美生活"既然是一种"审美性"而非"审美化"的生活，那就说明他们的审美活动必然总是与现实的、活生生的生产生活发生着或直接或间接的关系。"生活"，很多人碌碌于其中而不自知的，"千篇一律"甚至"平庸陈腐"的日常生活，也是在精英美学家眼里始终与"审美"隔着一层，需要被改造、被提升、被超越的"实际人生"，对于川东巴文化圈中人来说，却似乎并没有精英美学家们所想象的那么枯燥、无聊、索然无味。这里的人们总是能够轻而易举地消解掉日常生活中那些枯燥乏味又无聊的情绪，而代之以或欢快或忧伤或诙谐或放达的歌唱、舞蹈之类的审美活动，时时抒发自己那随缘而生的各种情感，不仅使自己的日常生活变得更加富于情趣，而且同样为那些倾听其歌唱或观赏其舞蹈的人们的生活涂上了色彩。作为整体的川东巴文化圈中人的生活从而便具有了前文所论的那种"审美性"，他们的生活也因此在整体上可以被称为"审美生活"。

这里的所谓"审美生活"，并不是贵族和精英知识分子所过的那种脱离了日常生产劳动，纯粹与管弦丝竹、书画金石等为伴的艺术化、精神性生活。已经过着或者渴望过上此类生活的主体通常都将其归入"高雅"的行列，而一般人不可避免甚至必须终日投身其中的生产劳动一类追求物质功利的活动则被归入"世俗"乃至"庸俗"的行列。与之相反，如我们所见，川东巴文化圈中人的"审美生活"并没有离开追求世俗功利的日常生产生活活动，而是恰恰就在其中。这一概念所描述的，不是脱离生活实际的纯精神性审美，而是与生产生活实践相伴而生的半精神、半物质性审美。如此，本书这种试图将"实际人生"之中的精神性活动纳入美学理论加以探讨的思考，就不仅在外观上与前文所讨论的"日常生活审美化"潮流颇为形似，而且在理论上更是与20世纪曾在中国美学界获得显赫名声的"美是生活"论，以及21世纪以来正在中国美学界力争一席地位的"生活美学"说存在着某些共同点——对"生活"本身的重视。如若不加辨析，恐怕难免会有人认为"审美生活"概念不过是前两者中某一种理论的借用、变通、演化乃至抄袭了。

为了让"审美生活"学说获得自身独立的学科地位，就必须尽可能厘清这一概念与其他相似理论之间的关系。鉴于此，在已经大致区分"审美生活"与"日常生活审美化""人生的艺术化"两种美学观念之异同的基础上，本节将致力辨析"审美生活"与"美是生活"和"生活美学"两种学说之间的异同。

一、"审美生活"与"美是生活"

当我们把审美与活生生的生活以及在这种生活中被创造和欣赏的艺术，而不是脱离了生活实践的所谓"高雅"艺术更加紧密地结合在一起的时候，熟悉美学历史的人必定会马上想到一度在中国美学界影响巨大的，俄国著名美学家车尔尼雪夫斯基所下的著名论断——"美是生活"。这一论断是车氏在其出版于 1855 年的硕士学位论文《艺术与现实的审美关系》（或译为《生活与美学》）一书中批判前人关于"美的定义"时提出的，他认为只有它才是能够圆满解释在"我们内心唤起美的情感的一切事例"的"美的定义"。①

为什么说"美是生活"？因为在车尔尼雪夫斯基看来，在一切可爱的东西中，对于人来说"最有一般性的""他觉得世界上最可爱的，就是生活"。这里所谓作为"美"的代名词的"生活"，首先是人们"所愿意过""所喜欢过"的那种生活；其次，它还可以是"任何一种生活"，原因仅仅在于"活着到底比不活好"。②从"美是生活"这个定义出发，车尔尼雪夫斯基还进一步作出推论：真正的、最高的美不是出于艺术的创造，而恰恰是"人在现实世界中所遇到的美"③。这样，在车尔尼雪夫斯基那里，在"美是生活"这一论断之下，生活本身就获得了无比丰富的美学意义。它既是人们亲身度过的日常，又是能够给予人们审美体验的场域和对象，它与美和审美发生着如此密切的联系，以至于在人视为"美"的东西，都一定是能够使人想起人和人类生活的东西。

"美是生活"学说对于生活的高度重视，是其理论的异常醒目之处，也是它在传统美学领域独具一格的原因所在。与之类似，"审美生活"同样非常重视鲜活的"生活"，本书所描述的川东巴文化圈中人的"审美"活动全部发生在当地人鲜活的生活实践之中，而且，其审美对象也在很大程度上直接来自生活事象。就此而言，两者之间必然有着诸多相似之处。但两者之间的差别也同样是明显的，接下来，笔者将尽可能清楚地辨析两者之异同。

（一）相似："审美"不超"功利"

"审美生活"和"美是生活"这一新一旧两个概念，虽然前者侧重对

---

① 车尔尼雪夫斯基：《艺术与现实的审美关系》，周扬译，人民文学出版社，2009 年版，第 6 页。

② 车尔尼雪夫斯基：《艺术与现实的审美关系》，周扬译，人民文学出版社，2009 年版，第 6 页。

③ 车尔尼雪夫斯基：《艺术与现实的审美关系》，周扬译，人民文学出版社，2009 年版，第 10 页。

一种审美性的生活状态的描述，而后者侧重给出一种关于"美的本质"的定义，看起来似乎不甚相干，但是，由于这两个概念都使用了"生活"这个词汇，且该词所指涉的内涵也基本一致，就说明它们两者之间必然存在某些共同之处。将前文所描述的川东巴文化圈中人的"审美生活"与车尔尼雪夫斯基在其著作中所阐释的那种"生活"细加比较，就会发现这两个概念在"审美"不"超功利"方面是相通的。具体表现在以下两个方面。

其一，两者都打破了传统美学所圈定的"超功利"审美主体范围。由于车尔尼雪夫斯基所持的是马克思主义的唯物论美学观，这就决定了他必然反对以康德为代表的西方传统美学的唯心主义美学观。因此，他拒绝将"抽象的思想"纳入"美的领域"，认为这样的思想"并不包括在生活领域之内"，而只能在"个别的事物"——"现实的、活生生的事物中看到生活"。① 从他的这种观点出发，普通人的生活世界得到了美学领域前所未有的重视，他说："任何东西，凡是我们在其中看见我们所理解和希望的、我们所欢喜的那种生活的，便是美。"② 这里的"我们"作为"生活"的（自然也是"审美"的）主体，已经不再仅仅指向传统美学所圈定的贵族和精英知识分子，而包括了人类的一切个体，又尤其代表了具有健康审美观念的劳动人民。这无疑是对传统美学所圈定的"超功利"审美主体范围的彻底打破。

"审美生活"作为一个从川东巴文化圈中人的生活状态中归纳出来的美学概念，其所谓"生活"的主体自然涵盖了生长、生活在川东地区的所有个体。"川东巴文化圈中人"本身是一个复杂的群体，虽然作为剥削阶级的"贵族"早已不复存在，但若依照传统美学的趣味标准，这个群体仍然可以被视为精英知识分子、新兴中产阶层、普通市民、农民等不同群体。在传统美学那里，只有精英知识分子才具有审美的所谓"高级趣味"，而普通市民和农民群体则只有满足"快感"一类的"低级趣味"，新兴中产阶层则顶多是介于"雅"与"俗"之间的、具有审美潜能的一个群体。但是，由于本书所取的是人类学的美学观，因而，在笔者看来，尽管不同

---

① 车尔尼雪夫斯基：《艺术与现实的审美关系》，周扬译，人民文学出版社，2009年版，第11页。

② 车尔尼雪夫斯基：《艺术与现实的审美关系》，周扬译，人民文学出版社，2009年版，第19页。

的群体可能有着不同的审美态度，相互间却很难说有高下之分，故而本书将川东巴文化圈中不同群体的所有个体都纳入了考察的范围，将他们全都视为"审美"的主体。和"美是生活"一样，"审美生活"概念也打破了传统美学所圈定的"超功利"审美主体的范围。

其二，两者都不排斥审美活动中的功利性。车尔尼雪夫斯基在提出"美是生活"这一著名论断时，对"生活"作了一番说明，认为只有跟我们的所有欢乐、幸福、希望相联系的生活，可以让我们看到"生命表现"的生活，也就是于生命有益的东西，才能够"使我们感到惊叹"，并且使我们进入一种"欢乐的、充满无私享受的精神境界"，获得审美的享受；对于"一切死亡的东西""一切对生命有害的东西"，则只有厌恶，而不可能产生美感。① 从车尔尼雪夫斯基的分析说明中可以看出，他的美学观是不排斥功利，甚至是建基于事物的功利性的。这是对康德以来西方传统美学"审美非功利"观的彻底打破。

与车尔尼雪夫斯基的审美观相一致，"审美生活"同样不排斥审美中的功利性。就川东巴文化圈中人而言，他们的一切审美活动几乎都同时具有一定程度的功利性，像"巴山背二歌"、劳动山歌、薅草锣鼓之类的审美形式，不但是与功利性生产劳动相伴相生的，而且很多时候，这种审美活动本身就肩负着通过提振劳动者精神，来提高劳动效率的任务。甚至有些时候，如在薅草锣鼓的即兴演唱过程中，歌师傅还会直接以艺术的方式提醒劳作者注意劳动质量——"薅草莫薅猫盖屎"，或者批评在劳动中偷奸耍滑的人——"老的挨起黄肿病，少的挨起摆子来"②。可以说，川东巴文化圈中人很少，甚至从不刻意地离开功利性活动去进行所谓"纯粹"的审美，即便是在摆手歌、舞一类并不直接与生产劳动相关的审美活动中，其根柢也还是具有强烈的功利性。可见，"审美生活"和"美是生活"概念一样，都不排斥审美活动的功利性，因而都是对传统美学"审美非功利"观的彻底打破。

（二）区分：艺术内生于生活 vs. 艺术外附于生活

在"审美生活"与"美是生活"两个概念之间，虽然有着上述两个方

---

① 车尔尼雪夫斯基：《车尔尼雪夫斯基论文学》（中卷），辛未艾译，人民文学出版社上海分社，1965 年版，第 23 页。

② 四川省宣汉县政协文史资料编委会：《宣汉土家民歌》（内部资料），2014 年版，第 166 页。

面的共同点，但由于两者在美学基本理论方面所持观念尚有诸多差异，故而两者之间的区别也是明显的。这主要表现在以下三个方面。

其一，两者对审美"功利性"的重视程度不同。尽管如前所述，"审美生活"和"美是生活"这两种理论都非常重视审美活动的功利性，但这并不表示两者在重视审美"功利性"这一问题上是完全一致的。事实上，两者所论的审美"功利性"有着不同的侧重点。由于"美是生活"说的哲学基础是"人本主义"，在人的身体与精神之间，它坚持"身体"是第一性的，而包括审美在内的精神活动则是第二性的，这就决定了这一理论极强的"功利"色彩。这一理论在判断一个事物美还是不美，以及确定美的程度时，都与事物是否于人的生活有益及其有益的程度直接相关。在《艺术与现实的关系》一书的最后，车尔尼雪夫斯基更是明确地指出该书研究的实质是在"将现实和想象互相比较而为现实辩护"，是希望"证明艺术作品决不能和活生生的现实相提并论"①。因此可以说，"美是生活"说在"功利性"与"审美性"之间，绝对地偏向了"功利性"一面，事物的"审美性"因而成为其本身"功利性"的外附特征。难怪列宁在给予车尔尼雪夫斯基高度评价的同时，又非常客观地指出其人本主义哲学"是狭隘的"，"只是关于唯物主义的不确切的肤浅的表述"。②

与"美是生活"不同，"审美生活"的哲学基础是比人本主义更加合理的马克思主义，它在坚持物质决定精神这一观念的同时，又认为精神对物质有着巨大的反作用，故而两者是同等重要的。因此，在审美与生活的关系方面，它坚持认为"生活"是人生命活动的开展之地，对于人来说是最为重要的；同时又认为，如果只重视功利性的物质生活，而将精神性的审美活动视为物质生活的附庸，则难免会陷入庸俗唯物主义的窠臼。这就是说，并不一定要等到物质生活达到一定的丰富程度之后，人才能够进行"审美"活动，精神生活和物质追求两者并不矛盾，可以同时进行。就像川东巴文化圈中人那样，提高生产劳动的效率，尽可能获取更加丰富的物质资料，始终是他们一切活动的出发点，表现出了极大的"功利性"。但

---

① 车尔尼雪夫斯基：《艺术与现实的审美关系》，周扬译，人民文学出版社，2009年版，第100页。

② 引自马全民等：《哲学小辞典》，人民出版社，1990年版，第14页。

这并不妨碍他们在追求物质功利的过程中，去追求丰富的精神生活，并发展出丰富多彩的、与各种生产、生活活动相互匹配的审美形式，从而使他们的"生活"表现出一种无时不歌、无处不歌、无事不歌的"审美"外观。换言之，对于川东巴文化圈中人来说，虽然他们的"审美"活动总是与"功利"追求相伴而生的，但同时又有着自身的独立性，因为，一种没有审美活动相伴的生活对于他们来说同样是无法忍受的。也就是说，在"审美生活"理论之中，"功利性"与"审美性"有着同等的重要性，两者的关系是相互生发。

其二，两者的"美本质"观不同。尽管目前已很少有学者愿意把有限的精力花在探寻"美的本质"这件费力而不讨好的工作上，但是，每当我们把一个活动称为"审美活动"的时候，实际上又都包含了一种关于"美本质"的基本看法，因而，任何一种美学理论，只要我们愿意细细追究下去，都能够看出持论者的"美本质"观。同理，车尔尼雪夫斯基在其系列论著中也表达了他的"美本质"观，那就是他在《艺术与现实的审美关系》一书中明确宣称的"美是生活"。具体而言，"美"就是那些能让我们在其中"看得见依照我们的理解应当如此的"，以及"显示出生活或使我们想起生活"的"任何东西"。[①] 在另外的著作中，针对黑格尔的"美本质"观，车尔尼雪夫斯基更加明确地表示："在我们的概念中……别人把生活了解为仅仅是理念的表现，而我们却认为生活就是美的本质。"[②] 如此明白的表述，根本无需多加讨论，"美是生活"本身就是其"美本质"观的直接表达。简言之，"生活"就是那个使美之为美的"美本身"。

根据车尔尼雪夫斯基在其系列论著中的论证，说"美的本质"就是"生活"是有其道理的。但我们同样应该清楚的是，他对于作为"美本质"的"生活"是缺少区分和鉴别的。从他的论述中，我们甚至可以得出这样的推论：不管生活本身如何，只要是生活，就都是美的。非常明显，他忽略了一个重要的事实：尽管"活着到底比不活好"，但"生活"并不全都是"美的"，现实世界中很多人实际上过着一种他们不喜欢、不愿意过的、

---

①　车尔尼雪夫斯基：《艺术与现实的审美关系》，周扬译，人民文学出版社，2009 年版，第6 页。

②　车尔尼雪夫斯基：《美学论文选》，缪灵珠译，人民文学出版社，1957 年，第 64 页。

无可奈何的生活。

与之不同，尽管本书所谓"审美生活"的概念乃是在考察川东巴文化圈中人的日常生活状况的基础上归纳而来的，并且把现实生活视为开展"审美"活动的极为重要的环境，但是，这个概念却并不把"生活"本身视为"美的本质"。鉴于后文将专门讨论作为"审美生活"概念之立论基础的"美的本质"，故此处略而不论。

其三，两者关于艺术与生活关系的理解不一致。艺术历来是美学研究的重镇，因而，任何一种美学理论都不可避免地要对艺术发表意见。车尔尼雪夫斯基在提出"美是生活"这一著名论断的同时，也表达了他对于艺术与生活关系的见解。他指出，只有"生活"对人是最可爱的，"生活"是"美"的源泉，凡在人身上被我们称之为"美"或"漂亮"的东西，都是"表现了欢乐、丰满、灿烂的生活"的东西。① 而艺术虽然一方面具有再现生活、说明生活、判断生活等多方面的功能②，甚至可以被作为"生活的教科书"，另一方面，毕竟真正的、最高的美是"人在现实世界中遇到的"③，因而，艺术作品的美就不是传统美学所认为的"高于生活"，而是远远地"低于生活"，以至于它"决不能和活生生的现实相提并论"④。就现实的审美而言，如果能够直接在活生生的生活中获得审美的愉悦，自然是最佳的选择，艺术则仅仅对于我们体验自己没有亲身经历过的某种生活才是有用的。由此可见，在"美是生活"说中，"生活"与"艺术"的关系大约可以描述为："生活"是本体的、主要的，"艺术"则是附加的、次要的。

与之不同，"审美生活"说认为"艺术"与"生活"之间是一种平等、互生的关系。就川东巴文化圈中人，尤其是以巴人后裔土家族人为代表的中下层人民的生活状况而言，由其所处的生存环境所决定，他们一生的大

---

① 车尔尼雪夫斯基：《车尔尼雪夫斯基论文学》（中卷），辛未艾译，人民文学出版社上海分社，1965年版，第23页。

② 车尔尼雪夫斯基：《艺术与现实的审美关系》，周扬译，人民文学出版社，2009年版，第103页。

③ 车尔尼雪夫斯基：《艺术与现实的审美关系》，周扬译，人民文学出版社，2009年版，第10页。

④ 车尔尼雪夫斯基：《艺术与现实的审美关系》，周扬译，人民文学出版社，2009年版，第100页。

部分时间都必须从事以满足自身衣食住行用等各方面需求为目的的生产生活活动，即便偶有闲暇，他们的思考总体上也几乎从未跳出"实际人生"的圈子，因而不可能成为一个传统美学所谓"超越的"人。然而，如果因此便认为他们是一群被关在"功利的笼子"里的不会审美的可怜人，便也犯了一个"形而上学"的错误。事实上，他们所从事的几乎所有活动都有艺术的伴随。以"薅草锣鼓"为例，尽管这一艺术形式是在人们追求物质功利——薅除田地间的杂草以确保农作物获得充足的肥力，并长出更多、更好的农产品的过程中表演的，其表演过程中也包含了不少祈求神灵福佑、督促劳动者工效等"功利性"内容，但并不妨碍"乐观豁达"的川东巴文化圈中人在这一艺术的表演中获得精神的享受。换言之，在日常生产生活过程之中，为了获得更加丰富的物质生活资料，人们的身体可能是劳碌的，但由于艺术的陪伴，又保证了他们的精神在大多数时候可以处于一种愉悦、和谐的状态。一方面是"生活"，一方面是"审美"，这两者融洽无间地组成了川东巴文化圈中人从肉体到精神的整体。

用一句最为简单明了的话来归纳"审美生活"和"美是生活"这两个概念的区别，可以说，前者的"审美"是内生于"生活"的，"审美"本身就是"生活"中不可或缺的一部分；而后者的"审美"则是外附于"生活"的，因为"生活"本身就是"美"，若有"生活"经验，外在的"审美"则无关紧要。

二、"审美生活"与"生活美学"

自车尔尼雪夫斯基从理论上在"生活"与"美学"之间建立起联系以来，经过杜威等美学家对生活经验美学价值的强调①，以及 20 世纪末以来"日常生活审美化"浪潮的激荡，美学研究的"世俗化"倾向成为不可阻挡的潮流，美学领域兴起了一个新的研究流派——"生活美学"，并成为当今世界美学的"三大主潮"之一，与"艺术哲学"和"环境美学"形

---

① 约翰·杜威：《艺术即经验》，高建平译，商务印书馆，2005 年版。

成三足鼎立之势。① 这一美学流派在西方的兴起，以安德鲁·莱特、乔纳森·史密斯两位伦理学家共同主编的《生活的美学》② 一书的出版为标志，在中国则以中国社会科学院的青年学者刘悦笛及其系列论著为主要代表。且不论中西方"生活美学"在美学传统、理论观点等方面有何不同，有一点可以肯定，即不管是西方，还是中国，"生活美学"都将美的"始源、根柢、存在、本质、价值、意义"等直接安放在了人类感性的、具体生动而丰盈的"日常生活世界之中"③。如此，在"生活美学"之中，"生活"就成了阐释"美"的现象的唯一依据。这样看来，"生活美学"似乎已经涵盖了我们正在努力加以说明的"审美生活"。若真是如此，则本书的工作就失去了意义。但事实并非如此，尽管"审美生活"概念与"生活美学"之间的确有不少共同之处，却绝不能将两者混为一谈，甚至等而视之。这一点，只有通过尽可能细致的辨析才能使其更加清晰。

（一）相似："审美"不离"生活"

"审美生活"和"生活美学"这两个美学概念，从字面意义看，最显著的相同点，就是都使用了"生活"这样一个关键词；从其研究的方法来看，两者都冲破了传统美学研究的藩篱，将普通人的"日常生活"现象纳入了美学研究视野，赋予了"日常生活"不同于传统美学理论的意义。具体而言，两者之间有着以下两方面的相似点。

其一，两者的研究立足点相同。随着美学学科的发展和社会文化的演进，传统美学的精英主义立场早已饱受诟病。在不断反省的同时，一些学者也在不断尝试提出新的美学理论来突破传统美学的窠臼。"生活美学"便正是研究者们立足于对传统美学的反思，受到实用主义美学思想的启发，针对当代社会日愈明显的"日常生活审美化"趋势所作出的理论反应。尽管"生活美学"这一概念是在以"日常生活审美化"为代表的大众

---

① 国际美学会前主席海因斯·佩茨沃德在 2006 年指出，当今国际美学思潮已一分为三，即"艺术哲学意义上的美学、自然美学意义上的美学（即英美学界中的环境美学）和作为生活审美化的美学"。参见刘悦笛：《今日西方"生活美学"的最新思潮——兼论中国美学如何融入全球对话》，载于《文艺争鸣》，2013 年第 3 期。

② 该书是一本论文集，于 2005 年由美国哥伦比亚大学出版社出版，全书分为"生活美学的理论化""欣赏日常的环境"和"发现日常的审美"三个部分，从"生活美学"的"本质""观念"及"日常属性"等多个方面展开讨论。

③ 仪平策：《生活美学：21 世纪的新美学形态》，载于《文史哲》，2003 年第 2 期。

文化乃至消费文化背景下提出来的，但研究者一再强调，他们的理论关怀并不"只是大众文化的通俗美学或者实用美学"①。在一定意义上，"生活美学"之于传统美学的新意正在于，它"逃离了狭隘的以艺术为中心的方法"，而将其研究指向了"纯艺术经验与其他生活经验之间……赋予了审美经验以更广阔的意义……"也就是说，"生活美学"研究者们的努力实际上是将"审美分析"从传统美学所固守的艺术、自然领域"转向了生活的一切领域"②。这就是说，"生活美学"实际上是立足于对传统"精英美学"的反思，并结合社会的生活现象而提出的美学建构。

与"生活美学"相同，"审美生活"同样是立足于对传统"精英美学"的反思，通过对川东巴文化圈中人日常生活状况的美学考察而提出的一种美学建构，尽管所考察审美主体的社会身份有所不同——"生活美学"考察的重点是市民阶层，而"审美生活"考察的重点是传统农民阶层，但两者在理论上的关键点却是相同的，即两者都将普通人的日常生活状况纳入了自身的理论关怀。

其二，对"审美"与"生活"关系的见解相近。"生活美学"产生于一个"审美"成为"衡量我们日常生活质量的中心标志"③ 的时代。在这个时代，一方面是生活环境日益引起人们的重视；另一方面是机械复制技术的飞速发展，以及艺术与生活之间界限被打破而导致的"审美生活化"和"生活审美化"，使"生活"与"审美"之间日益建立起难舍难分的关系。并且，就中国传统文化语境而言，"审美与生活、艺术与生活之间的'不即不离'的紧密关联"始终存在于"文人的"和"民间的"两个传统之中，前者主要在"作为日用的'书法'当中传承下来"，后者则在"作为实用的'民艺'当中流传下来"。④ 这样，"生活美学"就打破了一度在美学研究领域被奉为金科玉律的"审美无功利"论和"艺术自律"论，使

---

① 刘悦笛：《以"生活美学"革新当代艺术观》，载于《中国艺术报》，2012 年 2 月 20 日第 007 版。

② Stephen Davies, Kathleen Marie Higgins, etc. eds., *A Companion to Aesthetics* (Second Edition), Wiley-Blackwell, 2009, p. 136. 译文参考了刘悦笛：《今日西方"生活美学"的最新思潮——兼论中国美学如何融入全球对话》，载于《文艺争鸣》，2013 年第 3 期。

③ 伯林特：《环境美学》，张敏、周雨译，湖南科技出版社，2006 年版，第 55 页。

④ 刘悦笛：《以"生活美学"革新当代艺术观》，载于《中国艺术报》，2012 年版 2 月 20 日第 007 版。

美学研究重新回归"生活"领域，并将"生活"作为可以统摄艺术、环境等一切审美现象的美学"本体"。

"审美生活"同样非常重视"生活"在"审美活动"乃至整个美学研究中的作用。就川东巴文化圈中人的生活状况来看，他们的一切"审美活动"，包括歌唱、舞蹈、锣鼓以及家居装饰、环境选择以及民俗中愉悦精神的活动，几乎都是直接发生在人们最平常的衣食住行用和生产实践之中的。而且，几乎所有的审美活动又都反过来在某种程度上或主观或客观地对现实生活实践产生了一定的"功利性"效果。换句话说，在川东巴文化圈中，人们的"生活"与"审美"之间既是"相容的"——对"审美无功利"的否定，又是"相生的"——对"艺术自律"的否定。尽管"审美生活"并不把"生活"直接视为美学的本体，但两者对于"审美"与"生活"之间关系的见解则是非常接近的。

（二）区分：艺术提升生活和生活即是艺术

"审美生活"和"生活美学"同为 21 世纪提出的美学概念，前者尽管早有学者在"审美的生活"意义上加以使用①，但至今没有得到过系统的美学论证；而后者则已俨然成为当今美学研究领域的"三大主潮"之一，不仅有诸多学者专事研究，并且在东、西方美学界都已经有了一定数量的研究成果。既然两者都将"生活"作为自身理论的关键词，而"生活美学"又已经在美学领域取得了相当的学术地位，或许有人要问，"审美生活"的持论者何不主动将自身融入"生活美学"这一当今"美学主潮"，到那座已经建成的美学大厦中去争取一席更高的地位呢？笔者认为，原因恐怕正在于"审美生活"概念在本体观、终极关怀等诸多方面均与"生活美学"存在巨大差别。

其一，两者所持的本体观不同。无论是以杜威为代表的"实用主义"美学建构，还是费瑟斯通对后现代消费社会审美现象的描述，又或是韦尔施对德国古典美学传统的反驳，可以说，西方"生活美学"观念的提出总体上是美学家们对整个社会"泛审美化"趋势所作出的反应。从美学理论

---

① 较早使用这一概念的论著有杜卫：《美育学概论》，高等教育出版社，2006 年版；粟世来：《消费主义与审美生活转向》，华中师范大学，2006 年；黄宝富：《审美生活·自由·时间——蒋孔阳美育思想萃要》，载于《社会科学辑刊》，2010 年第 2 期。

的角度看，这种反应所产生的直接后果就是推翻了之前所有美学理论所设定的——且不论是先验的还是经验的美学本体，而完全从生活出发来阐释美学、艺术，因而"实际上走向了一种'生活本体论'"①。如前所述，将"生活"作为美之本体的做法并非"生活美学"学派的创造，车尔尼雪夫斯基早在 19 世纪就提出了"美是生活"的著名论断。正如笔者在讨论"美是生活"学说时所指出的那样，"生活"是个太过宽泛的概念，不管社会如何变化，也不管"泛审美化"达到何种程度，我们都只能说"生活"是一切"审美活动"得以发生的时空，而不能说"生活"是一切"美"的根源。简言之，将"生活"作为"美之本体"的观点是不能成立的。

与此不同，"审美生活"学说非常重视"生活"（世俗的和神圣的）在美学中的地位，它将"生活"视为"美"产生的必要条件，却并不将其视为"美之本体"，而认为"美之本体"另有其物。鉴于后文将专门就"美本质"观加以论述，故此处从略。

其二，两者对于终极关怀的态度不同。"生活美学"对现实生活世界的空前关注及其理论的"回归生活"取向不仅成为美学学科发展的"新的生长起点"，还为中西方美学提供了一个"交锋与互动"的场所。② 客观来说，这是"生活美学"学派对美学学科的一项重大贡献。但是这种理论本身是建立在打破"艺术"与"生活"之间的界限以及后现代社会"日常生活审美化"和"审美日常生活化"的基础之上的，尽管它始终强调自身的根本目标是使"审美"或者说"审美化的生活"成为"人类、环境与世界发展的'深层尺度'"③，但当它在面对"审美日常生活化"对于"超越"尺度的褫夺时，却只能非常勉强地用"日常生活审美化"这个概念来对其进行极为有限的救赎。有的美学家直言："生活美学等，属于后现代美学……但是，它们对应的，已经不是人的形而上冲动，而是形而下冲

---

① 刘悦笛：《以"生活美学"革新当代艺术观》，载于《中国艺术报》，2012 年 2 月 20 日第 007 版。

② 刘悦笛：《从当代艺术、环境美学到生活美学——从第 18 届世界美学大会观东西方美学新主潮》，载于《艺术百家》，2010 年第 5 期。

③ 刘悦笛：《从当代艺术、环境美学到生活美学——从第 18 届世界美学大会观东西方美学新主潮》，载于《艺术百家》，2010 年第 5 期。

动，也远离了本体论维度……"① 之所以如此，原因正在于它关心的主要是形而下的审美冲动，而缺少对于生命的终极关怀。

"审美生活"则不同，它是一种"自下而上"的美学理论。它关注的现象虽然发生在"形而下"的日常生活领域，而最终关心的却是人的精神超越，表现出鲜明的终极关怀。以川东巴文化圈中人的生活为例，他们的审美活动几乎全都发生在野外劳作、长途背运、家务劳动、婚丧嫁娶、年节岁时等"形而下"的生产生活领域，审美的方式主要是在生产劳动的同时歌唱——多为徒歌，少数间以锣鼓伴奏的方式抒发内心情感，描述所见所闻，讲述传奇故事，批评、针砭时事，其中诸如薅草锣鼓之类审美活动甚至明显带有促进生产效率一类"功利性"目的。然而，这些审美活动的实际效果却远远超出了"功利"的范围，在现实的娱乐效果外，还起到了宣泄内心情感、排遣胸中苦闷、鼓荡生命激情乃至豁达看待生死的审美效果。究其实质，是川东巴文化圈中人的这种"审美性"生活实现了对日常生活的形而上超越。

其三，两者观照"生活"的视角不同。如果说作为"生活美学"之前身的实用主义美学所倡导的美学观念可以简单归纳为一种立足于"艺术如何化入日常经验"，重在寻求"艺术与日常生活的关联"的"艺术即经验"学说的话。那么，当代"生活美学"则是立足日常生活"经验"，视人类生活经验为"本然就具有审美化的品质"，而致力于重构"植根于日常生活"的"经验即艺术"学说。② 既然"生活美学"学派的美学家们认定"生活经验"本身即艺术，而中国学者又把自身理论的根源追溯到中国古典审美者那种"有情的人生"，将中国古典美学整体定性为一种"自本生根"的"'活生生'的生活美学"③，并试图以传统社会"精英"们的"审美化"生活来提升当今社会普罗大众日常生活的审美品性，也就忽略了普通民众同样可能在日常生活中过一种"审美性"生活的事实。这就使得它对"生活"的观照虽然具有一种"面向全体"的外观，本质上却又回到了

---

① 潘知常：《关于后实践美学：何谓"超越美学"、何谓"生命美学"?》，参见"潘知常博客"，网址：http://pan2026.blog.hexun.com/112218656_d.html.

② 刘悦笛：《今日西方"生活美学"的最新思潮——兼论中国美学如何融入全球对话》，载于《文艺争鸣》，2013年第3期。

③ 刘悦笛：《从当代艺术、环境美学到生活美学——从第18届世界美学大会观东西方美学新主潮》，载于《艺术百家》，2010年第5期。

一种"精英化"的视角。

与此不同，"审美生活"是站在人类学的立场上来观照生活的。"审美生活"的理论基础是审美人类学，它相信人类所有成员——而非仅是贵族和精英知识分子——本质上都是"审美的人"（Homo aestheticus）。因此也就认为并不一定要像传统美学所断定的那样，主体必须首先让自己的"肉体"和"精神"同时远离物质功利，才算具备了"审美"的基本条件。而是相信无论"肉体"处于何种场域——"功利的"也好，"非功利的"也罢，只要精神暂时离开了"功利"的考量，便具备了进入"审美"状态的基本条件，此时，若有"乐观豁达"的天性，加以"艺术"（不限于精英艺术，民间艺术亦当包含在内）的介入，则"审美"自可发生，"精神"也可"超越"。在"审美"与"生活"的关系问题上，"审美生活"并不直接把"生活经验"本身视为"艺术"，却认为"生活经验"可以促成"艺术"的创造和接受；反之，"艺术"可以使"生活"变得更加值得一过。从本书的考察对象——川东巴文化圈中人的生活实践来看，虽然人人都无法从现实的日常人生中彻底逃离，大多数普通人甚至必须时刻利用他们的体力劳动去获取必要的生活资料，但由于其中的人们秉承着源自古代巴人"乐观豁达"的文化性格，他们能够在肉体忙碌于追求物质功利的同时，"精神"却在创造或欣赏"艺术"的过程中获得了情感的宣泄、内心的安宁乃至审美的"超越"。

经过上述分析和比较，不难看到，无论是19世纪的"美是生活"学说，还是当前风头正盛的"生活美学"理论，尽管两者都非常看重"生活"本身在美学建构中的地位，却由于他们对"生活"的过于看重，而多少忽略了"艺术"在审美以及人的精神超越中所起的作用。在这两种理论之中，"日常生活"或"日常生活经验"本身就具有"本体"的性质，而"艺术"的审美功用则主要是"外附于""生活"的，这样的观点就与"审美生活"形成了明显的差异。"审美生活"不过是将"日常生活"作为"审美"必不可少的发生时空，而认为"审美"——以歌唱为主的各类民间"艺术"活动是"内生"于人们的日常生活的，又在日常生活之中实际发挥了提升人们精神品质的功能。

第三节　美的本质：生命的诗性绽放

通常，每当我们在讨论一个美学概念时，都要对这个概念本身的内涵和外延作出必要的界定，若要对之进行更深层的探究，就势必要追究提出这一概念的学者属于哪个美学派别，其基本的美学观念如何等问题。而要回答清楚这些问题，又往往要触及一个更为根本的问题——即他的"美本质"观是怎样的。同样的道理，本书既然提出了"审美生活"这样一个全新的美学概念，自然也免不了要回答诸如此类的问题。与其等着别人来提出质疑，还不如主动一点，先将一些根本的问题交代清楚。在所有这些可能被问及的问题当中，笔者以为，最重要的问题莫过于"美本质"观的问题，把这个问题回答清楚了，其他问题大概也就可以迎刃而解了。限于篇幅，此处将着重讨论关于"美的本质"问题。

一、继续追问"美的本质"

在人类美学思想史上，对"美的本质"的追问是一个古老的问题。在文字记载中，最早的讨论是由苏格拉底发起的：他在与希庇阿斯进行过一番热烈的讨论之后发现，要找到那个"美本身"实非易事，最后只能感叹"美是难的"[①]。其后，从他的弟子柏拉图开始，寻找那个所谓的"美本身"并试图用它解释世间所有的美和审美现象，便成为所有美学学者的一项重要使命。

千百年来，世界美学思想界提出了众多关于"美本身"的定义，从柏拉图的"美在理式"说，到中世纪基督教的"美在上帝"说，到鲍姆嘉通的"美是感性认识的完善"说，到黑格尔"美是理念的感性显现"说，再到克罗齐的"直觉即表现"说……19、20世纪之交，西方美学学科传入中国，之后，在20世纪50年代末至60年代初，中国美学界也发生过一

---

① 柏拉图：《柏拉图文艺对话集》，朱光潜译，商务印书馆，2013年版，第194页。有些学者（人数众多，兹不细举）因为书的作者是柏拉图，便认为"美是难的"的观点出自柏拉图，但笔者以为，鉴于苏格拉底和孔子一样是述而不作的，既然在《大希庇阿斯篇》中与希庇阿斯对话的是苏格拉底，则"美是难的"这一感叹也应当是苏格拉底发出的。

次关于"美的本质"的大讨论，其中观点可大致分为以吕荧为代表的"美是观念"的主观说；以蔡仪为代表的"美在物本身"的客观说；以朱光潜为代表的主客观统一说（此说后被叶朗教授进一步发展为"美在意象"说①）；和以李泽厚为代表的，其后成为中国美学主流的客观性与社会性统一说（后来发展为"实践美学"）。自古至今，关于"美本身"的学说可谓多矣，但似乎现有的任何一种学说都难以解释世间一切美和审美现象。

　　20 世纪以来，由于分析哲学逐渐一枝独秀，加之此前的"美本质"观都被认为不能穷尽一切审美现象，故而无论中西，对于美本体的探寻都渐渐被搁置起来，或者说被一种文化研究的潮流取代了。② 不仅如此，在西方，以维特根斯坦为代表的分析哲学家们通过语言清洗，以其"严整的哲学新方式……的美学批判，彻底否定了美的本质问题"③。进入 21 世纪，分析哲学关于"美的本质"问题是个"伪命题"的观点在中国也找到了其理论同盟。④ 有的学者因此认为，美学研究在方法上应当"由研究美的本质改为研究审美的本质"，且"美的本质问题从属于审美的本质问题"⑤。但是，这一关于"美的本质"是个伪命题的观点并不被中国美学界广泛认可，诸如张玉能教授等一些学者就明确反对这一说法，并对其进行了较为有力的反驳。⑥ 其实，早在 20 世纪 90 年代，就有学者在评论著

---

　　① 参见叶朗：《美在意象》，北京大学出版社，2010 年版。

　　② 这一现象在中国的发生较西方为晚，大致到 20 世纪 80 年代末、90 年代初才开始兴起。

　　③ 张法：《为什么美的本质是一个伪命题——从分析哲学的观点看美学基本问题》，载于《东吴学术》，2012 年第 4 期。

　　④ 中国美学界同样认为"美的本质"问题是伪命题的学者主要有张法教授和李志宏教授，参见张法：《为什么美的本质是一个伪命题——从分析哲学的观点看美学基本问题》，载于《东吴学术》，2012 年第 4 期；李志宏：《美本质研究将怎样终结——为什么说"美是什么"是伪命题》，载于《中华美学学会第六届全国美学大会暨"全球化与中国美学"学术研讨会论文集》，2004 年；李志宏：《美本质研究将怎样终结——再论"美是什么"是伪命题》，载于《吉林大学社会科学学报》，2005 年第 1 期；李志宏、张红梅：《根源性美学歧误匡正："美"字不是"美"——兼向张玉能先生及实践美学谱系请教》，载于《吉林大学社会科学学报》，2013 年第 5 期；李志宏、孟凡君：《美学的根本问题不是美本质而是"物何以美"——兼论康德美学的科学性和超前性》，载于《河南社会科学》，2015 年第 3 期。

　　⑤ 杨春时：《关于美的本质命题的反思》，载于《光明日报·理论周刊》，2007 年 6 月 12 日第 011 版。

　　⑥ 参见张玉能、张弓：《为什么"美的本质"不是伪命题?》，载于《吉林大学社会科学学报》，2013 年第 5 期；张玉能、张弓：《盲人摸象与反本质论美学——认知美学的盲人摸象》，载于《河南社会科学》，2015 年第 3 期；岳友熙：《根源性美学歧误匡正之匡正："美是难的"并非等于"美的本质是伪命题"——兼向李志宏教授请教》，载于《湖南社会科学》，2015 年第 3 期。

名美学家蒋孔阳的美学思想时指出，"美的本质问题和美的可定义性"是"既无法否定，也无法回避"的。①

对于是否继续追问"美的本质"这一问题，笔者的看法是，像分析哲学那样通过语言清洗来消解这一美学重要问题的做法是不可取的，因为如果"本体论不存在，哲学就不存在"②，一切所谓的哲学研究也将沦为知识的积累，这显然是不利于人类思想发展进步的。同样的道理，不讨论"美本质"的美学也只是审美知识的积累，不但不可能对美学思想的进步有任何推进，而且很有可能因为失去了终极的言说根据，而使人们对"美"和"审美"等问题的讨论呈现出一种"公说公有理，婆说婆有理"的乱象。要想避免这种乱象，就必须继续追问"美的本质"问题。

那么，应当以何种方式去继续追问"美的本质"呢？既然"美"既"不是一个实体"，也"不是客观的事物或者它的属性"③，那么，继续像过去的美学家那样，去寻找一个凌驾于一切审美对象之上的"实体"或者"属性"的做法就显然是行不通的，上千年的美学发展史已经告诉我们，这样做的结果只能是徒劳无功。无数的审美实践证明，"美"既不可能是一种客观的存在物，也不可能是主观的臆造品，而是由无数的主体在"自然物质层""知觉表象层""社会历史层""心理意识层"等多层积累基础上，恒新恒异地"突创"出来的"一个开放性的系统"，④ 是一切主体与其在生活中所遇到的部分客体交互作用的产物。这里所谓"主体与客体的交互作用"，确切地说，就是"审美活动"。在此意义上，对"美的本质"的继续追问便只剩下一条路可走，即只有在充分考察人类"审美活动"的基础上，才可能给"美"下一个更具普遍性的定义，进而回答"美是什么"的问题。

---

① 郑元者：《蒋孔阳的美论及其人类学美学主题》，载于《文艺研究》，1996 年第 6 期。

② 潘知常：《对审美活动的本体论内涵的考察——关于美学的当代问题》，载于《文艺研究》，1997 年第 1 期。

③ 杨春时：《关于美的本质命题的反思》，载于《光明日报·理论周刊》，2007 年 6 月 12 日第 011 版。

④ 蒋孔阳：《美学新论》，人民文学出版社，1993 年版，第 136 页。参见朱立元：《美学大辞典（修订版）》（"美的多层累突创说"词条），上海辞书出版社，2014 年版，第 43 页。

二、审美：“生命活动”的诗性表述

既然回答“美是什么”的问题必须以对“审美活动”的考察为基础，或许有人会问：在“美”没有被定义之前，“审美”又何以可能呢？的确，按照逻辑顺序，自然应该是在明确了何为“美”之后，才能进一步谈论何为“审美”。但是，若将世间一切文明成果都不过是人类“生命活动”的产物这一事实考虑进来，我们立刻就会明白，除了与动物无异的纯粹生物性活动，分别对应于康德哲学“纯粹理性”“实践理性”和“判断力”的真、善、美三大价值领域本质上都是人类独有的“生命活动”领域，人类的一切活动也都可以划分为“求真”“致善”和“审美”这三种类型。就像“真理”和“善果”的获得离不开“求真”“致善”的行动一样，“美”同样只能在“审美”的活动中产生。因而，离开“审美活动”讨论“美是什么”的问题，就无异于缘木求鱼，是不可能找到正确答案的。在“美是什么”的问题尚未得到圆满回答之前，机械地要求一切美学讨论都必须遵循所谓的“逻辑顺序”的做法显然不是一种“辩证”的态度。

对于组成人类的不同个体而言，无论是“求真”“致善”的行动，还是“审美”活动，都必须以其灵肉合一的鲜活“生命”为基础，这是三者之间的共同点。虽然如此，“审美”活动又与以“求真”为目的的科学活动和以“致善”为目的的伦理活动之间存在着巨大的差别，具体表现在面对同一客体时，后两者中的主体之间通常持有基本一致的标准①，在同一对象面前会做出基本一致的反应；而前者中的不同主体则可能做出完全不同的反应，譬如在剧院观看一场歌剧的众多观众，一些人因为有鉴赏歌剧的能力而从歌剧中获得了审美的享受，另一些人则因为耳朵“没有音乐感”而不能获得审美的享受②；在那些能够获得审美感受的人当中，由于每个人的音乐修养、人生经历等方面情况不同，所获得的审美感受也可能有着很大的不同。之所以有如此巨大的差别，原因恐怕在于，后两者是以

① 真理的标准对于全人类来说都是统一的。伦理标准则大部分只能在某一族群、社会群体中统一，那种具有普遍性的伦理标准并不普遍。

② 马克思说：“对于没有音乐感的耳朵来说，最美的音乐毫无意义。”参见马克思：《1844年经济学哲学手稿》，中共中央马克思恩格斯列宁斯大林著作编译局编译，人民出版社，2000年版，第87页。

"理性"为主的活动，而前者则是以"感性"为主的活动。"理性"热衷于寻找统一规律，制定统一标准；"感性"则倾向于各自为政，各行其是，各美其美。这就是说，虽然都是个体的生命活动，却不能套用科学、伦理活动的规律、标准来规范审美活动。

这是不是说对"审美"的研究就无从下手，甚至无法进行整体上的描述呢？当然不是。笔者的意思是说，尽管我们几乎不可能制定出某种统一的审美标准，来让所有的审美主体"照章办事"，在观照相同的客体时获得一致或基本一致的审美享受，但并不意味着我们对"审美"的研究无能为力。事实上，前人对"审美活动"的研究已经取得了相当丰硕的成果，在美学研究的园地绽放了无数艳丽的花朵。遗憾的是，由于大多数传统美学家所采取的都是精英主义的研究立场，他们完全忽略了更多的普通人"也在审美"这一基本事实，从而将原本无处不在的人类"审美活动"缩减到了贵族、精英知识分子对"高雅艺术"的赏鉴这一极为狭窄的范围。

随着后现代消费社会的到来，虽然部分美学家不惜以牺牲"审美活动"的精神品格为代价，坚持归还被精英美学家们剥夺了的普通人的"审美权利"，却由于对"审美活动"范围的过度放宽，导致其所谈论的"审美活动"往往与其他类型的活动混在一起，甚至不过是其他类型活动的附加物，其结果是——同样很难获得关于"审美"的准确定义。

那么，应当如何判断主体的一次生命活动是不是"审美活动"？判断的标准又应该是什么？对此，朱光潜先生主张以主体在面对某一客体时所持的态度为标准来进行判断：在《我们对于一棵古松的三种态度》一文中，他列举了植物学家、木材商人、画家这样三种不同职业的人在面对同一客体——一棵古松时，所采取的截然不同的态度——科学的、实用的、美感的，[①] 这样，他们观照这"一棵古松"的生命活动便可以分别定性为科学活动、功利活动和审美活动。作为一位继承了中西方传统美学思想的学者，朱光潜先生的观点很有代表性，因为，按照西方传统美学的观点，典型的科学家、商人、画家在面对客体时，所取的态度通常也是典型的。

值得注意的是，在实际生活中，就像画家也常有功利性思考一样，科

[①] 朱光潜：《我们对于一棵古松的三种态度——实用的、科学的、美感的》，引自《朱光潜美学论文集》，上海文艺出版社，1982年版，第448-449页。

学家、商人也有可能在职业态度之外，对那"一棵古松"采取"审美的"态度，从而使自己的观照活动成为一种"审美活动"。对于科学家、商人、画家这三种典型职业以外的绝大多数人来说，更是如此。在面对某一特定对象时，人们很多时候固然会对其采取或科学或功利或美感的职业态度，但在现实生活情境中，任何一个人都不可能总是对一切人和事物采取职业态度，更多时候，人们对待事物的态度都是多样而复杂的。因此，那种认为主体总是会以其所从事的职业来判断某一特定对象的看法并不十分可靠，而只有根据主体在具体的"这一次"生命活动中的"表述"来加以判断，才可能更加准确地知道它是"求真的""致善的"还是"审美的"活动。

何为"表述"？按照文学人类学家徐新建先生的观点，在任何一种语言中，都有不止一个词语含有"表述"的意义。[①] 仅以当今世界上最大的两个语种——英语和汉语为例，即可略见一斑。在英语中，不仅presentation，statement，expression，formulation，indication，representation等词语均可译作"表述"，而且诸如 praise，commend，satire，smile 等众多词语也都含有"表述"的意义。在现代汉语里，"表述"一词的意思是"说明；述说"。在字面上与"表述"一词具有近似意义的汉语词汇则有表白、表达、表功、表决、表露、表明、表示、表态、表现、表演、表扬、表彰[②]以及述怀、述评、述说、述职等十多个[③]，而诸如眉飞色舞、手舞足蹈、点头称是、侧目而视等隐含"表述"意义的词语更是多不胜数。此外，还有更多言语、文字、动作、神态乃至仪式、典礼等，均具有"表述"的功能。套用人类学家格尔兹的观点，完全可以说：人是悬挂在由他们自己编织的表述之网上的动物。[④] 一言以蔽之，不论种族、国别、肤色及其所生活的自然、社会环境如何，也不论所操何种语言，有无文字、文

---

① 参见徐新建：《表述问题：文学人类学的起点和核心——为中国文学人类学研究会第五届年会而作》，载于《西南民族大学学报》（人文社会科学版），2011 年第 1 期；徐新建：《文化即表述》，载于《社会科学家》，2013 年第 2 期。

② 中国社会科学院语言研究所词典编辑室：《现代汉语词典》，商务印书馆，2005 年版，第 90—91 页。

③ 中国社会科学院语言研究所词典编辑室：《现代汉语词典》，商务印书馆，2005 年版，第 1269 页。

④ 格尔兹的原话为"人是悬挂在由他们自己编织的意义之网上的动物。"参见格尔兹：《文化的解释》，纳日碧力戈等译，上海人民出版社，1999 年版，第 5 页。

明程度高低，任何一个人类个体都总会将自己的生命体验，包括喜怒哀乐爱恶欲等七情六欲以及自身对世界的观念、意见等，用言语、表情、神态、动作、文字、仪式、典礼等方式"表述"出来，旁人则可以通过看、听、感知其"表述"的"文本"，来探知其"生命活动"的"本文"①。

如何通过其"表述"来判断主体的一次"生命活动"是"审美活动"还是其他类型的活动呢？总体而言，这要根据主体的"表述"的性质来判断，如果主体的"表述"是"诗意性的"，则该次"生命活动"就属于"审美活动"，主体的基本态度对应的就是"美感的"态度；若其"表述"是"逻辑性的"，则该次"生命活动"就属于"求真活动"，主体的基本态度对应的就是"科学的"态度；若其"表述"是"功利性的"，则该次"生命活动"就属于"致善（伦理）活动"，主体的基本态度对应的就是"实用的"态度。具体而言，可以通过分析主体在一次"生命活动"中的"表述文本"来区分其当次活动的类型。此处略举一例，从语言、动作、表情这样三个比较容易辨别的方面来说明具体如何操控这种"表述"理论。

为了从过往的美学理论那里获得一种参照，让读者更好地理解这种"表述"理论，我还是举一个过去美学家们经常举的"一朵鲜花"的例子。假定一群人同时看到草丛里盛开着一朵鲜花，并且都对它感兴趣，这时，他们便都驻足对它各自发表意见。其中一部分人用手指着那朵花，表情平静，以一种陈述的口吻说："那儿有一朵红花"，或"那儿有一朵玫瑰花"，或"那朵玫瑰已经盛开了"，或"那朵刺玫瑰开花了"。根据这些"表述"文本，我们大致可以判断，这部分人对那朵鲜花所取的是"科学的"态度，他们此次"生命活动"属于"求真活动"。另一部分人也用手指着那朵花，神情兴奋、声调略微高昂地说："这朵花在市场上可以卖个好价钱"，或"这朵花的花瓣有药用价值"，或"这朵花的花瓣晾干后可以用来制作枕头"等。从他们的这些"表述"可知，这部分人对那朵鲜花所取的是"实用的"态度，他们的此次"生命活动"属于"致善活动"。第三部分人在看到那朵花时，眼睛突然放出光来，嘴张得很大，满脸露着惊奇，

① 关于"文本"和"本文"关系的相关论述，参见徐新建：《"本文"与"文本"之关系——人类学的研究范式问题》，载于《黔东南州民族师专学报》，1998年第4期。

时间仿佛停滞了，片刻之后，他们才激动地说："好漂亮的花呀"，或"好漂亮啊"，或"哇——真美"，或"啊——"……从他们的这些"表述"可知，这部分人对那朵鲜花所取的才是"美感的"态度，他们的此次"生命活动"才是"审美活动"。

当然，主体在"生命活动"中面对客体时，其"表述"的方式不仅限于语言、表情和动作这样三种，有时候，人们表面上可能"不动声色"，以至于我们无法知晓其当时的"生命活动"属于哪种类型。但其内在生命必然要发出上述三种活动中的一种——或"求真"，或"致善"，或"审美"。

从人们的"表述"可以看出，无论主体是谁，如果我们判断他在某一次"生命活动"中采取的是"美感的"态度，并将其该次"生命活动"界定为"审美活动"，那就意味着，主体在该次"生命活动"中的"表述"一定是一种综合了感官、情感、语言、动作等多种因素的丰富表现，可以将其称为一种与"诗人的抒情状态"相近的东西。简言之，人类的一切"审美活动"本质上都是"生命活动"的诗性"表述"。

三、美：生命的诗性绽放

尽管在两千多年的美学思想发展史中，无数美学家苦心孤诣，力图找到那个使一切美的现象之所以为"美"的"美本身"，但在一个又一个"美的本质"概念不断被攻破之后，人们又总是会像柏拉图著作中的苏格拉底那样发出一声无奈的感叹："美是难的。"① 诚然，就像赞同分析哲学对"美的本质"问题所进行的语言清洗，认为它是一个"伪命题"，进而主张放弃探寻"美本质"的美学家所指出的那样，要找到一个作为"实体"或实体之"属性"的"美本身"，是一项不可能完成的工作。② 但是我们是不是因此就一定要放弃对"美的本质"问题的探究呢？当然不是。且不说"美的本质"问题一直是美学的核心问题、根本问题，也不说任何事物、现象的背后都一定隐含着某种"本质"这一公认的道理，即便按照

---

① 柏拉图：《柏拉图文艺对话集》，朱光潜译，商务印书馆，2013年版，第194页。
② 用李志宏教授的话说，就是"被作为根本问题的美本质问题一直没有得到解决"。参见李志宏、孟凡君：《美学的根本问题不是美本质而是"物何以美"——兼论康德美学的科学性和超前性》，载于《河南社会科学》，2015年第3期。

李志宏教授的意见，"以探索'美的事物之所以美的原因'为美学的起点"，或者换言之，将"事物何以是美的"或者"物何以美"作为美学研究的"元问题"①，试问，对这一所谓"元问题"的究极回答不还是要回到对"美的本质"的追问吗？

如此说来，无论如何，只要美学学科还在发展，只要关于"美"的思考还在继续，对于"美的本质"的追问就永远有不可替代的价值。但这还只是问题的一方面；另一方面，分析哲学对"美的本质"问题的语言清洗同样有其重要的理论意义，它迫使我们反思，过去两千多年来，那种将"美的本质"视为一个实体或者实体的某种属性的追问方式，何以总是只能在某种程度上接近"美本身"，却始终无法揭示其庐山真面目？是不是自柏拉图开始就走上了一条错误的"美本质"追寻之路？如果是，那么正确的道路又在哪里？在笔者看来，在其他道路已经被证实不可能找到"美本质"的情况下，剩下的道路就只有一条——回到"审美"，从无限多的"审美活动"中去寻找那使"此物"为美而"彼物"却不美的根本原因。

在这个问题上，以潘知常教授为代表的"生命美学"学派给了我们丰富的启示，他深刻地指出，传统美学最内在的秘密在于，它所陈述的是"'一生'与'一瞬'的对立"，强调"'一瞬'高于'一生'"，是它永恒的话题。② 传统美学的此种美学观念不仅在很大程度上剥夺了普通人的"审美"权利，而且即便是贵族、精英知识分子，和漫长的一生相比，其所有的"审美"瞬间加在一起也是极为有限的。对于这样一种美学观，苏联作家尤里•邦达列夫发表了极为重要的反对意见："为了期待一瞬而催促和打发日子是多么没有意思，也就是说，作为一份珍贵礼物授予我们的唯一一次生命的每一瞬间，都是不可重复的。"③ 换言之，生命中的"每一瞬间"都值得期待，都可以成为"审美"的瞬间，而不能只为了"某一个瞬间"，就牺牲了一生的漫长岁月，让本该生机勃勃、各有佳趣的日常生活变得死气沉沉，了无生趣。显然，生命美学学派是赞同邦达列夫的。同样，在我看来，传统美学那种漠视日常生活，为了"一瞬"而牺牲

---

① 曹俊峰：《元美学——美学的自我审视》，载于《学术月刊》，1996年第8期。

② 潘知常：《反美学》，学林出版社，1995年版，第355页。

③ 邦达列夫：《瞬间》，李济生、贺国安译，上海译文出版社，1983年版，第6页。

"一生"的审美观也是相当谬误的。

既然生命美学学派的美学观与传统美学如此不同，那么，它会如何看待"美的本质"问题？其"美本质"观又怎么样呢？就前一个问题而言，从前文所引潘知常教授"本体论不存在，哲学就不存在"这样的观点可见，"美的本质"在他看来仍然是一个十分重要的问题。但在另外的地方，潘教授在梳理了生命美学与实践美学之间的区别以后指出，实践美学的核心是"本质"，而生命美学的取向却是"意义"，认为"生命美学就是生命的自由表达"，其研究对象包括"进入审美关系的人类生命活动的意义与价值"和"人类审美活动的意义与价值"①，这或许又意味着生命美学只关心"生命"和"审美"的"意义"，而对"美的本质"问题则采取了悬而不论的态度。

尽管生命美学几乎从来不正面讨论"美的本质"问题，实际却在诸如"人类生命本体论的所谓思与生命的对话……就是思与诗（审美活动）的对话"② 之类表述中流露出了自身关于这个问题的基本观点。借用闫国忠教授的评价，生命美学学派将自己的理论"坚实地奠定在生命本体论的基础上"，其全部立论也都"围绕审美是最高的生命活动这一命题展开"③。这就是说，生命美学所建基于其上的所谓"美的本质"，就是"进入审美关系的人类生命活动"，或者简而言之曰："生命"。

在笔者看来，生命美学学派的"美本质"观可谓无限接近了关于"美本质"的真理，或者说为我们指明了一条探寻"美本质"的道路，但距离"美本质"问题的真正解决，也还有一步之遥。首先，"生命"本身并不等于"美"，也不直接带来"美"的诞生，它只不过是"审美"行为的基础，就像它也是"求真""致善"行为产生的基础一样，它只能是"美"产生的物质前提，而不是"美本身"。其次，尽管生命美学认为以生命为基础的"审美活动"本身富于本体论内涵，但从逻辑上讲，"审美活动"同样不能被视为"美的本体"，因为这一观点无法从逻辑上加以论证——若先

① 潘知常：《生命美学：从"本质"到"意义"——关于生命美学的思考》，载于《贵州大学学报》（社会科学版），2015年第1期。

② 潘知常：《对审美活动的本体论内涵的考察——关于美学的当代问题》，载于《文艺研究》，1997年第1期。

③ 阎国忠：《走出古典——中国当代美学论争述评》，安徽教育出版社，1996年版，第410页。

没有"美"，则"审美"无法开展；反之，既已在"审美"，则"美"当先已存在。

那么，"美的本质"究竟何在呢？既然我们的理论思考建基于人的"生命活动"，那就应当回到人的生命活动——具体而言，就是对"生命活动"作出"诗性表述"的"审美活动"中去寻找美的本质。我们已一再声明，"美"既不是客观的实体，也不是主观随意创造的产物，而是在主体与客体交互作用的生命活动中产生的，这种产生了"美"的生命活动，即我们通常所谓的"审美活动"。这就是说，"美"产生于"审美活动"之中，而"审美活动"的发生又从根本上源于"美"的产生。这样说并不含混，因为，"美"的产生与"审美活动"的发生尽管在时间上很难分出先后，但根据前文关于"审美"是生命活动的诗性"表述"的界定，还是可以推断，"美"的产生在逻辑上要早于"审美活动"。只不过，几乎在"美"产生的同时，人们的审美"表述"也就产生了，"美"的产生与"审美活动"的发生之间的时间差小到让人们无法察觉。

那么，该给这个在主客体交互作用过程中产生的让主体发出"诗性表述"的"美"下个什么样的定义呢？著名美学家朱光潜先生及其后学叶朗教授为这个"美"下了一个很好的定义："美在意象。"[1] 的确，在此前所有关于"美的本质"的定义中，应当说"意象"是最具有阐释力量的一个概念，它能够解释很多的审美现象，尤其是对艺术、自然审美活动具有强大的阐释力量。但遗憾的是，当它在面对社会、科技领域的审美活动时，就显得多少有些力不从心了。因此，"美在意象"虽然不愧为伟大的理论，但仍然不具有阐释所有审美现象的"普遍性"。

回到我们关于"审美是生命活动的诗性表述"这一论域，"美"实际就是"审美活动"中的那个被加以"诗性表述"的对象。正如前文所论，"审美活动"中主体所"表述"的，既不是逻辑的判断——"真"，也不是

---

[1] 朱光潜先生常常在他的文章里提到"意象"，但还没有直接将其作为"美的本质"，他在20世纪50年代末到60年代初的"美的本质"大讨论中给"美"所下的定义是"美是客观与主观的统一"，他说："美不完全在外物，也不完全在人心，它是心物婚媾后所产生的婴儿。"参见朱光潜：《谈美》，《朱光潜全集》（第3卷），安徽教育出版社，1987年版，第55页。叶朗先生进一步发展了朱光潜先生的理论，正式提出了"美在意象"的美本质观，参见叶朗：《美在意象》，北京大学出版社，2010年版。

功利的思考——"善"，而是在主体与客体的"交互作用"① 中，"感性生命"② 所孕育、生长、绽放出来的"生命之花"。这里的所谓"生命之花"，既可以是"意象"，是"相看两不厌，只有敬亭山"③ 和"我见青山多妩媚，料青山，见我应如是"④ 的"移情"，是因王羲之而得到彰显的"兰亭"之"美"⑤，也可以是偶然见到一朵鲜花、一片小景致时的欣喜，是朱自清在父亲那"肥胖"的"背影"后波动的情感，是杨白劳为喜儿扎红头绳时的悲喜交加，是科学家在发现真理时那种内心的狂喜甚至与上帝晤面的神圣之感……人们对于这"生命之花"的"表述"则是或诗或歌或舞，或微笑或号哭，或豪情万丈或缠绵悱恻，甚至可能只是一次微微的颔首，或者一声延长的感叹……总之，人类的一切富于诗性的生命活动便是"美"的终极根源。"美"既不是先验或客观的存在，也不是主观无端的虚构，而是主体生命在与对象"交互作用"的过程中诗性绽放的产物。

据此，我们完全可以对美下这样的定义：美是生命的诗性绽放。对于精英知识分子来说，这样的生命绽放可能发生于他逃离尘世或暂时放下俗事，全身心投入诗、书、乐、画或其他艺术形式所营造的意境之中，获得一种超越现实的纯粹美感之时；或是当他投身于大自然的怀抱，去感受那山的多姿、水的多趣以及在山水徜徉中与天地合一，忘却一切世间烦恼的逍遥之时。而对于那些经济并不那么富裕，甚至相当困难，精神世界也不那么"高雅"，甚至在精英知识分子眼里显得多少有些"低俗"的，"不会审美"的普通民众来说，生存的艰难并不必然使他们成为物质的奴隶和精神的囚徒。只要他们能够像本书所描述的川东巴文化圈中人，尤其是作为巴人后裔的土家族人那样以乐观、豁达的态度去面对生活世界，则即便是艰辛的劳作、骨肉的分离甚或死亡的威胁，都不会成为其生命力量的重压。当他们在艰辛的劳作中放声歌唱之时，当他们在偶尔的闲暇中歌舞相

① 正如蒋孔阳先生所看到的那样，这种主客体的交互作用，是自然和人类发展历史的"多层累"共同作用的结果。参见蒋孔阳：《美学新论》，人民文学出版社，1993 年，第 136 页。
② 与逻辑判断和功利思考相对应的则是人的理性生命。
③ 李白：《独坐敬亭山》，引自李白：《李白诗》，傅东华选注，崇文书局，2014 年版，第 154 页。
④ 辛弃疾：《稼轩词编年笺注》（下），邓广铭笺注，上海古籍出版社，2018 年版，第 566 页。
⑤ 柳宗元在《邕州马退山茅亭记》中说："夫美不自美，因人而彰。兰亭也，不遭右军，则清湍修竹，芜没于空山矣。"参见叶朗：《中国历代美学文库·隋唐五代卷》（下），高等教育出版社，2003 年版，第 174 页。

伴之时，当他们在姑娘出嫁期间以歌代哭之时，当他们在生死别离的丧葬仪式上狂歌鼓舞之时，他们的生命既深深地扎根于其朝夕相伴和赖以生存的现实土壤，未尝须臾分离；又常常在他们无时不唱、无处不唱、无事不唱的歌声和如痴如狂的舞蹈中绽放出诗性的花朵。每当这生命之花绽放时，就是"美"的生之成时，也就是审美活动发生之时。

简言之，在笔者看来，尽管美学界过去两千多年对"美的本质"的追问一直没有得到满意的回答，但值得欣慰的是，美学家们从不同角度去接近它，甚至找到它的努力却从未停止过，正因此，他们才为我们留下了如此多的美学遗产。本书选择了一种不同于以往任何一位"美本质"探讨者的全新角度——审美人类学，以对人类所有成员生命活动的关注为理论出发点，通过考察各种类型主体在自身"生命活动"中的具体表现，指出"审美活动"不同于"求真""致善"的活动，它是"生命活动"的诗性表述，并在此基础上找出了或许能够阐释一切审美现象的"美的本质"——生命的诗性绽放。

小 结

作为从川东巴文化圈中人的日常生活之中提炼出来的一个美学术语——"审美生活"，不是"审美"与"生活"这两个词汇、两个领域的简单叠加，而是一种将"审美"与"生活"融为一体的新美学观，它至少隐含了两个层面的意义。一方面，并非只有贵族、精英知识分子才有权利和能力"审美"，人类所有个体都有权利和能力"审美"。另一方面，"审美"就存在于"生活"之中，两者是有机融合在一起的。两者的关系是：前者是后者的有机组成部分，后者通过前者得到品质上的提升；而不是像传统美学那样人为地割裂"生活"与"审美"，认为只有逃离琐碎、日常的"生活世界"，才能进行所谓的"审美活动"。

尽管从字面上看，"审美生活"概念很容易被认为是"人生的艺术化""日常生活审美化""美是生活"或"生活美学"等美学理论的相似物甚至衍生品，但事实上，正如前文所区分的那样，尽管"审美生活"和上述几种美学理论之间都有一定的相似性乃至共同点，却不能被其中任何一种理论替代或涵盖。"审美生活"不仅有着自身独特的美学意义，而且代表了一种全新的美学研究向度，从这一向度出发，甚至可以使过去困扰美学界上千年的美学难题——"美的本质"问题，获得一种彻底解决的可能。

"审美生活"以人类天生就是"审美的人"这个审美人类学论断为立论基础，笔者主张重新回到整个人类的"审美"现象之中去探寻"美的本质"。按照人类的一切活动都以"生命"为基础这一铁律，根据人们在生命活动中的不同"表述"，将人类活动划分为"求真的""致善的"和"审美的"三种，指出人们在"审美活动"中的"表述"乃是一种"诗性表述"，并以此为基础得出了"美在生命的诗性绽放"这一具有"普遍意义"的美本质观。

正是基于这样一种以人类整体为考察对象的"美本质"观，可以说，不仅自康德以来那种"非功利而生愉悦"的生命活动是能够给人带来精神愉悦的审美活动，而且，类似川东巴文化圈中人那种在功利性实践活动过程之中实现的生命的诗性绽放，或者更简单地说，那种"在功利而超功利"的生命活动同样属于审美活动。在某种意义上，建基于后者的美学更是摆脱了"虚无"的"高雅"趣味，植根于深厚现实土壤的、充满生命活力的美学，也是更具有普遍意义的"人类"美学。

在这种"人类美学"精神的烛照下，我们完全可以大声宣布：审美从来都不只是贵族、精英知识分子的专利，而是每一个具有乐观、豁达心态的人在看似千篇一律、平淡无奇的日常生活中都可以从生命的诗性绽放之中享受到的生活乐趣。

结论　审美生活：一种人皆可为的生活方式

如前所论，就整体而言，川东巴文化圈中人的日常生活可以说是一种"审美生活"。这种所谓的"审美生活"，既不是"生活美学"所宣称的被"审美"拔高了的"生活"，也不是日常生活审美化运动的批判者们所担心的被"生活"降低了的"审美"，更不是那种直接将生活物品等同于艺术品，并借此来模糊"艺术"与"生活"界限的混沌之物①。"审美生活"论者既不像"人生的艺术化"论者那样期盼借助高雅的"艺术"来"美化"平庸的人生，也不像"美是生活"论者那样认为"生活"直接就是"美"，艺术只能起到生活"教科书"的作用，而认为"审美"是本然地存在于人类"生活"之中的，它通过消解"生活"的千篇一律化、平庸化和枯燥乏味，来提升"生活"的精神品质，使之变得更加有滋有味、有声有色。

既然本书的全部论述都建立在坚信人类本质上是"审美的人"这一理论基础之上，那么是否意味着我们也认为人类的每一个个体都过着类似川东巴文化圈中人所过的那种"审美生活"呢？当然不是。事实上，根据我们对"美"和"审美"所下的定义，尽管人人都可能在自身人生历程中的某一个或一些瞬间，在与客体的交互作用过程中生成"生命的诗性绽放"——"美"，也进行过相关的"诗性表述"——"审美"，却不能说他们生成"美"和发出"审美"行为的哪一个或哪一些瞬间就是他们的"审美生活"。只有像川东巴文化圈中人那样，不管生活本身处于何种状况——不论贫富、贵贱、顺逆、祸福、生死，在人生的多数时刻，都能够

---

① 这是以法国画家马塞尔·杜尚为代表的现代派艺术家们的惯用手法。

直接在生活世界中绽放出生命的诗性花朵，并借助歌唱、舞蹈等诸多艺术形式予以"诗性表述"，这样的生活才能被称为"审美生活"。因此，现实地过着"审美生活"的人虽然远远超过了传统美学所圈定的贵族、精英知识分子这个狭窄的范围，但就人类总体而言，其数量仍然不占多数。

那么，如何判断一个人或一个族群的生活是否属于"审美生活"呢？笔者以为，这主要还应该看主体对待生活的态度。

一、审美生活建基于一种"在世乐世"的人生态度

审美生活本质上是把审美当作一个生活事项，而非视审美为绝对隔绝于生活的所谓高雅行为。这既不同于把"审美"降低为"生活"或者把"生活"提升为"审美"的美学思潮，也不是要在审美和生活之间寻求一种均质化的中庸之道，而是通过在被传统美学视为庸常无聊、千篇一律的日常生活中发掘一种主体的情趣和态度，从生活的内部（而非外部）实现审美对现实的超越。

从生活内部实现对现实的审美超越何以可能？现实人生的功利性众所周知，而"审美"却要求主体从精神层面上暂时离开功利性考量。这对于一般人而言，就是要求他们在追求功利的同时又忘记功利，这显然是一对难以克服的矛盾。但根据我们在田野调查中的所见所闻，又确实有人——以巴人后裔土家族人为代表的川东巴文化圈中人——成功地做到了这一点。究其原因，笔者以为，其关键还在于主体以一种什么样的人生态度对待其日常生活。

就现实人生而言，至少在 20 世纪 80 年代以前，川东巴文化圈中人的生活就像生活在巴地①其他区域的人一样，总体上是非常艰难的。其艰难的程度，可以从以下两则记载中略见一斑。清末湖北籍土家族诗人洪先绪在其《容阳竹枝词》中这样描述当时"土民"的生存状态："硗确坡陀岁易荒，山氓半赖蕨为粮。冬来但得晴无雪，也似耕人一例忙。"② 在石多土少，坑洼不平，极度贫瘠、荒凉的土地上，尽管他们万般努力，所生产

---

① 参见本书第一章第一节：《巴国、巴地与巴人》的第二部分"巴地何处"。
② 湖南省少数民族古籍办公室：《历代土家族文人诗选》，彭勃等辑录、祝注先选注，岳麓书社，1991 年版，第 136 页。

的物质生活资料仍然非常贫乏，难以填饱肚皮，以致在寒冬季节要依靠山上的蕨根来维持生计。在土家族诗人彭勇行的笔下，土家族妇女的生活艰辛尤甚："临盆恰满十多天，清早牵牛去碧川。无奈呱呱啼不住，背笼挂在柳荫边。"① 本该在家好好休养身体的产妇，却迫于生活的无奈，不得不拖着虚弱的身子，背着呱呱啼哭的婴儿，顶着烈日外出牧牛。如此艰辛的生活，读来令人不禁落泪。

但是，面对如此艰辛的生活，这些巴人后裔没有选择畏缩和埋怨，而是选择以乐观、豁达、勇敢的态度去面对，就像另一位土家族诗人彭勇功笔下的土家族妇女那样："采薪妇女善持家，脚上山坡手绩麻。步入深林聊小憩，干柴满背出烟霞。"② 她们手脚并用，利用一切可以利用的时间和精力，尽其所能地生产更多的生存所需物品，借以应对随时而至的生存挑战。可以说，彭勇功笔下那位"采薪妇女"的所作所为，实际是所有巴人后裔在现实人生中具体表现的生动代表。在那样的生存环境③之中，巴人后裔们必须时刻准备着，为创造更多的生产、生活资料而奋斗，否则，他们随时都有可能遭遇严峻的生存危机。

因此，可以说，巴人后裔的整个现实人生都在孜孜以求更多的物质生活资料，或者更简单地说，巴人后裔的现实人生总体上就是追求物质功利。当然，川东巴文化圈中人总体来说也是如此。在这样的现实人生中如何可能过上一种审美式的生活呢？寻根问底，恐怕还在于他们传承自古代巴人的文化性格，以及在这种文化性格影响下的人生态度。

在本书第一章中，我们看到，巴人及其后裔的族群文化性格大致可以归结为"朴直敦厚、刚勇重义、乐观豁达"。能够使巴人后裔们在极度艰难的生存环境当中，一边不得不时时刻刻为获取更加富足的物质生活奔波劳累，一边又过着歌舞相伴的"审美生活"的，恰恰在于其性格中的"乐观豁达"因素，这种性格使他们在现实生活中似乎秉持着一种与美国作家房龙所谓"一个没有艺术和欢乐的世界，就像一所没有笑声的托儿所"④

---

① 湖南省少数民族古籍办公室：《历代土家族文人诗选》，彭勃等辑录、祝注先选注，岳麓书社，1991年版，第208页。

② 彭南均：《溪州土家族文人竹枝词注解》，光明日报出版社，2008年版，第46页。

③ 参见本书第一章第二节《巴族群的文化性格》的第一部分"巴人的生存环境"。

④ 房龙：《人类的故事》，刘缘子、吴维亚、邢惕夫等译，生活·读书·新知三联书店，1988年版，第471页。

类似的人生信条。

也正是"乐观豁达"这样一种族群性格以及房龙所说的那种崇奉艺术与欢乐的人生信条，让那些一直处于恶劣自然环境，且在历史上多数时候处于恶劣社会环境的川东巴文化圈中人能够在身体奔波、忙碌于追求物质功利的同时，其精神却相对自由地优游于功利之外，去进行一种或间接有助于功利生产，或于功利生产毫无助益的艺术实践活动，从而在很大程度上改变了其日常生活的性质。人们在艰辛中感到了轻松，在沉闷中体验了欢快，在枯燥中生成了趣味，使自己的日常生活变得不再像传统美学所认为的那样千篇一律、枯燥乏味、色彩暗淡、难以忍受。显而易见，川东巴文化圈中人是不会为了某一个所谓"美"的"瞬间"而忽略更加漫长、更值得期待的"一生"的，正因为如此，他们的日常生活才整体上成为其生命的"诗性绽放"以及对这"绽放"的"诗性表述"，也只有这样的生活才有资格被称为"审美生活"。

以上述"乐观豁达"的族群性格与崇奉艺术与欢乐的人生信条为底色，以其现实所过的"审美生活"为外观，实际体现出来的是川东巴文化圈中人的人生态度。人类对待人生的态度大体可分为积极入世与消极避世两大类型，积极入世型又可再分为改造世界型和乐观顺世型两种；消极避世型也可再分为颓废应世型和隐逸出世型两种。[①] 川东巴文化圈中人的人生态度大致属于"积极入世"类型中的"乐观顺世"型，其特点是以积极顺应自身所处的生存环境（自然的和社会的）为主，通常只在环境极端恶劣的情况下才选择逃离和反抗。其顺应环境的方式则是以精神的快乐来消解肉体的劳碌，在恶劣的自然、社会环境中保持一种"审美"的精神状态。提升到哲学的层面来讲，这应当是一种"在世乐世"的人生态度。

二、审美生活就是在日常生活中生成和欣赏美

川东巴文化圈中人在其"在世乐世"人生态度影响下所过的"审美生活"，本质上是人在日常生活中的自我完成。这种完成既无需人们等待一种宗教式的解脱，又不是庄子所向往的那种近乎虚无的逍遥，更不是传统

---

① 每一种都还可以继续细分，如改造世界型就可以再分为改革推进型和颠覆再造型两种。此处为行文方便，不再细分。

美学所倡导的那种纯粹无功利的审美，而是在同一生活过程中对肉体物质需求和精神超越需求的双重满足。① 在这样的生活之中，精神上的娱乐、审美活动总体上是和肉体上的物质资料生产、消费活动同步进行的，两者若即若离，又相容相谐，共同构成了个体、族群日常生活的一体两面。

这就是说，对于川东巴文化圈中人来说，"审美活动"不仅是真实的存在，而且不需要离开日常生活去专门进行，它自然、自在地在人们的日常生产、生活之中展开，成为日常生产、生活的有机组成部分，在某种意义上，甚至成为确认这一人群的显性特征。② 因此，就像著名学者段义孚所指出的那样，"审美"对于他们并非"附加之物"，不是他们在满足生活基本需要之后的装点，而是人生的重要组成部分，甚至就是其"生活"本身。③

说"审美"就是"生活"本身，既没有降低"审美"的意思，也不是要抬高"生活"，而是强调川东巴文化圈中人的"审美生活"实际就是植根于"生活"的"审美"，就是既在"生活"中"审美"，又在"审美"中"生活"。在这样的"审美生活"中，"审美"的精神品质并不会因为"生活"的形而下性质而被降低，相反，只会令"生活"在"审美"的超越性影响下提升品质、增加乐趣，变得更加值得一过。

从"生活"概念所包含的两层意思——"一是活的生命，中文是'生'，西文是 life；二是活的生命的具体存在，中文是由生而来的'活'，西文是由 life 而来的 live"④ 来进一步阐释，所谓"审美生活"，就是活生生的个体生命在维系自身生命发展的整个进程中不断进行着的"美感的"生命活动。再从我们对"美"和"审美"所下的定义来作更全面的阐释，所谓"审美生活"，就是活生生的生命个体在维系自身生命发展的整个进程中，在与作为客体的人、事、物发生交互作用期间，其个体生命不断发生"诗性绽放"，于是有"美"的不断生成。随着个体生命的"诗性绽

---

① 这里所谓"双重满足"只是一种相对的满足，因为肉体对物质的需求（欲望）是难以得到真正满足的。不过，在"在世乐世"人生态度的影响之下，人们的物质欲望还基本处在一种可控的范围之内。

② 以薅草锣鼓为例，集体劳作时打薅草锣鼓曾经是这一文化圈中的惯例，如果某人说自己家乡从不打薅草锣鼓，人们就基本可以判断他并不是该文化圈中的人。

③ 段义孚：《瞬间之奇妙》，转引自邓军海：《美育三阶：善感、趣味与境界》，载于《光明日报·理论周刊》，2010 年 3 月 16 日第 011 版。

④ 张法：《生活（life）概念：历史沉浮之因缘与当代崛起之追问》，载于《社会科学战线》，2016 年第 1 期。

放"，人们又不断地进行对这"绽放"的"诗性表述"，"审美活动"于是也不断形成。当不同个体、族群的"审美活动"在其日常生活之中呈现出某种线性结构，而不是稀疏的点状分布时，这个个体、族群的日常生活便可以在总体上被称为"审美生活"。

川东巴文化圈中人的日常生活便正是这样一种"审美生活"。在恶劣的自然环境和总体恶劣的社会环境中，人们一方面为了求得足够的物质生活资料，维系自身个体生命的发展，而从事着艰辛的肉体劳作；另一方面，受其所继承的"乐观豁达"文化性格的影响，他们的精神并没有被深锁于物质的"铁笼"①，而是相对自由地徜徉于其生活世界，在农耕生产、上山打柴、下河捕鱼、修房架屋、婚丧嫁娶、年节岁时等一系列生命活动之中随缘而生喜怒哀乐等各种情感，又将这些情感在其生命的激荡中"诗意化"，进而绽放出诗意性的花朵，再通过歌唱、舞蹈、说唱、感叹、图案制作、建筑装饰等"诗性"的方式"表述"出来，在愉悦自身的同时，也"美化"了身边其他人的眼睛、耳朵和心灵。

因此，如果要用一句简单明了的话归纳川东巴文化圈中人的"审美生活"，那自然应当是：他们就在日常生活之中大量地生成美、欣赏美，从而使他们的日常生活摆脱枯燥、乏味、无意义，成为"审美性"的生活。对于川东巴文化圈中人来说，这种"审美生活"不仅是车尔尼雪夫斯基意义上的"应当如此的生活"，而且进一步来说，它还是一种"本然如此的生活"。

三、审美生活是一种人皆可为的生活方式

"审美生活"是一种以"在世乐世"的人生态度为基础的生活方式。其最大的特点是能够用生命的"诗性绽放"来改变日常生活原本千篇一律、枯燥乏味的性质，使之变得生动活泼、有滋有味、富于情趣，进而使人生整体上从烦闷转向有趣。这样的生活方式虽然并不直接对现实人生的物质方面产生任何影响，却因为提升了生活的精神品质，使它的底色由灰暗转为明亮，从而使主体对生活本身的主观感受变得更加快乐、有趣、兴味十足。用今天的社会性话语来讲，就是具有较高的"幸福指数"。

---

① "iron cage"，马克斯·韦伯语。

　　如此说来，"审美生活"当然可以被称为"值得一过"的生活。这样的生活也像宗白华、朱光潜等先生所倡导的"人生的艺术化"一样，是一种"值得向往"的生活。但不同的是，"人生的艺术化"所针对的主体主要还是贵族、精英知识分子群体，对于经济条件并不宽裕的普通人来说，其人生显然是很难从外部加以"艺术化"的。即便随着社会经济水平的整体提高，越来越多的人的日常生活逐渐被"审美化"了，但这种所谓的"审美化"并不就等于"人生的艺术化"。就像笔者曾经指出的那样，虽然"日常生活审美化"确实能令更多的普通人"有更多的机会介入到审美活动中来"，使所有人"都可能成为潜在的审美主体"[1]，却不一定能够提升主体日常生活的精神品质，至多不过是为"人生的艺术化"提供了一种可能，毕竟它也同时潜藏着使主体在"消费"中堕落到欲望中去的危险。"审美生活"却是不论贫富、不分贵贱、不管知识程度的高低，人人皆可有为的一种生活方式。区别仅仅在于，达到这种生活方式的途径有所不同——有的来自天赋，有的要依靠学习。

　　其一，天赋的生活方式。对于身为精英知识分子的美学家们和功利社会中的一般人来说，"审美生活"作为一种具有较高美学潜质和能够带给主体较高幸福指数的生活方式，似乎是与朱光潜等学者所倡导的"人生的艺术化"一样难以企及的美学追求。其实不然。对于某些族群和个体来说，他们并不需要特别的努力，而只需依循自己的本性，就可以轻而易举地过上这样的"审美生活"，原因仅仅在于他们都像本书所描述的川东巴文化圈中人，又尤其是其中的巴人后裔土家族人那样，秉承着一种天生的乐观、豁达、开朗、喜歌舞之类的性格，并由此生成了一种"在世乐世"的人生态度。

　　仅在中国境内，具有这种天赋性格的族群就有不少。除了本书描述的群体，其他地域的巴人后裔同样具有类似"山歌不唱不开怀，磨子不推转不来……三天不把歌儿唱，三岁娃儿白了头"这样的视"审美"为不可或缺之生命活动的天赋性格。这在一些土家族谚语中也可见一斑，譬如有一句谚语就说："蓑衣遮风雨，巴鸣解忧愁。"此语表明在巴人后裔土家族人看来，就像蓑衣具有为人遮挡风雨这样一种实际功用一样，审美——吹奏

---

① 姜约：《日常生活何以审美化》，载于《中华文化论坛》，2015 年第 2 期。

"巴呜"之类的自娱乐器也具有帮助人们消解精神上的苦闷忧愁这样一种实际的功用。审美所具有的这种消愁解闷的实际功用，是通过审美主体暂时放下一切精神负担，把自己完全投入到审美活动——吹奏巴呜之类活动当中，使自己的灵魂在生成和欣赏"美"的过程中得到净化来实现的。当主体重新回到日常生活的现实之中时，其内心忧愁的负面情绪也就得到了一定程度的缓解，甚至完全消解了。

侗族也是一个天生与"审美生活"结缘的族群。侗族民歌对审美与生活的关系有着非常直接的表述："饭养身、歌养心。"类似的歌唱还有"人不吃饭活不长，人不唱歌心不欢"等。依照徐新建先生的意见，这种说法是从根本上强调"歌唱是性情波动的内在表现"，是"与身躯存在同样重要的生命需求"。[①] 简单阐释一下这些民歌，可以说，在侗族人看来，就像物质性的身体需要物质性的"饭"为其提供必要的营养以延续生命一样，精神性的心灵同样需要精神性的审美之物——"歌"为其提供必要的滋润以超越枯燥乏味的现实生活。事实上，正如徐新建先生所看到的那样，"当地的歌唱几乎都是村民在日常生活的丰富情景中你唱我和、以歌养心的自在现象。其中不少还与其他的文化样式如群舞……等相伴随，构成一幅完整圆融的乡间图式和本土场景"[②]。

根据一位曾在广西瑶山地区考察的学者在 20 世纪 20 年代的描述，当地"土著"文化表现为物质方面的"酒"和精神方面的"歌"这样两个特征。他说："瑶民之于歌，几乎和吃饭般的重要！工作的时候，山之巅、水之湄，你可随时听到那婉转的歌喉；在宴会场中，在祭神会上，也会使你次次听到美妙的歌声……"[③] 从这些描述中可以推测，那些瑶民所过的生活大概也应当算是一种"审美生活"。

类似巴人后裔土家族人、侗族人、瑶族人这类过着"审美生活"的人还有不少，难以一一列举。不管怎样，这些未经任何传统美学意义上的训练和培养，本然地过着"审美生活"的个体或族群，都有一个共同的特征，那就是他们天生都具有"乐观、豁达"的性格。换言之，这些人的

---

①　徐新建：《侗歌民俗研究》，民族出版社，2011 年版，第 255 页。

②　徐新建：《侗歌民俗研究》，民族出版社，2011 年版，第 255 页。

③　唐兆民：《瑶山散记》，文化供应社，1942 年版，第 96 页。

"审美生活"是一种"天赋的"生活方式。

"审美生活"也是一种可学致的生活方式。按照审美人类学的观点，人天生就是"审美的人"，似乎"审美生活"应当是人类所有个体的天赋生活方式。然而，事实并非如此，真正将"审美"的天赋一直保持下来的族群虽然不少，但在人类的总人口中却只占很小的部分。在人类整体进入文明时代以后，随着理性思维的日渐发达，大多数族群和个体都逐渐丧失了感官的敏锐性，在日复一日的生命活动中，他们逐渐失去了王夫之所谓"兴"的能力，再也无法做到让自己的感性生命随时随地绽放出"诗性"的花朵，也不能随时随地对自己的生命活动进行"诗性表述"，这样，"审美生活"自然也就与他们渐行渐远，终于不见了踪影。

对于在人类整体中占大多数的，在功利的泥潭和知识的漩涡中打转的人们来说，是否意味着他们将永远与"审美生活"绝缘呢？当然也不是。因为，尽管大多数人的现实人生都已被名缰利锁束缚，但毕竟所有的人本质上都还是"审美的人"，人们的审美潜能还在。只要主体认识到自身现有生活方式的缺陷，愿意主动学习，并接受类似唐代著名道士司马承祯所谓"敬信、断缘、收心、简事、真观、泰定、得道"的修道阶次之类的美育训练，① 就可以逐渐恢复感官的敏锐性，逐步恢复在日常生活中起"兴"的能力，重新获得一种随时随地让生命在与客体的交互作用中"诗性绽放"，并予以"诗性表述"的能力。这样，主体的生活也就有望成为一种值得一过的"审美生活"。

总之，"审美生活"乃是一种人人皆可实现的生活方式。当美学家们不再将"审美"与人类其他形式的生命活动割裂开来，而将其视为一宗生活事件的时候；当人类普遍认识到没有"审美"的生命活动只能叫作"生存"，而远远不是完全意义上的"生活"的时候，人类才有可能从整体上恢复其作为"审美的人"的生物本性，而人类生活也就有可能成为整体上的"审美生活"。无疑，那将会是人类的"审美时代"。

---

① 姜约：《司马承祯〈坐忘论〉修道阶次思想研究》，载于《宗教学研究》，2015 年第 2 期。该文第三部分，着重探讨了司马承祯"《坐忘论》修道阶次思想的美育意义"。文章认为："依据《坐忘论》的修道七阶次思想，将审美教育划分为七个既统一又相对独立的阶段，使审美教育成为一条可以逐段训练，逐步上升的渐进式阶梯。""可以收到全面解决美育问题的功效。"更进一步，这样的美育可以最终改变人们的生活方式，使其过上一种本书所论的"审美生活"。

参考文献

一、著作类

［1］柏贵喜. 转型与发展——当代土家族社会文化变迁研究［M］. 北京：民族出版社，2001.

［2］白居易. 白居易集［M］. 北京：中华书局，1979.

［3］班固. 汉书［M］. 颜师古，注. 北京：中华书局，1962.

［4］北京大学哲学系美学教研室. 西方美学家论美和美感［M］. 北京：商务印书馆，1980.

［5］北京大学哲学系美学教研室. 中国美学史资料选编：上册［M］. 北京：中华书局，1980.

［6］北京大学哲学系美学教研室. 中国美学史资料选编：下册［M］. 北京：中华书局，1981.

［7］北京大学中国传统文化研究中心. 国学研究：第二卷［M］. 北京：北京大学出版社，1994.

［8］湘西土家族苗族自治州地方志编纂委员会. 文化志［M］. 长沙：湖南出版社，1996.

［9］蔡仪. 蔡仪美学论文选［M］. 北京：中国社会科学出版社，1985.

［10］蔡仪. 新美学：改写本［M］. 北京：中国社会科学出版社，1985.

［11］曹毅. 土家族民间文化散论［M］. 北京：中央民族大学出版社，2002.

［12］常璩. 华阳国志校注［M］. 刘琳，校注. 成都：巴蜀书社，1984.

［13］长阳土家族自治县地方志编纂委员会. 长阳县志［M］. 北京：中国城市出版社，1992.

［14］陈成. 山海经译注 ［M］. 上海：上海古籍出版社，2014.

［15］陈非. 我有南山君未识：陕南民歌之旅 ［M］. 西安：陕西师范大学出版总社，2015.

［16］陈鼓应. 老子今注今译 ［M］. 北京：商务印书馆，2006.

［17］陈建宪. 荆楚民间文学 ［M］. 武汉：武汉出版社，2014.

［18］陈勤建. 中国民俗学 ［M］. 上海：华东师范大学出版社，2007.

［19］陈寿. 三国志 ［M］. 裴松之，注. 北京：中华书局，1959.

［20］陈素娥. 诗性的湘西——湘西审美文化阐释 ［M］. 北京：民族出版社，2006.

［21］陈廷亮，彭南均. 土家族婚俗与婚礼歌 ［M］. 北京：民族出版社，2005.

［22］陈望衡. 中国古典美学史 ［M］. 武汉：武汉大学出版社，2007.

［23］陈正平. 巴渠民间文学与民俗研究 ［M］. 成都：四川大学出版社，2001.

［24］成复旺. 神与物游——论中国传统审美方式 ［M］. 北京：中国人民大学出版社，1989.

［25］成中英. 论中西哲学精神 ［M］. 上海：东方出版中心，1996.

［26］楚戈. 审美生活 ［M］. 台北：尔雅出版社，1986.

［27］川陕革命根据地红色记忆编委会. 红色歌谣 ［M］. 北京：大众文艺出版社，2012.

［28］达州军分区. 达州市军事志 1911—2005 ［M］. 北京：解放军出版社，2007.

［29］邓斌，向国平. 远去的诗魂——中国土家族“田氏诗派”初探 ［M］. 武汉：湖北人民出版社，2003.

［30］邓和平. 中国土家族源流研究 ［M］. 武汉：湖北人民出版社，1999.

［31］邓红蕾. 道教与土家族文化 ［M］. 北京：民族出版社，2000.

［32］邓辉. 土家族区域的考古文化 ［M］. 北京：中央民族大学出版社，1999.

［33］邓启耀. 鼓灵 ［M］. 南昌：江西教育出版社，1999.

［34］邓少琴. 巴蜀史迹探索 ［M］. 成都：四川人民出版社，1983.

[35] 邓晓芒，易中天. 黄与蓝的交响——中西美学比较论 [M]. 武汉：武汉大学出版社，2007.

[36] 丁来先. 审美静观论 [M]. 北京：中国社会科学出版社，2008.

[37] 丁世良，赵放. 中国地方志民俗资料汇编：第 6 册 [M]. 北京：国家图书馆出版社，2014.

[38] 董胜. 酒香千年：酿酒遗址与传统名酒 [M]. 北京：现代出版社，2015.

[39] 段超. 土家族文化史 [M]. 北京：民族出版社，2000.

[40] 段渝. 四川通史：第一册 [M]. 成都：四川大学出版社，1993.

[41] 范晔. 后汉书 [M]. 李贤，等注. 北京：中华书局，1965.

[42] 费孝通. 乡土中国 [M]. 北京：人民出版社，2008.

[43] 傅冠群. 土家族百年实录 [M]. 北京：中国文史出版社，2001.

[44] 傅守祥. 审美化生存——消费时代大众文化的审美想象与哲学批判 [M]. 北京：中国传媒大学出版社，2008.

[45] 高润身，高敬菊. 《容美纪游》评注 [M]. 武汉：湖北人民出版社，2006.

[46] 葛兆光. 中国思想史 [M]. 北京：商务印书馆，2007.

[47] 龚维英. 原始崇拜纲要——中华图腾文化与生殖文化 [M]. 北京：中国民间文艺出版社，1989.

[48] 中国少数民族音乐学会，贵州省音乐家学会. 中国民族音乐研究 [M]. 贵阳：贵州民族出版社，1999.

[49] 顾希佳. 礼仪与中国文化 [M]. 北京：人民出版社，2001.

[50] 广元市文化遗产保护中心. 川北薅草锣鼓 [M]. 北京：中国发展出版社，2016.

[51] 贵州省土家学研究会. 土家族研究 [M]. 贵阳：贵州民族出版社，2009.

[52] 郭茂倩. 乐府诗集 [M]. 上海：上海古籍出版社，2016.

[53] 郭庆藩. 庄子集释 [M]. 王孝鱼，点校. 北京：中华书局，1961.

[54] 国家民族事务委员会全国少数民族古籍整理研究室. 中国少数民族古籍总目提要 土家族卷 [M]. 北京：中国大百科全书出版社，2010.

[55] 何金兰. 文学社会学 [M]. 台北：桂冠图书公司，1989.

［56］何相频，阳盛海. 湖南少数民族服饰［M］. 长沙：湖南美术出版
社，2010.

［57］何星亮. 图腾与中国文化［M］. 南京：江苏人民出版社，2008.

［58］阮元. 十三经注疏［M］. 北京：中华书局，1980.

［59］胡炳章. 土家族文化精神［M］. 北京：民族出版社，1999.

［60］胡经之. 中国古典美学丛编［M］. 江苏：凤凰出版社，2009.

［61］胡适. 白话文学史［M］. 北京：中国画报出版社，2014.

［62］胡长贵，李宗琛，胡孝红. 三峡民俗风情概说［M］. 武汉：湖北人
民出版社，2010.

［63］胡志毅. 神话与仪式：戏剧的原型阐释［M］. 上海：学林出版社，
2001.

［64］湖南少数民族古籍办公室. 历代土家族文人诗选［M］. 长沙：岳麓
书社，1991.

［65］湖南省少数民族古籍办公室. 摆手歌［M］. 长沙：岳麓书社，1989.

［66］黄健云. "特殊"与美感——新实践美学视域下的美感研究［M］.
北京：人民出版社，2009.

［67］纪兰慰，邱久荣. 中国少数民族舞蹈史［M］. 北京：中央民族大学
出版社，2003.

［68］蒋孔阳. 蒋孔阳全集［M］. 合肥：安徽教育出版社，1999.

［69］蒋孔阳. 美学新论［M］. 北京：人民文学出版社，1993.

［70］蒋述卓. 宗教艺术论［M］. 北京：文化艺术出版社，2005.

［71］金述富，彭荣德. 土家族仪式歌漫谈［M］. 北京：中国民间文艺出
版社，1989.

［72］康保成. 傩戏艺术源流［M］. 广州：广东高等教育出版社，2005.

［73］劳承万. 审美中介论［M］. 上海：上海文艺出版社，1986.

［74］黎乔立. 审美生理学导论［M］. 广州：广东人民出版社，2005.

［75］李济. 中国早期文明［M］. 上海：上海人民出版社，2007.

［76］李济. 中国民族的形成［M］. 南京：江苏教育出版社，2005.

［77］李良品. 二十五史西南地区土司史料辑录［M］. 北京：中国文史出
版社，2006.

［78］李良品. 重庆民族文化研究［M］. 重庆：重庆出版社，2010.

［79］李裴. 隋唐五代道教美学思想研究［M］. 成都：巴蜀书社，2005.

［80］李绍明. 川东酉水土家［M］. 成都：成都出版社，1993.

［81］李天道. 中国古代人生美学［M］. 北京：中国社会科学出版社，2008.

［82］李旭升. 巴中民歌［M］. 成都：四川人民出版社，2006.

［83］李延寿. 北史［M］. 北京：中华书局，1974.

［84］李咏吟. 审美与道德的本源［M］. 上海：上海人民出版社，2006.

［85］李泽厚. 华夏美学［M］. 天津：天津社会科学院出版社，2001.

［86］李泽厚. 美的历程［M］. 天津：天津社会科学院出版社，2002.

［87］李泽厚. 美学四讲［M］. 天津：天津社会科学院出版社，2001.

［88］李志敏. 唐宋八大家名篇鉴赏（卷四）［M］. 福州：福建美术出版社，2013.

［89］梁启超. 梁启超清华大学演讲录：为学与做人［M］. 北京：东方出版社，2015.

［90］梁启超. 梁启超论教育［M］. 北京：商务印书馆，2017.

［91］梁漱溟. 东西方文化及其哲学［M］. 北京：商务印书馆，2001.

［92］林惠祥. 文化人类学［M］. 北京：商务印书馆，1996.

［93］陈建宪. 中国民俗通志·民间文学志［M］. 济南：山东教育出版社，2005.

［94］林同华. 审美文化学［M］. 北京：东方出版社，1992.

［95］凌继尧. 美学十五讲［M］. 北京：北京大学出版社，2005.

［96］刘宝楠. 论语正义［M］. 高流水，点校. 北京：中华书局，1990.

［97］刘伯清. 广安民俗［Z］. 四川省广安市广安区文化广播影视新闻出版局内部资料，2014.

［98］刘昫，等. 旧唐书［M］. 北京：中华书局，1975.

［99］刘伦文. 母语存留区土家族社会文化［M］. 北京：民族出版社，2006.

［100］刘守华，巫瑞书. 民间文学导论［M］. 武汉：长江文艺出版社，1997.

［101］刘兴国. 巴人文化初探［M］. 北京：中国文联出版社，2004.

［102］刘兴国. 宣汉土家族［M］. 北京：中国文史出版社，2012.

[103] 刘彦顺. 时间性——美学关键词研究 [M]. 北京：人民出版社，2013.

[104] 刘芝凤. 中国稻作文化概论 [M]. 北京：人民出版社，2014.

[105] 卢守助. 晏子春秋译注 [M]. 上海：上海古籍出版社，2012.

[106] 鲁迅. 鲁迅全集：第 11 卷 [M]. 北京：人民文学出版社，1981.

[107] 陆扬. 大众文化理论 [M]. 上海：复旦大学出版社，2008.

[108] 陆扬. 日常生活审美化批判 [M]. 上海：复旦大学出版社，2012.

[109] 罗洪忠. 竇人故里 [M]. 上海：学林出版社，2012.

[110] 罗雄岩. 中国民间舞蹈文化教程 [M]. 北京：中国戏剧出版社，1994.

[111] 马全民，石峻. 哲学小辞典 [M]. 北京：人民出版社，1990.

[112] 茅盾. 中国神话研究初探 [M]. 南京：江苏文艺出版社，2009.

[113] 蒙文通. 巴蜀古史论述 [M]. 成都：四川人民出版社，1981.

[114] 蒙文通. 蒙文通文集（第一卷）[M]. 成都：巴蜀书社，1987.

[115] 牟宗三. 中国哲学十九讲 [M]. 上海：上海古籍出版社，1997.

[116] 纳日碧力戈. 语言人类学 [M]. 上海：华东理工大学出版社，2010.

[117] 倪梁康. 胡塞尔现象学概念通释 [M]. 北京：生活·读书·新知三联书店，1999.

[118] 倪梁康. 现象学及其效应——胡塞尔与当代德国哲学 [M]. 北京：商务印书馆，2014.

[119] 潘光旦. 潘光旦民族研究文集 [M]. 北京：民族出版社，1995.

[120] 潘顺福. 薅草锣鼓 [M]. 武汉：湖北人民出版社，2006.

[121] 潘显一，李裴，申喜萍，等. 道教美学思想史研究 [M]. 北京：商务印书馆，2010.

[122] 潘显一. 大美不言——道教美学思想范畴论 [M]. 成都：四川人民出版社，1997.

[123] 潘知常. 反美学 [M]. 上海：学林出版社，1995.

[124] 庞麟炳，汪承烈，等. 宣汉县志 [M]. 台北：成文出版社，1976.

[125] 彭勃等. 历代土家族文人诗选 [M]. 祝注先，选注，长沙：岳麓书社，1991.

[126] 彭勃，彭继宽. 摆手歌 [M]. 长沙：岳麓书社，1989.

[127] 彭继宽，姚纪彭. 土家族文学史 [M]. 长沙：湖南文艺出版社，1989.

[128] 彭南均. 溪州土家族文人竹枝词注解 [M]. 北京：光明日报出版社，2008.

[129] 彭英明. 土家族文化通志新编 [M]. 北京：民族出版社，2001.

[130] 卿希泰. 道教文化与现代社会生活研究 [M]. 成都：巴蜀书社，2007.

[131] 清华大学国学研究院. 王国维文存 [M]. 南京：江苏人民出版社，2014.

[132] 邱紫华. 东方美学史 [M]. 北京：商务印书馆，2004.

[133] 常璩. 华阳国志校补图注 [M]. 任乃强，注. 上海：上海古籍出版社，1987.

[134] 石亚洲. 土家族军事史研究 [M]. 北京：民族出版社，2003.

[135] 石柱县志编纂委员会. 石柱县志 [M]. 成都：四川辞书出版社，1994.

[136] 史昌友. 灿烂的殷商文化 [M]. 北京：中国社会科学出版社，2006.

[137] 四川黔江地区民族事务委员会. 川东南少数民族史料辑 [M]. 成都：四川民族出版社，1996.

[138] 四川省非物质文化遗产保护中心. 四川非物质文化遗产民间文学艺术集录：第二部 [M]. 成都：巴蜀书社，2011.

[139] 四川省涪陵地区川东南民族资料编辑委员会. 文艺·土家族民歌：第一集 [Z]. 内部资料，1986.

[140] 四川省开县志编纂委员会. 开县志 [M]. 成都：四川大学出版社，1990.

[141] 四川省文物考古研究院，渠县博物馆. 城坝遗址出土文物 [M]. 上海：上海古籍出版社，2014.

[142] 四川省宣汉县政协文史资料编委会. 宣汉土家民歌 [M]. 内部资料，2014.

[143] 四川省宣汉县志编纂委员会. 宣汉县志 [M]. 成都：西南财经大

学出版社，1994.

[144] 四川省音乐家协会. 四川省民族民间音乐研究文集 ［M］. 北京：大众文艺出版社，2008.

[145] 宋仕平. 土家族传统制度与文化研究 ［M］. 北京：民族出版社，2005.

[146] 宋仕平. 土家族古代社会制度文化研究 ［M］. 北京：民族出版社，2007.

[147] 宋玉鹏，彭林绪，肖田. 土家族民歌 ［M］. 成都：四川民族出版社，1987.

[148] 孙文辉. 巫傩之祭——文化人类学的中国文本 ［M］. 长沙：岳麓书社，2006.

[149] 覃德清. 审美人类学的理论与实践 ［M］. 北京：中国社会科学出版社，2002.

[150] 唐兆民. 傜山散记 ［M］. 桂林：文化供应社，1948.

[151] 滕守尧. 艺术社会学描述 ［M］. 上海：上海人民出版社，1987.

[152] 田世高. 土家族音乐概论 ［M］. 北京：中央民族大学出版社，2002.

[153] 田兆元. 神话学与美学论集 ［M］. 上海：上海文艺出版社，2007.

[154] 通江县图书馆. 红韵——川陕苏区诗词歌谣集锦 ［M］. 北京：九州出版社，2013.

[155] 童恩正. 古代的巴蜀 ［M］. 成都：四川人民出版社，1979.

[156] 童庆炳. 中国古代心理诗学与美学 ［M］. 北京：中华书局，2013.

[157] 脱脱，等. 宋史 ［M］. 北京：中华书局，1977.

[158] 王朝闻. 美学概论 ［M］. 北京：人民出版社，2005.

[159] 王国维. 宋元戏曲史 ［M］. 北京：中国和平出版社，2014.

[160] 王文章. 西兰卡普的传人——土家织锦大师和传承人口述史 ［M］. 北京：中央编译出版社，2010.

[161] 王一川. 中国美学原理 ［M］. 北京：中国人民大学出版社，2015.

[162] 王增永. 神话学概论 ［M］. 北京：中国社会科学出版社，2007.

[163] 王振复. 美学范畴史 ［M］. 太原：山西教育出版社，2006.

[164] 魏征，令狐德棻. 隋书 ［M］. 北京：中华书局，1973.

［165］陈勤建. 中国民俗学［M］. 上海：华东师范大学出版社，2007.

［166］吴存浩. 中国民俗通志·婚嫁志［M］. 济南：山东教育出版社，2005.

［167］吴恭俭. 土家族情歌［M］. 成都：四川民族出版社，1981.

［168］伍蠡甫. 西方文论选［M］. 上海：上海译文出版社，1979.

［169］伍湛. 伍湛民族学术论集［M］. 成都：四川民族出版社，1999.

［170］武占坤. 中华风土谚志［M］. 北京：中国经济出版社，1997.

［171］《湘西歌谣大观》编委会. 湘西歌谣大观［M］. 长沙：湖南文艺出版社，1990.

［172］向本林. 宣汉土家文化［M］. 北京：中国文史出版社，2013.

［173］肖常纬，刘小琴. 中国民间音乐概述［M］. 重庆：西南师范大学出版社，2006.

［174］萧洪恩，张玉璋. 国脉民天：长江流域的农耕文明［M］. 武汉：长江出版社，2013.

［175］萧洪恩. 土家族口承文化哲学研究［M］. 北京：中央民族大学出版社，1999.

［176］萧洪恩. 土家族仪典文化哲学研究［M］. 北京：中央民族大学出版社，2002.

［177］谢凝高. 山水审美——人与自然的交响曲［M］. 北京：北京大学出版社，1991.

［178］兴义市文化体育旅游和广播电影电视局. 多姿多彩的贵州民族婚俗［M］. 贵阳：贵州科技出版社，2011.

［179］徐复观. 中国艺术精神［M］. 北京：商务印书馆，2010.

［180］徐海荣. 中国饮食史［M］. 杭州：杭州出版社，2014.

［181］徐新建. 从文化到文学［M］. 贵阳：贵州教育出版社，1991.

［182］徐新建. 侗歌民俗研究［M］. 北京：民族出版社，2011.

［183］徐新建. 民歌与国学［M］. 成都：巴蜀书社，2006.

［184］徐中舒. 徐中舒历史论文选集［M］. 北京：中华书局，1998.

［185］许进雄. 中国古代社会——文字与人学的透视［M］. 北京：中国人民大学出版社，2008.

［186］许慎. 说文解字注［M］. 段玉裁，注. 上海：上海古籍出版

社，1981.

[187] 徐晓，齐柏平. 中国土家族民歌调查及其研究 [M]. 北京：民族出版社，2009.

[188] 宣汉县政协文史资料编辑委员会. 情歌王子李依若 [Z]. 内部资料，2015.

[189] 薛艺兵. 中国乐器志：体鸣卷 [M]. 北京：人民音乐出版社，2003.

[190] 闫德亮. 中国古代神话的文化观照 [M]. 北京：人民出版社，2008.

[191] 阎国忠. 走出古典——中国当代美学论争述评 [M]. 合肥：安徽教育出版社，1996.

[192] 阎嘉. 马赛克主义：后现代文学与文化理论研究 [M]. 成都：巴蜀书社，2013.

[193] 杨昌鑫. 土家族风俗志 [M]. 北京：中央民族学院出版社，1989.

[194] 杨发兴，陈金祥. 彭秋潭诗注 [M]. 北京：中国三峡出版社，1997.

[195] 杨国湘. 田茂忠山歌选 [M]. 刘官仲，刘黎光，彭荣德，编注. 北京：中国民间文艺出版社，1989.

[196] 杨铭. 土家族与古代巴人 [M]. 重庆：重庆出版社，2002.

[197] 杨亭. 土家族审美文化研究 [M]. 北京：人民出版社，2014.

[198] 叶大兵，乌丙安. 中国风俗辞典 [M]. 上海：辞书出版社，1990.

[199] 叶朗. 美在意象 [M]. 北京：北京大学出版社，2010.

[200] 叶朗. 中国历代美学文库 [M]. 北京：高等教育出版社，2003.

[201] 叶朗. 中国美学史大纲 [M]. 上海：上海人民出版社，1985.

[202] 叶舒宪. 文化与文本 [M]. 北京：中央编译出版社，1998.

[203] 叶舒宪. 诗经的文化阐释 [M]. 武汉：湖北人民出版社，1994.

[204] 叶舒宪. 文学与人类学 [M]. 北京：社会科学文献出版社，2003.

[205] 永瑢，纪昀，等. 文渊阁四库全书：第 383 册 [M]. 台北：商务印书馆股份有限公司，1986.

[206] 余咏宇. 土家族哭嫁歌之音乐特征与社会涵义 [M]. 北京：中央民族大学出版社，2002.

[207] 余远国. 三峡民俗文化 [M]. 武汉：中国地质大学出版社，2015.

[208] 袁珂. 中国神话史 [M]. 北京：北京联合出版公司，2015.

[209] 袁诗安，袁诗平，等. 川东土家族薅草锣鼓词选 [M]. 桂德承，

记录整理. 内部资料，2014.

[210] 曾大兴，夏汉宁，高人雄. 文学地理学：中国文学地理学会第四届年会论文集［C］. 广州：中山大学出版社，2015.

[211] 曾国藩. 经史百家杂钞（上）［M］. 长沙：岳麓书社，2015.

[212] 张德秀. 朝鲜民族古代汉文诗选注［M］. 沈阳：辽宁民族出版社，2002.

[213] 贵州省土家学研究会. 贵州土家族［M］. 贵阳：贵州民族出版社，1999.

[214] 张辉. 审美现代性批判［M］. 北京：北京大学出版社，1999.

[215] 张良皋. 匠学七说［M］. 北京：中国建筑工业出版社，2002.

[216] 张万仪，庞国栋. 巴渝文化概论［M］. 重庆：重庆大学出版社，2014.

[217] 张文勋. 民族审美文化［M］. 昆明：云南大学出版社，1999.

[218] 张玉能. 席勒的审美人类学思想［M］. 桂林：广西师范大学出版社，2005.

[219] 张梓，张光杰. 咸丰县志［M］. 咸丰县志办公室重印本，1983.

[220] 赵丹丹. 八音古乐：古代乐器与演奏艺术［M］. 北京：现代出版社，2014.

[221] 中共万源市委党史研究室. 万源革命诗文选［M］. 北京：大众文艺出版社，2009.

[222] 中共宣汉县委党史资料征集办公室. 宣汉文史资料选·第3集［Z］. 内部资料，1983.

[223] 中共中央马克思恩格斯列宁斯大林著作编译局马列部，教育部社会科学研究与思想政治工作司. 马克思主义经典著作选读［M］. 北京：人民出版社，1999.

[224] 中共中央宣传部宣传教育局，中华人民共和国文化部艺术司. 伟大的长征：纪念红军长征胜利七十周年歌曲集［M］. 北京：学习出版社，2006.

[225]《中国民间歌曲集成》全国编辑委员会，《中国民间歌曲集成·贵州卷》编辑委员会. 中国民间歌曲集成·贵州卷［M］. 北京：中国ISBN中心，1995.

[226]《中国民间歌曲集成》全国编辑委员会. 中国民间歌曲集成·湖北卷［M］. 北京：人民音乐出版社，1988.

[227]《中国民间歌曲集成》全国编辑委员会. 中国民间歌曲集成·湖南卷［M］. 北京：人民音乐出版社，1994.

[228]《中国民间歌曲集成》全国编辑委员会. 中国民间歌曲集成·四川卷［M］. 北京：人民音乐出版社，1997.

[229] 中国艺术研究院外国文艺研究所《世界艺术与美学》编辑部. 世界艺术与美学：第一辑［M］. 北京：文化艺术出版社，1983.

[230]《中华舞蹈志》编辑委员会. 中华舞蹈志·四川卷［M］. 上海：学林出版社，2014.

[231] 钟敬文. 歌谣论集［M］. 上海：上海文艺出版社，1989.

[232] 钟敬文. 钟敬文民俗学论集［M］. 合肥：安徽教育出版社，2010.

[233] 钟仕伦，李天道. 人生美学研究［M］. 北京：中国社会科学出版社，2012.

[234] 周来祥. 论美是和谐［M］. 贵阳：贵州人民出版社，1984.

[235] 周宪. 审美现代性批判［M］. 北京：商务印书馆，2005.

[236] 周宪. 文化表征与文化研究［M］. 上海：上海人民出版社，2015.

[237] 周勇. 重庆通史（第一册）［M］. 重庆：重庆出版社，2014.

[238] 周振甫. 唐诗宋词元曲全集［M］. 合肥：黄山书社，1999.

[239] 朱炳祥. 土家族文化的发生学阐释［M］. 北京：中央民族大学出版社，1999.

[240] 朱狄. 艺术的起源［M］. 北京：中国社会科学出版社，1982.

[241] 朱肱. 酒经［M］. 宋一明，李艳，译注. 上海：上海古籍出版社，2010.

[242] 朱光潜. 谈美［M］. 合肥：安徽教育出版社，1989.

[243] 朱光潜. 文艺心理学［M］. 合肥：安徽教育出版社，1996.

[244] 朱光潜. 无言之美［M］. 北京：北京大学出版社，2005.

[245] 朱光潜. 西方美学史［M］. 北京：商务印书馆，2006.

[246] 朱光潜. 朱光潜美学论文集［M］. 上海：上海文艺出版社，1982.

[247] 朱立元. 美学大辞典：修订版［M］. 上海：上海辞书出版社，2014.

[248] 朱良志. 中国艺术的生命精神［M］. 合肥：安徽教育出版

社，2007.

[249] 朱梅梵. 中国民族民间音乐 [M]. 武汉：武汉大学出版社，2014.

[250] 朱世学. 鄂西古建筑文化研究 [M]. 北京：新华出版社，2004.

[251] 朱自清. 中国歌谣 [M]. 上海：复旦大学出版社，2004.

[252] 宗白华. 美学散步 [M]. 上海：上海人民出版社，1981.

[253] 宗白华. 美学与意境 [M]. 北京：人民出版社，1987.

[254] 宗白华. 中国美学史论集 [M]. 合肥：安徽教育出版社，1981.

[255] 宗白华. 宗白华全集：第一卷 [M]. 合肥：安徽教育出版社，1994.

[256] 宗福邦，陈世铙，萧海波. 故训汇纂 [M]. 北京：商务印书馆，2003.

[257] 邹明星. 酉阳土家摆手舞 [M]. 重庆：西南师范大学出版社，2003.

[258] 遵义地区文艺《集成·志书》编辑部. 中国歌谣集成·贵州遵义地区卷 [M]. 贵阳：贵州人民出版社，1993.

[259] 左丘明. 左传 [M]. 郭丹，程小青，李彬源，译注. 北京：中华书局，2012.

[260] 左尚鸿. 国家非物质文化遗产——薅草锣鼓 [M]. 北京：文化艺术出版社，2014.

[261] 伯林特. 环境美学 [M]. 张敏，周雨. 译，长沙：湖南科技出版社，2006.

[262] 法阿斯. 美学谱系学 [M]. 阎嘉，译. 北京：商务印书馆，2011.

[263] 迪萨纳亚克. 审美的人 [M]. 户晓辉，译. 北京：商务印书馆，2005.

[264] 梅里亚姆. 音乐人类学 [M]. 穆谦，译. 陈铭道，校. 北京：人民音乐出版社，2010.

[265] 泰勒. 人类学——人及其文化研究 [M]. 连树声，译. 上海：上海文艺出版社，1993.

[266] 柏拉图. 柏拉图文艺对话集 [M]. 朱光潜，译. 北京：商务印书馆，2013.

[267] 鲍桑葵. 美学史 [M]. 张今，译. 北京：中国人民大学出版社，2010.

[268] 克罗齐. 作为表现的科学和一般语言学的美学的历史 [M]. 王天

清，译. 北京：中国社会科学出版社，1984.

[269] 波亚士. 人类学与现代生活 [M]. 杨成志，译. 商务印书馆，1985.

[270] 车尔尼雪夫斯基. 车尔尼雪夫斯基论文学 [M]. 辛未艾，译. 上海：人民文学出版社上海分社，1965.

[271] 车尔尼雪夫斯基. 美学论文选 [M]. 缪灵珠，译. 北京：人民文学出版社，1957.

[272] 车尔尼雪夫斯基. 生活与美学 [M]. 周扬，译. 北京：人民文学出版社，1957.

[273] 车尔尼雪夫斯基. 艺术与现实的审美关系 [M]. 周扬，译. 北京：人民文学出版社，2009.

[274] 丹纳. 艺术哲学 [M]. 傅雷，译. 北京：人民文学出版社，1963.

[275] 卡西尔. 人论 [M]. 甘阳，译. 上海：上海译文出版社，1997.

[276] 席勒. 审美教育书简 [M]. 张玉能，译. 南京：译林出版社，2012.

[277] 格罗塞. 艺术的起源 [M]. 蔡慕晖，译. 北京：商务印书馆，1984.

[278] 姚斯，霍拉勃. 接受美学与接受理论 [M]. 周宁，金元浦，译. 沈阳：辽宁人民出版社，1987.

[279] 海德格尔. 林中路 [M]. 孙周兴，译. 上海：上海译文出版社，1997.

[280] 里德. 艺术与社会 [M]. 陈方明，王怡红，译. 北京：工人出版社，1989.

[281] 黑格尔. 美学 [M]. 朱光潜，译. 北京：商务印书馆，1979.

[282] 房龙. 人类的故事 [M]. 刘缘子，吴维亚，邢惕夫，等译. 北京：生活·读书·新知三联书店，1988.

[283] 今道友信. 东方的美学 [M]. 蒋寅，等译. 北京：生活·读书·新知三联书店，1991.

[284] 康德. 判断力批判 [M]. 邓晓芒，译. 北京：人民出版社，2002.

[285] 康德. 实用人类学 [M]. 李秋零，译注. 北京：中国人民大学出版社，2013.

[286] 伍兹. 文化变迁 [M]. 何瑞福，译. 石家庄：河北人民出版社，1989.

[287] 格尔兹. 文化的解释 [M]. 纳日碧力戈，等译. 上海：上海人民出版社，1999.

[288] 史密斯. 艺术感觉与美育 [M]. 滕守尧，译. 成都：四川人民出版社，2000.

[289] 马克思，恩格斯. 马克思恩格斯选集 [M]. 中共中央马克思恩格斯列宁斯大林著作编译局，编译. 北京：人民出版社，1972.

[290] 马克思. 1844 年经济学哲学手稿 [M]. 中共中央马克思恩格斯列宁斯大林著作编译局，编译. 北京：人民出版社，2000.

[291] 哈里斯. 文化人类学 [M]. 李培荣，高地，译. 北京：东方出版社，1988.

[292] 费瑟斯通. 消费文化与后现代主义 [M]. 刘精明，译. 南京：译林出版社，2000.

[293] 德拉帕. 音乐疗伤：抚慰我们身心的古典处方 [M]. 阿昆，译. 西安：陕西师范大学出版社，2003.

[294] 尼采. 悲剧的诞生 [M]. 周国平，译. 北京：生活·读书·新知三联书店，1986.

[295] 帕森斯，布洛克. 美学与艺术教育 [M]. 李中泽，译. 成都：四川人民出版社，1998.

[296] 布迪厄. 艺术的法则：文学场的生成和结构 [M]. 刘晖，译. 北京：中央编译出版社，2001.

[297] 普列汉诺夫. 论艺术（没有地址的信）[M]. 曹葆华，译. 北京：人民文学出版社，1962.

[298] 桑塔耶纳. 美感 [M]. 杨向荣，译. 北京：人民出版社，2013.

[299] 叔本华. 叔本华论文集 [M]. 陈晓南，译. 天津：百花文艺出版社，1987.

[300] 斯托洛维奇. 审美价值的本质 [M]. 凌继尧，译. 北京：中国社会科学出版社，2007.

[301] 朗格. 情感与形式 [M]. 刘大基，等译. 北京：中国社会科学出版社，1983.

[302] 朗格. 艺术问题 [M]. 滕守尧，译. 北京：中国社会科学出版社，1983.

[303] 塔塔尔凯维奇. 古代美学 [M]. 理然, 译. 南宁：广西人民出版社, 1990.

[304] 泰特罗. 本文人类学 [M]. 王宇根, 等译. 北京：北京大学出版社, 1996.

[305] 奥尔德里奇. 艺术哲学 [M]. 程孟辉, 译. 北京：中国社会科学出版社, 1986.

[306] 本雅明. 机械复制时代的艺术作品 [M]. 王才勇, 译. 北京：中国城市出版社, 2002.

[307] 维特根斯坦. 哲学研究 [M]. 陈嘉映, 译. 上海：上海人民出版社, 2001.

[308] 韦尔施. 重构美学 [M]. 陆扬, 张岩冰, 译. 上海：上海译文出版社, 2002.

[309] 亚里士多德. 诗学 [M]. 陈中梅, 译. 北京：商务印书馆, 1996.

[310] 安德森. 中国食物 [M]. 马孆, 刘东, 译. 南京：江苏人民出版社, 2003.

[311] 邦达列夫. 瞬间 [M]. 李济生, 贺国安, 译. 上海：上海译文出版社, 1983.

[312] 哈贝马斯. 现代性的哲学话语 [M]. 曹卫东, 译. 南京：译林出版社, 2011.

[313] 宇文所安. 迷楼——诗与欲望的迷宫 [M]. 程章灿, 译. 田晓菲, 王宇根, 校. 北京：生活·读书·新知三联书店, 2014.

[314] 杜威. 艺术即经验 [M]. 高建平, 译. 北京：商务印书馆, 2005.

[315] 克利福德, 马尔库斯. 写文化——民族志的诗学与政治学 [M]. 高丙中, 吴晓黎, 李霞, 等译. 北京：商务印书馆, 2006.

[316] 竹内敏雄. 美学百科辞典 [M]. 池学镇, 译. 哈尔滨：黑龙江人民出版社, 1987.

[317] ARDORNO T W. Aesthtic Theory [M]. Bodmin：Robert Hullot－Kentor, 1997.

[318] ARDORNO T W. the Culture Industry：Selected essays on mass culture [M]. New York：Routledge, 2001.

[319] TAYLOR E B. Primitive Culture：Research into the Development

of Mythology，Philosophy，Religion，Art and Custom ［M］. Ithaca：Cornell University Library，2009.

［320］MAQUET J Introduction to Aesthetic Anthropology ［M］. Malibu：Undena Publications，1979.

［321］RAPPORT N，OVERING J. Social and Cultural Anthropology：The Key Concepts ［M］. New York：Routledge，2000.

［322］SYLVAN R，BENNETT D. "Taoism and Deep Ecology" ［J］. The Ecologist，1988.

［323］DAVIES S，HIGGINS K M，HOPKINS R. eds.，A Companion to Aesthetics（Second Edition）［M］. New Jersey：Wiley-Blackuell，2009.

［324］DAMME W V. Beauty in Context：Towards an Anthropological Approach to Aesthetics ［M］. Leiden：E. J. Brill，1996.

二、论文类

［1］柏贵喜. 摆手祭：土家族社会结构的象征表达——土家族象征文化研究之一 ［J］. 中南民族大学学报（人文社会科学版），2005（3）.

［2］曹俊峰. 元美学——美学的自我审视 ［J］. 学术月刊，1996（8）.

［3］陈素娥. 论土家族形象的审美建构——以湘西土家族口述作品为例 ［J］. 贵州民族研究，2009（4）.

［4］陈廷亮，安静峰. 土家族舞蹈的分类及其艺术特征——土家族民间舞蹈研究之一 ［J］. 中南民族大学学报（人文社会科学版），2004（4）.

［5］陈廷亮，谭婷. 土家族舞蹈审美意识的传承性与变异性 ［J］. 北京舞蹈学院学报，2005（4）.

［6］陈卫东，王鲁茂，桂贞荣，等. 四川宣汉罗家坝遗址第三次发掘取得重要成果 ［N］. 中国文物报，2008-04-30（002）.

［7］陈孝荣. 土家滴水床 ［N］. 人民日报海外版，2012-07-20（15）.

［8］邓军海. 美育三阶：善感、趣味与境界 ［N］. 光明日报·理论周刊，2010-03-16（011）.

［9］费孝通. 中华民族的多元一体格局 ［J］. 北京大学学报（哲学社会科学版），1989（4）.

［10］何易展. 文化人类学视野下的早期巴文化探赜 ［J］. 四川文理学院学报，2015 （3）.

［11］胡愈之. 论民间文学 ［J］. 妇女杂志 （七卷一号），上海商务印书馆，1921.

［12］黄宝富. 审美生活·自由·时间——蒋孔阳美育思想萃要 ［J］. 社会科学辑刊，2010 （2）.

［13］黄洁. 土家族民歌的审美特征初探 ［J］. 民族文学研究，2001 （2）.

［14］黄药眠. 食利者的美学——朱光潜美学思想批判 ［J］. 北京师范大学学报 （社会科学），1956 （00）.

［15］姜斌. 哭嫁歌和古代婚姻习俗 ［A］. 中国民间文艺家协会上海分会. 民间文艺季刊·第二集，上海：上海文艺出版社，1982.

［16］姜约. “日常生活审美化” 的表现形态及其美学效应 ［J］. 四川文理学院学报，2012 （1）.

［17］姜约. 日常生活何以审美化 ［J］. 中华文化论坛，2015 （2）.

［18］姜约. 司马承祯《坐忘论》修道阶次思想研究 ［J］. 宗教学研究，2015 （2）.

［19］姜约. 亦汉亦蒙：身份表述中的多民族格局 ［J］. 民族艺术，2015 （4）.

［20］康晓蕴. 土家族哭嫁歌对女性自我构建的影响 ［J］. 民族艺术，2012 （3）.

［21］李西健. 当代美学的价值重构及其功能 ［J］. 求是学刊，1997 （1）.

［22］李禧. 土家族雕刻艺术研究 ［J］. 艺术百家，2007 （5）.

［23］李亦园. 中国饮食文化研究的理论图像 ［A］//陈慧俐. 第六届中国饮食文化学术研讨会论文集，台北：财团法人中国饮食文化基金会，2000.

［24］李勇. 文学生活：文学研究与文化研究交叉的领域 ［J］. 文艺理论研究，2009 （3）.

［25］李志宏，孟凡君. 美学的根本问题不是美本质而是 “物何以美” ——兼论康德美学的科学性和超前性 ［J］. 河南社会科学，2015 （3）.

［26］李志宏，张红梅. 根源性美学歧误匡正：“美” 字不是 “美” ——兼向张玉能先生及实践美学谱系请教 ［J］. 吉林大学社会科学学报，

2013（5）.

[27] 李志宏. 美本质研究将怎样终结——为什么说"美是什么"是伪命题 [A] //中华美学学会. 中华美学学会第六届全国美学大会暨"全球化与中国美学"学术研讨会论文集，2004.

[28] 李志宏. 美本质研究将怎样终结——再论"美是什么"是伪命题 [J]. 吉林大学社会科学学报，2005（1）.

[29] 林毅红. 土家族三滴水床 [N]. 中国社会科学报，2012－10－08（B04）.

[30] 刘成纪. 拯救与梦想——关于《水浒传》的审美人类学沉思 [J]. 郑州大学学报（哲学社会科学版），1989（1）.

[31] 刘方政. "文学生活"概念的提出、内涵及意义 [J]. 山东大学学报（哲学社会科学版），2014（4）.

[32] 刘楠楠. 试论土家族摆手舞形态流传与发展 [D]. 北京：中央民族大学，2006.

[33] 刘兴国. 明代达州南昌滩土司文化 [J]. 四川文理学院学报，2015（5）.

[34] 刘彦顺. "时间性"何以成为美学的基本问题 [J]. 社会科学辑刊，2013（4）.

[35] 刘永丽. 上海怀旧：对一种审美生活方式的向往 [J]. 学术研究，2006（8）.

[36] 刘悦笛. 从当代艺术、环境美学到生活美学——从第18届世界美学大会观东西方美学新主潮 [J]. 艺术百家，2010（5）.

[37] 刘悦笛. 今日西方"生活美学"的最新思潮——兼论中国美学如何融入全球对话 [J]. 文艺争鸣，2013（3）.

[38] 刘悦笛. 以"生活美学"革新当代艺术观 [N]. 中国艺术报，2012－02－20（007）.

[39] 刘志远. 考古材料所见汉代的四川农业 [J]. 文物，1979（12）.

[40] 龙江，李莉萍. 土家族吊脚楼结构解读 [J]. 华中建筑，2008（2）.

[41] 卢敦基. 从李慈铭看十九世纪江南士绅的日常文学生活 [J]. 浙江学刊，2005（6）.

[42] 陆晓芹. 乡土中的歌唱传统——广西西部德靖一带壮族社会的"吟诗"与"暖"[D]. 北京：北京师范大学，2006.

［43］潘知常. 对审美活动的本体论内涵的考察——关于美学的当代问题
［J］. 文艺研究，1997（1）.

［44］潘知常. 审美与生活的同一——在阐释中理解当代审美文化［J］.
浙江学刊，1998（4）.

［45］潘知常. 生命美学：从"本质"到"意义"——关于生命美学的思
考［J］. 贵州大学学报（社会科学版），2015（1）.

［46］潘知常. 美学的重构：以超越维度与终极关怀为视域——关于生命
美学的思考［J］. 西北师大学报（社会科学版），2016（6）.

［47］彭锋. 日常生活审美化的迷误［N］. 光明日报·理论周刊，2008－
01－29（011）.

［48］彭曲. 土家族舞蹈元素之艺术精神管窥［J］. 艺术百家，2008（6）.

［49］彭绪林. 土家族居住及饮食文化变迁［J］. 湖北民族学院学报（哲
学社会科学版），2000（1）.

［50］彭燕，田进婷. 土家族滴水牙床的传统技艺与文化蕴含——基于传
承人陶代荣的研究［J］. 广西民族大学学报（哲学社会科学版），
2012（6）.

［51］卿希泰. 道教在巴蜀初探（上）［J］. 社会科学研究，2004（5）.

［52］四川省文物考古研究所，达州地区文物管理所，宣汉县文物管理所.
四川宣汉罗家坝遗址2003年发掘简报［J］. 文物，2004（9）.

［53］苏状. "闲赏"范畴与明清文人的审美生活［J］. 北方论丛，2007（5）.

［54］粟世来. 消费主义与审美生活转向［D］. 武汉：华中师范大
学，2006.

［55］孙祥宽. 凤阳锣鼓与锣鼓曲谱初探——兼谈锣鼓乐起源［A］//皖
北崛起与淮河文化——"第五届淮河文化研讨会论文选编"，合肥：
合肥工业大学出版社，2010.

［56］陶家驰. 楚酒，中国酒文化的缩影［N］. 华夏酒报，2013－08－27
（A13）.

［57］田大年，周平波. 土家族织锦［J］. 民族艺术，1986（4）.

［58］王杰，彭兆荣，覃德清，等. 审美人类学三人谈［J］. 广西民族学
院学报（哲学社会科学版），2002（6）.

［59］王杰. 关于审美人类学研究［J］. 柳州师专学报，2008（1）.

［60］王杰. 美学研究的人类学转向与文学学科的文化实践——以南宁国际民歌艺术节的初步研究为例［J］. 广西民族学院学报（哲学社会科学版），2004（5）.

［61］王璐. 从"文本中心"到"本文探求"——文学人类学研究范式探讨［J］. 西南民族大学学报（人文社会科学版），2011（1）.

［62］王瑞. 试析四川薅草锣鼓的程式性［J］. 四川戏剧，2015（5）.

［63］王新勇. 土家族艺术精神初探［J］. 中南民族大学学报（人文社会科学版），1995（1）.

［64］王一川. 美学对象不是"审美关系"——与周来祥同志商榷［J］. 江汉论坛，1985（3）.

［65］王颖，姚建平. 从西兰卡普谈土家族的审美意识［J］. 美与时代，2005（6）.

［66］魏家川. 有关身体的日常语汇的审美生活分析［J］. 文艺争鸣，2003（6）.

［67］温儒敏. "文学生活"概念与文学史写作［J］. 北京大学学报（哲学社会科学版），2013（3）.

［68］温儒敏. 关注我们的文学生活——寻找阅读与研究的源泉［N］. 人民日报，2012－01－10（20）.

［69］巫瑞书.《摆手歌》与《古老话》比较研究［J］. 湖南大学学报（社会科学版），2006（6）.

［70］吴丹. 土家族木制家具美学研究［D］. 长沙：湖南大学，2008.

［71］吴廷扬. 宣汉民歌艺术特征探析［J］. 中国音乐，2015（1）.

［72］萧洪恩. 土家族民间故事中的美学思想［C］//范明华，靳晶. 美学与艺术研究（第3辑），武汉：湖北人民出版社，2011.

［73］徐新建. "本文"与"文本"之关系——人类学的研究范式问题［J］. 黔东南州民族师专学报，1998（4）.

［74］徐新建. 表述问题：文学人类学的起点和核心——为中国文学人类学研究会第五届年会而作［J］. 西南民族大学学报（人文社会科学版），2011（1）.

［75］徐新建. 从边疆到腹地：中国多元民族的不同类型——兼论"多元一体"格局［J］. 广西民族学院学报（哲学社会科学版），2001（6）.

[76] 徐新建. 多民族国家的文学生活 [J]. 中外文化与文论，2013（4）.

[77] 徐新建. 酒文化引论 [J]. 贵州社会科学，1991（8）.

[78] 徐新建. 说"哭嫁歌"[J]. 贵州大学学报，1990（3）.

[79] 徐新建. 文化即表述 [J]. 社会科学家，2013（2）.

[80] 徐新建. 文学人类学的中国历程 [J]. 西南民族大学学报（人文社会科学版），2012（12）.

[81] 徐新建. 饮酒歌唱与礼失求野——西南民族饮食习俗的文化意义 [J]. 西南民族大学学报（哲学社会科学版），2015（1）.

[82] 杨春时. 关于美的本质命题的反思 [N]. 光明日报·理论周刊，2007-06-12（11）.

[83] 杨华，何怀红. 巴文化研究活动的兴起与深入（下）[J]. 重庆文理学院学报（社会科学版），2014（1）.

[84] 杨铭. 巴人源出东夷考 [J]. 历史研究，1999（6）.

[85] 杨亭. 土家族傩戏的审美特质 [J]. 艺术百家，2011（5）.

[86] 仪平策. 生活美学：21世纪的新美学形态 [J]. 文史哲，2003（2）.

[87] 尹素卿. 土家族的"西兰卡普"[J]. 中央民族学院学报（哲学社会科学版），1984（1）.

[88] 岳友熙. 根源性美学歧误匡正之匡正："美是难的"并非等于"美的本质是伪命题"——兼向李志宏教授请教 [J]. 湖南社会科学，2015（3）.

[89] 张法. 生活（life）概念：历史沉浮之因缘与当代崛起之追问 [J]. 社会科学战线，2016（1）.

[90] 张法. 为什么美的本质是一个伪命题——从分析哲学的观点看美学基本问题 [J]. 东吴学术，2012（4）.

[91] 张汉军，谢宏雯. 从西兰卡普看土家族审美文化——以武陵地区酉水流域为例 [J]. 长江论坛，2010（4）.

[92] 张玉能，张弓. 盲人摸象与反本质论美学——认知美学的盲人摸象 [J]. 河南社会科学，2015（3）.

[93] 张玉能，张弓. 为什么"美的本质"不是伪命题？[J]. 吉林大学社会科学学报，2013（5）.

[94] 赵英，何元平，王瑞. 川东土家族薅草锣鼓的当下语境与文化价值

研究 [J]. 四川戏剧，2011 (4).

[95] 筝鸣. "巴山背二歌"的音乐美学特征探究 [J]. 音乐探索，2008 (1).

[96] 郑元者. 蒋孔阳的美论及其人类学美学主题 [J]. 文艺研究，1996 (6).

[97] 钟敬文. "五·四"前后的歌谣学运动 [J]. 民间文学，1979 (4).

[98] 周宪. 审美论回归之路 [J]. 文艺研究，2016 (1).

[99] 朱明歧，刘心田. 从夏启祭台遗址探寻巴文化源流 [C] //段渝. 巴蜀文化研究集刊（第四集），成都：巴蜀书社，2008.

[100] 朱祥贵，杨洁. 摆手歌的原型及其他 [J]. 中南民族学院学报（人文社会科学版），1993 (4).

[101] 朱祥贵. 土家族"撒尔嗬"源流、内涵及功能探讨 [J]. 中南民族学院学报（哲学社会科学版），1992 (4).

[102] 安德森. 艺术、美学与文化人类学：回顾与展望 [J]. 刘翔宇，译. 民族艺术. 2014 (6).

后　记

　　本书是我攻读博士学位的研究成果。从寻找博士学位论文选题方向开始，经过不断查阅前人研究资料、琢磨创新可能，到初步确定选题，反复打磨写作提纲，再到逐条梳理文献，逐字堆砌成章，逐章架构成篇，其间不知经历了多少个孤灯相伴的夜晚和陋室独处的假日。五年前，当我在电脑上敲完博士学位论文最后一个字符的时候，时间已是凌晨一点。尽管持续了四年多的思考和写作已经让我疲惫不堪，但奇怪的是，当时的我竟然毫无睡意。看着眼前那如婴儿般稚嫩却又蕴含着无限可能的思想成果，我不禁思如潮涌，攻读博士学位前前后后的一些人和事就像放电影一样，不知不觉地跑到我的思绪中来……对那些在我的学术道路上洒下过汗水、播种过希望的人，我除了加倍努力生产出更多优秀的学术成果，唯一能做的，便是感谢。

　　首先要感谢的，是我的博士生导师徐新建教授。我被他视学术如生命的精神所折服和引领，从他那里，我不仅学到了人类学的学科知识，掌握了人类学的研究方法，而且习惯了用人类学的眼光去看问题、观世界、论学术。正是在徐老师的悉心指导下，我才敢于跨出传统美学的研究路子，大胆借鉴人类学研究成果与方法来展开美学研究，并最终将我的博士学位论文选题圈定在"审美生活"这一"审美人类学"新领域。

　　同样让我感念万分的，是我硕士阶段的导师潘显一先生。十五年前，我参加川大硕士研究生考试，虽然考了很高的分数，却由于我的初始学历是中等师范，专科、本科学历都是通过自学考试获得的，因而在复试环节险些落榜。承蒙潘先生不弃，在关键时刻主动联系我，将我调剂到美学专业，并收于自己门下，我才有机会开始真正意义上的学术研究。博士阶段，潘老师虽然没有直接做我的指导老师，却还是一如既往地给予我人生关怀和学业指导。

　　整个博士学习阶段，还有一大批我必须感谢的人。在他们之中，既有于我授业有恩的阎嘉教授、唐大潮教授、苟波教授、李裴教授，也有亦师亦友的李菲副教授、梁昭副教授、银浩博士，还有在学业上与我相互启发，在生活上给予我很多帮助的同学李崇月、郎江涛、周婷、田级会、邱硕、李国太、郭明军、朱波、史芸芸诸博士以及朱丽晓、完德加两位博士后。

　　在论文顺利通过教育部专家库专家盲评和毕业答辩之后，来自盲审专家和答辩委员会的高度肯定既使我心情格外舒畅，也让我对学术道路更加笃定。借此机会，我必须向我的论文盲评专家们致以衷心的感谢，尽管我至今不知道他们姓甚名谁，但他们给予我论文"对美学理论有一定推进"之类的肯定性评价却让我信心倍增，由此进一步坚定了从事学术研究的决心。同样给予我莫大鼓励的，是我的博士学位论文答辩委员会主席——四川省美学学会副理事长、四川师范大学党委原副书记钟仕伦教授。作为一名资深美学专家，钟教授不仅认真阅读了我的论文，对我论文中不够严谨的地方作了详细批注并提出了中肯的修改建议，而且对我的选题、论证和结论从总体上给予了很高的评价。以钟教授在学术上的深厚造诣，他的肯定无疑将成为我学术之路上的一盏明灯，为此，我必须向他致以深深的谢意。

　　需要感谢的人很多，难以一一细举。在学术研究的圈子之外，尤其需要感念的，是长期在背后默默支持我的父母和几乎包揽了所有家务，让我能够全身心投入工作和学习的我的爱妻杜玲女士。正是因为杜玲女士的无私奉献，我才能够有相对更加充裕的时间和更加集中的精力来进行理论思考和论文写作，因此，在某种意义上，本书也是我对她的一种深情致意。

2022 年夏于达州

N